Paul Imhof

Christliches Familienstellen

Für meinen Enkel
Tom Eduard
geboren am 8. März 2012

Wer innerlich steht,
wie er soll,

der steht an allen Orten und bei allen Leuten recht.
Wer aber innerlich nicht recht steht,
der steht an keinem Orte
und bei keinerlei Leuten recht.

Innerlich recht steht aber der,
der Gott in Wahrheit in sich hat.
Wer aber Gott recht in der Wahrheit hat,
der hat ihn an allen Orten
und hat ihn auf der Straße und bei allen Leuten,
ebenso wohl in der Kirche oder in der Einöde,
oder in der Zelle
und alle seine Handlungen wirkt nicht
er selbst
als Gott in ihm.

MEISTER ECKHART

Die Pflanze der Unsterblichkeit, das Kraut des Lebens wird kulturell veredelt, ja sakramental eingesetzt, und ist zu Brot und Wein geworden. Die Körner in den Getreideähren und die Trauben an den Rebzweigen des Weinstocks wurden zu Ortschaften der Begegnung mit dem gegenwärtigen, ewigen Leben: dem auferstandenen Christus.

PAUL IMHOF

Paul Imhof

Christliches Familienstellen

Das Praxishandbuch

mit Beiträgen von Anja Trieschmann

VIER TÜRME

Bibliographische Information der Deutschen Nationalbibliothek

Die Deutsche Nationalbibliothek verzeichnet diese Publikation in der Deutschen Nationalbibliographie. Detaillierte bibliographische Daten sind im Internet über http://dnb.d-nb.de abrufbar.

4. Auflage 2025

Lektorat: Dr. Ulrike Strerath-Bolz
Gestaltung: Dr. Matthias E. Gahr
Umschlagmotiv: RNVW/Fotolia.com

ISBN 978-3-89680-708-3

www.vier-tuerme-verlag.de

INHALTSVERZEICHNIS

IM KRAFTFELD DES HEILIGEN GEISTES

ZEIT DER ERNTE – ZEIT DES GERICHTS

VON WEIHNACHTEN BIS ZUM ENDE DER PASSION

DAS LEBEN NACH OSTERN

VORWORT

Das Familienaufstellen ist eine Form therapeutischer Visualisierung, die das Potenzial besitzt, Lebenslügen aufzudecken und fehlgeleitete Abhängigkeiten zu lösen. Es ist nur allzu menschlich, im Laufe des Lebens Schutzhaltungen einzunehmen, die sich bei genauerem Hinsehen als einengend oder für eine bestimmte Lebensphase als belastend herausstellen. Familienaufstellen ist eine Methode, um versiegte Lebensenergien wieder in Fluss zu bringen, verstörte Beziehungen in Familien und Partnerschaften zu entstören und gebeugte Biographien aufzurichten. Ausgehend vom Familiensystem, das sich mühelos auf berufliche Gegebenheiten oder Lebenskonflikte in partnerschaftlichen Beziehungen erweitern lässt, werden Grundmuster und Konstellationen sichtbar gemacht, die eine Biographie zum Guten wie zum Schlechten prägen.

Handbücher zum Familienstellen gibt es wie Sand am Meer, dazu Literatur zu spezifischen Problembereichen wie Partnerschaft, Eltern-Kind-Beziehung oder Erfolg im Beruf. Das vorliegende Buch will das Ratgeberspektrum nicht um ein weiteres Exemplar erweitern, geschweige denn als x-tes Grundlagenwerk in die systemische Aufstellungsarbeit einführen. Es möchte vielmehr ein (erfolgreich erprobter, doch bislang nicht beschriebener) Beitrag zum systemischen Familienaufstellen und zu spiritueller Lösungskompetenz im Bezugrahmen von geistlicher Begleitung sein.

Das »Spirituelle Familienaufstellen«, wie es der Theologe und Familienaufsteller Paul Imhof im vergangenen Jahrzehnt entwickelt hat und lehrt, erweitert die therapeutisch ausgerichtete Dimension üblicher Familienaufstellungen um eine »geistig-geistliche« Dimension: Abgeleitet von lat. spiritus:, dt. Geist versteht er Spiritualität als lebenspraktisch und sinnlich erfahrbare Geist-Gottes-Begegnung, wie sie sich in biblischen Erzählungen vom Leben Jesu zeigt oder Menschen in den Berichten des Alten Testaments geprägt hat. In unnachahmlicher Weise weiß Paul Imhof diese urmenschlich-biblischen Erfahrungen in seine Aufstellungsarbeit zu integrieren. Ein anderer Aspekt jener zusätzlichen Dimension äußert sich in der Einbeziehung von Inspiration, Gebet und Intuition als weitere Möglichkeiten von »Be-Geisterung«.

Das vorliegende Buch hat sich zum Ziel gesetzt, die spezifische Ausprägung und Wirkung von Imhofs spiritueller Aufstellungsarbeit vorzustellen. So werden einerseits Vorangehen, Hintergründe, Motivationen und Chancen seiner aufstellerischen Praxis beschrieben, andererseits werden aktuelle Essays, Predigten und Vorträge des Theologen, die den spirituellen Gehalt des Familienstellens vertiefen, vorgestellt. So wird Paul Imhofs besondere Gabe ablesbar, christliche Spiritualität lebensrelevant in den Alltag zu integrieren. Wie werden Konflikte von Menschen gelöst? Beim Familienaufstellen geht es, wie gesagt, um Anschauung mit lebensverändernder Konsequenz. Geistliche Begleitung hat dasselbe Ziel: Als Exerzitienbegleiter lehrt Paul Imhof die Visualisierung biblischer Geschichten in der kontemplativen Meditation nach Ignatius von Loyola. Als Begleiter von Familienaufstellungen überträgt er nun diese Form der Anschauung auf zwischenmenschliche Problemherde und lässt sie ihre lösende Heilswirkung im Aufstellungssetting entfalten. Die vorliegenden Texte vermitteln eine Zusammenschau von spiritueller Literatur, geistlicher Erfahrung und pragmatischem Familienaufstellen: Paul Imhof macht darin den im biblischen Textcorpus verborgenen therapeutischen Gehalt sichtbar und bringt die tiefenpsychologischen Dimension der Bibel durch szenische Imagination in der aufstellerischen Praxis zum Vorschein.

Da die populäre Aufstellungsliteratur an Fallbeispielen und Erfahrungsberichten keinen Ergänzungsbedarf hat und Ratsuchende genügend Anschauungsmaterial finden können, haben wir uns zu einer außergewöhnlichen Form des Erfahrungsberichtes, einer exemplarischen Dokumentation, entschlossen: Wir baten alle Stellvertreter, die bei einer spezifischen Aufstellung beteiligt waren, um die Niederschrift ihrer jeweils ganz subjektiven Sichtweise auf das erlebte Aufstellungsgeschehen. Diese Mehrperspektivität eben ist es, die wir als eine besondere Chance für Erkenntnis- und Veränderungsprozesse ansehen.

Meine erste Begegnung mit systemischem Familienaufstellen – es war eine zufällige, die mich gehörig überrumpelte – hinterließ Irritation und Neugierde. Ich wollte wissen, was dahintersteckte. Denn ich war wider Willen seltsam berührt von der Tatsache, dass Menschen sich auf ein Geschehen einließen, das auf den ersten Blick wunderlich wirkte, das ihnen aber offensichtlich Erleichterung verschaffte: Ich sah sie gelöster gehen, als sie gekommen waren, und versöhnter. Mich interessierte fortan, was es damit auf sich hatte: Was (Familien-)Aufstellung ist, wie sie »funktioniert«, ob jeder Mensch dafür geeignet ist, ob Geister beschworen oder Menschen manipuliert werden, und wie es sein kann, dass ein Mensch einen wildfremden Mitmenschen vertreten, das heißt an seiner Stelle fühlen und handeln kann. Schließlich wollte ich wissen, wie es dabei zu Versöhnung, Ablösung und Befreiung von Lebensanteilen kommt.

Ich begann zu fragen, zu lesen und zu recherchieren, wohnte vielen Aufstellungen bei, war selbst als Repräsentantin oft Teil des Geschehens und nahm schließlich an einem Curriculum mit dem Titel »Christliche Familienaufstellung« teil, das unter der Leitung Paul Imhofs zwischen Juli 2008 und Oktober 2009 im Rahmen einer Fortbildung der Akademie St. Paul im Bildungszentrum Hof Beutzen in die systemische Aufstellungsarbeit einführte. Was ich dort erlebte und nach Gesprächen, Lektüren und Interviews mit Paul Imhof zusammentragen konnte, hat in diesem Buch seinen Niederschlag gefunden.

Die Textsammlung »Christliches Familienstellen« richtet sich als Einführungslektüre an Lernende, die sich für das Familienstellen in Hinblick auf eine mögliche therapeutische Weiterbildung interessieren. Es ersetzt allerdings weder eigenes Praxiserleben noch ein weiterführendes theoretisches Studium. Vielmehr will es mit seinem subjektiven Ansatz dazu anregen, die eigene Persönlichkeitsstruktur als roten Faden für Lern- und Lebensprozesse anzuerkennen.

Die zweite Adressatengruppe sind Menschen mit einem spirituellen Interesse: Menschen mit kirchlichem Hintergrund, solche, die Distanz zu ihrer religiösen Vergangenheit suchen, ebenso wie solche, die in einer lebendigen Gottesbeziehung aufgehoben sind. Ob einem die missglückte christliche Biographie oder die ad acta gelegte Religion aufstößt; ob jemand auf der Suche ist oder bereits freudig gefunden hat: Spirituelles Familienaufstellen bezieht neben der »naturalen«, anfassbaren Welt auch die übernatürliche Wirklichkeit in den Aufstellungsprozess mit ein. Glaubende und Nicht-Glaubende sind gleichermaßen willkommen, einen Blick hinter die Kulissen zu werfen.

Nicht nur als Journalistin, die sich mit diesem Projekt auf fremdes Terrain begeben hat und nach Herzenslust forschen, bohren und erleben konnte, sondern auch als Mensch fühle ich mich durch die Arbeit an diesem Buch zutiefst bereichert. Es ist mir ein besonderes Privileg, Teil des einjährigen, ersten Curriculums in christlicher Familienaufstellung gewesen zu sein, und mein herzlicher Dank gilt allen, die mit mir diese Wegstrecke abgeschritten und Paul und mich bei diesem Wagnis der Verschriftlichung begleitet haben. Ein Dankeschön geht an die Repräsentanten, die sich die Mühe machten, ein komplexes Geschehen zu rekapitulieren. Die Literaturliste verdankt der Leser Beate Sachs und Michaele Endemann-Kubiak. Des Weiteren säßen ohne die Mithilfe von Christine Buchwitz und Dr. Johanna Imhof immer noch hässliche Fehler im Manuskript – Danke für beharrliches Korrekturlesen! Und wäre Paul nicht so spontan, wie er ist, nicht so geduldig im Antworten, nicht so wach in der Selbstkorrektur und nicht so unermüdlich im ständigen Ergänzen des Textkonvoluts, wäre er nicht so offenherzig und geräumig im Denken und auch nicht so sehr auctoritas, dass er anderen neben sich nicht die größtmögliche Entfaltung gönnte – dann wäre das Buch eine Totgeburt gewesen. So ist es nun ins Leben entlassen, und wir hoffen, dass es vielerorts befruchtend wirkt.

Schließlich sei noch einigen guten Geistern besonders Dank gesagt, die an der Erstellung des Manuskripts mitgewirkt haben: Angelika Rappel, Anna Imhof sowie Christine Buchwitz, die für die Endfassung gesorgt hat. Die Tonbandabschriften der Predigten, die unvermeidlich Redundanzen im Textcorpus mit sich bringen, erstellten Sr. Lilo Müller CCR, Elisabeth Wiest, Angelika Ziegler und Dagmar Zimmermann. Ursula Brombierstäudl wandelte die Sprechsprache weithin in Schriftsprache um.

Wie ist das Buch aufgebaut? Es ist als Lese- und Übungsbuch konzipiert. Durch die verschiedenen Formen der Aufstellungskonzepte ist gewährleistet, dass sowohl das Anliegen der Entweltlichung von Kirche und Religion zugunsten von metaphysischen Vorstellungen aufgegriffen, als auch die Eigenständigkeit von Welt und Natur durch befreiende Kommunikation gefördert werden kann. Metaphysische Glaubensüberzeugungen sind dazu nicht nötig. Man kann unterscheiden zwischen Weltordnung, Schöpfungsordnung und Erlösungsordnung. Das Buch versucht zu erläutern, was mit dem Wort »christlich« positiv gemeint sein könnte. Dies geschieht vor allem anhand kommentierter Christusgeschichten im Raum der Begegnung.

Am besten kann man sich den Inhalt des Buches aneignen, wenn man die einzelnen Kapitel im Festkreis des Jahres rezipiert. Zu den 52 Wochen eines Jahres wurden 52 Impulse verfasst. Die Hauptüberschriften markieren den Rhythmus: Zwischen Himmelfahrt und Pfingsten; Im Kraftfeld des Heiligen Geistes (Sommer); Zeit der Ernte – Zeit des Gerichts (Herbst); Von Weihnachten bis zum Ende der Passion (Winter); Das Leben nach Ostern (Frühling).

Die systemischen Beiträge und Predigten sollen helfen, dass das eigene Leben im persönlichen und gesellschaftlichen Miteinander glückt. Ich freue mich, dass ich für das Buch das Essay über spirituelles Familienstellen, die Dokumentation einer Aufstellung und das Nachwort beisteuern konnte. Das Bibelstellenverzeichnis in der 2. Auflage verdankt der Leser Wilfried Niggeloh.

Inzwischen sind viele Publikationen von Paul Imhof zum Christozentrischen Familienstellen erschienen. Miriam Schnell hat fast 700 Veröffentlichungen des Autors von 1977 bis 2021 zusammengestellt. Sie befinden sich im Buch »Autobiographische Notizen« (Via Verbis Verlag, 2. Auflage 2021, S. 164–203).

Ein Zitat von Paul Imhof, dem Exerzitienmeister und Christozentrischen Systemiker, zur dritten Auflage des vorliegenden Buches ist charakteristisch für seine Sicht der Dinge und seinen Blick auf die Mitmenschen: »Die Moral ist ein Ordnungssystem für das Unnatürliche, die Ethik ein Ordnungssystem für das Natürliche; das Gebetsleben ein System für die Schöpfungsordnung; die Seligpreisungen und Verheißungen Jesu Christi sind ein System für die Erlösungordnung. Durch christozentrische Aufstellungsarbeit glückt die Transformation aus unnatürlichen Verhältnissen und Beziehungen in ein natürliches Leben, das in der Schöpfungs- und Erlösungsordnung seine Vollendung findet. Exerzitien, geistliche Übungen, sind dazu da, um das eigene Leben zu ordnen bzw. es sich ordnen zu lassen. Dies geschieht in trialogischen Einzelexerzitien oder in christozentrischen Systemaufstellungen. Beide Methoden entspringen demselben Geist und müssen für jeden einzelnen Menschen je neu erfunden werden.«

Im Geistlichen Zentrum Schwanberg leitet Paul Imhof das Curriculum »Christliches Familienstellen«. Nähere Informationen über *stephanie.imhof@asp-online.de*. Im Frühjahr 2016 ist das Lehrbuch »Christozentrische Kommunikation« erschienen, das viele Themen (vgl. S. 56, 87, 104, 142, 171, 179, 229, 237, 296) in kommunikations- und triebtheoretischer Perspektive wieder aufgreift.

Anja Trieschmann, Darmstadt 2015, Stephanie Imhof, Hildesheim 2025

SPIRITUELLES FAMILIENSTELLEN

Ein subjektiver Zugang zur Aufstellungsarbeit nach Paul Imhof

»Freiheit kommt durch Entscheidung zu-Stande«

Das Familienaufstellen ist *en vogue*, und auch Publikationen zum Thema schwemmen auf den Markt – vom einsteigerfreundlichen Ratgeber bis hin zur Spezialliteratur für praktizierende Aufsteller. Wozu also noch eine wortreiche Annäherung an ein Mysterium, das sich mit Worten ohnehin nicht vollends fassen lässt?

Weil Paul Imhofs Praxis des Familienaufstellens zwei Besonderheiten birgt, die es so noch nicht gibt.

Das eine: Er verbindet den therapeutisch ausgerichteten Prozess des Familienaufstellens mit der Botschaft von der Befreiung und Erlösung des Menschen durch die heilsame Beziehung zu Jesus Christus und bietet Christen wie auch Menschen, die ihren Glauben aus irgendwelchen Gründen an den Nagel gehängt haben, aber in der Vergangenheit einmal kirchlich sozialisiert waren, eine geistlich-humanistische Perspektive auf ihre Herkunfts-, Ankunfts- bzw. Zukunftsgeschichte an. Dabei ist seine Art des spirituellen Familienaufstellens nicht ausschließlich an (ehemals) Glaubende gerichtet, sondern versteht sich als Erweiterung der systemischen Aufstellungsarbeit, die bei Bedarf den Aspekt einer christlichen Prägung – zusätzlich zum familiär-gesellschaftlichen Kontext – ins Gesamtbild einer Aufstellung integriert. Das bedeutet: Grundsätzlich jede/r, ob mit oder ohne spirituellen Hintergrund, ist willkommen – wer jedoch seine religiöse Herkunft explizit in die Aufstellung einbeziehen möchte, findet bei Paul Imhof eine spezifisch darauf ausgerichtete Begleitung.

Das zweite: Paul Imhofs Art, zu leben, zu lehren und zu predigen – er ist evangelischer Pastor im Nomadendienst mit einem Sitz auf dem Schwanberg –, ist so untrennbar verflochten mit seiner Art, systemisches Familienaufstellen anzuleiten, dass mir eine Vorstellung seiner Persönlichkeit unumgänglich erscheint. Aus diesem Grund habe ich eine Form der Einführung gewählt, die einerseits porträthafte Züge trägt, also Paul Imhof als Person in den Blick nimmt, und gleichzeitig sein Vorgehen beim Familienstellen pragmatisch vorstellt.

Ein Teil des Buches liest sich demnach als eine an Imhofs Persönlichkeit orientierte Hinführung zum Aufstellungsgeschehen, wie es tatsächlich in seinen Seminaren vor sich geht. Hinter- und Beweggründe werden ebenso geschildert wie Prägungen, theologisches Verständnis und Abgrenzungen von anderen Ausprägungen des Familienstellens. Kein wissenschaftlicher Anspruch steht dabei im Vordergrund. Stattdessen ist der Tonfall ein subjektiver, bewusst persönlicher. Erfahrungen während meiner einjährigen Fortbildung im Familienaufstellen unter Imhofs Anleitung sind dabei ebenso eingeflossen wie Interviews mit ihm sowie Tischgespräche und Predigten. Die diversen Fußnoten dienen weniger einem wissenschaftlichen Zweck als dem leichteren Auffinden und Vertiefen von Bezügen zwischen der pragmatisch orientierten Hinführung und Imhofs biblischen Essays, die den größeren Teil des Buches einnehmen.

Subjektiv, assoziativ und wie ein Mosaik, das sich aus hundert kleinen, auf den ersten Blick nicht zueinanderpassenden Steinchen zusammensetzt: So lässt sich die Essay-Sammlung beschreiben, in der Paul Imhof vielfältige Bezüge und theologisch-philosophische Folien für das systemische spirituelle Familienstellen aufspannt. Aus aufstellerischer Perspektive beherbergt die Bibel, vorzüglich das Neue Testament mit seinen jesuanischen Geschichten von Heilwerdung und Los-Lösung, eine facettenreiche und vielschichtige Palette an Dramen, schicksalhaften Settings und Lösungsimpulsen, denen Imhof in seinen Essays und Predigten analysierend und deutend nachspürt. Wer den früheren Jesuiten und heute evangelischen Pastor im Ehrenamt persönlich oder über seine Texte kennen lernt, ist in der Regel irritiert bis überfordert: Von seiner assoziativen, poetisch konzentrierten Art zu sprechen, von seinem Wissen, seiner Erfahrung, seinem Vertrauen auf die eigene Intuition, von seiner Lebensenergie.

Manche sagen, Paul Imhofs Theologie und christliche Freiheitslehre zu begreifen sei vergleichbar mit dem Zusammensetzen eines Puzzles. Erst sind da nur wenige Teile, eher Bruchstücke, schön anzusehen zwar, aber noch nicht im Gesamtkontext zu verstehen. Am Anfang herrscht also die Unschärfe. Immer sind nur Ausschnitte, Fragmente zu sehen. Wie bei einem Puzzle setzt sich das Gesamtbild – von dem, was spirituelles Familienaufstellen eigentlich ist und was es mit Theologie, Archäologie und Dramaturgie gemein hat – erst allmählich aus Erkenntnisbruch und Erfahrung Stück für Stück zusammen. Das erfordert Geduld und Dranbleiben. Nach wiederholter Rezeption oder auch aus weiteren Perspektiven betrachtet, vervollständigen sich die Konturen, ein Motiv erschließt sich, ein Aha-Erlebnis kommt hinzu, und so geht das fort, bis sich das mehr oder weniger vollständige Bild abzuzeichnen beginnt. Und Erkenntnis findet statt.

Stichwort Subjektivismus: Wenn ich eines während der Fortbildung im Umfeld von Paul Imhof gelernt habe, dann das: je subjektiver, desto objektiver. Je mehr man für seine Persönlichkeitsentwicklung (Subjektwerdung) tut, und Familienaufstellen ist ein geeignetes Reflexionsmittel dafür, desto konturierter, sachlicher, zielgerichteter und erfolgreicher wird das eigene Handlungsspektrum. Je mehr man man selbst wird, desto klarer tritt Persönlichkeit aus der diffusen, entpersönlichten Umgebung hervor. Subjektivismus, also Subjektsein, ist kein Mangel, sondern ein Wagnis, ein Risiko – ein unbedingt lohnenswertes.

Mit Freiheit ist zu rechnen

»Die Natur des Menschen ist seine Freiheit.«[1]

»Freiheit bekommt man nicht geschenkt. Man muss sie sich nehmen.« Schmerzreiche Erfahrung steckt hinter den Worten von Meret Oppenheim (1913–1985). Die Künstlerin beschreibt mit ihnen die Erkenntnis aus einem langwierigen Prozess innerer Verwandlung. Einst gehätscheltes Kunstprinzesschen, das nach »jederManns« Pfeife tanzte, durchlebte sie die Metamorphose zur selbstbewussten Frau. Dazwischen ein Weg, eine Krise, Grenzerfahrungen. Sich die Freiheit zu nehmen, eine eigene Identität ausbilden zu wollen, und das jenseits von Fremderwartungen und Konventionen, ist Voraussetzung für Veränderung.

Für Paul Imhof ist Freiheit der zentrale Wert, der den Menschen erst menschlich macht, das heißt zu einem Wesen, das zur Entscheidung fähig ist und verantwortet, was es tut; das Leben gestaltet und vor allem liebt und teilt. In Sachen Freiheit ist der Vollblut-Ökumeniker und Kulturforscher, Exerzitienbegleiter und Familienaufsteller seit Jahrzehnten lehrend unterwegs. Antrieb ist seine Überzeugung: Es gibt immer eine zweite Chance im Leben, es ist nie zu spät für eine Veränderung. Hamsterrad-Muster lassen sich durchbrechen, Grenzen in Richtung auf eine selbstbestimmtere Lebensweise hin erweitern. Ein sicherer Weg dorthin führt durch die Abgründe des eigenen Selbst, in die jeweilige Herkunft und schließlich, ganz gegenwärtig, mitten hinein in die heimlichen Verhaltensmuster, die den Alltag behindern. Geistliche Begleitung nennt Imhof dieses Geschehen, bei dem es im Kern um persönliche Entwicklung geht: Das Auswickeln und Sortieren von in Unordnung geratenen Lebensanteilen zu einer neuen Gestalt von persönlicher Freiheit. Das Geistliche daran ist, dass die Geistebene[2] menschlicher Existenz eine Rolle spielt und gleichzeitig mit dem Hereinreichen Gottes in diese Welt gerechnet wird: »Hinterlege bei Gott deine Freiheit, und du erhältst sie vielfach zurück.«

Eine weitere Methode, mit sich selbst in Berührung und zu innerlicher Veränderung zu kommen, ist das Familienaufstellen. Paul Imhof sieht darin ein Prinzip verwirklicht, das alttestamentliche Wurzeln hat: »Stell dich einfach einmal hin und sieh zu, wie ein anderer für dich kämpft«[3], zitiert er sinngemäß aus dem biblischen Buch der Chronik. Im Kontext des Familienaufstellens gilt »sowohl das Prinzip Stellvertretung als auch das Prinzip Kampfabsage«. Und das Wachwerden für die je eigene Wahrheit: Etwa die, dass hier und da geknebelt ist, was frei sein könnte. Freiheitsschwund ist ein subtiles Geschehen, das sich individuell und innerseelisch vollzieht: Groß ist die Zahl der unbewusst ablaufenden Muster, nach denen der Mensch funktioniert

1 Alle folgenden als Zitat markierten Aussprüche stammen, soweit nicht anders gekennzeichnet, von Paul Imhof.

2 Geistliche Begleitung bietet Paul Imhof während ein- bis vierwöchiger Exerzitien (= geistliche Übungen nach Ignatius von Loyola) an. Nähere Informationen unter *www.akademie-st-paul.org*. In Imhofs Verständnis sind Exerzitien »eine Psychoanalyse im Kraftfeld des Geistes«. Was er unter dem Begriff Geist versteht, wird im Abschnitt *Menschenbild und Werteordnung* ausgeführt.

3 Vgl. 2. Chronik 20,17: »Stellt euch nur auf und bleibet stehen und seht, wie der HERR euch Rettung schafft.«

wie der Hamster im Rad. Neben äußeren Verpflichtungen und Engen gibt es außerdem innere Wächter, die diese oder jene Wahl verunmöglichen, diesen oder jenen Zwang lebensbestimmend oder sogar lebensverhindernd sein lassen. Menschen bedienen sich des Familienaufstellens, um sich selbst und ihren Fallen, ihren herkünftlichen Verstrickungen und Verhinderungen oder allgemein ihren inneren und äußeren Freiheitsberaubungen auf die Schliche zu kommen.

Welche Rolle dabei die Herkunftsfamilie spielt, das will das Familienaufstellen sichtbar machen. Das lateinische Wort *familiaritas*[4] deutet als Wurzel familiären Miteinanders eine Vertrauensbasis an. Wenn dieses Vertrauen gestört ist, gerät das Leben in eine Schräglage – lautet eine Grunderkenntnis systemischer Aufstellungsarbeit. Verkrümmung und Verschneidung können Folgen sein. Nicht immer haben akute Lebensprobleme ihre Ursache in gegenwärtigen Gegebenheiten. Oft liegen die Wurzeln tiefer, wie in Konstellationen oder Verlusten innerhalb der Herkunftsfamilie. Aufstellungen, so die Überzeugung ihrer Befürworter, decken die sogenannten Verstrickungen innerhalb des familiären Systems auf, das heißt, sie zeigen, wo Verstörungen oder Blockaden sitzen und wo Übertragungen von einem Familienmitglied zum anderen, von einer Generation zur nächsten stattgefunden haben. Ziel ist es, künftig gelöster, unabhängiger, vertrauensvoller agieren zu können; aus der eigenen Enge auszusteigen und hinein in eine entspanntere Haltung zum Leben zu gehen. Der Schlüssel für gelingende Zukunft liegt in einem verantwortungsvollen Umgang mit der Vergangenheit: »Die Zukunft lässt sich anders gestalten, wenn man sich seiner Herkunft, seines psychischen Erbes, erlebnismäßig bewusst wird.«

Mehr als 30 Jahre Praxiserfahrung und rund 2000 Aufstellungen haben Paul Imhof gelehrt, dass Familienstellen einem Zuwachs an Selbstbestimmung und Freiheit zuträglich ist: Man gewinnt dadurch an Persönlichkeit und Beziehungsfähigkeit, erweitert seine Möglichkeiten, ethisch zu handeln, und legt, wie nebenbei, die eigene Moralfixierung ab. Positiv ist auch der »Energiespareffekt«: Man investiert nicht mehr in falsche Haltungen, Beziehungen und Lebensmuster, sondern lernt, zu unterscheiden zwischen hilfreichen und beklemmenden Denk- und Verhaltensvarianten. Veränderung ist möglich, propagiert Imhof. Doch im Fast-Food-Tempo ist sie nicht zu haben. Prozesse brauchen ihre Zeit. Das bei einer Aufstellung Geschaute will in Ruhe verdaut werden, wenn es lebensverändernde Wirkung haben soll.

Seit Bert Hellinger diese Form der therapeutischen Begleitung einer breiten Öffentlichkeit bekannt gemacht und damit erst deutschlandweit, dann international Aufsehen erregt hat, seit Heerscharen selbsternannter Hellinger-Jünger mit unterschiedlich ausgeprägter Fachkompetenz »wie Pilze aus dem Boden«[5] schossen und nicht mehr nur Herkunfts- und Gegenwartsfamilien, sondern auch Organisationen und konkrete Lebensprobleme aufstellten, haben weltweit verschiedenste Aufstellungsleiter diese Praxis der Selbsterforschung individuell und facettenreich weiterentwickelt.

---

4 Vgl. Paul Imhof: Herkunft – Ankunft – Zukunft, 72.

5 Vgl. Bertold Ulsamer: Ohne Wurzeln keine Flügel. Die systemische Therapie von Bert Hellinger, München 214.

Paul Imhof hat nicht bei Hellinger, aber von ihm gelernt: Er beobachtete ihn bei seiner Arbeit am Fernsehbildschirm, las seine Bücher, analysierte seine Methode und behielt das Gute. Doch seine ersten Erfahrungen mit Aufstellungen machte er unabhängig davon im klösterlichen Setting als Jesuit. Er entdeckte vor rund 40 Jahren das Aufstellungspotenzial in der gottesdienstlichen Liturgiehandlung, jenem Ritual der Gottesbegegnung, das vom Priester stellvertretend mit der Gemeinde durchgeführt wird und in dem nach katholischem Verständnis eine ansonsten verdeckte Wahrheit momenthaft offenbar wird: eine sogenannte »verdeckte Aufstellung« spiritueller Art.

Imhofs Begriff von Aufstellung ist biblisch fundiert, zielt auf einen Zuwachs persönlicher Freiheit ab und ist anwendbar auf alle denkbaren Lebensbezüge: Seinem Verständnis nach findet sich die Grundidee in religiösen und alltäglichen Bereichen bis hinein in die Alltagssprache.[6] Aufstellung ist für ihn Lebenshaltung, nicht ausschließlich therapeutische Methode. Dementsprechend ist sie Teil seines Glaubens und drückt sich im Gebet ebenso aus wie in der Gemeinschaft mit Menschen. Meditation, Liturgie, rituelles Handeln[7] – alles Spielweisen von Aufstellung. Wesentlich ist dabei die Achtsamkeit im Hier und Jetzt: Sich das anzuschauen, was Realität ist – und nicht das, was man gern hätte. In aller Freiheit! Grundlegend ist schließlich der Glaube, dass das Wichtigste im Leben Geschenk ist – das erst dadurch zustande kommt, dass man es sich auch nimmt – und das allerwenigste nur von der eigenen Leistung abhängt.

Von einem Lebensentwurf in den nächsten wechseln und dem Leben gegenüber wie ein Narr sein, der nirgends beständig ankert – das prägt Imhofs 66-jährige Odyssee. Eine fast schalkhafte Neugierde trieb den »Frei-Denker« kreuz und quer durch die Existenzformen, vom Pfarrer zum Unternehmer, Ehemann und Vater: Paul Imhof balanciert auf Grenzen und überwindet die eine oder andere. Die Möglichkeit zur Entscheidung, in Verantwortlichkeit getroffen, leitet er aus seinem christlichen Fundament ab. Als Christ und leidenschaftlicher Rezipient, Forscher und Exeget der Bibel kennt er das Befreiungspotenzial, das in der überlieferten Lehre Jesu bildreich verpackt ist. Dessen verwandelnde Kraft zu entpacken[8], es in der Alltagswirklichkeit einer individuellen Biographie Gestalt werden zu lassen – das ist ein wesentlicher Impuls seiner Aufstellungsarbeit.

---

6 Vgl. Abschnitt Menschenbild und Werteordnung.

7 Vgl. Abschnitt Was ist christlich an Christlicher Familienaufstellung? sowie Paul Imhof: Herkunft – Ankunft – Zukunft, 72; Die Seepredigt, 206.

8 Daniel 2,28: »Es west jedoch ein Gott im Himmel, der Geheimnisse offenbart.«

Prägende Faktoren für Paul Imhofs spirituelles Familienaufstellen

»Ich bin durch Vieles durchmarschiert.«

Paul Imhof (Jahrgang 1949) entdeckte die Methode des Familienstellens durch Beobachtung und den eigenen Lebensvollzug, in dem sich verschiedenste kulturelle Prägungen kreuzen. Als Jesuit, dem Wurzeln und Geschichte seines Ordens auf die Dauer nicht fremd blieben, kam er als junger Mann mit jesuitischer Mission in China und der dort tradierten Ahnenverehrung in Kontakt. Den Jesuiten war es ein Anliegen, das Christentum mit dem chinesischen Ahnenkult in eine fruchtbare Begegnung zu bringen. In der darin zum Ausdruck kommenden Achtung des Menschlichen erschloss sich für Paul Imhof der Sinn von Ahnenwürdigung.

Exkurs: Der Ahnenkult der Chinesen geht von der Annahme aus, dass der Mensch zwei Seelen besitzt: Die eine wird im Augenblick der Empfängnis geschaffen, lebt nach dem Tod beim Leichnam im Grab und ernährt sich von den Opfern, die die Hinterbliebenen ihm darbringen. Zerfällt der Leichnam, schwindet auch die Kraft dieser Seele. Als Schattenwesen lebt sie in der Unterwelt, bei den »Gelben Quellen«. Werden ihr Opfer verweigert, kehrt sie als übelwollender Geist auf die Erde zurück und stiftet Unheil. Die zweite Seele gilt als höherstehend und entsteht erst nach der Geburt. Weil sie auf ihrer Himmelsreise von bösen Mächten bedroht wird, ist sie ebenfalls auf Opfer und Gebete der Nachkommen angewiesen. Bleiben die Opferungen aus, dann wird auch diese Seele zum bösen Geist. Bringen ihr aber die Hinterbliebenen Gaben dar und würdigen sie die Vorfahren, können sie von der Seele des verstorbenen Ahnen Schutz erhoffen.

Auch die jesuitische Tradition prägte Imhofs Verständnis von Aufstellung: Betrachtende Meditation, kirchliche Liturgie und Exerzitien, jene Form von Gebetsübungen, die auf den Gründer des Jesuitenordens, Ignatius von Loyola, zurückgehen und die Imhof praktiziert und lehrt, versteht er als Formen innerlicher Aufstellung. Seine Begründung: In deren Vollzug »visualisiere sich ein Beziehungsgeschehen« – zwischen geschaffener Wirklichkeit (Mensch) auf der einen und ungeschaffener göttlicher Wirklichkeit auf der anderen Seite. Dieses Sichtbarmachen lässt biblische Geschichten zu Aufstellungsgeschichten werden, die in alltägliche menschliche Gegenwart hineinragen. Ein weiteres prägendes Moment im Orden war eine Maxime, die der ehemalige Mönch als humanistische Grundhaltung beschreibt: »Lieb haben, nicht Recht haben, das ist Prinzip. Es gilt nicht das Prinzip Vernichtung, sondern auch der übelste Repräsentant soll immer noch eine Chance erleben können.«

Paul Imhof sammelt ein Leben lang und auf unterschiedlichsten Forschungsfeldern Erkenntnis und Erfahrung. Archäologie, Philosophie und Theologie, Thorastudien und einschlägige Erkundungen naturvölkischer Rituale gehören zum Standard seiner inwendigen Bibliothek, aus der er bei Bedarf zu schöpfen weiß. Neugier und Abenteuerlust treiben ihn dazu, die Dinge, reale und überreale, von unterschiedlichen Standpunkten aus anzuschauen: Aus Sicht des Philosophen interessiert ihn am Familienstellen, wie sich »reflektierte Weltanschauungen aus verschiedenen Perspektiven und mit unterschiedlichen Methoden betrachten« lassen. Für ihn als Theologen, der beide Konfessionen studiert hat und in beiden zu Hause ist, spielt die »Öffnung von nicht-besetzten Wirklichkeiten« eine tragende Rolle. Die Bibel liefert ihm archaisches Bild- und Geschichtenmaterial, das, geist-voll und mit allen Sinnen meditiert, freiheitliches Potenzial bereithält: »Ein Grundbuch für die Menschenfamilie ist das biblische Buch der Johannesoffenbarung als *Evangelium*, das heißt, wenn es als Botschaft von der Befreiung ausgelegt wird – und nicht, wie oft missverstanden, als Weltuntergangsszenario. Es geht darin um die Lebenswelten, in denen ich mich als Mensch zwischen Untergang und Neuschöpfung, Schicksal und Zukunft der Menschheit bewege. Die neutestamentliche Offenbarung ist im Grunde das größte Aufstellungskonzept, das es gibt: Alles wird neu, hat eine neue Chance. Christliches Aufstellen hat immer eine Auferstehungsperspektive.«

Obwohl Paul Imhof das Familienaufstellen klar vom Schauspielen unterscheidet, scheut er sich nicht, eigene dramaturgische Erfahrungen in die Liste prägender Ingredienzen einzureihen, die er bei diversen Dreharbeiten für Kulturfilme sammelte. »Der Gau jeder Aufstellung ist schlechtes Oberammer-gau«, sagt er und meint das Abgleiten des Aufstellungsprozesses in laienhaftes Rollenspiel oder das theatralische Hervorzaubern eines Happy Ends, das künstlich Harmonie wiederherstellen soll. Obwohl beim Aufstellen gerade nicht schauspielerische, sondern einfühlende Fähigkeiten gefragt sind, erlaubt sich Imhof als Begleiter von Aufstellungen eine aus der Filmregie abgeleitete Frage: Was funktioniert dramaturgisch und was nicht? »Filme machen ist eine gute Übung für die begleitende Person, denn sie schult die dramaturgische Kompetenz und Formen der Visualisierung. Ein unkonventioneller Einstieg steigert die Dynamik.«

Segnen und fördern, kirchlicher Delegat in der Türkei sein, Gottesdienste und Ausgrabungen gestalten, sich fremde Kulturen vertraut machen, Firmen gründen und Filmregie führen: »Ich bin durch Vieles marschiert«, bekennt sich Imhof zu seiner biographischen Odyssee. Alles, was ihm dabei begegnete, habe ihn hineinwachsen lassen in die spirituelle Aufstellungsarbeit. Alles war notwendig und bildend – kognitiv, spirituell und humanistisch. So sind ihm monastisch-priesterliche Facetten ebenso vertraut wie wissenschaftlich-intellektuelle Ausflüge. Er weiß aus eigener Erfahrung, wie sich Askese anfühlt, was es heißt, in einer religiösen Gemeinschaft zu leben und sich in Rom von Ordensgelübden dispensieren zu lassen oder ein Unternehmen zu leiten, weiß, was alles zum Spannungsbogen in einem Kulturstreifen gehört und, seit vielen Jahren, was ehelicher Familienalltag bedeutet.

Das Procedere

»Stellt euch nur hin und bleibet stehen und seht, wie der HERR euch Hoffnung schafft.«

Das Aufstellen zeigt auf, was verborgen ist. Es muss dabei an kein bestimmtes Ziel oder zu einer speziellen Lösung kommen. Es tut nichts weiter, als offenbar zu machen, was der Fall, das Problem, das Hindernis (in der Seele, im Betrieb, im Leben eines Menschen) ist. Zugrunde liegt das Prinzip der Stellvertretung – nach Imhofs Verständnis »ein zutiefst christliches Modell«. Stellvertretung ist ein Ausdruck von Mitmenschlichkeit und macht Sinn aufgrund der vielfältigen Verwandtschaftsbezüge zwischen den Menschen: Es gibt herkünftliche, seelische, physische, spirituelle oder geistige Verbundenheiten. Denn alle Menschen sind grundsätzlich Mitglieder der einen Menschheitsfamilie. Einer kann daher für einen anderen etwas repräsentieren, für einen anderen empfinden, sich in einen anderen hineinversetzen, da jedem ein Grundsetting an Gefühlen und emotionalen wie geistigen Lebenserfahrungen vertraut ist. Die Quantität an Wissen über die Person, in die man sich hineinversetzt, ist dabei nicht entscheidend.

Tragfähiger ist die Voraussetzung des allen gemeinsamen Erfahrungsschatzes, die »geistige Wirklichkeit, die sich stellvertretend im anderen zeigt«. Erst das universale Wissen macht das Aufstellen möglich. Das heißt konkret, verschiedene Menschen oder Funktionen, Wesen oder Inhalte werden in einem Raum in ihrer Bezogenheit aufeinander hörbar und sichtbar gemacht. Eine Person »inkarniert« dabei stellvertretend für eine andere ins menschliche oder geistige Dasein, wird zu dessen Vertreter (für die aufstellende Person selbst, deren Vater, Mutter, Angestellte, Urgroßtante) oder zum Stellvertreter für einen geistigen Zustand (wie die Schwäche, die Lähmung, das Hin- und Her, die Freiheit).

Der Ablauf geschieht nach einem groben Schema: Zu Beginn bittet die begleitende Person den/die Aufstellende/n, das Problem zu beschreiben. Grundlegende und einschneidende Fakten (über Familie oder Problemstellung: Todesfälle, Straftaten, traumatisierende Geschehnisse in der Familie, Geschwisterkonstellationen, Alter von Vater, Mutter, Flucht, Vertreibung, Heimat usw.) sind zur Themenklärung ausreichend. Dabei ist der erste emotional besetzte Satz bzw. die erste Metapher einer solchen Anamnese von höchster Bedeutung. Darin verbirgt sich häufig die wesentliche Problematik – mehr als in allen weiteren Sätzen, die oft Rechtfertigungen und Abschwächungen des Einstiegssatzes beinhalten. Dieses »Vorgespräch« hat eine wichtige Funktion für die Gruppe und für das, was in der Aufstellungspraxis häufig das »wissende Feld« genannt wird, jene Geist- bzw. Informationsebene, aus der heraus die Gruppe bzw. die Stellvertreter agieren. Am Ende dieses Vorgesprächs soll deutlich geworden sein, welches Mandat der/die Aufstellungsbegleiter/in erhalten hat. Was ist das Anliegen, das behandelt werden soll?

Schließlich sucht der/die Aufstellende unter den anwesenden Personen Repräsentanten, das heißt Darsteller oder Vertreter, die für bestimmte Elemente oder Menschen stehen. (Es lassen sich Organisationen, Institutionen, Systeme aufstellen – die systemische Aufstellung im klassischen Sinn[9] – oder Menschen in Beziehungen, was Imhof »synistemisches Aufstellen« nennt. In den Blick soll ja der Organismus eines geistig-seelischen, lebendigen Leibes kommen. Dabei ist »der Repräsentant, der freiwillig handelt, für eine kurze Zeit Träger für einen anderen, damit dieser anschließend befreiter weiterleben kann«. Für die Repräsentanten ist es wichtig, sich bewusst zu machen: Der Vertreter ist nie das Original! Er ist lediglich Projektionsfläche für ein Geschehen, das mit dem Leben eines anderen Menschen zu tun hat. Es ist daher ratsam, sich gut wieder aus der Vertretung zu lösen, sobald die Aufstellung vorbei ist. Und sich auch nicht »mit Vertretungen zu übernehmen«.

Die aufstellende Person stellt die Repräsentanten intuitiv und ohne lang nachzudenken irgendwo im Raum auf – einander zu- oder abgewandt, wie er/sie es in diesem Moment als passend empfindet. Dann heißt es für die Stellvertreter: leer werden und sich in die jeweilig vertretene Person oder Funktion einfühlen. Alle anderer begleiten währen dessen in einem Außenkreis. Warten ist angesagt, so lange, bis die Stellvertreter Impulse zu einer Veränderung ihrer Situation spüren. Reihum befragt die/der Begleiter/in die Stellvertreter nach ihren Gefühlen oder Handlungsimpulsen und lässt dem Geschehen beobachtend (und das Geschehen zugleich wohldosiert verbalisierend) seinen Lauf. Gegebenenfalls ermutigt die begleitende Person sie auch zu Positionswechseln, falls das ihrem Zustand besser entspricht, oder auch zu Aussagen über ihre Situation bzw. zu ihrer emotionalen Verfassung. So werden Beziehungskonstellationen, Nähe und Ferne der Personen zueinander ausprobiert. »Der primäre Kommunikationstrieb des Menschen wird dabei optimal befriedigt.«

Mitunter kann es im Laufe einer Aufstellung zu Stagnation kommen: Nichts geht mehr, minutenlang regt sich keiner der Beteiligten, und es scheint, als gäbe es für die dargestellte Situation keine Lösung. Oftmals ist gerade dann ein Höhepunkt erreicht, der eine Entscheidung erfordert. Manch ein Stellvertreter wird in solch einer Pattlage kribbelig und möchte eine Lösung vorantreiben. Die Gefahr eigenmächtiger Manipulation ist an dieser Stelle am stärksten. Sobald die begleitende Person das spürt, wird sie intervenieren. Intervention kann auch nötig werden, wenn ein/eine Stellvertreter/in unter den Emotionen, in die er/sie geschlüpft ist, zusammenzubrechen droht. Als höchster Grundsatz gilt, den Schutz aller beteiligter Personen zu garantieren.

Die Aufgabe der Person, die eine Aufstellung veranlasst, ist es, zuzuschauen und die eigenen emotionalen Reaktionen wahrzunehmen. Zu einem späteren Zeitpunkt steigt sie in die Aufstellung ein und nimmt die genealogische, physische, seelische und spirituelle Wirkungsgeschichte wahr, die die Stellvertreter für sie erarbeitet haben. Sobald das Lösungsbild erreicht ist, gibt die begleitende Person ein Zeichen für den Ausstieg aus den Stellvertreterrollen und entlässt die Repräsentanten aus ihren Funktionen. Im Anschluss ist der Hinweis auf die Möglichkeit einer weiteren Begleitung nicht nur Person, für die die Aufstellung ausgeführt

9 Vgl. Paul Imhof, Vom Familiensystem zur Hausgemeinde, 105.

wurde, sondern gegebenenfalls auch für die Repräsentanten und die Zuschauer wichtig, da mitunter tiefgreifende Prozesse ausgelöst wurden, die ein Gespräch oder eine Begleitung, gegebenenfalls eine länger währende seelische Stütze erforderlich machen können.

Paul Imhof vergleicht das Geschehen des Aufstellens mit der Dramaturgie im griechischen Theater: Durch Identifizierung sollten die Zuschauer, beispielsweise einer klassischen Tragödie, in einen Prozess innerer Reinigung einbezogen werden, quasi über Mitleid und Furcht durch einen Läuterungsprozess gehen. »Jedes Aufstellen ist wie eine Welturaufführung im Kraftfeld des Evangeliums«, sagt Imhof, der als regieführender Filmproduzent Erfahrung mit Dramaturgien gesammelt hat. Doch beim Aufstellen geht es eben nicht um Schauspiel, auch nicht um die Selbstdarstellung eines Regisseurs, sondern um »geglaubte Erlösung: jedes Ding, jeder Mensch darf es/er selbst sein. Aufstellen ist immer Arbeit wider die Entfremdung«.

Nicht ein Regisseur realisiert das Textbuch, sondern das Leben selbst. Regie heißt im Kontext des spirituellen Aufstellens, dass eine Person – nämlich der Aufstellungsbegleiter – die Stellvertretung für die geistliche Gruppenbegleitung übernimmt. Alle anderen Repräsentanten sind durch die faktischen Vorgaben klar charakterisiert und doch frei in Dialog und Handlung. Die regieführende oder begleitende Person ist nicht in der Position, eine Lösung aus dem Ärmel zu schütteln oder sie den Stellvertretern gar als Handlungsmaxime vorzugeben. Ein einfühlsamer und verantwortlicher Umgang mit der Repräsentanz sowie ein Vertrauensvorschuss zwischen Begleitung und Stellvertretern sind dazu erforderlich. Die Grenze zur Manipulation ist dennoch fließend und bedarf einer fachlich geschulten, erfahrenen wie menschlich hochsensiblen Begleitung, um nicht eigenmächtigen Steuerungsfantasien in die Falle zu gehen. Alles bleibt eine Gratwanderung. Die Lösung schließlich ergibt sich durch das multisensorische Zusammenwirken aller Stellvertreter mit einer aufmerksamen Regie und gegebenenfalls der direkten Einbeziehung der Hauptperson der Aufstellung.

Bleibt die Frage, auf welche Weise sich löst, was bis dato als unentwirrbarer Knoten, unüberwindliche Mauer, Lebensproblem oder Betonkloß im Bauch gespürt wurde. »Frucht kommt spontan – ohne asketische Überforderungsprogramme –, Verwandlung geschieht wie von selbst - Störfaktoren sollten gemieden werden - deutet Paul Imhof das rational schwer fassbare, dennoch real erlebbare Geschehen. Die Aufstellung muss nicht bis ins Detail kognitiv aufgearbeitet und verstanden werden, damit sie etwas bewirkt. Sie wirkt sich vielmehr von selbst aus: Die geschauten Bilder, Konstellationen, Lösungsangebote und im Gedächtnis haften gebliebene Sätze entwickeln eine eigene Dynamik, die begleitend durch Gespräche unterstützt werden kann.

Ein neues kreatives Leben danach ist die eigentlich produktive Zeit einer Aufstellungsarbeit und zugleich die »Heimlich-Phase«, in der sich oft jenseits rational bewusster Analyse Entscheidungen formen, Schmerzhaftes ausklingt, sich Dinge ordnen. Oder, um in der Alltagssprache der Filmproduktion zu bleiben: Nachdem der Film abgedreht ist, beginnt (im Studio) die Bearbeitung, der Schnitt, die Verwandlung des Materials. Sensibilität und Kreativität sind bei jeder Postproduction erforderlich (in der Deutung und alltagstauglichen Umsetzung des Materials). Die Frage für die Nacharbeit ist: »Wie bekomme ich in meinen Film einen Rhythmus hinein, dass die Bilder laufen? In meinen Lebensfilm neu die Freiheitsspur?« Der Alltag schließlich ist das Feld der Bewährung. Dort zeigt sich, was das Aufstellen bewirkt hat und ob ein neues Selbstverständnis gewonnen werden kann, das wiederum verwandelnd Einfluss nimmt auf die Verhältnisse.

Für die Umsetzung im Alltag kann es ratsam sein, sich eine geistliche Begleitung zu suchen. Sie ist im Nachklang einer Aufstellung eine überaus wertvolle, richtungweisende Hilfe, die unter Umständen vor Fehldeutung und Überbewertung schützt. Grundsätzlich gilt für die Rezeption: Eine Aufstellung ist nicht als unabänderliches Schicksal misszuverstehen! Vielmehr sollte sie genutzt werden, um neue Freiheiten des Handelns und Verhaltens einzuüben. Es besteht die Gefahr, sich von den beim Aufstellen gesehenen Bildern abhängig zu machen. Doch die offenbarten Wahrheiten einer Aufstellung sind nicht dafür da, dass sie gedankenlos erfüllt werden, sondern dass der Mensch in neue Verhaltensspielräume eintritt. »Verheißungen und Lösungsbilder sind Angebote an die Freiheit des Menschen.«

Oder noch einmal anders formuliert: »Durch Unterbrechung der Rolle wird Gegenwart.« Indem ein Verhaltensmuster, das heißt eine Rolle, die ein Mensch zu irgendeinem Zweck (zum Beispiel als Schutzmantel, Überlebens- oder Erfolgsstrategie) eingenommen hat, durchbrochen wird, eröffnen sich Freiräume für bislang unerprobtes Handeln im Hier und Jetzt. Veränderung wird nicht nur denkbar, sondern – jetzt – erlebbar. Doch letztendlich ist die während des Aufstellens sichtbar gewordene Lösung für ein Problem – ebenso wie das Phänomen des stellvertretenden Empfindens für eine fremde Person als Repräsentant – Teil jenes Geheimnisses, das für die/den erfahrbar wird, die/der sich darauf einlässt. Für die einen ist es Rätsel, Scharlatanerie, esoterischer Firlefanz, für die anderen Einblick in die Strickmuster der eigenen Persönlichkeit oder gar leibhaftig erfahrener Befreiungsschlag. Auflösbar ist dieser Rätselrest rational nicht. Organische und moralische Triebe sind mit im Spiel.

Doch für jene, die Glauben investieren wollen und sich dem öffnen, was Paul Imhof den Geist nennt[10], löst sich der Knoten durch eine Art aktiver Passivität: durch hinhören, hinschauen, frei assoziieren, Gefühle zulassen und sich einlassen auf das, was geschieht. Für die Folgezeit gilt: krampflos dranbleiben, wach sein und wahrnehmen, handeln und Verantwortung übernehmen. Seelische Verwandlung geschieht in Zeitlupe. Geistige Verwandlung kann sich plötzlich ereignen. Und sie verändert zunächst nicht die Verhältnisse und nicht die anderen, sondern die eigene Selbstsicht: »Aus einem Pferd wird kein Hund – aber aus entfremdeten Menschen kann eine ganze integrierte Person werden. Und wer sich verändert, dem kann der andere neu begegnen.«

---

10 Vgl. Abschnitt *Menschenbild und Werteordnung*.

Was ist geist-lich am spirituellen Familienaufstellen?

»Der HERR wird für euch streiten, und ihr werdet stille sein.« (Exodus 14,13–14)

Ignatius von Loyola (1491–1556): *»Wahre dir in allen Dingen die Freiheit des Geistes. Schau in nichts auf Menschenrücksicht, sondern halte deinen Geist innerlich so frei, dass du stets auch das Gegenteil tun könntest. Lass dich von keinem Hindernis abhalten, diese Geistesfreiheit zu hüten. Sie allein gib(t) niemals auf.«*[11]

Das Familienstellen ist für Paul Imhof eine Form von geistlicher Begleitung, die der Krisenintervention ebenso dient wie der Vorbeugung: denn es zielt darauf ab, ungeklärte Verhältnisse deutlich werden zu lassen, sie differenziert zu betrachten und in einer Art Skizze neue Handlungsspielräume für die eigene Entwicklung zu eröffnen. Schließlich soll das während einer Aufstellung gewonnene Bild (etwa von gelingender Beziehung) als Anstoß für einen Veränderungsprozess im Aufstellenden verankert und als Lösungspotenzial in die Konflikte des Alltags hineingetragen werden. Ein spiritueller, das heißt geist-reicher Moment in Paul Imhofs Ansatz ist, dass neben der natürlichen, das heißt genetisch-fleischlichen Daseinsebene, explizit auch die Geistigkeit des Menschen sowie die übernatürliche Möglichkeit göttlicher Präsenz einbezogen werden.

Was genau ist nun das Spirituelle, oder in Imhofs entschiedener Ausprägung das genuin Christliche? Für ihn beinhaltet die Frage nach dem Was immer auch die nach dem Wer, nach der Person: Wer ist der Christus? »Der Spitzentitel für den Messias bzw. Christus heißt Sohn Gottes (vgl. Psalm 2,7). Er hat die Aufgabe zu offenbaren, wer Gott ist und wie menschliches Miteinander bei den Völkern und in Israel geht. Zum ersten Mal werden in Antiochia, dem heutigen Antakya/Türkei, die Anhänger Jesu Christen genannt. Sie glaubten an ihn als den Christus. Wo aus seinem Geist gelebt wird, ohne sich auf ihn zu berufen, da sprechen Theologen wie Karl Rahner von anonymen Christen.«

Zweite Chance, neu werden, auferstehen, versöhnen, erlösen und stellvertretend tragen – all das sind Begrifflichkeiten originär christlicher Prägung, und alle tauchen sie irgendwann einmal im Umfeld von Aufstellungen auf. Doch inwiefern sind sie alltagstauglich? Wo haben sie für zeitgenössische Lebensmodelle Relevanz, im individuellen wie im Beziehungskontext?

Bezüge zwischen Alltagswirklichkeit und Glauben herzustellen ist für Paul Imhof wie ein Reflex. Erlösung ist für ihn mehr als eine theologische Größe, sie ist erfahrbare Realität. Wenn beispielsweise während einer Aufstellung Licht in ein Beziehungschaos fällt, ungeordnete Anhänglichkeiten bzw. Abhängigkeiten deutlich werden und sich durch entschiedene Schritte lö-

11 MHSI Monumenta Ignatiana. Series prima: S. Ignatii Epistolae et Instructiones. Bd. I–XII. Madrid 1903–1911, hier: MI Epp. XII, 679; zitiert in: Strukturen der Wirklichkeit, Bd. 1, hrsg. von Paul Imhof und Eduard Saroyan. Zitiert nach Paul Imhof, Grammatik der Werte, in: Leben im Geist. Perspektiven der Spiritualität, hrsg. von Paul Imhof und Gabriel-Alexander Reschke, Scheidegg 2005, 176.

sen lassen, dann ist das für ihn praktizierte Er-Lösung im Kraftfeld des schöpferischen Geistes, des Gottes- bzw. Liebesgeistes.

Seinem Verständnis nach funktioniert aufstellerische Stellvertretung nach dem Strickmuster christlichen Glaubens: Während das stellvertretende Sterben und Auferstehen Jesu Christi das Verhältnis zwischen Gott und Mensch offenbar macht, so werden durch stellvertretende Aufstellungen ver-rückte Ferne-Nähe-Relationen zwischen Menschen sichtbar. Übertragen auf die kirchliche Realität, nimmt etwa der katholische Priester im Kultspiel der heiligen Messe abwechselnd die Position der ritualisierten Jesusrolle oder der Gemeinderepräsentanz ein: »Deinen Tod, o Herr, verkünden wir, und deine Auferstehung preisen wir, bis du wiederkommst in Herrlichkeit«, das heißt in neuer Bedeutung, in neuer Gewichtigkeit. Der Ritualcharakter der »liturgischen Präsenz« bietet den Menschen Verlässlichkeit.[12] »Liturgie ist ernsthafteste Aufstellungsarbeit, bei der das Drama des Evangeliums in Wort und Gestaltung zum Vorschein gebracht werden soll.«

Das Familienaufstellen reflektiert biographische Geschichten von Individuen. Keine gleicht der anderen. Doch so individuell jede einzelne Lebensskizze, jede Problematik auch ist: Als Teil der Menschheit ist das Individuum in die Zyklen des Lebens – Geburt, Werden, Sterben – eingebunden. Viele Stationen und Gefühle in einem Menschenleben ähneln daher denen der Mitmenschen. »Mensch ist mit Mitmensch verwandt.« Die Mythologie und andere urgeschichtliche Zeugnisse können in Aufstellungen deshalb als Verständnisimpuls dienen, um individuelles Geschehen einordnen zu können und einen (hilfreichen) Umgang damit zu finden. Auch die Bilderwelt der Bibel hat solch archetypischen Charakter. Mit der Anbindung an biblische Geschichten und an die heilsame Sprengkraft einer übernatürlichen Ordnung geht Paul Imhof einen Schritt über eine nur natürliche Aufstellung hinaus.[13]

Diese geht davon aus, dass Menschen in (Beziehungs- und Familien-)Systeme hierarchisch eingebunden sind und allein schon das Anschauen und akzeptierende Wiedereintreten in die ursprüngliche Ordnung heilende Wirkung auf den Menschen hat. Indem jedoch dem natürlichen System eine übernatürliche, von außen hereinragende Ordnung beigesellt wird, erweitern sich die Lösungsmöglichkeiten. »Eine Lösung hat zwei Möglichkeiten zu erscheinen: Entweder sie entwickelt sich aus dem System heraus, oder sie kommt von außen. Manchmal gibt es keine klassisch therapeutische Lösung – es muss etwas von außen neu in die Situation hereinreichen, gleichsam ein Katalysator.«

Konkret sieht das so aus: Nach Bedarf werden natürliche und übernatürliche – nicht unnatürliche – Komponenten in den Prozess des Aufstellens positioniert: etwa das Über-Ich, das Erbarmen, die Furcht, die Schwere, ein Engel oder auch Christus werden durch Stellvertreter personifiziert, auf Mandat des/der Aufstellenden ins Schaubild hineingenommen. Oft treten sie nicht schon zu Beginn auf, sondern entwickeln die Notwendigkeit ihrer Präsenz erst im

12 Vgl. Paul Imhof: Vom Familiensystem zur Hausgemeinde, 105.

13 Vgl. Paul Imhof: Herkunft – Ankunft – Zukunft, 72; Die heilige Familie, 163; Vom Familiensystem zur Hausgemeinde, 105.

Laufe des Aufstellens, zum Beispiel das Matriarchat, die Jungfrau, die Mutter, die schwarze Göttin, Maria, der Staat Israel, der Sinaibund.

Der spirituelle Begleiter fragt dann die/den Aufstellenden, ob sie/er in die bereits offenbar gewordene Ordnung eine zusätzliche Wirklichkeitsebene – die geoffenbarte Erlösungsordnung – integriert haben möchte. »Ordnungen sind nicht allein natural vorgegeben, sondern entstehen auch durch Tathandlungen der Freiheit. Je freier die begleitende Person diesbezüglich ist, desto besser. Auch hier kommt ein christlicher Aspekt ins Spiel.« Und noch etwas: Freiheit zielt auf Wahl. Daher wird ihre Logik oft deutlicher, wenn zur Klärung des Woher und Wohin die Unterscheidung der Geister berücksichtigt wird. Zur Visualisierung kann man daher zum Beispiel die Gestalten der Konsequenz und der Inkonsequenz einführen.

Die Freiheit ist immer auch die Freiheit der Unterbrechung. Kreisläufe, Abfolgen und Wiederholungsmuster lassen sich gegebenenfalls zu einem Ende bringen. Karmische Verstrickungen besitzen Sollbruchstellen in der Gegenwart. So hört der Prophet Hesekiel: »Und des HERRN Wort geschah zu mir. Was habt ihr unter euch im Lande Israel für ein Sprichwort: ›Die Väter haben saure Trauben gegessen, aber den Kindern sind die Zähne davon stumpf geworden.‹ So wahr ich lebe, spricht Gott der HERR: Dies Sprichwort soll nicht mehr unter euch umgehen in Israel.« (Hes 18,1–3)

Der spirituelle Aspekt des Familienstellens spiegelt sich auch in der Einbeziehung alltagstauglicher Gebetspraktiken. Für Paul Imhof bedeutet Beten nicht: Hände falten, Kopf neigen, Unterwürfigkeit signalisieren. »Beten heißt, sich lieben lassen.« Gebet verstanden als innere Haltung, die hörend auf Begegnung zielt – das hat mit dem Aufgeben von Kontrolle zu tun. Auch jener Form von Kontrolle, die weiß, welcher Weg für einen anderen Menschen der beste ist. Spirituelle Begleiter beten während einer Aufstellung, das heißt hören und haben die Sinne geöffnet für den lenkenden Geist, der sich durch Impulse und Intuition wie auch durch das Zusammenspiel der Repräsentanten bemerkbar macht. Diese Haltung des inneren Gebets macht die begleitende Person zugleich weniger anfällig für unzulässige Manipulation und Machtübernahme.

Auf Seiten der Stellvertreter ist das Leerwerden eine Form des Gebets: Gebet verstanden als hörendes, empfangendes Warten, als Sich-lieben-Lassen. »Im Unterschied zum Familienaufstellen im Horizont der Binnentranszendenz werden beim christlichen Familienaufstellen explizit Gebetsformen in die Heilungsprozesse eingebaut. Die verantwortlichen Begleitpersonen nehmen sich dabei zurück, um dem Geist Gottes lösungsbringende Kraft einzuräumen.«[14]

Übernatürliche Komponenten sind nur ein Angebot zur zusätzlichen Veranschaulichung – kein Muss. Maßgeblich ist immer der Wille des/der Aufstellenden. »Der Mensch in seiner Realbiographie darf personengemäß vorkommen.« Wem die Gotteswirklichkeit Teil seines Lebens ist, der darf diese Realität selbstverständlich in die Aufstellung mit hineinnehmen, genauso wie der, der diese leugnet und nicht gegen seinen Willen damit behelligt werden will.

14 Vgl. Paul Imhof: Herkunft – Ankunft – Zukunft, 105.

Und auch Menschen, die mit einem beschädigten kirchlichen Hintergrund leben und sich ihre Glaubensschädigung anschauen wollen, denen eine natürliche Aufstellung also nicht ausreicht, sollen mit ihrem vollen Lebensbezug vorkommen können. Auch keine Form von Scheinkommunikation muss verdrängt werden.

»Ansehen kommt durch Ansehen«, bringt Imhof das Aufstellungsgeschehen aus christlicher Sicht auf den Punkt. Er zitiert den aaronitischen Segen: »Der in sich versunken scheinende Geist erhebt immer wieder sein Angesicht.«

Seine Überzeugung: Nur aus dem Bewusstsein des Angenommen- und Angesehenseins entwickelt sich freies Menschsein. Das gilt gleicherweise für Menschen ohne kirchlich-religiöse Sozialisation wie für jene, deren Herkunft oder Gegenwart mit einem Glaubenssystem verflochten war/ist. Paul Imhof denkt, glaubt und arbeitet konfessionsübergreifend und kirchlich unfixiert – es gibt bei ihm weder evangelisches noch katholisches oder freikirchliches Aufstellen. Alle Menschen, gleich welcher Herkunft, sind willkommen. »Ich arbeite prinzipiell entgrenzend, sowohl was Kulturen wie auch Religionen und Konfessionen betrifft. Wie Paulus möchte ich den Griechen ein Grieche, den Juden ein Jude und den Römern ein Römer sein. Und dabei mir selbst treu bleiben.«

Menschenbild und Werteordnung

»Die Wahrheit ist dem Menschen zumutbar.« Ingeborg Bachmann (1926–1973)

Der Mensch ist Geist, Seele und Körper. Ihn als »begeistertes« Leibwesen wahrzunehmen und zu unterscheiden, welcher Geist in einem Menschen gerade am Wirken ist: Das betrachtet der Archäologe Imhof, der mit Leidenschaft auch nach sprachlichen Ambivalenzen gräbt, um Deutungsspielräume freizulegen, als einen Grundzug seiner Arbeit als spiritueller Begleiter. »Aufstellungsarbeit bewegt sich immer im Umfeld der Geisterforschung, ist quasi angewandte Geisteswissenschaft und Theologie«, sprachbastelt Imhof, der sich, in beiden Fachbereichen promoviert, nicht ganz ernstgemeint als »Doktor in Geistesfragen« bezeichnet. »Sola autem experientia facit theologum«, zitiert er Martin Luther (WA 25, 106): »Nur Erfahrung macht den Theologen!«

Spricht Imhof von Geist, so meint er jene unsichtbare Wirklichkeitsebene, die sich als unausgesprochenes Wertesystem oder aber treibende Kraft im Leben, als Würde oder Freiheit eines Menschen äußert. Die Psychologie versucht, diesem ungreifbaren Moment des Menschseins vielleicht am ehesten im »Es« näher zu kommen. Auch verschiedene Philosophen haben sich an das zwar rational beschreibbare, sprachlich jedoch nicht eindimensional fassbare Phänomen herangetastet: Martin Buber sucht es in der »Gleichursprünglichkeit des Zwischen«, andere ahnen es im Wir oder sprechen vom Geist, der verbindet. Gemeint ist jene mit Informationen und – nicht immer bewussten – Werten angefüllte Wirklichkeit, die Mensch von Mitmensch intuitiv erspürt. Umgangssprachlich lässt sich das Phänomen mit den Redewendungen »auf derselben Wellenlänge liegen« oder »es liegt etwas in der Luft« umschreiben. Mehr ahnend als wissend nimmt jemand von einem anderen Informationen auf, die nicht immer eindeutig verbalisierbar sind. »Die Sprache dümpelt bei geistigen Wirklichkeiten immer herum, und doch gibt es sie. Man muss aber nicht gleich mit Nebel werfen«, sagt Imhof, der diese Geistdynamik für Aufstellungen konstruktiv nutzt.

»Biblisch ist es der Heilige Geist, der Menschen bewegt. Er arbeitet immer hin zu einer Mehrung von Freiheit.« Imhof hat sich für den christlichen Glaubensweg entschieden. Nach ausführlichen fremdreligiösen Erforschungen steht er zu seiner Überzeugung: »Was Besseres habe ich für mich nicht gefunden.« Doch verschließt der Pastor auch nicht die Augen vor religiös-kulturellen Praktiken anderer Glaubensgrundlagen, solange sie das Verständnis des »guten Evangeliums« bereichern. Als Archäologe und Regisseur kommt er schon der Profession wegen mit den verschiedensten Kulturen in Berührung. Die Begegnung mit schamanischen Energielehren lenkte seinen Blick beispielsweise auf die energetische Bedeutsamkeit der unbewusst zwischen Menschen weitergegebenen Informationen, was sich gut auf Aufstellungen übertragen lässt. Denn Gesten und Blickrichtungen der Stellvertreter lassen sich wie eine eigene Sprache lesen, die eng mit dem Unbewussten verbunden und von rationalen Filtern weitgehend verschont ist.

»Die Natur des Menschen ist seine Freiheit«, lautet Imhofs Leitmotiv in Sachen spiritueller Begleitung. Nicht die moralistische Engführung auf Gesetzmäßigkeiten, wie etwa die Spurrillen des Du-sollst und Du-darfst-nicht, nicht die natürlich-genetischen Systeme allein sind Kompass für die von ihm praktizierte Aufstellungsordnung, sondern Maß sind die Freiheit und Wahrheit eines jeden Menschen. Diese zwei bilden die Ordnung, innerhalb derer sich seiner Meinung nach Menschsein entfaltet. Das heißt konkret: Verhältnisse dürfen wahrgenommen werden, wie sie sind. Es gilt keine moralische Normform, in die hinein alles menschliche Fühlen, Wollen und Ausgeprägtsein mit Gewalt gepresst wird. Dagegen gilt: Freiheit sich entfalten lassen in einer Lebenssituation, wie verfahren sie auch nach außen hin erscheinen mag; Freiheit dort hineinbringen, wo sie nicht mehr für möglich gehalten wird. Weil die Gnade immer das letzte Wort hat. »Die Gnade ist das absolute Metasystem über den natürlichen Verhältnissen und Ordnungen. Sie ist die tragende Basis, aus der sich humanitäre Schritte wie von selbst ergeben.«

Dabei ist die Freiheit ein Gut, das für jeden Menschen anders aussieht. Nie ist sie von vornherein bestimmbar, nie vorhersehbar. Die Lösung, Erlösung oder Freiheitshandlung in einer Aufstellung ist stets situations- und kontextabhängig sowie individuell verschieden. Zudem wird sie nie von nur einer Person, schon gar nicht vom Aufstellungsbegleiter allein, aus einem imaginären Hut gezaubert. Stattdessen erwächst sie aus einem gegenseitigen mit- und füreinander Arbeiten, aus den Stimmen und Gesten der Stellvertreter in sensibler Deutung durch die spirituelle Begleitung. Deutungshoheiten und vorgefertigte Lösungsmodelle stehen keinem der Beteiligten zu: »Was Freiheit ist, weiß ich nicht – sie scheint immer erst dann auf, wenn ein System zur Ansicht kommt. Sie wird verstehbar im Prozess.«

Freiheit heißt: Wo Moral war, darf Ethik sein. Um Rücksicht geht es. Wo einen Menschen Verurteilung klein hielt, wird der Rücken für mitmenschliches Handeln gerade. Verhinderungen und Verkrümmungen werden ins Fadenkreuz genommen, um dorthin, an den Ort der Anschauung dessen, was ist, Impulse der Freiheit zu schicken. Sie sind wie heilsame Stromstöße, die abgestorbene Lebensenergien wieder zum Fließen bringen. Für Imhof sind Aufstellungen inspirierende Prozesse, die schöpferisch Freiräume schaffen. Dort werden Trost und Versöhnung erlebbar – und eben nicht neue Gesetzlichkeit. Urplötzlich werden mitunter, fromm gesprochen, Gnadengaben oder Charismen sichtbar, also Fähigkeiten in einem Menschen, die sich nicht eigener Leistung, sondern einer Haltung des Empfangens und der Kommunikation mit dem Geist verdanken.

Lösung oder (in christlicher Terminologie) Erlösung kann dabei auf zwei Wegen kommen: Einmal wird sie erfahrbar, indem die Innenressourcen, beispielsweise die in einem System bereits enthaltenen christlichen Gestalten oder Worte wie Jesus, Gott, Erbarmen usw. – positiv oder alternativ – aktiviert werden, damit sie zur Heilwerdung einer verkrümmten Seele dienen. Solche Terminologie wird also bereits im anfänglichen Aufstellungssetting als Gestalt dargestellt. Zum anderen gibt es die Möglichkeit, von außen zu intervenieren und eine zusätzliche Figur bzw. ein Prinzip nachträglich ins Spiel zu bringen. Dabei reicht oft schon die Ankündigung eines supranaturalen Auftritts, um Wirkung im System zu erzeugen. Die Begleitung hat zu erspüren, ob von der aufstellenden Person externes Eingreifen erwünscht ist oder die Lösung weiterhin aus dem System kommen soll. Eine zweite Form der äußeren Intervention ähnelt der Rolle des Predigers: In Situationen, die offensichtlich so verfahren sind, dass die Lösung nicht systemimmanent zu suchen oder die Begleitung ratlos ist, muss sich ein/e spirituelle/r Begleiter/in nicht scheuen, Evangelium zu verkünden. »Da gilt es, den Standpunkt zu vertreten: Hier hilft nur messianische Befreiung! – Die aufstellende Person hat selbstverständlich weiterhin das Recht, eine Gegenmeinung zu vertreten und auf externe Hilfe zu verzichten.«

Geistliche Begleitung, nicht Therapie, ist der Schwerpunkt in Paul Imhofs Aufstellungsarbeit. Sein Verständnis von geistlicher Begleitung geht – im Gegensatz zur Perspektive der Therapie, die eingreift, damit eine Krankheit nicht weiter fortschreitet, sondern rückläufig wird – von der grundlegenden Gesundheit des Menschen aus. Seelsorge wie geistliche Begleitung kümmern sich seiner Meinung nach um den Geist und um die Seele und so um die gelingende Individuation eines Menschen – nicht in erster Linie um dessen Nöte und Krankheiten. »Die Blickrichtung ist eine andere.« Doch nimmt er »im Prozess eines gesunden mitmenschlichen Umgangs auch ungesunde Dinge in den Blick«.

Voraussetzungen für die begleitende Person

»Je freier, desto besser.«

Die Aufgabe der/des Begleitenden ist es, »Anwalt für die aufstellende Person« zu sein, das heißt ihr Schutz zu geben, die vorgetragenen Anliegen als Priorität anzusehen und die Würde der Person zu gewährleisten. Im Zweifelsfall muss die begleitende Person intervenieren, um diese grundlegenden humanen Werte zu garantieren. »Nicht die Tragödie hat das letzte Wort, sondern die Würde des Menschen.« Aufstellen bedeutet, mandatsorientiert zu handeln: »Als Begleiter bin ich der Anwalt des Aufstellenden – nicht der Vertreter einer Kirche oder Institution!« Zentral für Paul Imhofs Verständnis der Begleiterrolle ist, dass auch die Regie, der Begleiter, für die Zeit des Aufstellens in eine stellvertretende Position schlüpft – nämlich in die des geistlichen Begleiters, der sich als ein Geburtshelfer für die Ich-Werdung eines Menschen bereithält. »Der Geist ist der Paraklet, der Anwalt der Entrechteten und dessen, der ihn engagiert.«

Wer spirituelles Aufstellen begleitet, agiert als einer, der die oft jahrzehntelang trainierten Verhaltens- und Kommunikationsmuster eines Menschen unterbrechen hilft. Nach Imhofs theologischem Verständnis macht Unterbrechung (mittels Meditation, Exerzitien, Gebet, Aufstellen) ein Innehalten möglich, das das Aufspüren von Sinn erleichtert. Auch der Input seitens der Begleitperson während einer Aufstellung dient der Unterbrechung jener Muster: Das Verbalisieren dessen, was man sieht, kann neue Ideen und Lösungswege entstehen lassen. Es gibt Aufstellungsleiter, die fast textlos arbeiten, den Bildern und ihrer Wirkung also hohe Priorität einräumen. Das Verbalisieren dessen, was man sieht, sei jedoch (in maßvoller Weise) für den Verlauf des Aufstellens wichtig: »Wenn man gar nicht verbalisierend begleitet, besteht die Gefahr (und das kann zur Katastrophe schlechthin werden), dass unbewusst – unbewusst! – einer der Stellvertreter, also ein Anteil der Repräsentanz – das ist dann das Üble im Alltag, wo etwas schiefläuft – die heimliche oder unheimliche Regie übernimmt. Und dann kommt beim Aufstellen genau das heraus, wovor sich die aufstellende Person schützen wollte.« Spätestens bei der Evaluation ist es höchste Eisenbahn, um zu erfassen, was passiert ist.

Wer Aufstellungen begleitet, sollte sich der Verantwortung bewusst sein, die nötig ist, um Menschen in die eigene Freiheit zu geleiten. Es geht also darum, »einen höchst subtilen spirituellen Prozess zu initiieren, zu begleiten, zu unterbrechen bzw. positiv zu Ende zu bringen«. Die Falle ist, andere zu manipulieren. »Man muss es aushalten können, dass man jemandem nicht helfen kann – man darf keine eigenen Interessen haben, weder finanziell noch moralisch oder beziehungsmäßig, man darf nicht zweckgesteuert sein – sonst passieren ungute Übertragungen.« Deshalb gilt für Imhof: »Ich mache das gern und freiwillig. Wenn ich es nicht mehr will, höre ich auf. Man kann mich buchen, aber nicht verpflichten.« Von der begleitenden Person gilt: »Je freier, desto besser, je absichtsloser und reflektierter, desto hilfreicher.« Denn jede Form von Manipulation ist das Gegenteil von Freiheit. Und Mehrung persönlicher Freiheit ist das Ziel einer Aufstellung.

Zudem gilt: Je lebenserfahrener, reflektierter und kompetenter eine begleitende Person ist, desto mehr Freiräume kann sie auch bei anderen zulassen. Und desto weniger läuft sie Gefahr, in therapeutisch knifflige Situationen zu kommen, die dazu verführen, die eigene Handlungskompetenz zu überschreiten. »Die reflektierte Lebenswelt des spirituellen Begleiters ist die Kompetenz und Grenze seiner Kunst.« Kenntnisse in Psychologie, Seelsorge, Gruppendynamik, Bibelkunde, Bibliodrama, historischen und zeitgenössischen Wertesystemen, griechischer Mythologie (als mögliche Folie für die Problemdiagnose) und Einblicke »in alles, was in der postmodernen Gesellschaft vorkommt«, sind hilfreiche Bezugsquellen: »Damit sollte man bewusst umgehen können. Ein guter Begleiter verpflichtet sich immer wieder selbst zur Weiterbildung in heutigem Menschsein.«

Die Aufgabe der Begleitung ist eine Gratwanderung. Denn man kann auch zu viel begleiten. Das hieße, das Gegenüber zu entmündigen oder zu bevormunden. Oder ganz genau zu wissen, was das Beste für den/die andere/n ist, und die bevorzugte Lösung manipulativ zu erzwingen. Leicht geht man auch in die Falle, lebendige Menschen nach strukturellen Begriffen einzuordnen oder ihnen eine bestimmte Deutung der Aufstellung zu empfehlen. »Da müssen Freiräume erhalten bleiben. Die oder der Aufstellende muss immer die Freiheit behalten, welche Konsequenz sie oder er aus dem Gesehenen ziehen will.« Die letzte Deutungshoheit bleibt dem Aufstellenden und nicht dem, der die Aufstellung begleitet, vorbehalten. Eine weitere Gefahr besteht, wenn ein Begleiter über dem Aufstellen und Begleiten von Menschen vergisst, selbst zu leben, wenn er vergisst, dass er eine eigene Lebenswirklichkeit hat, und die Arbeit mit der Familie verwechselt. »Es ist dringend geboten, immer wieder Distanz zu finden zum eigenen Tun. Sonst ist man nicht mehr frei für die Aufstellungsarbeit, und da beginnt der Pfusch!«

Eine zusätzliche Verantwortung hat ein spiritueller Aufstellungsbegleiter, wenn im »Kraftfeld des Evangeliums« aufgestellt wird. Denn »wenn das Evangelium als solches zur Ansicht kommt, muss ich dafür geradestehen, dass es auch Evangelium bleibt – und nicht in einer Harmoniebrise landet«. Das verlangt eine kritische Distanz vom Regieführenden, damit »die Gnadenordnung eingelöst wird – und nicht eine Pseudognadenordnung«. Die Bibel, heißt das, sollte man schon kennen oder besser: mit ihr unterwegs sein und selbst einige (seinerseits begleitete) Schritte im Glauben/Vertrauen gegangen sein.

Um die/den Aufstellenden vor dem zu schützen, was Imhof »schlechtes Oberammergau« nennt – wenn also laienhafte Schauspielerei, manipulative Eingriffe seitens der Repräsentanten und Harmonisierungsmaßnahmen dazu führen, eine bestimmte Lösung zu beschleunigen –, muss die/der regieführende Begleiter/in eingreifen. »Direktive Regie ist dabei weniger gefährlich als die Übernahme durch einen oder mehrere Stellvertreter – es entsteht dadurch leicht eine systemimmanente Dynamik, die wenig hilfreich ist.« Sobald Stellvertreter

»aus dem Ruder laufen«, genügt oft eine faktische Rückfrage an die/den Aufstellenden. Beispiel: Die Stellvertreterin einer Mutter drängt sich massiv in den Vordergrund. Sie agiert dabei aus einer intellektuellen Sprechhaltung heraus. Die Begleitung kann diesen Prozess regulieren, indem sie an die aufstellende Person eine schlichte Faktenrückfrage stellt: »Was war Ihre Mutter von Beruf? Welche Ausbildung hat sie durchlaufen?« Ist die Antwort etwa: »Keine«, dann kommt die Stellvertretung der Mutter gegebenenfalls rasch auf den Boden der Tatsachen zurück.

Gute Wahrnehmung seitens der Regie und wache Intuition sind ebenso vonnöten wie die Kenntnis von Körpersprache. Was drücken die »durchseelten« Körper aus? Ist der Blick einer Person etwa auf den Boden, zu einem Fenster oder einer Tür gerichtet, ist das möglicherweise ein Signal, das auf Tod oder Zukunft hinweist? »Die Sprache des Leibes ist unbestechlich – es geht auch um Ästhetik, nicht nur um Grammatik«, sagt Imhof. Wichtig für die begleitende Person ist, nie den Blick auf das Gesamtgeschehen zu verlieren und sich nicht auf einzelne Phänomene zu fixieren. »Sonst entstehen Hypothesen, also Verdächtigungen, anstelle von Theoriebildungen.« Die Details müssen immer in der Gesamtschau gesehen werden.

Eine schwierige Hürde für die Regie ist die Einstiegsfrage zu Beginn des Aufstellens: Wer oder was wird aufgestellt? Souveränität und das Vertrauen in die eigene Intuition sind dabei die wesentlichsten Stützen für die begleitende Person. Anwalt der/des Aufstellenden zu sein heißt nicht, unreflektiert deren/dessen Vorstellungen von ihrer/seiner Aufstellung zu folgen. Im Gegenteil: »Wenn jemand zu genau weiß, was er oder sie aufstellen will, heißt das, er oder sie will die Kontrolle nicht abgeben«, ist Imhofs Erfahrung. Deshalb rät er: »In einem solchen Fall sollte man nicht das aufstellen, was gewünscht wird, damit die kognitive Kontrolle aufgegeben werden kann und die Person offen wird für neue Erfahrungswege.« Im Vorgespräch hilft es, die puren Fakten in den Vordergrund zu stellen, da sie wichtige Informationen (auch für die Gruppe der Zuschauer) liefern. Zu wenig Fakten könnte Spekulationen Tür und Tor öffnen. Doch die Grenze der Fakten ist ihre scheinbare Objektivität. Faktisches verleitet dazu, vorgefertigte Vorstellungen zu begünstigen, mit deren Hilfe Vertreterrollen ausgefüllt werden. Fakten tragen die Ambivalenz in sich, dass sie zur Schauspielerei verführen: Man inszeniert dann leicht die Faktengeschichte nach. Wenn die Verführung zur Schauspielerei zu groß wird, sollte man das »Faktische runterfahren«. Die richtige Balance zwischen genug und zu viel Information muss jeder Begleitende für die eigene Praxis selbst herausfinden.

Eine zweite kritische Schwelle ist zu überwinden, wenn die Aufstellung in einer Sackgasse steckt, das heißt, wenn sie stagniert. »Meist passiert das, wenn der Ist-Zustand – die gegenwärtige Situation – der aufstellenden Person zur Darstellung kommt.« Dann sollte sich die Regie überlegen, was im Bild noch fehlt. Eine Konsequenz kann darin bestehen, nun das sogenannte Familiengeheimnis aufzustellen. Stagnation kann also signalisieren, dass das System unvollständig gespiegelt ist: Vielleicht fehlt ein »Opfer«, vielleicht müssen mehr Fakten offenbart werden, oder es bedarf noch eines bestimmten Teils des Lebensskripts, um zu einer

Entscheidung zu kommen. Eine Stagnation hat immer eine Botschaft. »Nach-Casten« nennt es Imhof, wenn im Verlauf einer Aufstellung zusätzliche Personen/Vertreter mit hineingenommen werden. Manchmal entpuppen sie sich als Missing Link, das Hemmnisse sprengt und die notwendige Dynamik für eine Veränderung eingefahrener Situationen auslöst. Doch nicht die Menge (an Vertretern und Fakten) gewährleistet die Qualität einer Aufstellung. Imhofs persönliches Leitbild ist es, Lösungsbilder reduktionistisch zu erreichen: Alle Nebenschauplätze, die unwesentlich und daher entbehrlich sind, spielen keine Rolle. Dafür soll das Unsichtbare, das Lebensdynamiken beeinflusst, emotional zugänglich und visualisiert werden.

Ist Intervention nötig, muss das nicht unbedingt heißen, es läuft etwas schief. Die Begleitperson kann auch richtungweisend intervenieren, um beispielsweise eine Stagnation zu lösen, Dynamik in starre Systeme zu bringen oder um sichtbar zu machen, was (auch!, und zwar bislang verborgen) Realität in diesem System ist. In Systemen, in denen bestimmte Personen/Kräfte wiederholt auftauchen, ohne bislang explizit aufgestellt worden zu sein, genügt manchmal eine Ankündigung, diese oder jene Repräsentanz dem System hinzufügen zu wollen, um eine Dynamik, eine Wirkung zu erzeugen. Die Grenze zur Manipulation ist hier allerdings fließend, und Vorsicht ist dringend geboten! Was solches Vorgehen allerdings legitimiert, ist die Beobachtung, dass im Aufstellungsgeschehen manchmal etwas entsteht, was in der Realität tunlichst vermieden wird. Die Intervention kann das (als Möglichkeit) dann zur Anschauung bringen. Wie wirkt sich etwa ein aufgestelltes Traumatisierungspotenzial aus? Wie verwandelt sich die Repräsentanz der Traumatisierung? Welche Dynamik entfaltet die Repräsentanz des Enttraumatisierungspotenzials? Wie verändern sich die Verhältnisse, wenn sich ein behaupteter Monotheismus plötzlich als Dyotheismus entpuppt, in dem sich die gute Macht der ewigen Liebe von dem Fürchtegott der dämonischen Gottesbilder trennt?

Bei allem menschlichen Wissen, bei aller Intuition und allem Feingefühl hat für Paul Imhof die Gnade das letzte Wort – nicht der Anspruch, immer alles sofort richtig zu machen: »Leben ist Lernen – und das bedeutet eben auch mal fälschlich auf die Herdplatte zu langen –, Erfahrungen machen heißt auch Fehler machen.« Sein Anliegen ist es, erfahrungsorientierte und inkarnatorische Spiritualität realistisch zu erleben. Das Familienaufstellen dient dazu, die persönliche Freiheit bewusst zu machen. Auch wenn einmal eine Aufstellung nicht den Erwartungen des/der Aufstellenden entspricht, beinhaltet jede Situation eine gute Portion Lernstoff: »Eine Aufstellung an sich ist weder gut noch schlecht – sie ist nur verändernd.« Was jemand daraus für sein Leben macht, ist dessen ureigenste Geschichte.

DOKUMENTATION EINER AUFSTELLUNG

Die heilsame Dynamik im Organismus eines Systems

Im Unterschied zu einer Theater- oder Filmproduktion ist es bei einer systemischen Aufstellung erst im Nachhinein möglich, das Projekt zu beurteilen. Denn erst dann ist ein Storyboard lieferbar. Wie macht man das? Ein paar Augenblicke lang werden wesentliche Szenen eingefroren, um so Fotos für die Dokumentation zu erhalten. Aus den Mitschnitten werden signifikante Dialoge in die Bilderreihe eingefügt, die den dynamischen Verlauf der Aufstellungen verdeutlichen. Aufgrund von Text und Bild kann so der Aufstellungsprozess reflektiert werden. Unabhängig von dieser Form der Wertschöpfung gibt es die filmische Dokumentation einer Aufstellung. Eine sehr aufwändige Angelegenheit.

So lief ein mehrstündiges Gesamtprojekt durch verschiedene Phasen, die sehr markant die Seelengeschichte der aufstellenden Person abbildeten, direkt auf die Schlussszene zu, bei der die aufstellende Seele zurücktrat und nur noch Geist und Körper und der Kommunikationstrieb auf der Bühne waren. Mit einem Schrei des Aufweckens begann der Kommunikationstrieb vom Geist ausgehend das Verhältnis von Körper und Geist zu katalysieren. Damit war genau die ursprüngliche Situation erreicht, nämlich die Fragestellung: Wie vermittelt der Kommunikationstrieb Geist und Körper bis zur Identwerdung in Zeit und Raum, das heißt in der existenziellen Geschichte? Und lebenspraktisch gewendet: Kann die Seele die für sie heilsame Kommunikation lernen?[15] Diese Lebenskunst ist der Lösungsansatz für eine integrierte Existenz in der Welt, in der sich die vier organischen und die vier moralischen Triebe reell zur Erscheinung bringen. Die Führungskompetenz der Zukunft besteht in der Beherrschung des Kommunikationstriebs.

Meistens reicht für die Auswertung einer Aufstellung eine dialogische Reflexion der Teilnehmer, um Schlüsselszenen zu rekonstruieren. Als effizient erwies sich auch eine Auswertung, bei der die Innenperspektiven der Repräsentanten berücksichtigt wurden. Eine solche

---

15 Vgl. Reinhard Brock und Paul Imhof: Menschenrecht Kommunikation, Neckenmarkt 2011, 96–132. »Eines war interessant, ja sogar aufregend: Zu sehen, wie die, zu Anfang, in ihre Einzelteile Seele, Körper, Geist, Kommunikationstrieb, Nahrungstrieb, Spieltrieb, Geschlechtstrieb, Scheinkommunikationstrieb, Todestrieb, Geltungstrieb und Machttrieb zerlegte Persönlichkeit sich am Ende in einer Einheit wiederfand, in der die Positionierung der einzelnen Bestandteile der Probandin einen deutlichen Hinweis auf die Problemlösung gab.« (132) Nach einem Jahr realisierte sie die Problemlösung.

Auswertungsform wird im Folgenden exemplarisch vorgestellt. Selbstverständlich wurden die Namen aller Beteiligten für die Veröffentlichung geändert.

Perspektiven der Repräsentanten

Die Ausgangssituation: Konstanze, Ehefrau von Jürgen und von ihm in seinem Betrieb beschäftigt, hatte eine Liebesaffäre mit Rainer, einem Freund des Paares, der ebenfalls in Jürgens Firma als Angestellter arbeitet. Jürgen hatte Rainer durch finanzielle sowie berufsperspektivische Unterstützung aus einer Krisensituation herausgeholfen. Als Rainer und Konstanze zeitgleich ihre neuen Stellen in Jürgens Unternehmen antreten und übergangsweise im selben Quartier wohnen, kommt es zu einer Annäherung der beiden und schließlich zu einer sechs Wochen dauernden Liebesbeziehung. Als Jürgen davon erfährt, bricht für ihn eine Welt zusammen. Konstanze und Jürgen wollen in einer Aufstellung die gegenseitigen Abhängigkeiten klären und mögliche Perspektiven für ihre Beziehung aufgezeigt bekommen. Weder Rainer, von dem sich Konstanze inzwischen getrennt hat, noch dessen Ehefrau Michaela sind persönlich in der Aufstellung anwesend.

Im Folgenden berichten die jeweiligen StellvertreterInnen aus ihrer Sicht und im Rückblick auf die Aufstellung, wie sich in diesem konkreten Fall Konflikt und mögliches Lösungsbild entwickelt haben. Diese Dokumentation fokussiert die unterschiedlichen subjektiven Wahrnehmungen der Beteiligten, da in eben dieser Perspektivenvielfalt ein wesentliches Erkenntnismoment von Aufstellungen zutage tritt. Aufgestellte Personen und Beziehungen: *Konstanze, Jürgen, Rainer, Michaela, Beziehung zwischen Jürgen und Konstanze, Beziehung von Rainer zu Jürgen, Beziehung von Jürgen zu Rainer, Beziehung von Konstanze zu Rainer*, die *Christusgestalt mit zwei Anteilen*, nämlich *Freiheit* und *Erlösung*.

Perspektive von Jürgen

1. Phase: Ich werde als erste Person aufgestellt. Ausgehend von meiner Position werden *Konstanze*, meine Ehefrau, und *Rainer* aufgestellt. Mein Blick geht in Richtung *Konstanze*. Ich suche den Blickkontakt zu ihr. *Konstanze* erwidert den Blick nicht. Ich bin verunsichert und verspüre in der linken Körperhälfte, unter anderem im Herzbereich, ein deutliches Kribbeln. Aus meinem linken Augenwinkel sehe ich die Freiheit, links davon sehe ich *Christus*. *Rainer* steht rechts neben mir, ich habe ihn nicht im Blick und verspüre auch nichts in seiner Richtung.

2. Phase: Die *Freiheit* wird hinter *Konstanze* aufgestellt. Ich blicke auf die *Freiheit* und dann auf *Konstanze*. Es sind suchende Blicke. Da mich *Konstanze* nach wie vor nicht anschaut, suche ich den Blickkontakt mit der *Freiheit*. Sie erwidert den Blick, was ich als schön empfinde, denn

endlich habe ich jemanden, der meinen suchenden Blick erwidert. Trotzdem suche ich immer wieder den Blickkontakt zu *Konstanze*. Da sie aber nie zurückschaut, wandert mein Blick immer wieder zur *Freiheit* zurück.

3. Phase: Rechts neben mir ereignen sich verschiedene Geschehnisse. Es passiert viel, es werden weitere Stellvertreter hinzugefügt, und es passiert einiges mit *Rainer*. Ich weiß das, trotzdem verspüre ich keinerlei Emotionen. Ich spüre ein wenig Verwunderung, dass die Geschehnisse mit *Rainer* mich nicht tangieren. Ich habe den Eindruck, dass mich die Ereignisse um *Rainer* emotional stärker hätten berühren sollen, als sie es tatsächlich tun.

4. Phase: Zwischen mir und Konstanze wird die *Nähe* (= *Beziehung zwischen Jürgen und Konstanze*) eingeführt. Die *Nähe* kommt mir immer näher – zu nahe eigentlich. Sie will mich berühren. Die *Nähe* beginnt mich zu beschäftigen. Sie berührt mich, und ich weiche zurück, denn ich will sie nicht spüren. Die *Nähe* ist mir unangenehm. Als sie sich auf den Boden legt, geht es mir besser. Ich kann aufatmen und blicke wieder in Richtung *Konstanze* und *Freiheit*.

5. Phase: *Michaela* wird als weitere Person aufgestellt. Durch die Aufstellung von *Michaela* ändert sich für mich einiges, denn sofort registriere ich, dass *Michaela* dazugekommen ist, und ich blicke jetzt in ihre Richtung. *Michaela* erwidert den Blick, und ich freue mich darüber. Ich sehe ein freundliches Gesicht, in das ich gerne schaue. Wenn ich in ihre Richtung blicke, schaue ich am Hinterkopf von *Rainer* vorbei. Erstmals habe ich jetzt *Rainer* auf dem Schirm, doch er berührt mich nicht. Meine Blicke wandern zwischen der *Freiheit* und *Michaela* hin und her, denn beide erwidern die Blicke. Ich nehme kurz wahr, dass meine Ehefrau *Konstanze* mich nach wie vor nicht anschaut, und blicke weiter unentschieden zwischen der *Freiheit* und *Michaela* hin und her. Kurzzeitig habe ich das Gefühl, ich sollte meinen Blick bei *Michaela* lassen und die *Freiheit* nicht mehr anschauen. Dieser Impuls existiert aber nur kurz. Dann werde ich ausgetauscht.

Perspektive von Konstanze

Ich stehe halb abgewandt von *Jürgen* mit dem Rücken zu *Rainer*, der wiederum mit dem Rücken zu *Jürgen* und mir steht. Keiner hat Blickkontakt mit den anderen.

Mein Blick geht zur Erde, ich stehe wie angewurzelt, mein Herz klopft, die Nähe zu *Jürgen* ist mir unangenehm, ich kann und will ihn nicht anschauen, finde aber auch nichts anderes, auf das ich schauen kann.

Als sich die *Beziehung zwischen Jürgen und Konstanze* zwischen uns stellt, wird es mir noch enger. Sie beginnt bald wie unter einer Last zu stöhnen und zu schrumpfen, das bedrängt mich zunehmend. Mir wird eiskalt, Finger und Füße fühlen sich an wie abgestorben.

Rainer interessiert mich unterdessen überhaupt nicht mehr. Keinerlei Gefühl und kein Wunsch, ihn anzusehen, regt sich in mir. Er ist mir egal und außerhalb meines Blickfeldes.

Als die *Freiheit* sich zu mir gesellt, sich nah neben mich stellt, mit Blick zu mir, da hebt sich wie von selbst mein Kopf, und meine Augen beginnen zu strahlen. Mir wird leichter ums Herz, und mein Blick richtet sich nach vorn, wird freier, beweglicher, aber *Jürgen* sehe ich noch immer nicht an. Auch geht kein Blick zurück auf *Rainer*. In meinen Beinen kribbelt es, sie wollen sich bewegen, laufen, zucken.

Als *Konstanzes Beziehung zu Rainer* zwischen mich und den weiterhin abgewandt stehenden *Rainer* tritt, interessiert mich das erst nicht, ich ignoriere sie, und sie steht meiner Erinnerung nach ebenfalls von mir abgewandt. Erst später, als sie sich mir zuwendet, spüre ich, wie von dort her Wärme in meinen Rücken fließt und sich die innere Kälte verflüchtigt.

Gefragt, welcher Art die Beziehung von *Konstanze* zu *Rainer* ist, antwortet *Konstanzes Beziehung zu Rainer* abwehrend: »Da ist nichts« – ich nicke bestätigend, empfinde es genauso: Da ist nichts von Belang.

Als ich gefragt werde, wozu ich *Rainer* eigentlich gebraucht habe, sage ich, er sei mein Schlüssel zur Freiheit gewesen. Mir geht es um Freiheit, um nichts anderes. Nach vorne sehen, losgehen will ich. Alles andere ist mir total egal. Sogar die inzwischen am Boden kauernde *Beziehung zwischen Jürgen und Konstanze* berührt mich nicht mehr. Erst als die *Erlösung* sich ihrer erbarmt, sich zu ihr setzt und sie streichelt, bis die *Beziehung zwischen Jürgen und Konstanze* vor Erleichterung schnurrt, wendet sich mein Blick hinunter zu ihr und bleibt da. Es regt sich Mitgefühl in mir und Interesse für das kauernde zerbrochene Etwas.

Die reale *Konstanze* stellt mir (ihrer Stellvertreterin) die *Freiheit* in den Rücken. Mein Blick wird frei, und die *Freiheit* legt mir eine Hand auf die Schulter. Wir seien ein Dream-Team, sagt jemand. Es ist gut, dass sie mir den Rücken stärkt.

Allmählich spüre ich, wie sich meine stoische Körperhaltung leicht nach links, hin zu *Jürgen*, wendet. Auch mein Blick richtet sich immer wieder zu ihm, ohne jedoch bei ihm zu verharren. Mein Augenradius bleibt beweglich. Aber meine linke zu *Jürgen* zeigende Hüfte beginnt zu schmerzen. Inzwischen hat sich *Jürgen* selbst ins Bild begeben und hilft der *Beziehung zwischen Jürgen und Konstanze* auf. Mir geht das alles ein bisschen schnell.

Um diese Zeit wechselt mich die reale Konstanze mit sich selbst aus.

Später, als sich die reale Konstanze und *Jürgen* aufeinanderzubewegen, holt mich *Jürgen* wieder ins Bild, diesmal als Repräsentantin für *Jürgens Freiheit* – die braucht er als Pendant zu *Konstanzes Freiheit*, die inzwischen dicht hinter ihr steht und sie stützt. Auch *Konstanzes Beziehung zu Rainer* ist inzwischen schützend hinter *Konstanze* getreten und gibt ihr Frauenkraft. Beide zusammen bilden Konstanzes *Eltern*. *Jürgen* nimmt mich, *Jürgens Freiheit*, an der Hand, während er mit dem anderen Arm bei *Konstanze* eingehakt ist. Ich fühle mich ein wenig »benutzt«, angekettet auch, sage das aber nicht. Gefragt, was *Jürgens Freiheit* ihm zu sagen hat, antworte ich: »Freiheit ist nicht, andere herumzukommandieren und alles im Griff zu haben.«

Perspektive von Rainer

1. Phase: *Jürgen* steht schon auf der »Bühne«. Ich werde als zweite Person (= *Rainer*) dazugestellt, etwa im Abstand von etwa einem Meter, quasi Rücken an Rücken, aber zugleich irgendwie schräg zueinander. Mein Gefühl: Das ist eine ziemlich bescheuerte, windschiefe (mathematischer Ausdruck für das Lageverhältnis zweier Geraden zueinander im Raum) Lage zueinander. Meint: Diese Position ermöglicht weder eine Konfrontation, noch stehen wir Rücken an Rücken oder nebeneinander als eventuelle Rivalen. Ich fühle mich sehr unwohl.

2. Phase: *Konstanze* wird neben *Jürgen* aufgestellt, auch hinter meinem Rücken. Ich wundere mich. Sie sollte doch eigentlich neben mir stehen! Weitere Stellvertreter für *Beziehungen*, *Christus*, *Freiheit* und *Erlösung* werden aufgestellt und nach ihrem Befinden gefragt, alle in meinem Rücken. Mein Gedanke: Da stimmt doch etwas nicht! Ich melde mich zu Wort, dass ich das alles doch recht komisch finde. Es sollte doch um eine Dreierbeziehung gehen, die hier aber offensichtlich nicht aufgestellt wird. In mir steigt allmählich die Wut hoch: Was soll ich hier? Angeblich eine Dreierbeziehung, aber an allem, was geschieht, bin ich gar nicht beteiligt. Die Frau hat ein Problem mit Freiheit, was habe ich damit zu tun? Ich stehe lange unbeteiligt und höre mir alles an, aber nirgendwo komme ich vor. Zu keinem der Beteiligten habe ich eine Beziehung. Ich stehe für mich und schaue nach vorne. Ich werde aufgefordert, mich umzudrehen, aber das ist mir nicht möglich.

3. Phase: Ich habe den Impuls wegzulaufen, äußere das auch, was mir aber nicht gestattet wird. Die Probleme hinter meinem Rücken werden immer größer/dramatischer/verwickelter. Ich spüre allmählich, wie mich der ganze Klumpatsch hinter mir ärgert, damit habe ich nichts zu tun, weder mit der Frau noch mit dem Mann, ich möchte weiterhin wegrennen, spüre zunehmend, wie mir die Füße festgebunden sind wie an dicke Eisenkugeln. Das Gefühl wird immer stärker – ich *kann* gar nicht mehr weg! Ich weiß nicht, was ich hier soll. Irgendwann wird *Michaela* neben mich gestellt. Zu ihr habe ich keinerlei Beziehung.

4. Phase: Meine Hände werden dick, sie laufen mit Blut voll, zunehmendes Unwohlsein, ich fühle mich schwach. Der *Beziehung Rainer zu Jürgen* bekommt »Stacheln« und will mich wegstoßen. Ich verweise darauf, dass ich dann der Länge nach hinfallen werde, da meine Füße festgebunden sind. Mit Hilfe des Aufstellungsbegleiters lasse ich mich fallen, knie dann auf allen vieren. Ich habe längst den Faden zu den ganzen Vorgängen hinter mir verloren, fühle mich wie dünnes, graues, längs zusammengefaltetes Papier; sehr zerbrechlich. *Christus*, der neben mit steht, bietet mir prinzipiell seine Hilfe an, aber ich soll ihn in Freiheit darum bitten. Welch ein Hohn! Ich bin am Sterben, und er schaut zu!

5. Phase: Ich bekomme mit, wie sich *Jürgen Konstanze* zuwendet bzw. wie er sich der *Beziehung zwischen Jürgen und Konstanze* zuwendet. Ich schaue mich um und sehe, wie er sich hinunterbeugt zu ihr und sie am Rücken streichelt. In diesem Moment kommen mir die Tränen. Ich weine, ab jetzt bin ich allein, mutterseelenallein. Es gibt nichts und niemanden mehr um mich herum. Ich gehe die Reihe hindurch: meine Eltern, meine erste Frau, meine jetzige Frau, Konstanze ... nichts ... Es wird zunehmend dunkler um mich herum, ich liege zusammengekauert auf dem Boden und sinke immer tiefer in die Schwärze.

Perspektive des Repräsentanten der Beziehung von Jürgen zu Rainer

Ich stehe zunächst aufrecht, mit beiden Armen nach unten gerichtet, zwischen *Jürgen* und *Rainer* – *Rainer* steht links von mir und *Jürgen* rechts.

Ich habe ziemlich schnell ein starkes, eher unangenehmes Gefühl in meinem linken Oberarm, es ist wie ein nach unten ziehender leichter Schmerz. Auf der rechten Seite meines Körpers spüre ich gar nichts. Mit der Zeit fühle ich mich immer unwohler, es zieht mich nach unten. Gefragt, wie es mir geht, sage ich: »Schrecklich!« und es ziehe mich nach unten. Ich ändere meine Haltung, gehe auf die Knie, Oberkörper zunächst noch aufrecht, nach einiger Zeit (ich weiß die Umstände nicht mehr) verändere ich die Haltung und sitze schließlich ganz zusammengekauert da mit dem Kopf nach unten und manchmal nach links hin zu *Rainer* gerichtet, weil ich wissen möchte, was dort geschieht.

Mit der Zeit habe ich ein starkes Kribbeln in den Füßen und Unterschenkeln, was sehr unangenehm, ja schmerzhaft ist. Ich hätte mich deshalb am liebsten der Länge nach ausgestreckt hingelegt, was ich allerdings nicht tue – ich weiß auch nicht warum. Ich dachte, in der unbequemen embryoähnlichen Haltung bin ich für Signale irgendwelcher Art nicht besonders empfänglich. In demselben Moment, als *Rainer* sich nach unten bewegt, kann ich mich mit dem Oberkörper und mit dem Kopf wieder etwas aufrichten. Auf jeden Fall stelle ich in irgendeiner Form eine Gegenbewegung zu *Rainer* dar. Ich darf dann den Schauplatz verlassen. Darüber bin ich sehr froh.

Perspektive des Repräsentanten der Beziehung zwischen Jürgen und Konstanze

Meine Position: Ich stehe zwischen *Jürgen* und *Konstanze*; mein Blick geht nach unten; teilweise die Augen geschlossen; es wird schwer auf den Schultern; Bedürfnis, mich anzulehnen; Zug stärker zu *Jürgen*; ich lehne mich an, er weicht aus, zurück. Je mehr er ausweicht, desto schwerer wird es, je länger, je mehr; die Knie werden weich, Knoten im Bauch; keine Stärkung durch Anlehnung bei *Jürgen* möglich, er weicht zurück, ich gehe zu Boden, »liege darnieder«, Augen zu, keine wirkliche Hoffnung, keine Wahrnehmung von *Jürgen* oder *Konstanze*.

Die *Erlösung* wendet sich mir zu, legt mir die Hand auf die Schulter, das tut gut; ich fühle mich wenigstens etwas gesehen, gewürdigt, habe aber keine Kraft oder Impuls aufzustehen. Ich nehme kaum wahr, was hinter mir und um mich geschieht, aber die Augen können offen bleiben.

In meinem Rücken bewegt sich etwas. Da ist der Impuls, mich umzudrehen, zu sehen, was geschieht, weiter im Liegen mit der Hand der *Erlösung* auf der Schulter.

Jürgen verändert die Position, er kommt herunter zu mir, wendet sich mir zu, nimmt mich wahr, stützt mich. Jetzt darf ich mich anlehnen, werde gewürdigt! Ich kann mich etwas aufrichten, langsam zunehmend mehr.

Seine Zuwendung stärkt mich. Ich stehe auf, nahe bei *Jürgen*, ich werde stärker, aufrechter durch seinen Mut zum Eingestehen, seine Tränen, seine Bitte um Verzeihen. Seine Weichheit stärkt mich. Bin noch stark bei *Jürgen* angelehnt.

Neu: Die Linke fasst die Hand von *Konstanze*.

Gut: Sie sprechen jetzt miteinander, sehen sich an: das heißt, er spricht, »kehrt um«, sie sprechen nicht über mich.

Eine Hand von *Jürgen* fasst eine Hand von *Konstanze*. Ich lege meine beiden Hände um ihre Bauchhöhe. So ist es gut, richtig geworden. Ich kann frei und aufrecht stehen, im Lot, ohne Stütze. Je stärker der direkte Kontakt von *Jürgen* und *Konstanze* wird, sie Unterstützung durch ihre »Eltern« bekommen, desto mehr kann ich zwischen ihnen raus.

Ich stelle mich hinter *Jürgen*, stärke jetzt ihm den Rücken, die Hände auf die Schulterblätter gelegt. Sie sind verbunden, ein-, untergehakt. Als *Christus* mit den beiden in Kontakt ist, kann ich mich zurückziehen.

Hauptort der Wahrnehmung, des Knotens, des Aus-dem-Lot-Seins: Bauchgegend um Solar Plexus, Bauchgefühl, *phrenes* = Eingeweide.

Mein persönliches Thema: Ich bin nicht richtig; ich bin nicht gut genug; ich bin ungenügend.

Meine Bilder der Hilfe: hier hilft nur *Christus* als Sonne der Gerechtigkeit (Maleachi 3,20) im Solar Plexus.

Mein neues Verstehen: Er richtet neu auf, bringt neu ins Lot, stärkt und klärt die Beziehung im Licht der Ewigkeit, im Sinne von Beziehungsgerechtigkeit, schenkt die richtige Ausrichtung von Nähe und Distanz.

Perspektive des Repräsentanten der Beziehung von Konstanze zu Rainer

Als ich ins Spiel komme, erscheint mir *Konstanze* unsicher. Von ihr geht eine spontane Wärme aus. Von *Rainer* kommt nichts. Daher wende ich mich *Konstanze* zu, um ihre weibliche Kraft (Sitz im Beckenboden und im Sonnengeflecht) zu stärken. Als *Jürgen* dichter kommt und die Beziehungsfigur sich stabilisiert, wird *Konstanze* wieder unsicherer. *Jürgen* kommt zu dicht heran, will sie zu stark festhalten. Daher berühre ich *Konstanze* und docke an der *Freiheit* an, um *Konstanzes* Kraft zu stärken.

Jürgen will immer mehr. Er spricht davon, den »goldenen Käfig« von seinen Türen zu befreien. Ein Bild der Angst, die Lage nicht mehr kontrollieren zu können. Das Bild verursachte mir Übelkeit. *Konstanze* braucht mehr Raum – keinen Klammermann. Zusammen mit der *Freiheit* schickte ich ihr Stärke und fühlte Entspannung bei *Konstanze*. Sie kann *Jürgen* lehren loszulassen. Und sie kann für sich sorgen.

»Du bist eine schöne, wunderbare und starke Frau. Alles ist in dir. Vertrau auf deine weibliche Kraft.«

Perspektive des Repräsentanten der Beziehung von Rainer zu Jürgen

Rainer beschreibt die Beziehung als kreisend, schief – ich stelle mich schief auf – wie in einer gestoppten Kreiselbewegung. Hinter mir wird jemand aufgestellt (die *Freiheit* von *Konstanze?*), das löst in meinem Rücken das Gefühl von Wärme und »ich könnte Stacheln ausfahren« aus.

Als *Rainer* sich immer mehr von *Konstanze* und *Jürgen* abwendet, stelle ich mich hinter ihn – werde sein »Kindheits-Ich«.

Ich setze mich hinter ihn, *Rainer* kniet vor mir, Kopf am Boden. Ich bitte *Christus*, mich zu berühren. Ich versuche, diese Kraft an *Rainer* weiterzugeben – segnend –, ich erreiche ihn nicht.

Zwischen *Christus* und mir gibt es eine Verbindung – wie ein Lichtraum –, *Rainer* müsste, könnte hineinkommen. Dazu müsste er sich aber umdrehen.

Perspektive des Repräsentanten für die Erlösung

Zunächst bleibt die *Erlösung* beim *Christus*. Dann entstehen Unruhe und das Bedürfnis, sich in das System einzubringen. Erlösung tut not. *Erlösung* geht an den toten, leblosen Punkt (*Beziehung zwischen Jürgen und Konstanze*). Hier sind Stärkung und Lösung notwendig. Die Hand legt sich auf den wunden Punkt.

Der Wunsch nach Heilung, Lösung, Kraft kommt auf. Einmal kommt etwas Leben in den wunden Punkt. Es scheint sich was zu lösen.

Und dann kommt Bewegung ins System. Kontaktaufnahme mit dem wunden Punkt. Es geschieht Annäherung! *Erlösung* spürt förmlich, wie hier etwas heil werden will. Tränen kommen, sie sollen lösen. Lass es geschehen, es löst sich.

Der wunde Punkt ist am Heilwerden, richtet sich ganz auf, kann wieder stehen und leben. Die *Erlösung* spürt Stärkung dadurch, dass *Christus* sich ins System einbringt. Die Erlösung ist mit *Christus* möglich. Die Erlösung gilt. Sie spürt den Wunsch, dass wirklich alles gelöst wird. Auch im Schlussbild bleibt der Wunsch nach Heilung, Lösung, Versöhnung wach. Gedanken im Nachhinein: Die dazugeholte *Freiheit* »gehört« nicht zur *Erlösung*, passt nicht zu ihr.

Perspektive des Repräsentanten für die Christusgestalt

Ich werde mit der *Erlösung* und der *Freiheit* etwas abseits von der eigentlichen Aufstellung positioniert. Wir bilden die Transzendenz.

Zunächst bin ich bei der Aufstellung außen vor. Weder sehe ich Möglichkeiten noch eine Notwendigkeit, mich direkt in das Geschehen einzubringen. Anfragen seitens des Begleiters, ob ich an einer bestimmten Stelle vielleicht »wirken« möchte, verneine ich: »Da ist noch nicht genug Dampf auf dem Kessel.«

In die Aufstellung komme ich durch die Bitte von *Rainer*.

Phase 1: *Rainer* ist auf allen vieren am Boden und bittet mich als Hilfe zu sich. Ich stelle mich rechts neben ihn und sage: »Ich bin da. Wenn du etwas brauchst, dann sag es.«

Rainer sackt immer weiter in sich zusammen, liegt letztlich auf dem Boden. Ich weiche ihm nicht von der Seite, sehe aber nicht, was ich für ihn tun kann, wenn er mich nicht um etwas bittet. Es fällt mir schwer, das mit anzusehen, aber es ist das Einzige, was ich tun kann. (Siehe *Rainer*).

Phase 2: Dann werde ich von *Rainers* Kindheits-Ich (alias *Beziehung von Rainer zu Jürgen*, das hinter *Rainer* kniet) gebeten, es zu stärken. Ich stelle mich hinter das Kindheits-Ich, stärke ihm den Rücken und lege meine Hände auf seine Schultern. Das Kindheits-Ich hält die ausgestreckten Arme über *Rainer* – der völlig zusammengesunken am Boden liegt.

Das Bemühen um *Rainer* trägt auch nach einiger Zeit immer noch keinerlei Früchte.

Phase 3: Als *Rainer* und sein Kindheits-Ich gehen, wende ich mich um und stelle mich von außen an die Gruppe aus *Konstanze*, *Jürgen*, der *Beziehung zwischen Jürgen und Konstanze* und der *Erlösung* (möglicherweise war noch jemand dabei). Ich habe den Eindruck, dass hier angenommen wird, was ich geben kann: Kraft und Hoffnung.

Die *Erlösung* und die *Beziehung zwischen Jürgen und Konstanze* verlassen die Aufstellung, so dass ich allein mit *Jürgen* und *Konstanze* stehe.

Phase 4: *Jürgen* steht eingehakt neben *Konstanze*; *Konstanze* berührt meinen rechten, *Jürgen* meinen linken Arm. Beide schauen mich an; ich sage ihnen: »Ich bin da.« Mein Blick geht ruhig zwischen den Augen von *Jürgen* und *Konstanze* hin und her. Sie haben beide mein ganzes Wohlwollen.

Konstanze schaut mich mit sehr leuchtenden und entschlossenen Augen intensiv an. Auch *Jürgen* blickt zu mir, und ich nicke beiden kurz und ruhig zu.

Perspektive des Repräsentanten für die Freiheit

Die *Freiheit* befindet sich zunächst mit *Christus* und der *Erlösung* in einer, vom unmittelbaren Geschehen separierten Position. Meine Wahrnehmung unterscheidet jedoch sehr bald zwischen *Konstanze* auf der einen sowie *Jürgen* und *Rainer* auf der anderen Seite. Nur zu *Konstanze* hin gibt es eine direkte Beziehung. Bei der ersten Befragung weise ich auf diesen Umstand hin und verändere meine Position dahingehend, dass ich mich neben *Konstanze* stelle. Das hat einen sofortigen Einfluss auf sie im Sinne eines aufrichtenden Energieflusses. Dieser bleibt durchgängig stabil.

Meine Aufmerksamkeit wendet sich aus dieser Position *Jürgen* zu. Der Blickkontakt wird erwidert, mehrfach sich wiederholend. Meine Wahrnehmung bezieht sich auf distanzierende Tendenzen von *Jürgen* zu *Konstanze,* und zwar dergestalt, dass die *Freiheit* sich an *Jürgen* gebunden weiß, je mehr dieser sich von *Konstanze* entfernt. Es steht fest: Sollte *Jürgen* die Dreiecksbeziehung verlassen, so würde die *Freiheit* ihm unmittelbar und alternativlos folgen.

Zwischen der *Freiheit* und *Rainer* bestand demgegenüber eine Beziehungslosigkeit.

Das Alter Ego von *Jürgen* wird entbunden und der Aufstellende, Jürgen selbst, in die Aufstellung eingeführt; desgleichen wird seine Frau Konstanze für deren Alter Ego eingewechselt. Das Eintreten der aufstellenden Personen – Jürgen und Konstanze persönlich – in die Aufstellung unterbricht Tendenzen der Stellvertreter.

Konstanze bittet mich, meine Position neben ihr zugunsten einer Position in ihrem Rücken zu verändern. Dies entspricht energetisch einer Ordnung, der ich folgen kann. Neu war die Wahrnehmung, dass sich das Energiefeld der *Freiheit* in dieser Position mit dem des verstorbenen Vaters verbindet.

Demgegenüber ergreift *Jürgen* meinen Arm, um mich, die *Freiheit,* zwischen sich und *Konstanze* zu positionieren. Dies ist unmöglich, da das Geistprinzip der *Freiheit* für den Menschen unverfügbar ist. (Der Geist weht, wo er will.) Jürgens Anliegen wird insoweit entsprochen, als ihm seine Freiheit – in der Person einer weiteren Stellvertreterin – zugestellt wird (Prinzip der bürgerlichen Freiheiten).

Im Verlauf der weiteren Aufstellung bekundet Jürgen sein großes Interesse, mehr über die Freiheit aus dem Geist zu erfahren. »Eine im Glauben begründete Haltung des verdienstlosen Empfangens eröffnet Wege«, sage ich ihm.

Sowohl in der Wahrnehmung wie in der Positionierung verändert sich im weiteren Verlauf der Aufstellung für die *Freiheit* nichts.

Mit dem Auftreten von Jesus, dem Christus, waren eine Rückkehr und ein Eingehen in IHN verbunden, denn da, wo der Geist des Herrn ist, da ist Freiheit.

Ausblick und Wirkung

Die Wahrheit ist personal und systemisch. So steht Pilatus vor Jesus Christus im Leib und fragt: »Was ist Wahrheit?« Die sich daraufhin verschweigende Wahrheit heißt: »ICH bin es.« Pilatus will sie fixieren. Jesus kommt ans Kruzi-fix. Die Wahrheit stirbt. Sie macht offenbar, wie nichtig die Lügengebäude und die gewalttätige Suche nach ihr sind. Bei Gott liegt die Auferweckung. Jesus Christus erscheint als Auferstandener. Die un-bedingte Liebe siegt. Wahrheit ist symphonisch, erklingt zwischen Himmel und Erde. Die Welt klagt an, der Himmel spricht frei.

Zwei Personen, die sich zu gemeinsamer Elternschaft entschlossen haben, sind ein Wir, das zu verschiedenen Konkretionen von Zukunft fähig ist. Die klassische Familienaufstellung befasst sich mit Fragestellungen und Problemen, die entstehen, sobald ein Kind als Frucht einer solchen Begegnung entstanden ist.

Was geschieht, wenn zu einer Geschlechtseinheit von Mann und Frau eine dritte Person hinzukommt, die mit einer der beiden Personen ebenfalls eine dauerhafte Geschlechtsgemeinschaft eingeht? In der dokumentierten Aufstellung wurden sowohl die drei Hauptpersonen wie auch die Beziehungen zwischen ihnen visualisiert. Die Dynamik wurde katalysiert durch die Präsenz der Gestalt des Christus mit seiner doppelten Beziehung zur zwischenmenschlichen Logik befreiender Freiheit und zu seinem erlösenden Potenzial bezüglich des Gottesverhältnisses. Denn die Christusbeziehung von zwei Hauptpersonen sollte auf deren Wunsch hin eine Rolle spielen.

Die Entscheidungen der Hauptpersonen führten dazu, dass Jürgen nicht mehr Teil der Dreiecksbeziehung ist. Er vermochte seiner Frau nicht die Freiheit und Vergebung zu schenken, so dass sie in neuer Treue zu ihm zurückkehren und bleiben konnte. Das gnadenreiche Angebot, das in der Aufstellung aufgeschienen ist, wurde nicht ergriffen. Tragisch. Sein Leben ging in neuer Freiheit – es war nicht leicht – weiter. Konstanze vertraute auf ihre weibliche Kraft und ging eine neue Beziehung zu Rainer ein, der lernte, als Erwachsener seine Beziehungsverantwortung zu übernehmen. In der Binnentranszendenz der Beziehungen kam es nach einigen Monaten so zu einer neuen Ordnung, ohne dass der christologische Anteil – zumindest in der Öffentlichkeit – weiter eine Rolle spielte.

ZWISCHEN HIMMELFAHRT UND PFINGSTEN

1. Der Blick zum Himmel

Die Wahlverwandtschaft Jesu

Ihr werdet die Kraft des Heiligen Geistes empfangen, der auf euch herabkommen wird; und ihr werdet meine Zeugen sein in Jerusalem und in ganz Judäa und Samarien und bis an die Grenzen der Erde. Als er das gesagt hatte, wurde er vor ihren Augen emporgehoben, und eine Wolke nahm ihn auf und entzog ihn ihren Blicken. Während sie unverwandt nach ihm zum Himmel schauten, standen plötzlich zwei Männer in weißen Gewändern bei ihnen und sagten: Ihr Männer von Galiläa, was steht ihr da und schaut zum Himmel? Dieser Jesus, der von euch weg in den Himmel aufgenommen wurde, wird ebenso wiederkommen, wie ihr ihn habt hingehen sehen zum Himmel. *(Apg 1,8–11)*

Welche Abschiedsszene! Menschen, die mit Jesus eine Freiheits- bzw. Erwählungsgeschichte hatten, stehen da und schauen ihm nach. Jesus ist unsichtbar geworden. Seine Freiheitsgeschichte geht vorerst woanders weiter. Freiheit hat immer mit Entscheidung, mit Wahl, ja mit Erwählung zu tun. Viele in Israel glaubten an Gottes Stimme, wussten sich berufen. Von diesen vielen wählte Jesus einige aus, um ihnen das Evangelium für die Völker anzuvertrauen. Die Jünger und Jüngerinnen Jesu sind seine Auserwählten (vgl. Mt 24,23–24).

Wie beginnt eine Freiheitsgeschichte, wie geht sie weiter? Mit Stillstand? Mit Stillgestanden? Oder durch die Kraft, die aus der unsichtbaren Stille kommt? Was geschieht, bevor eine neue Geschichte beginnt? Einfach stehen bleiben und warten. Denn dann wirkt Dynamik neu von sich her. Ein neues familiäres System entsteht. Ein Blick in das Neue Testament genügt, um festzustellen, dass dort häufig Familienterminologie verwendet wird, angefangen vom Stammbaum Jesu (Mt 1,1–17) und den Kindheitsgeschichten (Mt 2,1–23) über die Bibelschule Jesu (vgl. Joh 1,35–2,12; Lk 8,1–3 usw.) bis zur Heilung der Schwiegermutter des Petrus (Mt 8,14–15 par.) und dem himmlischen Jerusalem als unserer Mutter (Gal 4,26).

Familienbeziehungen sind immer wieder ein Thema. Dabei lassen sich zwei Familiensysteme unterscheiden, nämlich ein natürlich-genetisches und jenes, das primär spirituell fundiert ist: »Als er noch mit den Leuten redete, standen seine Mutter und seine Brüder draußen und wollten mit ihm sprechen. Da antwortete er dem, der ihm das sagte: Wer ist meine Mutter, und wer sind meine Brüder? Und er streckte die Hand über seine Jünger aus und sagte: Das sind meine Mutter und meine Brüder. Denn wer nach dem Willen meines Vaters im Himmel handelt, der ist für mich Bruder, Schwester und Mutter.« (Mt 12,46–50; vgl. Mk 3,31–35, Lk 8,19–21) Im Blick auf Jesus sieht man um ihn herum einen Innen- und einen Außenkreis.

Was lässt sich zur Wahlverwandtschaft Jesu sagen? Im Unterschied zu einem naturalen bzw. zyklischen System, das mit Geburt beginnt und mit Tod endet, ist das jesuanische Familiensystem so angelegt, dass die Initiation sakramental mit der Taufe beginnt und nach der regelmäßigen Familienfeier des Abendmahls mit der Ankunft im himmlischen Jerusalem ewigkeitlich vollendet wird. Um dies in der Sprache des Apostels Paulus zu formulieren: »Einig in der Gestalt des Todes, einig in der Gestalt der Auferstehung.« (Vgl. Röm 6,5)

Die Bibelschule, die Jesus von Nazareth gründete, ist der Grundstock der christlichen Gemeinden. Zu ihr gehörten Frauen und Männer. Jesus berief Jünger, die mit ihm unterwegs waren (vgl. Joh 1,38). Auch viele Frauen folgten ihm nach (Lk 8,3). Vom Evangelisten Lukas werden einige namentlich genannt, nämlich Maria von Magdala, Johanna und Susanna. Sie entkamen dem Bannkreis spiritueller, gesellschaftlicher und religiöser Gewalt.

Was geschah mit Maria aus Magdala, der Jesus sieben Dämonen austrieb (vgl. Mk 16,9; Joh 20,18)? Sie hatte aufgrund ihrer intensiven, gleichsam intimen Beziehung zu Christus ihn nicht nur von außen, sondern von innen her erlebt. Austreibung erfolgt immer von innen her. Wegen ihrer Beziehung zu Jesus Christus war Maria aus Magdala prinzipiell offen für seine Nähe als auferstandener Christus. Er wurde für sie schlechthin zur Tür in das neue Leben (vgl. Joh 10,7–10). Ihre Ostererfahrung fand im irdischen Paradiesgarten statt (vgl. Joh 20,11–18). Hier fangen der neue Himmel und die neue Erde an.

Nach Maria von Magdala, der erstgenannten Frau im Kreis um Jesus, wird Johanna erwähnt. Auch sie gehört zum Gefolge Jesu. Wenn man ihren Namen nicht für zufällig hält, sondern davon ausgeht, dass damit auch inhaltlich etwas zum Ausdruck gebracht werden soll, dann heißt das konkret, dass die Gnade Gottes durch diese Frauengestalt mit unterwegs ist.

Geschichtlich wird Johanna näherhin als die Frau bestimmt, die mit Chuzas verheiratet ist. Dabei handelt es sich um einen königlichen Beamten. Er steht bei Herodes Antipas, dem Landesherrn Jesu, auf der Gehaltsliste ebenso wie der königliche Hauptmann von Kapharnaum (vgl. Joh 4,46; Mt 8,1). Man kann sich denken, dass der Messiasanspruch Jesu nicht nur zu politischen Konflikten mit den Herodianern führte, sondern auch die persönlichen Beziehungsebenen betraf. Etymologisch gesehen steht das Herodianische für die Welt der Halbgötter. Jesus warnt vor dem Sauerteig des Herodes (vgl. Mk 8,15).

Die dritte namentlich genannte Frau um Jesus heißt Susanna. Der Langtext zu diesem Frauennamen steht im 13. Kapitel des Buches bzw. in den Stücken zu Daniel. Sie ist unschuldig. Die Übergriffigkeit und Verlogenheit religiöser Amtsinhaber wurde entlarvt. Wer den Namen Susanna trug, war sich der Biographie der biblischen Susanna bewusst. Sie ist ein Vorbild im Glauben angesichts des Missbrauchs religiöser und männlicher Gewalt. Susanna steht für viele Frauen im kirchlichen und religiösen Kontext.

Während die Herodianer – ähnlich wie die Sadduzäer – ein freundschaftliches Verhältnis zur römischen Besatzungsmacht suchten, bildeten die Pharisäer und noch extremer die Zeloten das Aufstandspotenzial gegen Rom. Die apokalyptischen Strömungen, die sich um Qumran gruppierten, setzten auf Weltuntergang. Nur perfekte Essener sind gerecht.

Wovon ist Jesus überzeugt? Weder der Sauerteig der Pharisäer noch der Sauerteig der Sadduzäer soll die Welt durchdringen (vgl. Mt 16,6), sondern das Evangelium vom Reich Gottes enthält die Botschaft vom Heil.

Die ersten Christen und Christinnen – unter dieser Bezeichnung wurden die Anhänger Jesu zum ersten Mal in Antiochia am Orontes in das Stadtregister eingetragen – bildeten ein Netzwerk, aus dem sich die sieben Gemeinden in Kleinasien entwickelten. Jeder gehörte auf seine Weise zur Großfamilie Jesu: »Wer nach dem Willen Gottes handelt, der ist für mich Bruder, Schwester und Mutter.« (Mk 3,35; vgl. Mt 12,50)

Interessant ist der biblische Hintergrund des Aufstellens: »Stellt euch nur auf und bleibet stehen und sehet, wie der HERR euch Rettung schafft.« (2 Chr 20,17) Es ist, als wenn das Wort aus dem Ersten Testament die heilsame Dimension des Familien- und Organisationsaufstellens beschreibt. Und so kann diese systemische Methode ganz bewusst im christlichen Sinne, das heißt lebenspraktisch im Geist der Erlösung und Befreiung angewandt werden. Der Geist Jesu Christi wirkt in zwischenmenschlichen Beziehungen befreiend und im Gottesverhältnis erlösend.

Jede und jeder gehört zu einem Familiensystem mit Herkunfts- und Gegenwartsfamilie, das ein seelisches Kraftfeld mit eigener Dynamik erzeugt. Familienmitglieder sind oft über Generationen hinweg unbewusst in Treue miteinander verbunden. Die Folgen solcher Verbindungen können aber als Verstrickungen zu Krankheiten und Blockaden führen.

Mit Hilfe von Aufstellungen werden solche Probleme sichtbar und in Richtung einer guten Lösung geführt. Häufige Themen für Aufstellungen sind: Probleme zwischen Eltern und Kindern, Beziehungs- und Partnerschaftsprobleme, berufliche Anliegen und geistliche Fragen.

Das ganze Spektrum menschlicher Verhältnisse und Beziehungen ist der Gegenstand der Aufstellungsarbeit. Da ist es selbstverständlich, dass Frauenwelten und Männerwelten, Väterlichkeit, Mütterlichkeit und Geschwisterlichkeit in allen möglichen Mischungsverhältnissen und tragischen Verkehrungen zum Vorschein kommen. Welche Rollen spielen Instanzen und Strukturen, Kräfte und Energien? Hochkarätige Kirchlichkeit und unkonventionelle Sexualität werden neu positioniert. Werte und Würde, Krankheiten und Nöte, Leben und Tod werden visualisiert. Engel und Götter, Götzen und Geister tauchen im Kraftfeld Gottes, Jesu Christi und seines Geistes auf.

Für ein nicht explizit christologisches Aufstellen ist der Schöpfungsbericht die Grundlage, um wesentliche Bausteine der Schöpfung zur Darstellung zu bringen. Wie kommt jegliches wieder in eine gute Ordnung? Ein Blick in das erste Kapitel der Bibel (vgl. Gen 1,1–31) zeigt, dass sich natürliche Prozesse im Horizont der Schöpfungsordnung als etwas verstehen lassen, das Sinn vermittelt, weil es ein höheres Ziel gibt. Jedem Schöpfungstag entspricht ein kreatives Geschehen. Am ersten Tag geht es um Prinzipielles (vgl. Gen 1,1–5), am zweiten Tag um Substanzielles (vgl. Gen 1,6–8), am dritten Tag um die Grünkraft der pflanzlichen Welt (vgl. Gen 1,9–13), am vierten Tag um kosmologische Konstellationen (vgl. Gen 1,14–19), am fünften Tag um die Wirklichkeit des Animalischen (vgl. Gen 1,20–23) und am sechsten Tag um den Menschen als Krone der Schöpfung (vgl. Gen 1,24–31).

Dem biblischen Text korrespondieren verschiedene Spiritualitäten, die methodisch zu entsprechenden Erfahrungen hinführen. Beim Aufstellen werden die einzelnen geschöpflichen Realitäten zugänglich. In einer Schöpfungsspiritualität wird die Natur zum Ort des Betens. Die Bibel ist eine Schöpfung im Wort. Ihr Textbestand wird zur Heiligen Schrift, sobald die Menschen mit ihr in Beziehung zum Heiligen treten.

In der Perspektive der Schöpfung lassen sich natürliche Familienaufstellungen theologisch begleiten und anschauen. Jegliche therapeutische, psychologische oder philosophische Kompetenz hilft, dass die Selbstheilungskräfte der Schöpfung zum Zuge kommen. Paracelsus formuliert: Medicus curat, natura sanat (Der Arzt behandelt, die Natur heilt).

Christologisch gesehen bietet sich zudem die Perspektive auf den neuen Himmel und die neue Erde an (vgl. Offb 21,1; Kol 1,15–20). Analog zu Paracelsus könnte man in diesem Kontext formulieren: Spiritualis curat, gratia sanat (Der Geistliche kümmert sich darum, die Gnade wirkt heilsam). Auf dieser Basis kommt es zum christlichen Familienaufstellen, bei dem die Mit- und Umwelt berücksichtigt wird. Dass mit christlicher Freiheit weder Beliebigkeit, Möglichkeiten ohne Liebe also, noch Willkür, das heißt, ein fremder entfremdender Wille ersetzt die Freiheit, gemeint sein kann, versteht sich methodisch und inhaltlich von selbst.

Die Methode ist schnell beschrieben: Die teilnehmende Person, deren Anliegen Thema ist, wählt Stellvertreter aus der Gruppe für einzelne Familienmitglieder aus und platziert diese nach innerer Vorstellung im Raum. Diese Stellvertreter bzw. Repräsentanten erleben die Gefühle der Personen aus dem Familiensystem und drücken Beziehungen und Befindlichkeiten aus. Durch seelische Prozesse entwickeln sich innere Bilder, die es ermöglichen, in gegenseitiger Achtung und Anerkennung heilsame Schritte zu gehen. Dadurch eröffnen sich neue Perspektiven. Ganz bewusst soll dabei dem Geist Gottes und seiner lösungsbringenden Kraft Raum gegeben werden. Das Evangelium Jesu Christi spielt dabei eine wichtige Rolle. In Gebet und Gottesdienst, in Einzelgesprächen und gemeinsamen Übungen können die heilenden Möglichkeiten eines solchen Familienaufstellens erlebt werden.

2. Das Zelt der Begegnung

Vier Lichthütten im Kreislauf der Natur

Mose nahm das Zelt und schlug es für sich außerhalb des Lagers auf, in einiger Entfernung vom Lager. Er nannte es Offenbarungszelt. Wenn einer den HERRN aufsuchen wollte, ging er zum Offenbarungszelt vor das Lager hinaus. Wenn Mose zum Zelt hinausging, erhob sich das ganze Volk. Jeder trat vor sein Zelt, und sie schauten Mose nach, bis er in das Zelt eintrat. Sobald Mose das Zelt betrat, ließ sich die Wolkensäule herab und blieb am Zelteingang stehen. Dann redete der HERR mit Mose. Wenn das ganze Volk die Wolkensäule am Zelteingang stehen sah, erhoben sich alle und warfen sich vor ihren Zelten zu Boden. Der HERR und Mose redeten miteinander Auge in Auge, wie Menschen miteinander reden. *(Ex 33,7–11a)*

Das Offenbarungszelt bzw. die Stiftshütte war das Zeltheiligtum Israels, der Raum der Begegnung mit Gott während der Zeit der Wüstenwanderung. Nach der Landnahme ergab sich die Möglichkeit, in Jerusalem einen Tempel zu errichten, in dem die spirituelle Tradition der Stiftshütte weitergeführt wurde. Das Allerheiligste wurde zum Ort, an dem die Gegenwart des Ewigen, des schöpferischen Geistes, der in die Freiheit führt, verehrt wurde.

Religionsgeschichtlich gesehen war es von der Stiftshütte bis zum Tabernakel in der katholischen Kirche ein langer Weg. Seit dem Mittelalter ist er der sakrale Ort, an dem die Gegenwart Gottes in neutestamentlicher Perspektive verehrt wird. Das eucharistische Brot steht für die Gegenwart Jesu Christi, dem Repräsentanten Gottes. Der Mann aus Nazareth stiftete eine Gemeinde für alle Völker, einen neuen, offenen Bund. Durch seinen Geist kommt jeder in Freiheit neu zustande. So kann man jedes Leben als ein individuell kommentiertes Evangelium zu seinem Evangelium verstehen. Die vier Evangelien sind inspirierte Biographien des Lebens Jesu. Im Kraftfeld der Gnade wird die Zugehörigkeit zur spirituellen Familie Jesu Christi vermittelt.

Spirituelles, systemisches Familienstellen ist eine wichtige Methode, sich seiner selbst neu bewusst zu werden. Wenn man popularphilosophisch von Körper, Seele und Geist spricht, so ergibt sich im Zusammenhang mit der Aufstellungsarbeit eine interessante Zuordnung von drei Formen des Miteinanders. Selbstverständlich handelt es sich dabei nur um Akzentsetzungen, denn immer ist der ganze Mensch mit im Spiel.

Zunächst stehen in einer Hütte *erstens Körper*erfahrungen im Vordergrund. Man schwitzt. Schritt für Schritt stellen sich dann auch psychische und spirituelle Phänomene ein. *Zweitens* tritt in der klassischen, systemischen Visualisierung die *Seele* auf den Plan, um ihre Fragen beantwortet zu bekommen. Worin besteht eine Lösung? Die eigene Körper- und die eigene Geistesgeschichte helfen, die Position des Ich, das heißt der eigenen Seele als Prinzip der Individuation in den diversen Systemen von Herkunfts-, Gegenwarts- und Zukunftsfamilie orten zu können. Und *drittens* gibt es das liturgische und rituelle Miteinander. Hier spielen der *Geist* und seine Logik die wesentliche Rolle in der Dramaturgie. Natürlich kann dies nur geschehen, wenn auch körperliche und seelische Vorgänge berücksichtigt werden. Was ereignet sich während der Liturgie in der Präsenz von Geist zu Geist, etwa anhand der körperlichen Gaben von Brot und Wein, die verteilt werden? Wie wird die Seele gesund durch das Wort, das der Geist ihr eingibt?

Im Festkreis des Kirchenjahres lassen sich im Sommer, Herbst, Winter und Frühling vier biblisch gestaltete Hüttenzeiten mit systemischen Aufstellungen und Liturgien gestalten. So wird über das Jahr verteilt durch eine Gruppe von Menschen die Partitur des ewigen Evangeliums aufgeführt, in der sowohl Körper und Seele als auch der Geist berücksichtigt werden.

Schöpfungshütte

Der Prophet Jesaja verkündet, was Gott spricht: »Denn siehe, ICH will ein Neues schaffen, jetzt wächst es auf, erkennt ihr's nicht?« (Jes 43,19) Und einige Kapitel später lesen wir: »ICH will einen neuen Himmel und eine neue Erde schaffen, dass man der vorigen nicht mehr gedenken und sie nicht mehr zu Herzen nehmen wird.« (Jes 65,17a)

Johannes sieht auf Patmos diesen neuen Himmel und diese neue Erde (vgl. Offb 21,1). Aus österlicher Perspektive schreibt er seine Apokalypse. Sie bildet den roten Faden, anhand dessen man einen Jahreskreis geistlich gestalten kann.[16]

Eine gemeinsame biblische Hütte ist ein guter Anfang, sich Vers für Vers auf das ewige Evangelium einzulassen. Christi Himmelfahrt sollte man damit beginnen. Die folgenden zehn Tage stehen dann für die textliche Rezeption des Anfangs der Johannesapokalypse (vgl. Offb 1,1–8) zur Verfügung. Zudem ist genügend Zeit für die persönliche Vorbereitung auf den Pfingstsonntag, den Festtag des Heiligen Geistes. Dieser ist der GEIST, der Johannes am Tag des Herrn, am Sonntag also, ergriff (vgl. Offb 1,9–10). Patmos wurde zum Ort der Erfahrung des neuen Jerusalem.

In einer multikulturellen und multireligiösen Welt tat sich für Johannes der Himmel auf. Das hebräische Wort für Himmel heißt schamajim. Das Pluralwort deutet daraufhin, dass damit eine Wirklichkeit gemeint ist, in der Vielheit in Einheit aufgehoben ist. Der ewige GEIST, Gott, ist darin so sehr zur einenden Mitte geworden, dass eine immerwährende Glückseligkeit zustande kommt. Wenn irdische Erfahrungen intensiv glücken, sagt man: Dieser Augenblick war himmlisch!

Im Judentum, das sich an der Thora des Mose orientiert, findet 50 Tage nach Pessah – das Fest des Auszugs aus Ägypten – das Shawuothfest statt. An diesem Erntefest wird erinnert, dass die Sinai-Thora gegeben wurde, die Weisung zum Leben. Von Rosh Ha-shanah, dem

16 Vgl. Paul Imhof: Das Ewige Evangelium. Perspektiven der Johannesoffenbarung, Taufkirchen 2014.

Beginn des Neuen Jahres, dauert es zehn Tage bis zum Yom Kippur, dem Tag der Bedeckung (der Sünden) bzw. dem Tag der Vergebung und Versöhnung.[17]

Im Christentum, das sich am Leben und der Thora Jesu orientiert, wird 40 Tage nach Ostern – das Fest der Auferstehung – Christi Himmelfahrt, gefeiert. Und 50 Tage nach Ostern ist Pfingsten. Im Geiste Jesu wird den Völkern die Vergebung von Sünde und Schuld angeboten. Der pfingstliche Feuergeist erhellt die Herzen der Völker. Wirkt dieser Geist durch den Geist der Religion und der Religionen durch Kritik, so dass die Natur als Schöpfung neu geachtet wird? Im Schintoismus wird der Lauf der Sonnenkraft auf Erden gefeiert, im Hinduismus weist der Guru auf das Licht im Dunkel der Welt hin, und im Buddhismus wird der Weg der Erleuchtung gegangen.

Die römische Religion und der griechische Götterhimmel bildeten den geistesgeschichtlichen Kontext für die ersten Christen. Die Götter der Griechen sind jene Mixtur aus menschlicher Gestalt und überindividueller Energie, wie man sie aus den Mythen kennt. Dahinter steckt eine geniale Gestaltpsychologie. Die Götter der Römer in der Frühzeit hingegen hatten weder Eltern noch Kinder. Die Welt der Geister war nicht anthropomorph, sondern energetisch bestimmt. Rom verstand sich als Staats- und Militärmacht. Traditionen waren hoch im Kurs. Ausführliche Rituale wurden praktiziert. Auf das Nicken und Blinzeln der Götter bzw. auf die Numina achtete man genau. Die Flamen, die Priesterschamanen des Jupiter, Mars und Quirinus, bewegten sich in geistigen Welten, Vermittlung war angesagt. Unsichtbare Mächte und Gewalten wurden auf dem Quirinal, dem Kapitol und dem Palatin mit dem Lupercal, das heißt der Höhle der Wölfin, verehrt. Sie ist das Totemtier der Römer. An Gestirnen, an Sonne und Planeten wurde die Wirklichkeit der Götter festgemacht.

Der Geist und die Geister: Wenn man den Schamanismus nicht als primitive Religion, sondern als spirituelle Kraft- und Energielehre zu verstehen sucht, kann man wesentliche Elemente schamanischer Tradition für das eigene Schöpfungsverständnis[18] übernehmen. Indianische Schwitzhütten ermöglichen einen Zugang, um in sehr archaischer Weise den Kosmos und die eigene Lebenswelt als geschaffene Wirklichkeiten zu erleben. Natürlich müssen nicht zuerst Indianersprachen gelernt werden, um an menschheitlichen Kulturgütern zu partizipieren. Totem und Tabu sind auch Parolen von Sigmund Freud. Die Welt der Krafttiere – nicht nur in der Heraldik – und achtsames Verhalten gehören zum Menschsein. Rücksicht ist die entscheidende Kategorie menschlicher Ethik.

---

17 Vgl. Michaela Klodmann: Die hohen Feste der Juden, in: Geschichten verändern Geschichte, hrsg. von Hans Joachim Tambour u. Friederike Immanuela Popp, in: Strukturen der Wirklichkeit, Bd. 5, hrsg. von Paul Imhof u. Eduard Saroyan, Taufkirchen 2010, 113–126.

18 Solche Zusammenhänge werden in einem gesonderten Beitrag dargestellt. Er erscheint in einem der nächsten Bände von »Strukturen der Wirklichkeit«. Folgende Literatur wird u.a. berücksichtigt: Schamanismus in Tuva, hrsg. vom Museum für Völkerkunde, Wien 1998. Michael Harner: Der Weg des Schamanen. Das praktische Grundlagenwerk des Schamanen, München 2009. Axel Brück: Die Anderwelt – Reise. Praxisbuch Schamanisch Reisen, Uhlstädt – Kirchhasel 5. Aufl. 2010. Sandra Ingerman: Auf der Suche nach der verlorenen Seele. Der schamanische Weg zu innerer Ganzheit, München 2008. Carlo Zumstein: Schamanismus. Begegnungen mit der Kraft, München 7. Aufl. 2009. Olga Kharitidi: Das weiße Land der Seele, Berlin 6. Aufl. 2008.

Wer schon öfter an verschiedenen Formen von Hütten teilgenommen hat und davon überzeugt ist, selbst eine leiten zu können, wird mit interessierten Menschen eine eigene Hütte bauen. Vorher sollte man sich die Zustimmung von Personen einholen, die seit Jahren Hüttenzeremonien durchführen. Es ist selbstverständlich, dass die Leitung mit entsprechender Verantwortung verbunden ist.

Wenn die Entscheidung für eine Hütte gefallen ist, geht es zunächst darum, einen guten Platz zu finden, der auch von seiner natürlichen Beschaffenheit her dafür geeignet ist. Dabei ist darauf zu achten, dass ein großes Feuer gemacht werden kann, um 40 Steine zu erhitzen, die in die Mitte der Hütte gelegt werden. Sie sollen für vier Durchgänge reichen. Vieles geschieht rituell, auch der Umgang mit den Steinen und ihrer Feuerenergie. Die Dimension des Symbolischen wird berücksichtigt. Gebete, Texte und Lieder gehören dazu. Die Hütte wird aus Weidenästen und Decken errichtet. In ihr versammeln sich die Teilnehmer. Wo ist der eigene Platz in der Welt, in der Ahnen- und Kinderreihe? Erzählungen, Erinnerungen, Bekenntnisse, Wünsche und Hoffnungen kommen zur Sprache. Es gibt Phasen des Dankens, des Bittens, des Annehmens und des Weitergebens. Das intensive Miteinander, das durch Kräuteraufgüsse und verbranntes Räucherwerk gesteigert wird, wirkt sich kathartisch aus. Um Reinigung geht es. Ängste werden abgebaut. Die Angst vor Einsamkeit, die Angst vor Verhungern und Verdursten, die Angst vor Versagen und die Angst vor Verletzung werden weniger.

Je größer die spirituelle Offenheit der Teilnehmer ist, desto leichter kommt es zu psychisch überraschenden Erfahrungen. Das eigene Leben kehrt positiv in eine gute Schöpfungsordnung zurück. Vertrauen und Glauben bekommen neue, existenzielle Tiefe. Denn für die Welt des Prinzipiellen, Elementaren, des Vegetativen, des Kosmischen, des Animalischen, des Menschlichen und des Göttlichen gibt es Zeit und Raum. Eine biblische Schöpfungshütte ist ein guter Ort, sich seines Geschaffenseins neu bewusst zu werden. Nicht mehr, aber auch nicht weniger ist das Ziel einer solchen gemeinsamen Zelterfahrung.

Engelhütte

Ein Hüttenplatz hat zwei Zentren. Eines ist die Feuerstelle, um die sich alle versammeln, die an der Zeremonie teilnehmen wollen. Das Feuer symbolisiert die Sonnenenergie auf Erden. In den brennenden Scheiten werden die Steine erhitzt, die entlang der Feuerlinie in die Mitte des zweiten Zentrums getragen werden, nämlich in die Hütte, die in Form einer halben Kugel das zweite Zentrum bildet. Sie ist Symbol des Himmels, der sich über die Erde wölbt. Wie das Feuer ein Zeichen des Männlich-Väterlichen ist, so ist die Hütte ein Zeichen des Weiblich-Mütterlichen. Das entsprechende kosmische Symbol ist der Mond. Für das Männlich-Väterliche hingegen steht die Sonne.

Eine Hütte wird inmitten eines sichtbaren bzw. unsichtbaren Labyrinths errichtet. Von dort wird man neu »hinausgeboren« in die Welt, in den sichtbaren Kosmos. So findet ein schöpferisches, evolutionäres Geschehen statt. Das Ziel ist die kreative, re-volutionäre Rückkehr in den Kreis um das Lagerfeuer, das die irdische Binnentranszendenz zentriert. Die Bewegung in der Doppelspirale um die Mitte der Hütte und des Feuers lässt sich als Weg aus der Herkunft in die Zukunft verstehen. Für den, der an die ungeschaffene Transzendenz Gottes glaubt, der ewiger, ursprungloser Ursprung und zugleich ewiges, ursprungloses Ziel ist, wird dieser Weg zugleich eine Weise des Betens. Sonne und Mond sind dabei geschaffene Wirklichkeiten, die auf spirituelle Grundkräfte bzw. geistige Prinzipien transparent sind. Von Engeln spricht man dann.

Was Engel sind und wer Engel sind, darüber gibt es viele philosophische Diskussionen. Mancher plädiert für überindividuelle Gestaltkräfte im psychologischen Sinn, andere halten jeden Engel für eine eigene Spezies, wieder andere für geistige Wesen, die mit Menschen in Beziehung treten können. Sind sie personifizierte Grundkräfte einer vergangenen Epoche oder überirdische Intelligenzen aus dem Weltraum? Wie werden die Spuren von Engeln wahrnehmbar?

In der jüdischen Religion sind Engel auf die Transzendenz Gottes hin offene, geistige Wesen, die im Leben der Menschen eine befreiende Rolle spielen. Anders hingegen ist es um den griechisch-römischen Götterhimmel bestellt. Über Götter und Menschen waltet unerbittlich das Schicksal. Im kirchlichen Glaubensverständnis werden Götter zu Gegenspielern der Engel. Während Engel einen positiven Gottesbezug haben, ordnen sich Götter von sich her nicht dem einen Gott zu. Sie sind gleichsam aus der ursprünglichen Schöpfungsordnung herausgefallen, so der jüdische und christliche Glaube. ICH bin JAHWE und keiner sonst.[19] Götter bzw. Dämonen sind in dieser Perspektive Feinde der guten Engel und der Menschen, die in Gottes Namen leben möchten.

Wie Schatten korrespondieren mit den lichten Engeln (Raguel, Gabriel, Suriel, Uriel, Michael, Yerachmiel, Rafael) böse Geister. Wie ist dem Geist der Gewalt zu begegnen? In einer teuflischen Welt wird immer wieder an der Spirale der Gewalt gedreht. Welche diabolische Versuchung steckt hinter krankmachenden Traditionen und zunächst unverständlichen biblischen Texten, die zur geistigen Verwirrung führen können? Warum steigert die dämonische Dynamik okkulter Kräfte die Furcht und Angst? Man ist wie gebannt von einer gespenstischen Welt.

Welcher luziferische Abgrund tut sich hinter menschenverachtenden Illusionen auf? Wer hält die vielköpfigen bösen Drachen nieder, damit man nicht der verschlingenden Gier und Sucht erliegen muss? Wodurch kommt satanische Bosheit an ein Ende? Wie wird man frei vom Geist der Lüge? Was bringt Mammon um seinen Einfluss auf Menschen, die besessen sind von ihrem Besitz oder irgendeiner anderen Realität? Auch wenn böse Geister im Grunde dieselbe Wurzel haben, so ist es doch nützlich, sie zu unterscheiden, weil man so leichter zu einem

---

19 Vgl. Martin Leuenberger: »Ich bin Jahwe und keiner sonst«. Der exklusive Monotheismus des Kyros-Orakels, Jes 45,1–7, Stuttgart 2012.

jeweils angemessenen Verhalten kommen kann. Wo besteht Gefahr? Wie kann man sich vor Scheinkommunikation schützen? Was hilft? Der Epheserbrief weist uns ein (Eph 6,10–11).

Archäologische und kosmologische Forschungen haben eine Identifizierung vieler Engel ermöglicht. Je ausführlicher man sich mit den sieben Engeln und den sieben Gemeinden der Offenbarung des Johannes befasst, desto mehr geheimnisvolle Zusammenhänge werden offensichtlich. Der Christushymnus im Brief an die Kolosser fokussiert die sichtbaren und unsichtbaren Welten auf die Herzmitte der Schöpfung hin (vgl. Kol 1,13–20).

In biblischer Perspektive wird eines deutlich: Engel erscheinen am Anfang von Neuem. Verkündigung und Sendung ist ihr Thema. Es geht um Gnade und Freiheit. Vom Engel Gabriel, der Maria erschienen ist (Lk 1,26–38), über den Engel vom Himmel, der Jesus in Gethsemane stärkte (Lk 22,43), bis zu den zwei weiß gekleideten Engeln im Grabe Jesu (Joh 20,12) und den sieben Engeln, die Sorge tragen für die sieben apokalyptischen Gemeinden (Offb 2,1–3,22), spannt sich der Bogen, auf dem der schöpferische Geist seine Bundestreue realisiert.

Die vier Meditationsrunden in der Engelhütte dienen dazu, den inneren Strom der Lebensenergie zu vernehmen. In der chaldäischen Reihenfolge spürt man an jene sieben Leibchakren hin, denen sich die sieben Erzengel zuordnen lassen. Unter Chakren versteht man in Indien jene Schöpfungspunkte, an denen der energetische Austausch von Innen und Außen besonders intensiv stattfindet. Auf der Ebene der inneren Bilder- und Gefühlswelt kann es zu überraschenden Erfahrungen und Verwandlungen kommen.

Um nicht völlig in die Welt der Engel abzuheben, macht man sich in einer Biblischen Hütte immer wieder die eigene Materialität bewusst. Dabei hilft das Wissen um die vier Aggregatszustände der Materie – Wasser (flüssig), Erde (fest), Luft (gasförmig) und Feuer (plasmisch). Letzteres, das Phlogiston, ist der »Brennstoff« im Weltraum, den man auch sieht, wenn man Salz ins Feuer streut. Diese Aggregatszustände werden an den zwölf Sternbildern festgemacht, wenn man von den vier Wasser-, Erd-, Luft- und Feuerzeichen spricht.

Eine Zeit zum Tanz um das Feuer bietet sich an. Und da es die Zeit der Herbsttagundnachtgleiche ist, steht auch eine Zeit der Unterscheidung und der Ernte an: Was sind gute Früchte, und was gehört noch einmal auf den Acker der Welt? Was nimmt man mit, um sich davon im Alltag zu nähren, und was erweist sich als ein Resultat von missglückter Kommunikation? Was hat man in diesem Herbst als Mann oder Frau gelernt? Und auf welche Scheinkommunikation kann man getrost verzichten? Denn es lohnt sich nicht, dem Todestrieb oder dem Geltungstrieb oder dem Machttrieb sich und die Seinen zu opfern. Ganz im Gegenteil: Das Leben ist liebende Kommunikation in Freiheit.

Das göttliche Gericht ist ein Heilsgericht. Es macht offenbar, wie das Weltgericht als Strafgericht funktioniert. Das Gericht Gottes aber besteht darin, dass der Herrscher der Welt gerichtet ist (vgl. Joh 16,11). Durch das Heilsgericht sind die Gerechten, die Gerechtfertigten im Lot. Wer glaubt, kommt nicht ins Gericht, sondern ist schon gerichtet. So spricht Christus: »Denn ich bin nicht gekommen, um die Welt zu richten, sondern um sie zu retten.« (Joh 12,47)

Sternenhütte

Wenn man unter dem Sternenhimmel das Lagerfeuer und die Lichter am Weihnachtsbaum bzw. eine Menorah durch den Hütteneingang sieht, tauchen wie von selbst grundsätzliche Fragen nach dem Sinn des Kosmos und des Menschen auf. Doch zuerst kommt das Staunen. Wie ist der schöpferische, lebensspendende Geist des Alls bei uns auf Erden erschienen? Für Christen ist das Kind in der Krippe von Bethlehem die Antwort. Wie wirkt der Geist durch Sternenstaub und Sphären, durch Zahl und Proportion hindurch sich im Körper und der Seele aus?

Mit welchen mathematischen Formeln von Unendlichkeit und Endlichkeit machte Pythagoras die Menschen vertraut? Sein Lehrsatz $a^2 + b^2 = c^2$ gehört noch heute zum schulischen Grundwissen. Er begriff, dass es fünf symmetrische Raumkörper gibt, nämlich das Tetraeder, den Kubus, das Oktaeder, das Ikosaeder und das Dodekaeder. Im pythagoreischen Denken steht das Dodekaeder für die Substanz der Himmelskörper. Der Pythagoreer Hippasius veröffentlichte das Geheimnis der Kugel mit den zwölf Fünfecken.

Pythagoras lebte auf der griechischen Insel Samos. In einer Steilwand des Kerkis-Massivs liegt die Höhle, in der er sich eine Zeitlang vor Polykrates, dem Herrscher über Samos, verbarg. Hatte der große Mathematiker Pythagoras seine Kenntnisse in Ägypten erworben oder in der Kerkishöhle eine Wesensschau von Zahl und Proportion gehabt? Seine Schüler, die Pythagoreer und später die Neupythagoreer, bildeten eine Kultgemeinde, die sich durch den Geist der reinen Mathematik miteinander verbunden wussten.

Auf Samos wurde Hera, die Gemahlin des Zeus, in ihrem Granatapfelhain verehrt. Wenig ist von ihrem Tempel erhalten. Wie spiegelte das Heiligtum den olympischen Himmel? Gegenüber von Samos liegt auf dem kleinasiatischen Festland die St. Paulsbucht und in Sichtweite befindet sich Patmos, das Zentrum der Dodekanes, einer Inselgruppe in der Ägäis. Wie erlebte Johannes auf seiner Verbannungsinsel die kosmische Weihnacht (vgl. Offb 12,3–6)?

Im Dezember ist die Zeit der Wintersonnenwende. Die Eziden feiern das Ida-Ezi-Fest, das seinen Ursprung in der Mithrasreligion hat. Die sieben Weihegrade und Planetengötter sind im Mithraskult systematisiert. Da die Sonnenenergie im Feuer verehrt wird, nannte man die Eziden ungläubige Feueranbeter, Yeziden, was natürlich so nicht stimmt. Bei den Römern war der höchste Staatsfeiertag das Fest des Sol invictus, der unbesiegbaren Sonne. Im westlichen Christentum wird an Weihnachten die Geburt Jesu Christi gefeiert. Er ist für die Christen die Sonne der Gerechtigkeit, in der Gottes Gnade aufleuchtet.

Eine biblische zwölftorige Sternenhütte, die an das himmlische Jerusalem erinnert, kann ein guter Platz sein, an dem nicht nur der Kreisläufe der Natur gedacht wird, sondern auch des neuen Anfangs, der mit Jesus Christus in die Welt gekommen ist. Zu diesem Zweck lässt sich eine bearbeitete Holzstele errichten, die an den Lebensbaum erinnern soll, von dem Christus zu essen gibt (Offb 2,7).

Stelen haben in der Menschheitsgeschichte eine lange Tradition. Holzstelen erinnern auch an die Tradition indianischer Totempfähle. Sie visualisieren, wie eine bestimmte Gruppe bzw. eine Sippe oder ein Stamm die eigene natürliche Herkunftsgeschichte versteht. In diesen Zusammenhang gehören auch die skythischen Hirschsteine.

Die armenischen Steinstelen aus dem 5. bis 7. Jahrhundert n. Chr. hingegen bringen zum Ausdruck, dass am Ort ihrer Errichtung eine Initiation von Menschen in eine neue spirituelle Großfamilie stattgefunden hat (vgl. Mt 12,49–50). Auf solchen Stelen findet man Darstellungen von Jesus Christus, Maria, Engeln und Heiligen. Die christliche Gemeinde will sich nicht nur ihrer irdischen, sondern auch ihrer ewigkeitlichen Herkunft und Zukunft vergewissern.

Aus den viereckigen Steinstelen haben sich die Chatschkare, die armenischen Kreuzsteine bzw. Lebensbäume, entwickelt.[20] Die Natur ist der Ort der Schöpfung, der Anbetung Gottes, was sich am kreuzförmigen Glockenturm von Haghpat in architektonisch einmaliger Weise ablesen lässt: Dem konkav gestalteten Viereck des Kircheninnenraums des Christushauses entspricht außen der Schöpfungsraum, der durch den konvex gebauten Glockenturm eröffnet ist.[21] Dadurch wird die Natur gleichsam sakral und die Welt zum Tempelbezirk.

Das Labyrinth gilt als Symbol für die fruchtbare Mutter Erde. Es ist die archaische Form für das Bewusstsein von der Entstehung aus einem irdischen Ursprung, aus einem mütterlichen Geburtsraum. Stellt man in die Mitte eines Labyrinths einen Baumstrunk, der mit den Wurzeln zum Himmel weist, dann entsteht ein Kultplatz, der auch an die extraterrestrische Herkunft des Menschen erinnert.

Wer nachts unter dem Sternenhimmel steht und nach oben blickt, kann erleben, wie sich das Weltall um eine unsichtbare Achse zu drehen scheint. Diese kosmische Weltenachse – und so ist es jederzeit – lässt sich in Form eines immergrünen Tannenbaums im eigenen Haus installieren. Mit Kugeln, Sternen und Lametta geschmückt, wird der Baum zum Lichterbaum, einem Symbol des Kosmos. Und sobald oben ein Rauschgoldengel befestigt wird, der gleichsam in den Thronsaal der Transzendenz hineinreicht, wird der Baum zum Christbaum. Denn auf diese Weise wird an der Spitze der geschaffenen Welt die Hoffnung angezeigt, dass herrliche, göttliche, erlösende Dynamik bereit ist, durch den Kosmos zu strömen (vgl. Ps 24,7–10).

Wenn nun Gabriel, die geistige, menschenfreundliche Liebeskraft, als Repräsentant des Heiligen Geistes durch den Kosmos rauscht, ereignet sich auf Erden die Menschwerdung

20 Vgl. Amélie Gräfin zu Dohna: Das gemeißelte Glaubensbekenntnis. Armenische Kreuzsteine, in: Wagnis der Freiheit, hrsg. von Friedrich E. Dobberahn und Johanna Imhof, Taufkirchen 2009, 265–288.

21 Vgl. Paul Imhof: Christushaus. Perspektiven armenischer Sakralarchitektur, in: Passport 2010, 48–55.

Gottes. Die Krippenkultur gibt davon Kunde. Um den Weihnachtsbaum versammeln sich die Christen am Geburtstag Jesu Christi.[22]

Die erste Runde in der Sternenhütte lädt dazu ein, vom Stress und der Hektik der vorweihnachtlichen Zeit frei zu werden. Ruhe und Gelassenheit sollen einkehren, Schweigen und Stille sich einräumen. Die drei weiteren Runden werden zu dem Thema Herkunft, Ankunft und Zukunft des himmlischen Kindes gestaltet. Die Halbkugel der Sternenhütte wird so zum kleinen heruntergebauten Himmelsgewölbe, in dem das Mysterium der kosmischen Weihnacht gewürdigt wird, so dass ein heiliges Ja-Sagen zu sich selbst als Kind des Himmels und der Erde geschehen kann.

Osterhütte

In der Offenbarungsgeschichte Israels war es ein langer Weg von der Stiftshütte bis zur Heiligen Stätte, dem Tempel auf dem Zionsberg. Am Palmsonntag zog Jesus in Jerusalem ein (vgl. Joh 12,1–13). In Gottes Namen hat er den Hof der Völker im Tempelbezirk von Jerusalem wieder zu einem Ort des Gebets gemacht (vgl. Joh 2,13). Die Wallfahrt der Völker zum Zion konnte angemessen stattfinden. Was blieb nach der Zerstörung des Tempels? Die Anbetung in Geist und Wahrheit (vgl. Joh 4,23).

Die Palme gedeiht nur im frischen Wasser. Daher wurde sie zum Symbol der Verwurzelung im Ursprung. Mit Palmzweigen begrüßte man jemanden, durch dessen Sieg die eigene Freiheit erhalten blieb. Mit Palmwedeln bzw. mit den Palmkätzchenzweigen der Weiden wird in unseren Breiten der Beginn der Heiligen Woche eingeläutet.

Das Frühlingserwachen der Natur ist an den grünenden und blühenden Weidenruten sichtbar, aus denen die Osterhütte gebaut wird. Ringsum werden Pilgerbretter und Osterstelen errichtet. Geschmückt mit österlichen Symbolen, entsteht ein Ensemble, das zum Singen und Feiern einlädt. In der Hütte werden Zukunfts- und Hoffnungsgeschichten erzählt. Von welchen Visionen wird das eigene Leben bestimmt? Die Welt der Kraft- und Wappentiere wird aufgerufen. Wofür steht das österliche Lamm? Was bedeuten der Löwe von Juda oder die beiden Fische des Stammes Benjamin?

Was in der Osternacht liturgisch gefeiert wurde, wird während der österlichen Zeit meditativ verinnerlicht. Wie öffnet sich der eigene Erfahrungshorizont auf das Geheimnis der Auferstehung hin? Die mystische Tradition kennt allerlei optische Begleiterscheinungen bei

---

22 Christian Benedik: Die Albertina. Das Palais und die habsburgischen Prunkräume, Wien 2008, 169. Die protestantische Prinzessin Henriette von Nassau-Weilburg (1797–1829) heiratete in das Haus Habsburg ein. Sie brachte ihre Christbaumtradition mit. »Damals beging Erzherzog Carl das Weihnachtsfest zusammen mit seiner Familie und den Brüdern Ludwig und Johann, der die Eindrücke in seinem Tagebuch wie folgt festhielt: ›In früherer Zeit, als ich noch klein war, gab es ein Kripperl, welches beleuchtet war, dabei Zuckerwerk – sonst aber nichts. Nun ist kein Kripperl mehr! Wir sahen ein Graßbaum mit vielen Zuckerwerk, Äpfel, Nüssen und Lichteln und ein ganzes Zimmer voll Spielereien …‹. Erzherzog Johann beschrieb damit am 24. Dezember 1823 jenen Graßbaum, der bis zum heutigen Tage zur traditionellen Weihnachtsfeier gehört.« Kaiser Franz I. hatte 1824 in seinem Appartement ebenfalls einen solchen Baum aufstellen lassen.

spirituellen Erfahrungen, die je nach seelischer Disposition auftreten. Von der Aura bis zum Heiligenschein, vom Déjà-vu bis zur Erscheinung des Auferstandenen reicht das Spektrum der mitgeteilten Erlebnisse. Die Übergänge zwischen den geistigen, seelischen und materiellen Welten sind oft fließend. Woher stammen die Phänomene, wohin führen sie? Was wollen sie dem sagen, der sie bei sich oder anderen entdeckt? Die eigene Weltanschauung oder Religion spielen bei der Deutung eine wesentliche Rolle. Im Horizont der biblischen Auferstehungsbotschaft lautet eine wichtige Frage: Wie kommt es zu einer neuen Erde und zu einem neuen Himmel?

Die Verheißungen an die sieben Gemeinden kehren am Ende des Offenbarungstextes wieder (vgl. Offb 21–22). In den beiden Kapiteln ist davon die Rede, dass die Verheißungen im neuen Himmel und auf der neuen Erde erfüllt werden. Der Sonntag und die österliche Zeit sind im Rhythmus des Kirchenjahres dafür vorgesehen, sich dieser Verheißungen Jesu Christi zu vergewissern. Im Kraftfeld der Beziehung zu ihm kommen Antworten auf wesentliche Fragen zustande: Wem können wir glauben, was dürfen wir hoffen, wer sind die Erben Abrahams?

Im Galaterbrief beantwortet der Apostel Paulus die Frage nach den Erben. Die ursprünglichen Adressaten sind jene keltischen Stämme in Kleinasien, die sich als erstes Volk entschlossen haben, die Thora Jesu anzunehmen. Aus dem Geist seines Evangeliums wollten sie leben. Wie ist es dazu gekommen? Nicht mehr die Mondgottheit MEN, die kleinasiatische Muttergöttin KYBELE und die Göttin ROMA, sondern das himmlische Jerusalem wurde zur neuen Chiffre ihrer spirituellen Muttererfahrung. Paulus schreibt: »Unsere Mutter ist das himmlische Jerusalem.« (Gal 4,27)

Die ausführliche Argumentation des Apostels steht im Galaterbrief (vgl. Gal 4,21–31). Der erstgeborene Sohn Abrahams, nämlich Ismael, wurde von der Magd Hagar geboren, der Frau aus Ägypten, dem Land der Entfremdung. Im religiösen Kontext ist eine Magd oder ein Knecht (hebr. äbäd) etwas durchaus Positives. Ja, dies kann zum Spitzentitel werden, zum Beispiel Magd des Herrn, Gottesknecht. Gemeint ist jemand, der ganz aus dem Hören auf Gottes Weisung lebt. Aus der Verbindung Abrahams mit Sara entstammt Isaak, der Sohn der Verheißung. Wider alles Erwarten identifiziert nun Paulus sein zeitgenössisches, pharisäisches Judentum mit der Geschichte der Hagar. In die Linie der Sara über Isaak aber sieht er die galatischen Christengemeinden. Durch das Wirken des Geistes sind sie als Erben erwählt. Sie sind Kinder der Freiheit. So können sie sich in ihrer alternativen Stiftshütte versammeln.

Ein schlicht gebautes, himmlisches Jerusalem wird zur Heiligen Stätte. Im Kreis versammelt sitzt man geschwisterlich um die erhitzten Steine in der Mitte, Symbole der guten Großväter. Mutter Erde erweist sich als tragender Grund. Das gedeckte Zeltdach der biblischen Hütte, die Halbkugel des irdischen Jerusalem, bildet symbolisch die Form für das himmlische Jerusalem. An den Vater im Himmel richten sich die Gebete.

Was heißt hier symbolisch? Welche zwei Wirklichkeiten kommen in einer Realität überein? Wie kann sich das himmlische Jerusalem abbilden? Ein Beispiel: Eine plastische Abbildung hat zur Voraussetzung, dass es eine leere Form gibt, in die hinein sich der Stoff der Wirklichkeit ergießen kann, die nach Wegnahme der Form ein Abbild dessen ist, was sich ergossen hat. So kommt alles darauf an, dass das irdische Jerusalem an und für sich leer von sich selbst wird. Dann ist es die reine Form für das himmlische Jerusalem, das sich von oben herabsenkt (vgl. Joh 21,1–4).

Wir werden an den Anfang des Johannesevangeliums erinnert: »Und das Wort ist Fleisch geworden und hat unter uns gewohnt.« (Joh 1,14a) »Gezeltet« müsste man das hier verwendete griechische Wort »skene« genauer übersetzen. Gott hat sich inszeniert, in Szene gesetzt. Seine Herrlichkeit wurde geschaut, die Herrlichkeit des einmalig einzigen, ursprünglichen Sohnes vom Vater, voll Gnade und Wahrheit (vgl. Joh 1,14b). So nahm er zunächst Wohnung in Maria, der neuen Bundeslade, dem Zelt Gottes auf Erden. Und von dort erschien er in der Welt. Seine Herrlichkeit, seine Bedeutung, seine Gewichtigkeit, sein Wesen wurden offenbar.

In österlicher Perspektive hörte Johannes auf Patmos: »Siehe, das Zelt Gottes bei den Menschen. Und er wird bei ihnen sein Zelt aufschlagen, und sie werden seine Völker sein, und er selbst, Gott mit ihnen, wird ihr Gott sein. Und er wird abwischen jede Träne von ihren Augen, und es wird keinen Tod mehr geben, auch keine Trauer, kein Klageschrei, keine Mühsal wird es mehr geben; denn das Frühere ist vorbei.« (Offb 21, 3–4) Im Zelt des Leibes, im eigenen Tabernakel kann jeder auf dem Zeltplatz mit anderen in einer gemeinsamen Hütte als Geschöpf voll von Hoffnung da sein.

Nach Gebeten und Gesängen, in einer Atmosphäre, die von Weihrauch und wohlriechenden Essenzen erfüllt ist, kehrt jeder durch die schmale Eingangspforte wieder in seinen Alltag zurück, bis der Kreislauf der Natur wieder auf die Festtage der Ewigkeit trifft.

Wer am Zyklus von vier Lichthütten teilgenommen hat, kann sich zum Ende noch einmal bewusst machen, wie alles mit einem gemeinsamen Stehen um das Feuer begonnen hat. Man sucht sich einen Platz und stellt sich hin. Was war das für ein Prozess, durch den man neu zustande gekommen ist? Jeder hat einen Platz auf der Weltkugel, unserem Globus. Seit der Antike ist eine Kugel das Symbol für die ganze Welt, sei es der Himmelsglobus, die Erdkugel oder andere Planeten und Gestirne ... Wer ist der HERR dieser Welten?

An das gemeinsame Stehen um das Feuer und das Sitzen in einer dunklen Lichthütte lässt sich gut ein Sesshin anschließen. So kann noch einige Tage ein begleitetes Zazen mit dem Christus-Koan geübt werden.[23] Nicht nur um eine nachhaltige, gute Ordnung im eigenen Leben geht es, sondern um ein Erleuchtungserlebnis im Kraftfeld der Ewigkeit, damit mehr Friede auf Erden werde.

---

23 Stefan Sachs: Das Christus-Koan. Analogien zwischen Zen und Hesychasmus, in: Geschichten verändern Geschichte, hrsg. von Hans-Joachim Tambour u. Friederike Immanuela Popp, in: Strukturen der Wirklichkeit, Bd. 5, hrsg. von Paul Imhof u. Eduard Saroyan, Taufkirchen 2010, 259–281.

3. Seligpreisungen Christi

Prolog und Epilog der Johannesoffenbarung

Dies ist die Offenbarung Jesu Christi, die ihm Gott eingegeben hat, seinen Knechten zu zeigen, was in Kürze geschehen soll. Und er hat sie durch seinen Engel gesandt, seinem Knecht Johannes kundgetan, der bezeugt hat das Wort Gottes und das Zeugnis von Jesus Christus, alles, was er gesehen hat. Selig ist, der da liest und die da hören die Worte der Weissagung und behalten, was darin geschrieben ist, denn die Zeit ist nahe. *(Offb 1,1–3)*

Ich bin das Alpha und das Omega, der Erste und der Letzte, der Anfang und das Ende. Selig, wer sein Gewand wäscht: Er hat Anteil am Baum des Lebens, und er wird durch die Tore in die Stadt eintreten können. *(Offb 22,13–14)*

Einige Verse aus dem Prolog und dem Epilog der Johannesoffenbarung – in der Rahmenhandlung – mögen genügen, um zu erläutern, dass derjenige, der sich anhand des Textes auf den Geist des Ewigen Evangeliums einlässt, über kurz oder lang einen glücklichen, befriedigenden Bewusstseinszustand erreichen wird. In der Disposition der Offenheit kann man daher beginnen. Das Vorurteil, das suggeriert, dass Furcht und Strafe die zentralen Themen der Johannesapokalypse sind, kann eingeklammert bleiben. Um welche Heilsprozessordnung handelt es sich? In der Mitte läuft der Prozess seinem Ende zu: »Denn gestürzt wurde der Ankläger unserer Brüder, der sie Tag und Nacht vor unserem Gott verklagt.« (Offb 12,10b)

Die drei Söhne Noahs – Sem, Ham und Japhet – wurden nach biblischer Tradition zu den Ahnherren der Weltbevölkerung, die in den drei Erdteilen wohnten, nämlich Asien, Afrika und Europa. Diese Menschheit wird durch die drei himmelskundigen Magier repräsentiert, die aus dem Osten kamen (vgl. Mt 2,1–2) und nach Bethlehem zogen. Dort huldigten sie Jesus Christus als dem Herrn, in dem für sie der HERR des Himmels und der Erde erschienen war. Sie, die Magoi, also Zarathustra-Priester – am Nemrud Dağ sieht man welche, die auf Steinstelen herausgemeißelt sind –, brachten ihre Gaben, das Gold, den Weihrauch und die Myrrhe (vgl. Mt 2,11). Sie machten so menschheitlich offenbar, wer der HERR der Welt ist, der wahre »König der Könige« (vgl. Offb 9,16).

Dieser Titel »König der Könige« gebührt geschichtlich gesehen dem Großkönig, dem König der Meder und Perser, der über 120 Satrapien herrschte. Alexander der Große hatte diesen Herrschaftsanspruch übernommen und regierte in Europa, Asien und Afrika. Die Könige der Kommagene – machtpolitisch auf ein kleines Restreich beschränkt – versuchten jedoch, ideologisch an dieser Weltanschauung festzuhalten. Am Nemrud Dağ wird dieser Anspruch sichtbar.

Sobald man genügend Zeit hat, das heißt, man muss sie sich eben nehmen, lohnt es sich, die gesamte Heilsprozessordnung, wie sie in der Johannesoffenbarung dargelegt ist, zu hören und zu lesen. Das meint an dieser Stelle laut zu rezitieren. Es geht um ein Heilsgericht für die ganze Welt. Die denkbar größte Aufstellungsarbeit der Menschheitsfamilie wird vorgestellt. Nicht mehr einzelne Szenen und Geschichten, sondern die ganze Menschheit und ihre Geschichte wird vor dem Thron des Ewigen – repräsentiert durch Jesus, den Christus – aufgestellt. Dies ist der Inhalt des letzten Buches der Bibel der Christen. Das Herzstück ist Kapitel zwölf, und von dort lässt es sich nach vorne und nach hinten aufblättern, so dass sich Alpha, Metapher für den Anfang, und Omega, Chiffre für das Ende, wieder berühren.

Wer spricht in der Johannesoffenbarung (vgl. Offb 1,1–2) mit wem? Welche geistige Struktur ist der Hintergrund, durch den sich ewige geistige Wirklichkeiten versprachlichen? Wie offenbart sich Gott? Wer bezeugt die geistige, ungeschaffene Wirklichkeit? Das Wort der Schrift stammt vom Autor, dem Urheber, dem Mehrer des Lebens, von Jesus Christus selbst. Der Geist teilt sich mit: Der ursprunglose Ursprung in der Beziehung zu Jesus, dem Christus! So braut sich in Ewigkeit das Wort zusammen, und Jesus gibt es durch geschaffene geistige Wirklichkeit, den Engeln, weiter. Und Johannes hört zu und schreibt auf zugunsten der Knechte, der *äbädim*, wie sie hebräisch heißen, also derer, die auf den Ewigen hören wollen. Ein Sendschreiben an die sieben Gemeinden entsteht. Der Adressat ist wieder ein Engel, die geistige Atmosphäre, geschaffene Geistigkeit, die auf den Ewigen hin offen ist, und die in der Welt der Menschen Spuren hinterlässt. Und so erreicht diese Schrift die Gemeinden und uns. Das Zeugnis von der Autorenschaft wird am Ende des Buches wiederholt, und wieder ist von Jesus die Rede und dem Engel. »Maranatha, unser Herr des Himmels, komm«, sprechen der Geist und die Braut, die geschaffene, ja die erlöste Endlichkeit also, die offen ist für Jesus, den Christus (vgl. Offb 22,16–17). Das Zeugnis Jesu ist der Geist der Prophetie. Er ist das Wort Gottes (vgl. Offb 19,10.13). Die Metaphern zu Beginn des Textes erklären sich im Duktus des Textes von selbst.

Am Anfang steht die Weise der Rezeption. Selig, glücklich, ganz und gar bei Sinnen möge man sein. Selig, glücklich, tief befriedigt – wer die Worte dieser Prophetie vorliest und sie hört –, das ist das Ziel! Die Seligkeit, das Glück, das versöhnte Bei-sich-Sein aufgrund der rechtfertigenden Gnade – darum geht es. Wenn du nicht glücklich, nicht selig dabei wirst, dann schau bitte noch einmal genau hin, was im Buch steht und in welchem Geist du diesen Text rezitierst. Im Geist der zwanghaften Pharisäer? Im Geist der spaltenden Sadduzäer – was kümmern mich das Jenseits und das Beten, ich habe hier zu tun? Im Geist der Zeloten – der Eiferer nach dem Motto, je mehr Schaum vor dem Mund, desto rechtgläubiger? Im Geist der Apokalyptiker – die Welt geht unter? Bonjour tristesse!

In welchem Geist wird der Text gelesen, gepredigt und gehört? Jesus, der Christus, lässt in der geistigen Fragestellungswelt keinen Streit aus: Hütet euch vor diesen Sauerteigen, vor diesen Treibsätzen, die das Evangelium, das reine Evangelium, das ewige Evangelium, das er selbst ist, sein Wort, seinen Geist, verunklären. Welche Ansage! (Vgl. Mk 8,15; Mt 16,5)

Jesus ist Prediger, Lehrer der Seligkeit. Sie ereignet sich durch Wort und Tat. Seligkeit ist das Ziel jeder hohen Ethik in der griechischen Welt. Sie heißt dort Eudaimonia – die Lebenskunst. Eudaimonia bedeutet wörtlich »mit gutem innerem Gewissen, mit guter innerer Stimme leben«. Sie ist das Ziel auf dem ethischen Übungsweg der Griechen. Dies ist nun die Stunde Jesu nach dem Johannesevangelium im 12. Kapitel – wenn die Griechen kommen (vgl. Joh 12,20–23). Er ist der Meister der Psychologie, der Meister der Philosophie – und sein Wort hat sie erreicht. Man lese nach bei Johannes. Die Jünger Jesu, nämlich Philippus und Andreas, vermitteln die Audienz. Welches Verständnis der Seligpreisungen in dieser Perspektive!

Am Ende der Johannesoffenbarung steht die letzte Seligpreisung der christlichen Bibel: Selig, wer sein Gewand wäscht, er tritt durch die Tore des himmlischen Jerusalem ein und darf nehmen vom Baum des Lebens (vgl. Offb 22,13–14). Das Gewand waschen, das heißt neu aus der Taufgnade leben, die Livree Christi zum Vorschein bringen. Jenseits von Schuld und Verdienst ist der Mensch ja aus Gnade gerechtfertigt. Welches Angebot Gottes! Solus Christus – allein der Christus ist der Dreh- und Angelpunkt, und seine Inkarnation ermöglicht die Erfahrung von Shalom, von Heil und Ganzheit. Welches Angebot! Sola gratia – Gnade allein ist die Lösung. Welch einzigartige Möglichkeit, durch Glauben und Vertrauen zu antworten: Sola fide!

Und wo steht der Text dazu? Am Ende der Offenbarung des Johannes – sola scriptura, allein die Schrift (vgl. Offb 22,18–19). Und, könnte man mit Martin Luther hinzufügen: Sola experientia facit theologum – Allein die geistliche Erfahrung macht den Theologen oder die Theologin, den Christologen oder die Christologin, den Pneumatologen und die Pneumatologin. Das Wort ist die Gestalt des Geistes.

Die Johannesoffenbarung ist ein Lebensbuch, das mitten in untergehenden Realitäten sinnvolle Anweisungen zur Seligkeit vermittelt. Damals und heute gilt es, Formen und Figuren loszulassen, die so keine Zukunft haben. Und doch fällt es manchmal nicht leicht, sich zu trauen, selig zu leben. Es wird viel vergehen: alter Himmel, alte Erde – und es wird unendlich mehr neu geschaffen werden: neuer Himmel, neue Erde. An dieser Grenze leben wir mit dem ewigen Evangelium in der Hand (vgl. Offb 14,6). Das ewige Evangelium wird für alle Nationen, Stämme, Sprachen und Völker verkündet. Es ist ein Evangelium, dessen Botinnen und Boten in Wort und Sakrament bezeugen, dass Gottes Wort im Menschenwort hörbar werden und dass die Liebe Gottes durch die Sakramente offenbar werden kann.

IM KRAFTFELD DES HEILIGEN GEISTES

4. Das Pfingstfest

Die Völkerwallfahrt nach Jerusalem

Und als der Pfingsttag gekommen war, waren sie alle an einem Ort beieinander. Und es geschah plötzlich ein Brausen vom Himmel wie von einem gewaltigen Wind und erfüllte das ganze Haus, in dem sie saßen. Und es erschienen ihnen Zungen zerteilt, wie von Feuer; und er setzte sich auf einen jeden von ihnen, und sie wurden alle erfüllt von dem heiligen Geist und fingen an zu predigen in andern Sprachen, wie der Geist ihnen gab auszusprechen. Es wohnten aber in Jerusalem Juden, die waren gottesfürchtige Männer aus allen Völkern unter dem Himmel. Als nun dieses Brausen geschah, kam die Menge zusammen und wurde bestürzt; denn ein jeder hörte sie in seiner eigenen Sprache reden. Sie entsetzten sich aber, verwunderten sich und sprachen: Siehe, sind nicht diese alle, die da reden, aus Galiläa? Wie hören wir denn jeder seine eigene Muttersprache? Parther und Meder und Elamiter und die wir wohnen in Mesopotamien und Judäa, Kappadozien, Pontus und der Provinz Asien, Phrygien und Pamphylien, Ägypten und der Gegend von Kyrene in Libyen und Einwanderer aus Rom, Juden und Judengenossen, Kreter und Araber: Wir hören sie in unsern Sprachen von den großen Taten Gottes reden. (Apg 2,1–11)

Fünfzig Tage nach der Übergabe der Sinai-Thora wurde in Israel das Shawuothfest gefeiert. Es ist so etwas wie ein Erntedankfest für das, was durch die Sinai-Thora bewirkt wurde. Fünfzig heißt griechisch Pentakost, deutsch verschliffen Pfingsten. Das Pfingstfest.

Alle 50 Jahre gab es ein Jobeljahr, ein Jahr des Ausgleichs. Joshua Ben Nun, der Sohn des Fünfzigsten, trieb die Geschichte des Mose weiter, und Jesus vollendet die Mose-Thora für die Völker, indem er für sie eine eigene Thora stiftet. Die ganze Schöpfung wird Gelobtes Land.

Das jüdische Shawuothfest, ein Pilgerfest, an dem viele Leute in Jerusalem waren, bildet den Hintergrund für die Kommentierung des Shawuoth-Geheimnisses durch Petrus im Licht von Leben – Sterben – Auferstehung Jesu. An Pfingsten geht die Erwählungsgeschichte Jesu weiter. Nun werden fromme Juden, die mitten unter den Völkern zu Hause waren, erwählt, im

Geiste Jesu als Getaufte unter den Völkern zu wirken. Ihre Sendung besteht darin zu helfen, dass überall Gemeinden Jesu Christi entstehen.

Als der Pfingsttag, also Shawuoth, gekommen war, befanden sich viele am selben Ort. Da hob sich plötzlich – de arriba, vom Schamajim – vom Himmel her ein Brausen, als ob ein kräftiger Sturm daherführe, und erfüllte das ganze Haus, in dem sie weilten. Eine sehr eigenartige energetische Beschreibung, die in einem Miteinander stattfindet. Was ist das für eine Ernte, was ist das für ein Jubel? Mit Metaphern werden unsichtbare Wirklichkeiten benannt: Und es erschienen Zungen wie von Feuer. In der Ikonographie werden sie dargestellt. Von »Bitterstachel und Feuerschrack« schreibt Jakob Böhme. Sowohl vom Gewissensbiss als spiritueller Erfahrung, als auch vom Bitterstachel als auch vom plötzlichen Trost des Feuergeistes, des Feuerschrack ist die Rede. Geisterfahrung hat mit Hitze, mit Feuer zu tun, mit Chemie, mit Physik. Woher kommt das spirituelle Feuer? Es kommt aus dem Schamajim, aus der Wirklichkeit, in der die Liebe herrscht – das nennt man den Himmel.

Man wird erinnert an Gottesmänner, Propheten und Jünger, die den Himmel so bestürmen können, dass Feuer herabkommt. Wer mit dem Gott von Ekron, dem Beelzebul, im Bunde war, dem wurde Einhalt geboten. Ihn traf der Blitz des Geistes, er wurde verzehrt (vgl. 2 Kön 1,1–17), denn Elia ließ Feuer vom Himmel fallen. In neutestamentlicher Perspektive geht es nicht um Vernichtung, sondern um Trost und Rettung. Die Welt des Beelzebul kommt dann gleichsam wie von selbst an ihr Ende. So kritisiert Jesus seine Jünger Johannes und Jakobus, als sie das Feuer des Himmels dazu benutzen wollten, jene Menschen abzustrafen, die nicht bereit waren, Jesus aufzunehmen (vgl. Lk 9,51–56).

Weiter heißt es: Die Feuerzungen verteilten sich – eine Kommunikationserfahrung findet statt. Und der Heilige Geist ließ sich auf jedem von ihnen nieder. Wenn alle vom selben Geist erfüllt sind, findet Verstehen statt. Alle wurden vom Heiligen Geist erfüllt und begannen in fremder Sprache zu reden. Von griechisch glotta, das heißt die Zunge, kommt Glossolalie, das Zungenreden, also Zungenwissenschaft, Linguistik. Erst wenn alle im selben Geist sind, Männer und Frauen, kommt es zum Verständnis. Wenn kein guter Geist mehr in der Atmosphäre herrscht, ist kein Verstehen möglich. Das weiß man kommunikationstheoretisch auch in der Moderne. Und jeder redete, wie er sich inspiriert fühlte, wie der eine Geist es ihm eingab.

Wo findet dieses Ereignis statt? In Jerusalem. Jesaja bildet den Hintergrund: Die Völkerwallfahrt nach Jerusalem (vgl. Jes 60,1–3). Hier wohnten Juden, hier kamen fromme Männer aus allen Völkern zusammen. Wie wurden sie Boten des Geistes Jesu? Welche Rolle spielte die Predigt des Petrus? (Vgl. Apg 2,14–42) Als nun dieses Brausen, diese verdichtete Atmosphäre entstand, strömten die Leute zusammen und waren außer sich. Was ist da los? Ein kommunikatives Highlight, ein spiritueller Event? Sie gerieten alle außer sich vor Staunen. Der Mensch wird ekstatisch, er tritt aus sich heraus und staunt und fragt: Sind das nicht alles Leute aus Galiläa, die da reden? Wieso kann sie jeder von uns in seiner Muttersprache hören? Das Medium des Verstehens des anderen in seiner Muttersprache heißt Geist. Muttersprachler kommen aus verschiedenen Vaterländern!

Nun beginnt im Text der Apostelgeschichte (vgl. Apg 2,9–11) die Völkertafel. Bekanntlich findet am Ende der Zeiten eine Völkerwallfahrt in das Geist- und Kraftfeld der Gegenwart der Gnade auf dem Zion statt. Zion heißt Zeichen für den Ort, an dem die Gegenwart des Feuergeistes, des Gnadengeistes herrscht. Jetzt kommen die Leute aus allen Richtungen im Kreis um Jerusalem in die Stadt. Als spirituelle Konsequenz heißt das: Erst müssen die Leute kommen, dann kann man zu ihnen gehen.

Welche Völker sind das nun? Es sind typische Systeme: Stämme, Gesellschaften, Erscheinungsweisen von Volksseelen, kurz und gut: Kulturen. Die Kultur ist die Erscheinungsweise der Seele. Ein kultureller Mensch hat eine Seele, ein Kulturvolk hat eine Seele, die berühmte Volksseele. Die verschiedenen Volksseelen, also nicht verschiedene Religionen, sondern Kulturen, werden nun von derselben Geistigkeit erfüllt.

Diese Völker sollen kurz charakterisiert werden. Wenn man sich ihnen im Namen des Vaters und des Sohnes und des Heiligen Geistes nähert, den Völkern in sich, versteht man die Welt, die jeden kulturell, das heißt heute global, umgibt. Sendung zu den Völkern heißt: Entdecke zuvor die Systeme, die Stämme, die Gesellschaften in dir. Denn der Außensendung korrespondiert immer ein inneres Hingehen. Zuerst innen, dann außen. Gehe zuerst in den Tempel deines Leibes, im Namen des Vaters, des Sohnes und des Heiligen Geistes. So kann jemand dann zu den Völkern außen gehen.

Von Jerusalem aus gesehen beginnt im *Nordosten* das Rad der Völkerliste. Die ersten sind die Parther. Das Steppenvolk regierte 600 Jahre lang den heutigen Iran, einschließlich des Nordirak und Armenien. Die Parther waren in die iranische Provinz »Parthia« eingewandert. Ein Fürstengeschlecht, die Arsakiden, regierten das Land um den Ararat. Wer ist der Parther in dir? Der Mensch, der aus der Steppe kommt. Die Völker mit schamanischer Kultur waren sehr tolerant, verstanden sich nicht exklusiv wie frühe monotheistische Religionen oder Götzenkonzepte. Die Parther interessierte: Wie läuft der Energiefluss? Der damalige Iran war turanisch, das heißt von nichtarischen Reitervölkern bestimmt. Der Gegenschwung kam mit den Sassaniden aus der Persis. Sie eroberten und vergrößerten den Iran, bis die Muslime einrückten. Die herrschende Schicht in Armenien, die parthischen Arsakiden, waren die ersten, die vom Pfingstgeist erfasst wurden. So ist es vielleicht kein Zufall, dass sie mit Gregor dem Erleuchter im Jahr 301 den ersten christlichen Staat gründeten.

Als zweites Volk werden die Meder genannt. Ein Teil ihrer genetischen Nachkommen sind die Kurden. Meder machten nie einen Staat, sind aber vergesellschaftet. Hauptorte waren Teheran und Hamadan (Ekbatana). Kyros der Perser heiratete die medische Erbprinzessin. Wer ist der Meder in dir? Nur keinen Staat machen! Aber sich vergesellschaften, das ist sein Thema.

Weiter nach Süden lebten die Elamiter. Ihre Hauptstadt war Susa, wo Daniel noch heute als großer Prophet verehrt wird. Die Elamiter stehen für das Prinzip irdische Unsterblichkeit.

Der Großkönig, der König der Könige, hatte eine Leibwache, die aus zehntausend Unsterblichen bestand. Wenn einer starb, wurde er sofort ersetzt. In der Offenbarung des Johannes wird zitiert: Christus als der König der Könige hat zehntausend mal zehntausend Wächter und tausend mal tausend Engel als Wächter (vgl. Offb 5,11). Auch die Elamiter, die treuesten aller Leibwächter, brauchten Geist aus Jerusalem.

Dann kamen die Bewohner von Mesopotamien – auf Griechisch bedeutet »meso« mitten, inmitten und potamos heißt Fluss; also die, die mitten im Zweistromland lebten, zwischen Tigris und Euphrat, fanden auch den Weg nach Jerusalem. Im Süden wohnten die Babylonier, die Chaldäer, die sich mit ihrem Zikkurat in den Himmel bauen wollten. Ihre nördlichen Nachbarn sind die Assyrer. Kollektive Selbsterhöhung klappt nicht, du musst Übermensch werden, lautete ihre Parole. Ihr Stammvater Nimrod, der Himmelsstürmer, schießt Pfeile aggressiv nach oben, um den Himmel auf die Erde zu zwingen. Die Assyrer und die Babylonier herrschten abwechselnd übereinander.

Die Babylonier zerstörten das Südreich Judas, machten den Tempel nieder, und die Assyrer zerstörten das Nordreich Israel. Der eine steht also für »Wir bauen uns kollektiv in den Himmel«, der andere versucht mit Gewalt, die Erde himmlischer zu machen. Menschen aus dem Zweistromland kommen also nach Jerusalem: Babylonier und Assyrer und die Aramäer aus dem Nordwesten; alle, die zwischen Tigris und Euphrat wohnen. Abraham war Aramäer, auch Jesus sprach Aramäisch, eine Volkssprache Mesopotamiens. Menschen aus dem Bogen des fruchtbaren Halbmonds zogen nach Jerusalem.

Als Nächste werden die Leute aus Judäa erwähnt. Ursprünglich heißt Jehuda das Loben. Der Jude steht also für das Loben des Ewigen. Vieles ist nicht nur genetisch zu verstehen. Auch wenn es reale Komponenten gibt, die verdeutlichen, dass das Historisch-Geschichtliche wichtig ist. Darauf aber nun kommt es an: Wer ist der Jude in dir, der das Haupt neigt vor dem Ewigen und der neu der Kraft des Geistes bedarf? Aus Loben kann Hosianna werden. Zur Zeit des Neuen Testamentes hieß das Gebiet nördlich von Jerusalem Judäa. Von dort kommen die Juden und die, die bei ihnen wohnten, in die Heilige Stadt.

Es geht weiter nach *Nordwesten*, in die heutige Türkei. Die Ersten, die aufgezählt werden, sind die Kappadozier. Kappadozien ist eine Landschaftsbezeichnung aus dem Altpersischen und bedeutet: das Land der schönen Pferde. Das Animalische ist schön, dafür steht Kappadozien. Nach südgalatischer Theorie wohnten dort auch Galater und Armenier; Kelten und Armenier gleichsam Haustür an Haustür. Kappadozien – ein wunderschönes Land, um Pferde zu züchten. Bei Gefahr zogen sich die Menschen von Kappadozien in ihre unterirdischen Städte zurück.

Nördlich von Kappadozien finden wir die Heimat von Prisca und Aquila – dem Weberehepaar, das mit dem Apostel Paulus zusammenarbeitete, nämlich in Pontus. Es ist die Heimat der Seefahrer, die an der gebirgigen Südküste des Schwarzen Meeres zu Hause sind. Der Mensch aus Pontus ist der Seefahrer in dir, der Mensch also, der an der Küste lebt, immer wieder im Hafen ankommt und dann wieder hinausfährt auf das weite Meer. Der äußerste Norden wird vom Schwarzen Meer markiert. Hier ist die nördliche Grenze, wenn man einen Kreis um Jerusalem zieht. Pontus also, was ist der Seemann und die Seefrau in dir? Gemeint ist ein Leben an der Grenze, an der Küste. Man hat mit allerlei Häfen und dem Umschlag von Gütern zu tun und muss dann wieder hinaus. Die Pontier sind Wasserbeduinen. Ein besonderer Menschenschlag, ein eigenartiges System, Küstenbewohner sind keine Inländer.

Und weiter geht es in Kleinasien. Asien war jener Teil der heutigen Westtürkei, der mit der römischen Provinz Asia identisch ist. Hier endete die Seidenstraße: Ephesus, Pergamon, Sardes, alles Städte in der Asia. Hier liefen alle Luxusgüter der damaligen Welt zusammen. Zwischen Alexandrien in Ägypten und Ephesus in Kleinasien gab es eine Städtepartnerschaft. In Ephesus trafen sich alle: Chinesen, Mongolen, Kasachen, Turkmenen und andere turanische Reitervölker aus der Tiefe Asiens. Durch sie wurde die Welt des Schamanismus präsent. Ephesus war der Zielpunkt der Karawanen für das Römische Reich. Multikulti war angesagt. Was bist du doch für ein globalisierter Mensch! Die ganze Welt Asiens war in der Asia. Asien steht auch für Reichtum, für Üppigkeit, für Schwülstigkeit. Alle Güter des Fernen Ostens konnte man hier kaufen. Die Artemis in Ephesus war die Herrin über den Luxus der Welt. Auch Leute aus »Luxusgüterland« pilgerten nach Jerusalem.

Im Hinterland der römischen Provinz Asia lag die Welt von Phrygien. Wer sind die Phryger in dir? Sie verehrten vor allem die Muttergottheit. Die große Mama hatte einen Lieblingssohn, Attis. Je größer die Mama, desto lieber der Kleine. Er hat jedoch ein Problem, wenn er erwachsen werden möchte. Attis machte das Schlimmste, was er machen konnte: er verliebte sich in eine Nymphe. Da war es um die Mutter-Sohn-Beziehung nicht mehr zum Besten bestellt! Im Drama der nicht geglückten Ablösung geriet der Knabe in Raserei; in dieser Ekstase entmannte er sich. Da war er wieder Mamas Liebling: die große Mutter und der kleine Kastrat. Doch alle haben eine Chance, auch die Verschnittenen aus Phrygien mit ihrem großen Mutterkomplex. Zumindest im Kraftfeld der Verwandlung durch den Geist.

In der südlichen Nachbarprovinz von Phrygien leben die Menschen in Pamphylien. Das Land der vielen Stämme. Wo bist du ein Pamphylier oder eine Pamphylierin? Welche Stämme haben sich in dich eingekreuzt? Das lässt sich rassistisch gar nicht mehr auf die Reihe bekommen. Leute mit ihrer Vielrassigkeit – eine Vielvölkerwelt, eine Welt der Mischlinge – machten die Wallfahrt nach Jerusalem. Der Geist Jesu hebt alle Apartheid auf.

Nun betrachten wir die Südküste des Mittelmeeres: Im *Süden* von Jerusalem liegt der Sinai. Er liegt im Herrschaftsbereich Ägyptens. Wer ist der Ägypter in dir? Mizrajim, das heißt die Welt der festen Formen. Das ist die Dimension der Entfremdung in dir. Einerseits sind die Fleischtöpfe voll, andererseits geschieht alles unter dem Vorzeichen der Sklaverei und Ausbeutung. Du musst für fremde Herren Totenhäuser errichten, Pyramiden (Py – das Haus, Ra – der Sonnengeist, die Sonnenkraft, mis – Geborenwerden; ein Mammisi ist ein Geburtshaus). Pyramiden sind Denkmäler für den Glauben, dass die Sonnenkraft, der Sonnengeist, im Pharao wiedergeboren wird, also Sonnen-Wiedergeburts-Denkmäler für den Einzelnen und für das Volk. Ein Obelisk ist ein Finger, der zur Sonne zeigt. Pithom und Ramses werden errichtet, man schuftet für eine utopische Zukunft, und Israel sagt: »Nichts wie weg!« Wer ist der Ägypter in dir? Dein linearer Reichtum im Rhythmus von fetten und mageren Jahren.

Ägypten ist ein System, ein unverzichtbares System, um die Heilsgeschichte »Zur Freiheit seid ihr befreit« (vgl. Gal 5,1) zu verstehen. Wohin kann man fliehen, um von Herodes nicht umgebracht zu werden? In die Entfremdung. Sie ist das kleinere Übel. Dort stehen Menschen mit ausgebreiteten Armen – ihrem Ka – vor Ptha, der Schöpferkraft, dem Schöpfergeist. Sie werden christliche Kopten. Die Kindheitsgeschichte Jesu findet zu einem guten Teil dort statt. Leute aus Ägypten machen die Wallfahrt nach Jerusalem. Wer ist der Ägypter oder die Ägypterin in dir? Auch Hagar, die Zweitfrau des Abraham, stammte von dort.

Von Ägypten nun weiter im Bogen nach Libyen. Libyen besteht aus zwei Teilen, das Land um die große und um die kleine Syrte. Die Römer holten aus Libyen wilde Tiere für ihren Zirkus. Wer ist der Libyer in dir? Die Libyer ziehen herum. Sie sind keine Niltalfellachen, sondern Wüstennomaden, Wandermenschen. Die Werte einer Stammeskultur sind angesagt.

Weiter geht es nach *Nordwesten*, dort sitzen die Römer. Wer ist der Römer in dir? Bei ihnen geht es um Recht und um Unrecht. Was ist Recht, und was ist Unrecht? Es geht um ein Imperium und um die Macht. Ein typischer Römer zur Zeit Jesu war Pontius Pilatus. »Pons« heißt die Brücke – er will eine Brücke bauen, alles mit allem verbinden. Er macht es mit der Pila, dem römischen Wurfspeer. Er baut Brücken durch Fixierung. Er wäscht seine Hände in Unschuld, bricht über den anderen den Stab und macht das Dümmste, was ein Mann in hoher Position tun kann: Er hört nicht auf den Traum seiner Frau. Sie sagte: »Lass die Hände von dem Gerechten!« (hebr. Zaddik), und meinte damit Jesus. Ihn solltest du nicht fixieren! Die Römer, die Welt der Cäsaren, die Welt der Macht unterwegs nach Jerusalem! Die Wallfahrt nach Jerusalem gipfelt im Pfingstfest. Der Römer innen und außen kommt in das Kraftfeld der Gegenwart der Gnade. Welche Metamorphose!

Nun kommen wir nach Kreta, der Drehscheibe zwischen Ost und West, eine Mischkultur. Man schrieb Linear A und Linear B, also eine uralte griechische, dorische Sprache, nämlich mykenisch und auf der anderen Seite minoisch. Hier trafen sich der semitische und der indoeuropäische Kulturkreis: Die Prinzessin Europa und Zeus mit seinen Helden. Hier schlug die Geburtsstunde Europas. Das prägt Europa von Anfang an, seine semitischen und indogermanischen Wurzeln. Wer ist der Kreter, die Kreterin in dir? Damals pilgerten zumindest einige Kreter vom westlichen Mittelmeerraum nach Jerusalem.

Im Gazastreifen, westlich von Jerusalem, endete die Gewürzstraße der Nabatäer, ein großes arabisches Volk. Im *Osten* von Jerusalem ist ihre Heimat. Von ihrem Zentrum aus, von Petra, gelegen im heutigen Jordanien, herrschten sie von Damaskus bis zum Golf von Aqaba über die Wüste. Sie kontrollierten damals viele Karawanenwege. Der Araber ist ein Nomade mit Pferden und Dromedaren. Es sind Menschen, die mit der Wüste vertraut sind. Um zu überleben, braucht man Zusammenhalt und Aggressivität. Jahrhundertelang existierte ein arabisches Christentum, bevor der Islam im arabisch-syrischen Raum entstand. Wer ist der Araber in dir?

Alle diese Völker und Stämme lebten in einem großen Kreis um Jerusalem. Man sieht ihre Siedlungsgebiete, wenn man wie mit einem großen Scheibenwischer über die Landkarte des Mittelmeerraumes und des Vorderen Orients aus dem 1. Jahrhundert n. Chr. hin und her fährt. Es handelt sich um genau 14 Völker. Unwillkürlich wird man an die 3 mal 14 Generationen im Stammbaum Jesu erinnert. Steht die Zahl 14 für die genetische Ganzheit, sowohl im räumlichen wie im zeitlichen Sinn? Mitten in der Stadt des Davididen Jesus liegt der Zion, der Ort der Gegenwart Gottes. So gesehen ist Jerusalem die Mitte der Welt, die in der Antike bekannt war.

Am Pfingstereignis ist bemerkenswert, dass zunächst nicht die Apostel zu den Völkern gingen und dort missionierten, sondern dass sie in Jerusalem lebten. Dorthin kam das »Israel« aus den Völkern und kehrte mit der Thora Jesu dorthin zurück. Wo ist jemand, der so alternativ aus dem Geist Jesu lebt, der ansteckt, so dass Menschen freiwillig kommen und dann neu in ihre Welt zurückkehren?

Vor 2000 Jahren geschah dies mit dem Kämmerer aus Äthiopien, dem Land der Schwarzen Pharaonen (vgl. Apg 8,26–39), und dem römischen Hauptmann Cornelius, der die sogenannte Italische Kohorte (aus Europa) befehligte (vgl. Apg 10,1–48), und den drei Weisen aus dem Morgenland, dem Reich der Parther und Meder (vgl. Mt 2,1–12), Menschen also aus Afrika, Europa und Asien.

Wo ist das Jerusalem der Geisterfahrung heute? In Rom oder in Mekka, in New York oder in Woodstock, in Moskau oder in Peking, in Ankara oder in Yerevan, in der Diaspora oder zu Hause, in den Wüsten oder auf den Bergen, in der Luft oder auf dem Meer, im Himmel oder auf Erden? Welche interkulturellen und interreligiösen Zentrierungen stehen heute an? Prinzipiell ist Jerusalem ja überall. Wünschen darf man sich auf jeden Fall eine gute Reise und eine wundersame Rückkehr.

5. Herkunft – Ankunft – Zukunft

Perspektiven christlicher Spiritualität

Tauft sie (die Völker) auf den Namen des Vaters und des Sohnes und des Heiligen Geistes.
(Mt 28,19b)

Die Kurzform christlichen Glaubens lautet: Im Namen des Vaters und des Sohnes und des Heiligen Geistes. Welche spirituellen Erfahrungen kann damit jemand verknüpfen, der sich seiner Geschöpflichkeit, Christlichkeit und Geistlichkeit neu bewusst werden möchte?

Christliche Spiritualität

Die Taufe ist das Initiationssakrament für eine trinitarische Spiritualität. Dazu gehört die Vergewisserung der Talente, die aufgrund der geschöpflichen Natur jemandem gegeben sind. In der Beziehung zum Namen Gottes als schöpferischem Vater verdeutlicht sich der Geschenkcharakter der Talente. Welche Begabungen werden beim Vollzug der eigenen Schöpfungsspiritualität offensichtlich? Als textlicher Einstieg zu der Fragestellung eignet sich Psalm 139. Von dort ausgehend kann man zum Buch Genesis greifen (Gen 1,1–3,24). Im Gleichnis von den Talenten (vgl. Mt 25,14–30) wird die Frage nach dem Umgang mit dem anvertrauten Vermögen im Kontext des Weltgerichts (Mt 25,31–46) behandelt.

Außer den Talenten, die einem gleichsam in die Wiege gelegt wurden, lässt sich im Leben eines Christenmenschen noch etwas entdecken, was sich weder induktiv noch deduktiv aus der Schöpfungsordnung als solcher ergibt. Es handelt sich dabei um die Sakramente, die von Jesus Christus herkünftig sind. Und ebenfalls die Botschaft vom Reich Gottes, das Evangelium, ist ihm zu verdanken. Den Frieden und die Gnade Jesu Christi wünschen sich diejenigen, die an ihn glauben. Voraussetzung dafür ist die Zeitigung der Beziehung zu ihm: Nicht Reflexion, sondern Bekenntnis ist angesagt.

Das Bekenntnis des Petrus ist die Basis für viele Glaubensbekenntnisse und Bekenntnisschriften: »Du bist der Messias, der Sohn des lebendigen Gottes.« (Mt 16,16) Vers 7 aus Psalm 2 bildet den Hintergrund für das Zeugnis, zu dem Petrus aufgrund einer göttlichen Offenbarung befähigt wurde (vgl. Mt 16,17). Die Evangelien überliefern verschiedene Titel und Bezeichnungen für Jesus von Nazareth, die meist in der unmittelbaren Begegnung mit ihm ihren Ort haben.

Wie der Titulus über dem Eingang römischer oder hellenistischer Grabbauten die wichtigsten Daten der Verstorbenen enthält, so ist für Jesus von Nazareth der Titel »Christus« entscheidend. Für die Seinen ist es der gekreuzigte und auferstandene Herr. An ihm machen sie ihre Erlösungsspiritualität fest.

Eine weitere Perspektive neutestamentlicher Spiritualität ist jene Gemeinschaftsspiritualität, die aufgrund von pfingstlichen Erfahrungen zustande kommt. Der Heilige Geist ist die Quelle jener Gnadengaben, die sich unter dem Stichwort Charismen zusammenfassen lassen. Das Evangelium des Heiligen Geistes, die Apostelgeschichte, bietet einen guten Einstieg, um sich mit jener Form von Spiritualität zu befassen, die sowohl für den Aufbau neutestamentlicher Gemeinden wie für die Unterscheidung von Kräften und Energien unverzichtbar ist. Die Frage nach der Kraft des Heiligen Geistes war für das Entstehen einer christlichen Gemeinde in Jerusalem von entscheidender Bedeutung (vgl. Apg 4,7–8).

In exemplarischer Kausalität wird in der Apostelgeschichte der missionarische Prozess beschrieben, der zu neuen spirituellen Vergesellschaftungen in Jerusalem (Apg 1,4–8,3), in Judäa und Samaria (Apg 8,4–12,23) und bei den Völkern (Apg 12,24–28,31) führte. Um jene alternative Kontrastgesellschaft, die Kirche ursprünglich ist, strukturell und energetisch besser zu verstehen, könnte man sich zunächst mit dem Brief des Apostels Paulus an die Korinther beschäftigen (1 Kor 12,28–31).

Das charismatische Organisationsmodell der Gemeinde nimmt Maß am Organismus des Leibes Christi. Dieses spirituelle Selbstverständnis der christlichen Gemeinde findet sich auch im Epheserbrief (vgl. Eph 4,15–16). Auf den subtilen Unterschied von Kraft (dynamis) und Energie (energeia) sei in diesem Zusammenhang besonders hingewiesen. Spirituelle Energie ist analog zu dem physikalischen Gesetz jene Kraft, die entlang des Weges aufgewendet wird. Wer mit Christus als dem Weg und dem Heiligen Geist als der Kraft zu Gott betet, praktiziert das, was man christliche Spiritualität nennen könnte.

Der Stammbaum Jesu Christi

Im Evangelium des Lukas kommt der Ahnentafel Jesu eine besondere Position zu (vgl. Lk 3, 23–38). Dies hat Bedeutung. Es ist redaktionsgeschichtlich so gewollt. Den Rahmen für die Aufzählung der Vorfahren Jesu bildet einerseits seine Taufe und andererseits sein Aufenthalt in der Wüste. Anschließend kehrt Jesus in seine Heimat Nazareth zurück, um dort sein Evangelium zu verkünden. Schließlich macht er Kapharnaum zur Wahlheimat seiner Bibelschule, mit der er unterwegs ist. Sie wird die Aufgabe erhalten, zu den Völkern zu gehen. Denn in Gottes Namen stiftete Jesus eine zweite Erwählung. Wie das ersterwählte Volk Israel können durch ihn, den Christus, nun alle Völker in einen Bund mit Gott eintreten.

Für eine geistliche Rezeption der eigenen biographischen bzw. biologischen Herkunft sollte man sich im Blick auf die inspirierte Komposition des Lukas zunächst die eigene Taufe als Initiation in die Heilsgeschichte bewusst machen. Anschließend steht einerseits die Auseinandersetzung mit der eigenen Herkunftsgeschichte an, ehe man sich andererseits dann nach einer Zeit des inneren Suchens und Versuchens entscheidet, wo man in der Öffentlichkeit von Kirche und Welt weiterleben möchte. Was ist die Berufung? Welche Arbeit steht an?

Doch zurück zum Stammbaum Jesu nach Lukas. Welche Genealogie! Die Quelle ist die hebräische Bibel, vor allem das Buch Genesis. Im Unterschied zum Evangelisten Matthäus, der den Stammbaum Jesu mit Abraham beginnen lässt, führt Lukas die Herkunft Jesu bis auf Noah und die vorsintflutliche Menschheit, ja bis auf Gott zurück. Er zitiert das erste Buch der Bibel, in dem sowohl das Geschlechtsregister von Adam bis Noah aufgezeichnet ist (vgl. Gen 5,3–32) als auch das Geschlechtsregister von Sem bis Abraham (vgl. Gen 11,10–26).

Bis in das Gilgamesch-Epos hinein reichen die Geschlechtsregister und die Völkertafel (Gen 10). Oder ist es umgekehrt gar so, dass babylonisch-sumerische Traditionen die Vorlage für biblische Texte bilden? Auch Einzelfragen, etwa nach dem Schicksal des Henoch, können für das eigene Bewusstsein von der Geschichte der einen Menschheit von Bedeutung sein (vgl. Gen 5,18–22; Hebr 11,5; 2 Kön 2,11).

Matthäus schreibt im ersten Kapitel seines Evangeliums: »Im Ganzen sind es also von Abraham bis David 14 Generationen, von David bis zur babylonischen Gefangenschaft 14 Generationen und von der babylonischen Gefangenschaft bis Christus 14 Generationen.« (Mt 1,17) Der Evangelist Matthäus legt in seiner Weise besonders Wert auf die letzte Generation, aus der Jesus Christus stammt. Genau gezählt handelt es sich bei der letzten sogenannten Vierzehnerreihe nur um 13 männliche Vorfahren. Dann kommt die Unterbrechung. Der 14. Vater ist der unsichtbare, nicht aufschreibbare Gott, den Josef repräsentiert. Anders als bei Lukas wird Jesus im Matthäusevangelium matrilinear bestimmt (vgl. Mt 1,16). Für eine persönliche Aneignung der eigenen Biographie anhand von Matthäus sollte dies unbedingt berücksichtigt werden. Denn analog zu Jesus sind sowohl das unmittelbare Verhältnis zu Gott wie die Beziehung zur Mutter für das eigene Selbstverständnis und die eigene Sendung wesentlich.

Matthäus erwähnt auch andere Frauen im Stammbaum Jesu, etwa Tamar, Rahab, Rut und die Frau des Uria. Ins Persönliche gewendet ergibt sich daraus der Impuls, genau zu schauen, wie das Erbe markanter Mütter weitergegeben wurde. Um sich selbst in einem menschheitlichen und heilsgeschichtlichen Horizont zu verstehen, lohnt es sich, den Stammbaum Jesu nach Lukas und nach Matthäus exegetisch und meditativ zu erfassen. So vorbereitet, kann man seine eigene Familienaufstellung kreieren.

Biblisches Familienstellen

Das deutsche Wort Familie ist sprachlich mit dem lateinischen Wort familiaritas verwandt. Die damit angezeigte Vertrautheit ist die Basis, um in einem Familiensystem identisch zu leben. Da es in der Biographie vieler Menschen zu Vertrauensverlusten gekommen ist, die das Leben beeinträchtigen, stellt sich die Frage, wie man wieder aus der Quelle des Vertrauens schöpfen kann. Wo ist das Wasser des Lebens (vgl. Joh 4,14)?

Biblisches Familienstellen macht heilsame Erfahrungen möglich. Sie bilden den Hintergrund, um destruktive Ereignisse verarbeiten zu können. Woher nährt sich das Misstrauen mit seiner negativen Dynamik? Epochale Ereignisse wie Krieg und Vertreibung, familiäre Nöte, Traumata und Krankheiten aller Art haben sich ausgewirkt.

Ahnentafeln, Stammbäume, Familiensagen und Biographien spiegeln das Interesse wider, den Einzelnen in seiner primären Lebenswelt besser zu verstehen. Eine systemische Visualisierung hilft zur tieferen Selbsterkenntnis. Die Zukunft lässt sich anders gestalten, wenn man sich seiner Herkunft, seines psychischen Erbes, emotional bewusst wird.

Für das Projekt eines biblischen Familienaufstellens lässt sich kaum eine besser geeignete Handlungsanweisung finden als der Vers im zweiten Buch der Chronik: »Stellet euch nur auf und bleibet stehen und seht, wie der Herr euch Rettung schafft.« (2 Chr 20,17) Dass dieser Text spirituell zu verstehen ist, wird nicht zuletzt daran ersichtlich, dass er im Kontext des Heiligen Krieges steht. Dabei geht es gerade nicht um religiöse Verbrämung von historischen Konflikten, sondern um die Lösung von dramatischen, ausweglos scheinenden Situationen durch Gebetsvollzüge in der Stille.

Die Bibel ist als Heilige Schrift geistlich zu verstehen. Unter anderer Rücksicht ist sie interessant und lehrreich, etwa als geschichtliches und literarisches Werk. Erst in der spirituellen Perspektive wird jedoch die heilsame Bedeutung vieler Texte sichtbar. »Der Herr wird für euch streiten, und ihr werdet stille sein.« (Ex 14,13–14) Man lese den Kontext: Wie glückt der Durchzug durch das Schilfmeer? Wie entkommt man der Gewalt des Amun? Sein Kultsymbol ist der Widderbock, seine Hieroglyphe das Schilfwedel. Für welche dynamische Entfremdung steht Mizrajim, das heißt Ägypten? Und weiter: »Der HERR, euer Gott, zieht vor euch hin und wird für euch streiten, wie er es mit euch getan hat in Ägypten vor euren Augen und in der Wüste. Da hast du gesehen, dass dich der HERR, dein Gott, getragen hat, wie ein Mann seinen Sohn trägt, auf dem ganzen Wege, den ihr gewandert seid, bis ihr an diesen Ort kamt.« (Dtn 1,30–31)

Selbst eine Stelle wie beim Propheten Jesaja gewinnt angesichts der Chaosmächte neuen Sinn: »Wach auf, wach auf, zieh Macht an, du Arm des HERRN! Wach auf, wie vor alters, zu Anbeginn der Welt! Warst du es nicht, der Rahab zerhauen und den Drachen durchbohrt hat? Warst du es nicht, der das Meer austrocknete, die Wasser der großen Tiefe, der den Grund des Meeres zum Wege machte, dass die Erlösten hindurchgingen?« (Jes 51,9–10; vgl. Ex 14,21–22) Eine Aufstellung, bei der sich die Symbole und Metaphern erschließen, ist eine Exegese, die zu einer konkreten spirituellen Rezeption der Bibel führt.

Weder die Deutungsmuster der systemisch-konstruktivistischen Psychologie noch naturale Ordnungsvorstellungen reichen aus, den spirituellen Prozess theoretisch abzubilden, der sich beim biblischen Familienaufstellen ereignet. Allerdings sind jene hermeneutischen Raster höchst geeignet, darauf aufmerksam zu machen, dass im Leben des Geistes auf den Eigenwert von psychischen Dynamiken geachtet wird. Denn so wenig wie Religion durch Psychologie ersetzbar ist, bleibt eine Religion ohne Berücksichtigung ihrer psychologischen Dimension abstrakt. Gerade auf die Schnittmengen und Übergänge kommt es an.

Selbstverantworteter Glaube ist Einübung von Vertrauen in Gottes Namen. Das Tetragramm (JHWH) steht für den Geist des Atems. Dazu gehört die Unterbrechung von einengenden Entwicklungen zugunsten größerer Lebenszusammenhänge. Gesamtgesellschaftlich gesehen besitzen die drei monotheistischen Weltreligionen unterschiedliche Konzepte im Weitergeben dessen, was zu ihrem verbindlichen Glaubensbekenntnis gehört. Das Judentum ist im Grunde eine Familienreligion. Der Islam versteht sich als weltweite Gemeinschaft der Muslime. Das Christentum existiert in Hauskirche, Gemeinde und Landes- bzw. Universalkirche. Überall, wo familiäre Glaubensgemeinschaft erlebt wird, ist es selbstverständlich, dass eine humane Vergesellschaftung auf Dauer nur existieren kann, wenn es genügend Raum für Erzähl-, Tisch- und Festgemeinschaft gibt. Dadurch wird der Alltag jeweils jüdisch, muslimisch oder christlich geprägt. Sitten und Gebete bestimmen den Lebensrhythmus.

Die Religionen beanspruchen, Aussagen über den Menschen in seiner Heils- und Unheilsgeschichte zu machen. Erst im Horizont der Ewigkeit lässt sich manche Verklammerung zwischen Leben und Tod lösen, so dass Eros und Thanatos nicht einen unendlichen Konflikt austragen, in dem es für Einzelne kein Entkommen gibt. Die Perspektive des ewigen Lebens eröffnet die Möglichkeit der Partizipation an einer Gegenwart, die nicht schlechthin von den Mächten des Todes und der Gewalt kontrollierend beherrscht wird.

Wenn man allgemein vom Menschen spricht, wird deutlich, dass der Mensch als ein abstraktes Wesen verstanden wird. Konkret existiert die Menschheit nur aus Männern und Frauen. Ein Mann und eine Frau sind die äußerste Elementarisierung der Menschheit. Ihr Miteinander bildet den Kern der Familie, da durch die Kinder die Menschheit eine Zukunft hat. Singuläre Männer und Frauen können sich im realen Miteinander einer Familie ihrer menschheitlichen Bedeutung vergewissern. Denn die Familie ist einerseits ein Raum des Vertrauens und der Intimität, andererseits ist sie offen für das Konzept Großfamilie, die es in unterschiedlichen Formen gibt. Die humane Qualität einer Religion wird daran sichtbar, welche Würde jeweils Kindern, Frauen und Männern zukommt, sei es als Einzelpersonen oder im Familiensystem. Welche Werteordnung ist leitend? Welche Menschenrechte werden garantiert?

Die Familie ist nicht nur ein Ort des Heils, sondern auch ein System, durch das sich Unheil auswirken kann.[24] Jeder gehört zu einem Familiensystem mit Herkunfts- und Gegenwartsfamilie, das ein seelisches Kraftfeld eigener Dynamik erzeugt. Familienmitglieder sind oft über Generationen hinweg unbewusst in Treue miteinander verbunden. Negative Folgen solcher Verbindungen können auch als Verstrickungen zu Blockaden, wiederkehrenden Konflikten, Krankheiten und Leid führen. Ungeordnete Anhänglichkeiten und Unfreiheiten können Suchtverhalten auslösen. Wer jemals mit parasitären Seelen zu tun hatte, weiß, wie wichtig es ist, Herr über eigene Gefühle zu bleiben. Nur so kann man in bestimmten Lebenssituationen frei reagieren.

---

24 Hans Conrad Zander: Der erste Single. Jesus, der Familienfeind, Gütersloh 2010, 22: »Christliche Kirche, komm heraus aus dem Ghetto infantiler Familiengläubigkeit! Bekehre dich zur Welt und bekehre dich zu dir selbst! Im Namen Sören Kierkegaards, bekehre dich zu ihm, der uns vorausgegangen ist in ein Leben der Freiheit: Jesus, der erste Single!«

Durch eine systemische Aufstellung werden Gefühle wahrnehmbar, die sonst meist unsichtbar im eigenen Seelenleben vorhanden sind. Die Seele ist gleichsam die Matrix der offensichtlichen Gefühle. Am Bild vom Seerosenteich lässt sich das vermitteln. Durch die Betrachtung der Seerosen kann man eine Ahnung davon bekommen, welch komplexes Gebilde aus Wurzelwerk, Stängeln und Stielen sich unter der Wasseroberfläche befinden muss. Am Quellgrund, nicht an den einzelnen vergänglichen Blüten, wächst das Lebenskraut, das die Phasen von Blühen und Vergehen überdauert.[25]

Mit Hilfe von Aufstellungen werden Probleme sichtbar und in Richtung einer guten Lösung geführt. Die Methode ist schnell beschrieben: Die teilnehmende Person, die ihr Anliegen zum Thema macht, wählt aus der Gruppe Stellvertreter für einzelne Familienmitglieder aus und platziert sie nach innerer Vorstellung im Raum. »Der Leiter der Aufstellung trägt mit seiner Fachlichkeit und Erfahrung die Verantwortung für den Aufstellungsprozess. Doch auf der Suche nach dem Versöhnungsschritt ist wegweisend, was die Repräsentanten wahrnehmen.«[26] Sie sollen nicht eindimensional helfen wollen. Ihr Dienst besteht darin, leer und präsent zu sein.

Diese Stellvertreter erleben Gefühle der Person aus dem Familiensystem und drücken Beziehungen und Befindlichkeiten aus. Szene um Szene entsteht. Durch geistig-seelische Prozesse entwickeln sich Bilder und Impulse, die es ermöglichen, in gegenseitiger Achtung und Anerkennung heilsame Schritte zu gehen. Dadurch eröffnen sich neue Perspektiven, oft nicht nur für die aufstellende Person, sondern auch für Teilnehmer aus der Gruppe.

Eine allegorische Auslegung der Szenen eines Aufstellungsprozesses in die eigene Lebenswelt ist nicht erstrebenswert, weil damit eine endlose Transformationsarbeit verbunden wäre – zumindest bis zur nächsten Aufstellung. Vielmehr geht es darum anzuerkennen, was sich in der Aufstellung gezeigt hat. Dabei darf natürlich unterschieden werden zwischen den Eigenanteilen, die jemand als Repräsentant in ein fremdes Familiensystem einbringt, und dem, was ursprünglich darin je schon vorhanden ist. So lässt sich auch der Falle entgehen, das Angeschaute eins zu eins einer archaischen Realität zuzuordnen, die sich dann als gleichsam metaphysische Instanz dazu benutzen lässt, um moralische Weisungen und Prinzipien abzuleiten.

Bei Organisationsaufstellungen wird besonders berücksichtigt, welche Gefühle durch Institutionen ausgelöst werden. Ihre Repräsentanten haben die Macht, traumatische Erfahrungen zu inszenieren. Eine Entlassung kann einen Schock auslösen. Inquisitorisches Verhalten, etwa Mobbing, kann zu einer prinzipiellen Phobie gegenüber allem Institutionellen führen. Auch hierbei gilt: Anschauen, bis die Wunde zur Kraftquelle wird. Rituale helfen. Würdigung steht an.

25 Vgl. Das Gilgameschepos. Übers. von Hermann Ranke, Wiesbaden 2006,100/1: »Von einem Kraute will ich dir sagen. Das Kraut sieht aus wie ein Stechdorn. Sein Dorn kann wie der Rosendorn die Hand zerstechen. Wenn du dieses Kraut in deine Hände bekommst, so iss davon und du wirst leben ... Sein Name ist ›Als Greis wird der Mensch wieder jung‹. Ich selbst will davon essen und zu meiner Jugend zurückkehren.«

26 Dietmar Pfennighaus: Endlich einen guten Platz. Familienaufstellung als Weg zu versöhnten Beziehungen, Moers 2006, 41.

Im Unterschied zu Reaktionen, die in biographisch bedingten Erfahrungen wurzeln, lassen sich manche Verhaltensweisen auf systemische Einflüsse zurückführen. Familiengeschichtlich wichtige Personen haben ihr seelisches Schicksal nicht nur über genetische Informationen, sondern im Sozialgefüge weitergegeben. Die Aufstellungsarbeit zeigt, wie einflussreich nicht gewürdigte Personen im Sozialverbund sind.

In dieser Perspektive fällt Licht auf manche Bibelstellen, die nicht moralisch, sondern ethisch-systemisch zu interpretieren sind. Der zentrale Text ist die Bergpredigt (vgl. Lk 6,20–26; Mt 5,3–12). Die Armen, die Krüppel, die Blinden und Lahmen werden zum Festmahl geladen (vgl. Lk 14,21). Und der eschatologische Christus spricht: »Amen, ich sage euch: Was ihr für einen meiner geringsten Brüder getan habt, das habt ihr mir getan.« (Mt 25,40) Es handelt sich um die Hungrigen, Fremden, Durstigen, Entkleideten, Kranken und Eingekerkerten (vgl. Mt 25,35–39).

Es gibt Formen von Exerzitien, bei denen sich gerade solche Menschen neu von der Wirklichkeit Gottes erfassen lassen möchten. »Ignatius von Loyola vergewisserte sich seines Ausgangspunktes, wenn er nach seinem weiteren Weg fragte. Er suchte die Lebensumstände armer Menschen, um sich vor Interessen zu schützen, die seinen Blick einengten. Die geschenkte Nähe von pilgernden, obdachlosen, kranken oder gefangenen Menschen ist in solchen Situationen heilend.«[27] Aus der Wahrheit der Fakten und des Verstandes wird eine Wahrheit des Herzens und der Gefühle.

Beim christlichen Familienaufstellen erhält der Christus selbst eine Position im Familiensystem. Als Erlöser spielt er im Verhältnis zu Gott und in den Beziehungen zu den Menschen eine befreiende Rolle. Die Rolle aber ist sein Dasein. Liturgisch übernimmt bei den Orthodoxen und Katholiken der Priester phasenweise diesen Part.

Der Papst beansprucht gleichsam von Amts wegen eine Dauerrolle für die Repräsentanz Christi. Er ist der »Stellvertreter Christi«. Bei Ex-cathedra-Entscheidungen wird die Verbindlichkeit des lebenden Christus behauptet. Dennoch sollte sich jeder der Differenz zwischen dem Stellvertreter und dem Original bewusst sein. Zudem bringt jeder Stellvertreter geschichtlich bedingte Amalgame mit in seine Repräsentanz.

Zum Vermächtnis Jesu Christi gehört die Verheißung der dynamischen Präsenz seines Geistes, der von sich her, also frei und befreiend wirkt. Dazu gehören das Wort und die Kraft, die bei Frauen und Männern psychosomatisch wirken können: »Herr, sprich nur ein Wort, und so wird meine Seele (mein Sohn, mein Knecht) gesund«, bekennt daher der Hauptmann von Kapharnaum, dem Ort des Nahum, dem Bereich des Trostes also (vgl. Mt 8,8). Und das Wunder geschieht.

Im Unterschied zu Familienaufstellungen im Horizont der Binnentranszendenz werden beim christlichen Familienaufstellen explizit Gebetsformen in die Heilungsprozesse eingebaut. Die für die Aufstellung verantwortlichen Begleitpersonen nehmen sich dabei zurück,

27 Christian Herwartz: Auf nackten Sohlen. Exerzitien auf der Straße, Würzburg 2006, 30.

um dem Geist Gottes lösungsbringende Kraft einzuräumen. Im Namen des dreieinigen Gottes soll nicht nur im Außen, sondern innerlich zu den Völkern und Stämmen der eigenen Lebensgeschichte gegangen werden (vgl. Mt 28,16–20). Der Geist Jesu Christi wirkt in zwischenmenschlichen Beziehungen befreiend und im Gottesverhältnis erlösend. Die Seele Christi spielt eine wesentliche Rolle. Man denke nur an das Gebet »Anima Christi«[28].

Jesuanische Familienkonzeption

Jesus erfüllte nicht alle Erwartungen, die sich aus einem natürlichen Familienverband ergaben. In folgender Szene wird dies deutlich: »Als er noch mit den Leuten redete, standen seine Mutter und seine Brüder draußen und wollten mit ihm sprechen. Da antwortete er dem, der ihm das sagte: Wer ist meine Mutter, und wer sind meine Brüder? Und er streckte die Hand über seine Jünger aus und sagte: Das sind meine Mutter und meine Brüder. Denn wer nach dem Willen meines Vaters im Himmel handelt, der ist für mich Bruder, Schwester und Mutter.« (Mt 12,46–50)

Die wahre Familie Jesu ist offen für Menschen, die sich am Wort Gottes, am Willen Gottes orientieren, so dass eine Wahlverwandtschaft entsteht (vgl. Lk 8,19–21). Natürliche Gesetzmäßigkeiten und Abläufe werden relativiert. Dabei ist genau zu unterscheiden zwischen der Dynamik des Übernatürlichen, die sich an der Logik der versöhnenden Gnade orientiert, und den Tendenzen, die das Natürliche auf das Unnatürliche reduzieren. Es kommt sehr viel darauf an, wie die Natur der Menschen ontologisch bestimmt wird. Philosophisch gesehen ist die Natur des Menschen selbstverständlich seine Freiheit.

Der Kontext, in dem die Frage nach den Angehörigen Jesu beim Evangelisten Markus behandelt wird, sind einerseits die Auswahl der zwölf Jünger (vgl. Mk 3,13–19) und andererseits die Gleichnisse vom Reich Gottes, das Jesus mit Vollmacht verkündete (vgl. Mk 4,1ff). Damit wird deutlich, dass die Familienkonzeption Jesu ein metagenetisches Projekt ist.

In den Nachfolgeworten wird die Familienthematik wieder aufgegriffen und weitergeführt: »Amen, ich sage euch: Jeder, der Mann oder Ehefrau, Geschwister, Eltern oder Kinder um des Reiches Gottes willen verlässt, wird dafür das Vielfache in dieser Welt empfangen und in der kommenden Welt das ewige Leben.« (Lk 18,29–30; vgl. Mt 19,29; Mk 10,29–30) In Ordensfamilien und christlichen Kommunitäten wird eine evangeliumsgemäße Kommunikationsgemeinschaft mit materiellen Konsequenzen zu realisieren versucht. »Benedikt wollte Energien bündeln, er wollte ein lebensfähiges Gegenmodell zur Zivilisation seiner Zeit schaffen. Deshalb kam für ihn nur eine Gemeinschaft mit anderen Gleichgesinnten infrage, und zwar eine echte Lebensgemeinschaft, am besten in der Stärke einer Großfamilie, mit einem Abt, der dieser familiären Gemeinschaft als geistlicher Vater vorsteht.«[29]

28 Vgl. Ignatius von Loyola: Geistliche Übungen, übersetzt von Peter Knauer SJ, Würzburg 2008, 147.

29 Notker Wolf: Worauf warten wir?, Reinbek 7. Aufl. 2006, 100.

Es gibt Biographien, in denen jemand so in Vorstellungen von Kirche und Staat verwickelt ist, dass die eigene Entwicklung stagniert. Bei Aufstellungen mit »Vater Staat« oder »Mutter Kirche« kann man hoffen, dass sich Freiräume auftun, in denen sich jemand neu systemisch zurechtfindet. Wie komplex sich Vater- bzw. Mutteranteile auswirken können, wenn sie auf Institutionen projiziert werden, wird an folgenden Überlegungen deutlich: »Der fürsorgliche Staat braucht gehorsame, resignierte, verzagte, also entmündigte Bürger. Er ist keineswegs weniger autoritär, als es der deutsche Staat vor 68 gewesen ist, er hat nur die Maske gewechselt – statt des strengen väterlichen Gesichts zeigt er jetzt das milde Antlitz einer Mutter, die nur das Beste für ihre Kinder will. Und man kann diesem Staat nicht einmal vorwerfen, dass er das Versprechen der Fürsorglichkeit nicht einlösen würde. Er kümmert sich unermüdlich. Er trifft Vorsorge für wirklich alles. Nur eins käme dem mütterlichen Staat bei seinem ganzen Beglückungseifer nie in den Sinn: seine Bürger in die Freiheit zu entlassen. Diese Freiheit müssen sie zurückgewinnen.«[30]

Wie klammert sich eine vaterlose Gesellschaft an Vater Staat? In einer dialektischen Verstrickung! Je mehr man meinte, ihn bekämpfen zu müssen, desto abhängiger wurde man von ihm: sowohl psychodynamisch wie strafrechtlich. Doch gesellschaftlich relevanter als eine anarchistisch-terroristische Minderheit ist jene Mehrheit, die unter den Parolen »Fortschritt« und »Reform« mit ihrer kleinbürgerlichen Spießigkeit gesellschaftlich Karriere machte.

»Heute lässt sich auch nachvollziehen, wie konsequent sich diese deutsche Kulturrevolution auf ihr eigentliches Ziel zubewegt hat: die Befreiung von der Schuld der Väter. Es beginnt damit, dass sich die 68er selbst zu Opfern einer fortdauernden totalitären Unterdrückung erklären. Sie wechseln also die Seiten und damit die Identität. Nicht mehr die Söhne und Töchter von Tätern, sondern deren Opfer wollen sie jetzt sein.«[31] Und weiter: »Die Kombination aus moralischem Obrigkeitsstaat und persönlicher Selbstverwirklichung erlaubt nämlich, die Verantwortung von der Freiheit abzukoppeln und sein eigenes Gewissen an den Staat abzutreten, um selber gewissenlos leben zu können. Totale Freiheit, aber unter der Aufsicht eines mütterlichen Staates, der für ein wohliges soziales Klima zu sorgen hat und die Auswüchse dieser Freiheit mit Tausenden von Gesetzen eindämmt – diese Aussicht ist offenbar unwiderstehlich.«[32]

Ähnliche Analysen ließen sich auch bezüglich des vielschichtigen Phänomens Kirche und Orden erstellen. Welche Erfahrungen und Erwartungen verbergen sich hinter kirchenkritischen Texten weinerlicher oder aggressiver Art? Ein Zitat möge genügen, um die Thematik zu illustrieren: »Das ganze römische System, wie es im 11. Jahrhundert durchgesetzt wurde, ist nach meiner Auffassung falsch konstruiert – und zwar in wesentlichen Basisfragen. Die damals einsetzende Romanisierung der katholischen Kirche – in meinem Buch ›Das Christentum, We-

30 Ebd., 170.

31 Ebd., 63.

32 Ebd., 75.

sen und Geschichte‹ (1995) ist dies genau aufgewiesen – bedeutet ihre Zentralisierung (Papstkirche), Juridisierung (Rechtskirche), Politisierung (Machtkirche) und Klerikalisierung: eben eine Kirche zölibatärer Männer mit Eheverbot.«[33] Welches System von Scheinkommunikation wird so postuliert!

Welche geistigen bzw. ideologischen »Väter« und »Mütter« prägen den Lebensweg von einzelnen »Kindern«? Wie asynchron muss man als Kind seiner Zeit leben, um ihr einerseits nicht zu verfallen und um andererseits als heutiger Mensch existieren zu können? Im Kontext solcher Fragen lassen sich durch systemische Aufstellungen und geistliche Übungen persönliche Antworten finden. Das Gebet spielt je nach Glaubensüberzeugung dabei eine wichtige Rolle. »Aus dem Gebet, also der Beziehung zu Gott, schöpfen wir die Kraft, den Verlockungen der wechselnden Heilsversprechen von politischen Ideologien oder utopischen Verheißungen zu widerstehen – das Gebet steht also für die geistige Unabhängigkeit.«[34] In der kirchlichen Realität ist ein solches Bewusstsein allerdings oft nur im Rahmen der Konformität erwünscht.

Menschen, die sich auf Erden an den Vater im Himmel wenden, müssten sich eigentlich geschwisterlich verstehen. Wo eine explizite Gebetsgemeinschaft im Sinne Jesu entsteht, wozu das Vaterunser anleitet, ist die spirituelle Basis für eine Entwicklung gegeben, die zu einer institutionellen, geschwisterlichen Gemeinde führen kann.

Während die Taufe das einmalige Initiationssakrament ist, durch das in Wort und Zeichen die Eingliederung in die weltweite Gemeinde Jesu Christi stattfindet, ist das Abendmahl die in Wort und Zeichen regelmäßig wiederholte Aktualisierung der Gemeinschaft mit Jesus Christus. Das Abendmahl ist gleichsam das regelmäßige Familienfest, das miteinander gefeiert wird, weil es die Gemeinschaft mit Gott, so wie er sich in Jesus Christus geoffenbart hat, verbürgt. Der christliche Gottesdienst ist das liturgisch gestaltete Fest der Glaubensfamilie, zu der sich jemand entschieden hat.

Christlicher Gottesdienst

Bei der äußeren Gestaltung eines christlichen Gottesdienstes soll man die innere Dynamik berücksichtigen, die entsteht, wenn gläubige Menschen zusammen die Gegenwart Gottes feiern wollen.[35] Um vom Anfang bis zum Ende situationsgerecht zu handeln, sei es als liturgischer Leiter oder als jemand, der als Lektor, Organist, Chormitglied usw. seine Aufgabe erfüllt, lohnt es sich, über die Dramaturgie des liturgischen Geschehens nachzudenken.

33 Hans Küng: Wozu Weltethos? Religion und Ethik in Zeiten der Globalisierung, Freiburg i. Brg. 2002, 113.

34 Notker Wolf: Worauf warten wir?, Reinbek 7. Aufl. 2006, 48.

35 Um praxisnah zu kommentieren, lege ich im Folgenden die Gottesdienstordnung der evangelisch-lutherischen Johannisgemeinde Eschede zugrunde, wie sie im Jahr 2005 von den Pastoren Chr. v. Butler, J. u. P. Imhof vorgelegt wurde.

Die fünf klassischen Phasen, die ein organisches Miteinander gewährleisten, geben auch für das Gemeindeleben im Gottesdienst den Takt vor.[36]

1. *Wer begegnet wem?*

Was in der Gruppendynamik während der Kennenlernphase geschieht, das findet zu Beginn des Gottesdienstes auch in der Kirche statt. Begrüßung und Vorstellung werden meist formelhaft zum Ausdruck gebracht. Die dialogische Kommunikationsstruktur zwischen Gemeinde und denen, die besondere liturgische Aufgaben übernehmen, ist jedoch prinzipiell auf ein trialogisches Miteinander hin durchbrochen. Denn bei jeder Form von Gottesdienst ist entscheidend, dass in Stille und Schweigen, in Verkündigung und Gebet die Gegenwart Gottes zugänglich bleibt, die von Seiten des Menschen unverfügbar ist.

Die Gemeinde versammelt sich im Namen des Vaters und des Sohnes und des Heiligen Geistes. So lautet die kirchliche Kurzformel für jene Wirklichkeit, die Gott genannt wird. Der Gott der Offenbarungs- und Heilsgeschichte, wie er in der christlichen Bibel bezeugt wird, ist das Gegenüber der gläubigen Gemeinde. Dies hat Konsequenzen für jede Phase des Gottesdienstes. Zu Beginn geht es darum, dass die einzelnen Gemeindemitglieder sich vergegenwärtigen, in wessen Namen sie zusammengekommen sind. Wie ist Gott, der Schöpfer aller Dinge, anwesend? Die Geschöpfe sind seine Gaben. Ohne einen Schenkenden gibt es keine Geschenke. Und doch ist der Geber auch jemand an und für sich. Gleichsam als Abwesender ist der Schenkende in den Gaben anwesend. Dies wird im Dank zum Ausdruck gebracht.

Gott ist Geist (vgl. Joh 4,24). Er wird angerufen als der Gott, der versöhnt und Sünder aus Gnade rechtfertigt. Das Bekenntnis von Sünde und Schuld von Seiten des Menschen und die Zusage der Vergebung in Gottes Namen gehören daher schon an den Anfang des Gottesdienstes, so dass die menschliche Unheilsgeschichte und die barmherzige Liebe Gottes offensichtlich werden. Wer ist wer?

Wie glückt im Gottesdienst die eigene, betende Präsenz? Adam, wo bist du? Eva, wo bist du? Durch Lieder, Texte und Musik stimmt sich von Anfang an die Gemeinde darauf ein, Gott so zu rühmen, dass sie im Gegenschwung ihre Lebendigkeit entdeckt.

2. *Macht und Vollmacht*

Das reine, lautere Evangelium, das verkündigt und gehört wird, ist heilsam. Das Wort der Heiligen Schrift und die Predigt, in der die Bibel im Geiste Jesu ausgelegt wird, sind das Herzstück in dieser Phase des Gottesdienstes. Welcher Geist, welche Dynamik ist das, die nicht sadduzäisch-schizoid, apokalyptisch-manisch bzw. depressiv, pharisäisch-zwanghaft oder zelotisch-hysterisch agiert? Wie wirkt der Heilige Geist in Wort und Schrift? Sein Trost verwandelt die Herzen,

36 Die fünf Phasen, in denen Jesus Christus aus seinen Jüngern den Kern der christlichen Urgemeinde bildet, sind erläutert in: Paul Imhof: Unterwegs mit Jesus. Fünf Phasen geistlicher Begleitung, in: Leben im Geist. Perspektiven der Spiritualität, hrsg. von Paul Imhof und Eduard Gabriel-Alexander Reschke, in: Strukturen der Wirklichkeit, hrsg. von Paul Imhof und Eduard Saroyan, Scheidegg 2005, 190–203.

bewirkt Glaube und Umkehr. Wird mit der Bibel hingegen als einem toten Buch ohne Geist und Kraft umgegangen, das man sich beziehungslos vom Leib hält, bewirkt sie nichts Positives.

Die Macht des Todes und der Sünde hat Jesus Christus mit Vollmacht aufgehoben. Der Tod wird abgelöst durch seine Auferstehung, die Sünde durch die maßlose Liebe Gottes. Die Vollmacht Jesu besteht darin, dass er aus seinem Wesen heraus handelt, das ganz in der Wirklichkeit Gottes gründet. In ihm ist Gott in Fleisch und Blut anwesend. Er ist Gott wesensgleich, wie die Konzilien formulieren. Am Kreuzestod Jesu und seiner Auferstehung scheiden sich die Geister. Im Gespräch mit dem gekreuzigten und auferstandenen Christus ereignet sich Reue über missglückte Freiheitsgeschichte, wird Friede und Vergebung erfahren, wächst die Hoffnung auf neues, ja ewiges Leben.

Mit dem Bekenntnis des Glaubens an den Gott, der durch Jesus Christus seinen Bund für die Völker geöffnet hat und durch den Heiligen Geist sein Werk fortführt, antwortet die Gemeinde auf das Gnadenangebot Gottes. Der Text ist in einem jahrhundertelangen Prozess der Inkulturation des Evangeliums in den griechisch-römischen Kulturkreis entstanden. Bis heute ist er in der Kirche gültig.[37] Liturgisch gesehen beginnt nun der sakramentale Teil des Gottesdienstes.

3. Jesus Christus im Sakrament von Brot und Wein

Was man im gemeinschaftlichen Miteinander je nach Beziehung als persönliches oder intimes Miteinander versteht, ist das Thema dieser Phase des Gottesdienstes. Durch die Präsenz Jesu Christi im Wort kann schon im vorausgegangenen Wortgottesdienstteil eine tiefe persönliche, innere Christuserfahrung geschehen sein.

Bei vielen sonntäglichen Gottesdiensten wird die dritte Phase, das heißt die gegenständliche Präsenz Christi nicht zelebriert. Damit aber ist das Herzstück der gottesdienstlichen Feier herausgeschnitten, der Gottesdienst somit defizitär. In diesem Fall wird dann nach der zweiten Phase einfach mit der vierten und fünften Phase fortgefahren. Findet hingegen ein vollständiger Gottesdienst statt, das heißt die Feier der eucharistischen Liturgie, dann ist diese dritte Phase der Zeitraum, die Intimitätsphase im Gottesdienst gesondert zu gestalten. Was gehört an Elementen dazu? Unverzichtbar sind Brot und Wein und die Deuteworte Jesu über den eucharistischen Gaben, die zur Ortschaft der Begegnung mit Jesus Christus in seiner Aktualpräsenz werden.

Für die Liturgie des Abendmahls der Reformatoren war der Messkanon leitend. Nach einem Lied beginnt der Dialog zwischen dem Liturgen und der Gemeinde. Im Präfationsgebet wird an die Heilstaten Gottes erinnert, zu dem sich die Gemeinde als dem Heiligen bekennt. Er ist in Jesus Christus erschienen, der zum Zeichen seiner Gegenwart das Abendmahl eingesetzt hat.

37 Vgl. Paul Imhof: Geist in Fleisch und Blut: Eine Spiritualität für die neue Postmoderne?, in: Glaubensfragen unserer Zeit, hrsg. von Stefan Pauly, Stuttgart 1997, 139–158.

Die christliche Gemeinde verkündet durch die Zeiten hindurch seinen Tod und preist seine Auferstehung. Sie weiß sich geschwisterlich untereinander und mit den Gemeinden auf der ganzen Erde verbunden. Denn Gott ist der gemeinsame Vater, der ursprunglose Ursprung aller.

Die erste Gabe des auferstandenen Christus ist der Friede. Dreimal spricht er ihn den Seinen zu (vgl. Joh 20,19–29). Geschlachtet wie ein Lamm kehrt er als unsichtbares Lamm in die Ewigkeit zurück. Von dort sendet er seinen Geist des Friedens und der Versöhnung. Dieser Friede soll in der Gemeinde zeichenhaft weitergegeben werden. Sie geht in Prozession oder bildet einen Kreis, um so miteinander Brot und Wein zu empfangen, das Sakrament des Leibes und Blutes Jesu Christi. Christus im Brot, Christus im Wein, er ist der Intimus eines jeden. So sind die vielen in ihrer Verschiedenheit eins als er selbst. Mit Dank und Lobpreis antwortet die Gemeinde für die Erfahrung der Gegenwart des Herrn.

4. Beten und Bitten

Wenn im Gottesdienst kein Abendmahl stattfindet, geht es direkt mit der Phase weiter, in der Organisatorisches und Diakonisches thematisiert wird. In Freud und Leid gibt es die Solidarität der Gemeinde. Abkündigungen, Kollekten und Fürbitten bringen dies zum Ausdruck. Konsequenterweise gehört das Vaterunser eigentlich an diese Stelle. Es ist das Gemeindegebet mit den großen Bitten, die Jesus die Seinen gelehrt hat.

Die sogenannte Sach- und Arbeitsphase, die liturgisch normalerweise in dieser Phase zusammengefasst ist, könnte zu einer Zeit im Gottesdienst werden, in der etwas ausführlicher als üblich diakonische Projekte vorgestellt werden. Die sieben leiblichen und die sieben geistlichen Werke der Barmherzigkeit sind eine wesentliche Aufgabe der christlichen Gemeinde.

Was die Diakone betrifft, die zu einer Gemeinde gehören, so liegt es nahe, dass sie zumindest ab und zu an dieser Stelle des Gottesdienstes vor die Gemeinde treten, um sich für die Menschen, die der diakonischen Hilfe besonders bedürfen, einzusetzen. Wie wurde der diakonische Auftrag erfüllt? Was ist in Zukunft nötig, damit die Gemeinde ihrer Verantwortung in Kirche und Welt nachkommt?

Von außen gesehen lässt sich meist kein Unterschied zwischen sozialem Engagement und diakonischem Einsatz feststellen. In der Motivation und in der Rückbindung der Arbeit an die Gemeinde oder Kirche jedoch wird deutlich, dass aus Glauben gehandelt wird. So kommt es zum Zeugnis für Gottes Liebe. Ob dies nun bewusst oder unbewusst wahrgenommen wird, sei dahingestellt.

5. Segen und Sendung

Die missionarische Dimension der Kirche kommt im letzten Teil des Gottesdienstes noch einmal ausdrücklich ins Wort. Auf sie sollte viel Wert gelegt werden. Die Ablösephase, wie man diese Zeit gemeinde- bzw. gruppendynamisch bezeichnen könnte, weist hinaus in die Welt.

Wohin gehe ich? In welchem Geist suche ich weiter? Was ist die Sendung der Gemeinde vor Ort und weltweit?

Die große Geste des Übergangs ist der Segen. Jesus segnete die Seinen, als er am Himmelfahrtstag in Gottes Herrlichkeit zurückkehrte. Sie verharrten im Gebet, bis sie, pfingstlich ermächtigt durch seinen Geist, überall das Evangelium verkündigten. Nach dem aaronitischen Segen, der über die Gemeinde gesprochen wird, hätte die wechselseitige Friedensbezeugung in Wort und Geste einen genuinen Ort. In Personalgemeinden, die nicht auf gewachsene Traditionen achten müssen, hat sich dies bewährt. Jedenfalls wünscht zumindest der Pastor bzw. die Pastorin allen einen schönen Sonntag, spätestens an der Kirchentür. Schlusslied oder Orgelmusik begleiten alle, die sich gesandt wissen, Frieden weiterzugeben in den Alltag.

Der Begrüßung zu Beginn des christlichen Gottesdienstes entspricht der Abschied am Ende. Dabei kommt es von Beginn bis zum Schluss in allem darauf an, dass es der eine Gott ist, in dessen Namen sich die Menschen zur christlichen Gemeinde versammelt haben: Im Namen des Vaters und des Sohnes und des Heiligen Geistes.

Ausblick

Jede christliche Liturgie lebt bewusst oder unbewusst von der himmlischen, göttlichen Liturgie, die in der Johannesoffenbarung thematisiert wird (vgl. Offb 4,1ff). Wie sich das himmlische Jerusalem zum irdischen Jerusalem verhält, so auch die göttliche Liturgie zu einem Gottesdienst auf Erden, in dem sich die Gläubigen versammeln. Was ist dabei die Urgebärde des Beters? »Mich stellen, zum Stellen kommen ist die ursprünglichste Bedeutung für Beten. Darauf weist auch die hebräische Wortwurzel pll hin, die bedeuten kann: dazwischenstellen, einwenden, Unterbrechung verursachen, entscheiden, hoffen. Klingen da nicht wunderbare Dimensionen von Gebet an?

Beten ist ein *Dazwischenstellen*, zwischen meinen Abläufen, dem, was mich erwartet, was mich erdrücken will; es schafft einen Zwischenraum, wo ich vielleicht gar keinen Raum mehr sah.

Beten ist ein *Einwenden*. Ich kann Einwände vorbringen gegen meinen Selbstbetrug und auch gegen Gott.

Beten verursacht *Unterbrechung*. Ich kann das, was mich vereinnahmt, unterbrechen mit einem einzigen Gebetsseufzer. Plötzlich ist da ein anderes Moment dazwischengestellt.

Beten ist ein *Entscheiden* – ja ich merke, gerade im schweigenden Gebet, im stillen Dasein vor GOTT, werde ich oft klarer, lerne, zu unterscheiden zwischen mehr und weniger wesentlich, lerne, die Welt im Spiegel des Heiligen zu sehen, mich selbst unter seinen Augen.

Und Beten ist *Hoffen*. Jedes Gebet, auch das kleinste, macht mich ein Stück freier, rückt das, was mich gerade kurz zuvor noch bedrohlich wegspülen wollte, zurecht.«[38]

Gottesdienst geschieht in einer Welt, die einerseits global zusammenwächst und andererseits aus immer neuen Zielgruppen besteht. Sie wollen in ihren eigenen Formen die Wahrheit des Evangeliums liturgisch feiern.[39] Die Form der Liturgie ist Menschenwerk. Die Gegenwart Gottes als solche wird in der Liturgie der unverfügbaren Gnade Gottes anheimgestellt. Wie Gottes Wort im Menschenwort wirken kann, so vermag auch in der von Menschen gestalteten Liturgie Gottes Präsenz erfahrbar werden. Entscheidend ist, dass diese Gegenwart die Form der Liturgie erfüllt und überbietet. Gott, das absolute Geheimnis, ist das unsichtbare Sinnziel von Alltag und Festtag.[40]

Dieser Gott, den Jesus Abba nennen lässt, steht für die Offenheit des neuen Familiensystems Jesu. Gott ist jene Wirklichkeit, aus der ursprünglich der Geist entspringt. Durch ihn kommt es zur Pfingsterfahrung (vgl. Apg 2,1–4). Die personale Grundstruktur der Gemeinde Jesu – Bruder, Schwester, Mutter (vgl. Mt 12,50; Mk 3,35; Lk 8,27) – wird in der Apostelgeschichte des Lukas wieder aufgegriffen. Es handelt sich um Jünger (ein Teil von ihnen bildet den Zwölferkreis) und Jüngerinnen Jesu (die Frauen aus Galiläa), seine Mutter und seine Brüder (vgl. Apg 1,12–14).

Die Evangelisten Matthäus und Markus überliefern die Namen der Brüder Jesu (vgl. Mt 13,58; Mk 6,3), auch von Schwestern Jesu wissen sie, die in der Apostelgeschichte aber nicht mehr direkt erwähnt werden. Vielleicht sind sie als Frauen aus Galiläa zu Jüngerinnen Jesu geworden oder lebten als jüdische Frauen gemäß der Thora des Mose mitten in Israel, dem ersterwählten Volk Gottes. Wir wissen es nicht.

Die pfingstliche Urgemeinde ist der Kern des neuen Familiensystems Jesu. Hier wird seine Thora überliefert, sein Evangelium weitergegeben. Dies führte dazu, dass auch schriftliche Evangelien entstanden. Manche wurden kanonisiert, andere nicht. Wie lautete wohl das Evangelium Mariens? Bei Lukas sind Teile davon redaktionsgeschichtlich erhalten und rekonstruierbar.

38 Thea Vogt: Predigt zu Kolosser 4,2–6 vom 13. Mai 2012 in der St. Michaelskirche, Schwanberg.

39 Vgl. Jürgen Körnlein: Gottesdienste in einer komplexen Welt, Neuendettelsau 1999, 2005.

40 Vgl. Paul Imhof: Zwischen Himmel und Erde. Das absolute Geheimnis, in: Glut unter der Asche. 2000 Jahre Christentum und die Zukunft der Religion, hrsg. von Michaela Pilters und Wolf-Rüdiger Schmidt, Gütersloh 2000, 56–70.

6. Das Lob Gottes

Kommunikation und Gebet

Sie (die Gläubigen) lobten Gott und waren beim ganzen Volk beliebt. Und der HERR fügte täglich ihrem Kreis die hinzu, die gerettet wurden. *(Apg 2,47)*

Gott loben, Gott rühmen, Gott die Ehre geben. »Gott ist Geist, und alle, die anbeten, müssen ihn im Geist und in der Wahrheit anbeten.« (Joh 4,23) Bei geistlichen Übungen kommt also alles darauf an, zu dem Schöpfergeist in eine betende Beziehung zu treten. Wie soll das gehen? Eine Grundformel geistlichen Lebens kann helfen, sich dafür zu disponieren. Sie lautet: Bitten um das, was ich begehre.

Das Begehren wird ernstgenommen. Wie steht es um die eigenen Triebe? Was steht auf der inneren Wunschliste? Um Wahrnehmung geht es zunächst. Und wie damit umgehen? Am besten so, dass das Begehren in die Gestalt der Bitte kommt. Der Reichtum der leeren Hände bringt so von Anfang an zum Ausdruck, dass man zu seinem Begehren in ein freies Verhältnis treten möchte. Offen für den Geist, der in seiner Weise erfüllt und konkret befriedigt, hält sich die bittende Person mit ihrem Begehren in das Kraftfeld des Geistes hinein. Was sollte man dabei vermeiden?

Die eine Falle besteht darin, dass sich jemand für einen Engel hält, die andere Falle besagt, dass der Mensch im Grunde ein Affe sei. Was heißt das? Der Engel steht für jene geschaffene Geistigkeit, die sich wie eine Flamme verzehrt, ohne für sich selbst etwas zu begehren. Sie ist einfach Licht. »Ich kenne das Glück des Nehmenden nicht«, schreit der große Geist Friedrich Nietzsche auf. Welch hohen Preis an Menschlichkeit zahlt jemand, der meint, an und für sich völlig abgetötet existieren zu können! Gnadenlose Askese ist dann angesagt. Doch das Ziel des Menschen besteht nicht darin, ein Engel zu werden, sondern ein Mensch.

Die Kehrseite des Versuchs, sich als Engel zu gebärden, sieht man gut am gierigen Affen. Im schlimmsten Fall passiert Folgendes: Um einen Affen zu fangen, bohrt man ein affenarmdickes Loch in einen Termitenhügel und legt am Ende des kleinen Ganges wohlriechendes Affenfutter parat. So angelockt, greift der Affe nach dem Futter, ballt die Hand und kann nicht mehr loslassen. Er steckt in der Falle. So wird er zur Beute für den, der ihn verzehren will.

Nur begehren ist so unmenschlich wie nur bitten. In einer eigenartigen Einheit von Begehren und Bitten existiert der Mensch. Im Blick auf die organischen und moralischen Triebe kann deutlich werden, wie befriedigende Kommunikation glückt und welche Weisen des Betens bei jemandem in einer gewissen Situation angemessen sind.

»Die Ehre Gottes ist der lebendige Mensch«, formuliert Irenäus von Lyon. Das Lob Gottes kann helfen, das egozentrische Interesse an Beweihräucherung bzw. Selbstbeweihräucherung in die Wirklichkeit Gottes hinein aufzulösen und dabei menschlicher, das heißt freier zu werden. Wo Egoismus herrschte, reift dann ein Selbst, das seine Glückseligkeit aus der Beziehung zu Gott, dem Geist, schöpft.

Nun zu den Trieben. Der ursprünglichste Trieb ist der Kommunikationstrieb. So wie ein Berg sich immer schon erhebt oder ein Wurm kriecht, so ist der Kommunikationstrieb immer schon am Wirken und Werken. Wird er nicht befriedigt, taucht die Angst vor Vereinsamung auf. Geschieht dies, beginnt im selben Augenblick der Scheinkommunikationstrieb zu agieren, der auf alle möglichen Weisen versucht, Abhilfe zu schaffen. Wenn es auf Dauer weder dem Kommunikationstrieb noch dem Scheinkommunikationstrieb gelingt, für jemanden einen halbwegs befriedigenden Zustand herzustellen, dann brechen Symptome auf, die im schlimmsten Fall in der Schizophrenie enden. Der Riss zwischen Geist und Körper wird so groß, dass ihn die Seele als Spaltung erlebt. Der ganze Leib ist davon betroffen.

Anstatt der Angst vor der Vereinsamung und der Scheinkommunikation zu erliegen, lohnt es sich, die Angst anzuschauen und damit spirituell umzugehen. Welche Gebetsweise wirkt integrierend und angstauflösend? Lebendige Liturgie! In ihr sind viele andere Gebetsweisen enthalten. Das natürliche und kulturell gestaltete Miteinander bildet ein heilsames Ambiente, um in Freiheit mit sich und anderen dazusein. Jeder und jedes bekommt einen guten Platz. Ob Ritual, Fest oder Liturgie – in ganzheitlicher Spiritualität wird ein kommunikatives Geschehen praktiziert, das um die Logik und die Dynamik des Geistes weiß.

Für den Einzelnen heißt dies im Blick auf den eigenen Leib: Es wird eine Präsenz angestrebt, in der alle Chakren, das heißt die wesentlichen Schöpfungspunkte und Energiefelder im bzw. am Leib wahrgenommen werden. Vom Christuschakra her, dem achten Chakra zwischen Himmel und Erde, und vom Kronenchakra ausgehend stellt sich die einzelne Person in den Kreis derer, die betend kommunizieren wollen.

Wie im Wort Säugling schon zum Ausdruck kommt, konkretisiert sich der Kommunikationstrieb sehr rasch im Nahrungstrieb. »Essen und Trinken hält Leib und Seele zusammen«, sagt der Volksmund. Wird der Nahrungstrieb nicht »gestillt«, so dass der Säugling zufrieden ist, entsteht die Angst vor Verhungern und Verdursten. Darauf wird mit Tränen und Geschrei geantwortet oder mit Lethargie und Resignation. Dies ist die Sprache des Todestriebs, einem Subtrieb der Scheinkommunikation.

Die Überlebensangst erzeugt einen schmerzhaften Rhythmus zwischen manischen und depressiven Phasen. Wird der Nahrungs- und Todestrieb immer nur willkürlich oder beliebig befriedigt, ist damit zu rechnen, dass sich später ein manisch-depressives Krankheitsbild einstellt.

Welche Gebetsweisen sind angezeigt, wenn die Angst, seelisch zu verhungern, überhandzunehmen droht? Geht man davon aus, dass die Seele in diesem Entwicklungsstadium auch ein Produkt der Identwerdung von Geist und Körper ist, dann ist es naheliegend, den oralen Teil des Körpers und seine Umgebung besonders zu berücksichtigen. Mündliche Gebete bieten sich an, die sich vom Kehlkopfchakra her bilden. Aber auch Gebete aus dem Raum oberhalb des Mundes, fokussiert im Stirnchakra, hinter dem Gebetsgedanken beheimatet sind, sollten bewusst zugelassen werden. Der Mundraum erstreckt sich als Atemraum tief in den oberen Leibraum hinein, so dass man sogar den Bereich des Herzchakras dazu zählen kann. Hier wird das Herzensgebet geübt: HERR, Jesus Christus, erbarme dich meiner.

Der Kommunikationstrieb entfaltet sich weiter im Spieltrieb. Im Spiel wird gelernt. Nicht alles, was es gibt, ist zum Essen oder Trinken da. Die Lebenswelt weitet sich. Das kleine Kind fängt spielerisch an zu lernen. Was ist was, was kann ich damit anfangen und gestalten? Welche Gefühle entstehen dabei? Wie geht es mir beim Lernen? Dabei kann sich erfahrungsgemäß die Angst aufbauen: Mache ich alles richtig? Was mache ich falsch? Da schlägt die Geburtsstunde der Angst vor Versagen! Doch diese Angst wird zu kaschieren versucht. Wie einfallsreich ist der Geltungstrieb!

Wo kein Sein ist, wird Schein inszeniert. Mehr gelten, als es recht ist, heißt die Devise. Welche Parole! Wie getrieben ist mancher bis ins hohe Alter vom nicht zu befriedigenden Geltungstrieb. Wie zwanghaft verläuft oft ein solches Leben! Glitzer und Glimmer, Glanz und Gloria, statt Spielen und Lernen. Wird weder der Spieltrieb noch der Geltungstrieb mittelfristig befriedigt, ist eine Zwangsneurose fast unausweichlich.

Wer jedoch seine Versagensängste ernstnimmt, kann auch lernen, damit spirituell umzugehen. Ein solcher Mensch konzentriert sich in dem Fall auf seine Mitte, auf die Mitte seiner leiblichen Existenz. Statt immer mehr zentrifugal, wird nun immer mehr zentripetal vorangegangen. Nicht mehr der Flucht nach außen, der Dynamik des Geltungstriebes wird gefrönt, sondern die Bewegung läuft nun wieder mehr auf die Mitte zu. Meditation findet statt. Der innere Magnet wird gestärkt, so dass sich die abgefeilten Eisenspäne wie von selbst neu ordnen. Meditation lässt sich von dem lateinischen Wort meditari herleiten: sich in die Mitte bringen lassen. Es handelt sich um ein Geschehen, das im Chakra des Sonnengeflechts seine Zentralperspektive besitzt.

Den organischen Trieb, der zur Geschlechtsreife führt, nennt man Geschlechtstrieb. Er entstammt dem Kommunikationstrieb. Wie geschieht Fortpflanzung? Ganzheitlich? Primär körperlich oder psychisch oder geistig? Wie wird jemand eine freie Frau, ein freier Mann?

Bei diesem Lebensprozess bleibt es oft nicht aus, dass jemand mit der Angst vor Verletzung konfrontiert wird. Und unversehens steht der Machttrieb gleichsam Gewehr bei Fuß vor der Tür. Er nährt sich von der Angst vor Verletzung. Wie lässt sich der Kreislauf von Opfer und Täter durchbrechen? Denn »die Macht hat nicht die Macht, auf Macht zu verzichten«, wie Machiavelli formuliert. Was ist das für eine große Entscheidung der Opfer, aus der Opferrolle herauszugehen und sich klarzumachen: Dafür stehe ich in Zukunft nicht mehr zur Verfügung.

Wenn auf Dauer weder der Geschlechtstrieb noch der Machttrieb befriedigt wird, reagieren Potentaten mehr oder weniger hysterisch. Ihr Größenwahn wird offensichtlich. Denn anstelle der Fruchtbarkeit und Gebärfähigkeit zugunsten neuer, freier Lebewesen wird die Hystera – die Gebärmutter – zum Anlass hysterischen Verhaltens. Und die freie männliche Potenz wird für das tödliche Gehabe von Potentaten benutzt. Welche Katastrophen haben darin ihren Grund!

Wer sich aber mit Mut und Tapferkeit der eigenen Verletzungsangst stellt, kann eine Verwandlung erleben. Biographie wird neu durchbuchstabiert. Lösungen kommen ins Blickfeld, auch Tränen fließen. Die Integration des Geschlechtstriebs in die freie Gesamtpersönlichkeit glückt immer mehr. Das Verhalten wird differenzierter, kurzum: rücksichtsvoll sich selbst und anderen gegenüber.

Wer sich für ein spirituelles Leben entscheidet, das heißt neu auf die Kraft des Geistes setzt, entdeckt die Kunst der Kontemplation. Die Erfahrung intimer, befreiender Begegnung steht an. Hier haben sowohl die klassischen Leben-Jesu-Betrachtungen als auch andere Formen der Kon-templation ihren spirituellen Ort. Wer wird eingeladen, mit im Tempel des eigenen Leibes da zu sein ? Mit wem wird der Lebensweg weitergegangen? Die Freiheit sollte das formale und materiale Prinzip der Ethik bleiben. Der Apostel Paulus schreibt dazu in seinem Brief an die Galater, dass sie sich erinnern sollen: Zur Freiheit seid ihr befreit (vgl. Gal 5,1). Und im Korintherbrief präzisiert er, wieso der Leib als Tempel des Heiligen Geistes verstanden werden kann (vgl. 1 Kor 3,16).

Für die Gestaltung einer persönlichen Kontemplationszeit eignet sich gut die Verheißung Jesu, die im Johannesevangelium überliefert ist. Sie besagt, dass aus dem Inneren Ströme lebendigen Wassers fließen werden. Dies sagte er von dem Geist (vgl. Joh 7,37–39). Interessanterweise steht für das, was im Deutschen mit Leib oder Inneres übersetzt wird, im griechischen Originaltext das Wort koilia, was ursprünglich Unterleib bedeutet. Hier ist der Bereich des Sakral- und des Wurzelchakras, die beim Kundalini-Yoga eine wichtige Rolle spielen. »Die Bedeutung ist der Gebrauch«, schreibt Wittgenstein. Wo aber ein guter Gebrauch stattfindet, ist der Missbrauch oft nicht fern.

Jedenfalls sollte die physiologische Exklusivität auch ethisch berücksichtigt werden. Sie ist die natürliche Basis für exklusive, das heißt ausschließende, ja sogar auf Dauer ausschließliche Geschlechtsbeziehungen, wie sie bei einer glücklichen Ehe oder beim freiwilligen Zölibat der Fall sind. Eine eigene Lebensform kann so Gestalt gewinnen. Zumindest zwei Freiheiten sind daran beteiligt.

Wenn man die bisherigen Überlegungen zugrunde legt, lässt sich noch etwas Wichtiges aus der Spiritualitätsgeschichte verstehen, nämlich der ursprüngliche Sinn der evangelischen Räte. Sie heißen Armut, Gehorsam und Keuschheit. Die Basis ist das Evangelium, das Jesus verkündet. Er ist für die Seinen das Evangelium in Fleisch und Blut.

Der Glaube an ihn lässt erkennen: Sein Geist ist der Geist der himmlischen und der irdischen Kommunikation. Freiwillige, menschenwürdige Armut ist die spirituelle Antwort auf die Angst vor Verhungern und Verdursten.

Mündiger Gehorsam ist die spirituelle Antwort auf die Angst vor Versagen. Wer auf den Geist hört, kann nichts falsch machen, sondern macht alles richtig. Der Geist der organischen

Kommunikation ist auf der eigenen Seite, und zwar so, dass man für sich keine Unfehlbarkeitsphantasien entwickeln muss, sondern sich dem Fluss des Lebens überlassen kann.

Und zu guter Letzt zur Keuschheit. Was hat sie mit der Angst vor Verletzung zu tun? Gibt es ein Leben jenseits von Verletzen und Verletztwerden? Wie bleibt die Unschuld erhalten? Die Verletzungsangst ist anzuschauen. Neutestamentlich beginnt der Weg Jesu durch die Passion in Gethsemani (vgl. Mt 26,36–46). Es ist ein langer, realer Weg bis zur Auferstehung des Leibes, aus dessen Wunden das Osterlicht fällt.

Begonnen hatte Jesu Weg in Bethlehem, dem Ort, an dem kein Platz für den Neugeborenen und seine Familie war (vgl. Lk 2,7). Welche Nöte und Ängste mögen dort aufgebrochen sein, vielleicht auch die Angst vor Verhungern und Verdursten? Jahre später wird die Flucht nach Ägypten, das heißt in die Dimension der Entfremdung, nötig. Dort muss ein Teil der Kindheit verbracht werden (vgl. Mt 2,13–15). Die Heimat blieb der Familie versagt. Welche Versagensängste waren zu überwinden? Ein exemplarisches Leben!

Und die Unschuld blieb erhalten, so das Zeugnis der Gemeinde Jesu. Er ist für sie das Lamm Gottes, das unschuldig geschlachtet wurde und auferstanden ist: in die himmlische und irdische Kommunikationsgemeinschaft. Keuschheit heißt spirituell nicht primär sexuelle Enthaltsamkeit – das wäre reine Askese –, sondern die Bewahrung des Leibes mit seiner Verwundungsgeschichte für eine unvordenkliche Zukunft.

Selbstverständlich gelten die evangelischen Räte – Armut, Gehorsam und Keuschheit – je spezifisch für jeden Christenmenschen, sei er verheiratet oder nicht verheiratet, sei es in der Ehe oder in der Ehelosigkeit. Mancher Status wird institutionell als Stand definiert. Das Standesamt oder die Amtskirche weiß sich dafür zuständig. Es wird gleichsam amtlich bestätigt, ob jemand ledig, verheiratet, geschieden, verlobt, im Ehe- oder Ordensstand ist. Wenn man sich bei den evangelischen Räten auf Thomas von Aquin beruft, dann müsste man angesichts seines aristotelischen Hintergrunds das lateinische Wort castitas nicht mit Keuschheit bzw. Ehelosigkeit, sondern mit Uneigennützigkeit übersetzen. Damit wird der Wert der Ehelosigkeit auf der ethischen Ebene relevant.

Für ein freies und erlöstes Dasein sind auf jeden Fall die Kommunikation und das Gebet unverzichtbar. Das Angebot, sich dafür zu entscheiden, ist an jedem Ort und zu jeder Zeit gegeben. Das Wichtigste in einer glückenden menschlichen Kommunikation ist das *Hinhören*. Christologisch gewendet heißt das, sich darauf einzulassen, dass Jesus das Wort Gottes ist (vgl. Offb 19,13). Vor ihm verantwortet sich der Christ. Ursprünglich nennt man Verantwortung das, wonach man vor Gericht befragt wird. Vor Jesus Christus, dem Richter im Heilsgericht, wissen sich Menschen verantwortlich.

Genauso selbstverständlich in der Kommunikation wie das *Hinhören* ist das *Hinsehen*. Auf dem Berg der Verklärung sahen drei Jünger Jesu seine Herrlichkeit (vgl. Lk 9,18–36). Weitere Bausteine zwischenmenschlicher Kommunikation sind das freie *Assoziieren*, das spontane *Handeln* und das selbstbewusste *Antworten*. Denn das Ende einer Kommunikation ist erreicht, wenn sich jemand eingestehen muss: Da fällt mir nichts mehr ein; oder: Jetzt kann ich gar nichts mehr machen; oder anstelle einer Antwort: Jemand dreht sich um, sagt nichts und geht einfach weg. Vielleicht wird die Tür zugeknallt. Man bringt zum Ausdruck: Ab jetzt übernehme ich keinerlei Verantwortung mehr.

In den neutestamentlichen Begegnungen mit Jesus gibt es ein aufmerksames Hinhören, ein sorgsames Hinsehen, weiterführende Einfälle, überraschende Handlungen und Antworten, mit denen es sich gut leben lässt. Durch Jesus Christus als Repräsentanten Gottes und der Menschen lernt der kommunizierende Mensch, die Würde seiner Mitmenschen zu achten und Gott anzubeten.

Wer erfüllt das göttliche Gebot? Jesus antwortet: »Das erste ist: Höre, Israel, der Herr, unser Gott, ist der einzige HERR, und du sollst den Herrn, deinen Gott, lieben von ganzem Herzen und von ganzer Seele, mit deinem ganzen Denken und all deiner Kraft. Das zweite ist dies: Du sollst deinen Nächsten lieben wie dich selbst. Kein anderes Gebot ist größer als diese beiden.« (Mk 12,29–31; vgl. Mt 22,37; Lk 10,27; vgl. Dtn 6,4–9; Lev 19,18; Gal 5,14) Wer so lebt, ist nicht fern vom Reich Gottes, dem Reich des Friedens und der Liebe.

Dabei ist Feindesliebe von Freundesliebe zu unterscheiden (vgl. Lk 6,27; Mt 5,43; Röm 12,14). Wann sagst du Ja, und wann sagst du Nein aus JA? Das Hohelied der Liebe weist uns ein (vgl. 1 Kor 13,1ff). Im Lob Gottes liegt die Antwort auf die Frage, in welcher konkreten Gestalt die Liebe zu praktizieren ist.

7. Das Vaterunser

Die Entdeckung eigener Ressourcen

Vater unser im Himmel, geheiligt werde dein Name, dein Reich komme, dein Wille geschehe wie im Himmel, so auf der Erde. Gib uns heute das Brot, das wir brauchen. Und erlass uns unsere Schulden, wie auch wir sie unseren Schuldigern erlassen. Und führe uns nicht in Versuchung, sondern rette uns von dem Bösen. *(Mt 6,9–13)*

Im Gottesdienst wird öffentlich gebetet, was im stillen Kämmerlein vorbereitet wurde. Gemeint ist jene dunkle Speisekammer, in der die Ressourcen aufbewahrt werden. Mit einem Riegel wird sie verschlossen (vgl. Mt 6,5–15). Beten ist dabei von Scheinbeten zu unterscheiden. Weder heuchlerisch (vgl. Mt 6,5) noch plappernd soll es sein (vgl. Mt 6,7). Das Vaterunser ist das Gebet, das die Beziehung zu ungeschaffener Wirklichkeit in Sprache bringen kann (vgl. Mt 6,9–13; Lk 11,2–4).

Nach der Anrede Gottes werden sieben Bitten formuliert, die liturgisch mit einer Lobpreisformel begründet werden: »Denn Dein ist das Reich und die Kraft und die Herrlichkeit in Ewigkeit. Amen.« Für die Realität stehen die sechs Schöpfungstage und der Ruhetag, der siebte Tag. Für die Wirklichkeit des achten Tages steht Gott selbst, der ewige Ursprung in der Herrlichkeit des Himmels.

Jeder gläubige Jude im Umkreis Jesu war mit einer durchformulierten Gebetspraxis vertraut. Auch regelmäßige Wallfahrten nach Jerusalem gehörten dazu. Das Allerheiligste im dortigen Tempel war leer. Niemandem kam es in den Sinn, Gottes Transzendenz mit menschlichen Projektionen und Götzenbildern gleichzusetzen. Die Jünger Jesu wollten neu beten lernen. Von Jesus wurden sie ermächtigt, im Gebet neu Gottes Nähe zu erfahren. Sie wagten, zur ewigen transzendenten Wirklichkeit in ein Verhältnis zu treten, wie es in der Beziehung zu einem guten Vater üblich ist. Das ist keine Selbstverständlichkeit, weder damals noch heute. Was kann sich bei dem Wagnis, jesuanisch zu beten, ereignen?

Insoweit die Bedeutung eines Wortes sein Gebrauch ist (vgl. L. Wittgenstein), lohnt es sich, das Wort »Vater« so zu hören, dass dabei biographische Erinnerungen und Emotionen ins Bewusstsein gelangen. Wie habe ich Väterlichkeit erlebt? Welche Vaterfiguren kenne ich im Guten wie im Schlechten? Wer waren meine geistigen und geistlichen Väter? Welche Differenz eröffnet sich zwischen den eigenen Vatererfahrungen und der Rede von Gott Vater?

Oft ist es geradezu ein Schock zu realisieren, dass der eigene Gott Vater auch der Vater der anderen ist. Unser Vater: Was folgt daraus an Brüderlichkeit, Schwesterlichkeit, Geschwisterlichkeit? Wie ist mit Tendenzen zur Ausgrenzung und zur Vereinnahmung umzugehen? Wann ist Feindesliebe und wann ist Freundesliebe angesagt? Wer braucht ein Nein im Ja und wer ein Ja im Ja?

Die Analyse der Realität zeigt, dass es in der Welt nicht nur himmlisch zugeht. Ist die Hoffnung auf eine neue Erde, einen neuen Himmel, ein Paradies utopisch? Wie kommt mehr Himmel auf die Erde? Mit Himmel ist dabei jene Welt Gottes gemeint, in der das Leben immer konkreter und erfüllter wird. Die unsichtbare Wirklichkeit der ewigen Liebe scheint auf. Wie im Himmel, so auf Erden!

In der englischen Sprache gibt es für Himmel zwei Worte, nämlich sky und heaven. Ersteres weist auf das kosmische Himmelsgewölbe hin, Letzteres auf den theologischen Sinn von Himmel. Auch in ethischer Perspektive ist der Blick zum Himmel relevant. So stecken im englischen Wort für Rücksicht, nämlich consideration, die lateinischen Wurzeln cum, das heißt mit, und sidera, das heißt die Sternenwelt. Die naturgegebenen, kosmischen Gesetzmäßigkeiten sind zu berücksichtigen. Das lateinische Wort desiderium, deutsch Sehnsucht, Hoffnung, weist ebenfalls auf die kosmische bzw. himmlische Perspektive hin. Aus welcher Tiefe des Kosmos stammen die Bausteine des Lebens? Wer ist der Ursprung? Wer ist Gott?

Der Name Gottes steht für eine Wirklichkeit, wie sie im Laufe der Geschichte nennbar wird. Wo gibt es die Erfahrung des Heiligen, die Würde, Ehrfurcht und Faszination vermittelt? Geheiligt werde dein Name. Mit welchen Namen Gottes wurde seine Offenbarungsgeschichte durchbuchstabiert, damals und heute? Der Eigenname Gottes lebt im Geist des Atems: Jahwe. Wer sich auf den unsichtbaren Gott einlässt, kann erfahren, wie das eigene Leben in der Perspektive der Heilsgeschichte eine neue Zukunft bekommt.

Die Bitte bringt den Reichtum der leeren Hände zum Ausdruck. Dein Reich komme! Was hindert, dass mich das Reich der Liebe, der Freiheit und der Gerechtigkeit, der Wahrheit und Barmherzigkeit erreicht? Wo verlaufen die Grenzen der Reiche, die mein Leben bestimmen? Oder profaner gefragt: Bin ich bereit, mich noch einmal zu »verlieben«, mich lieben zu lassen?

Jesus erzählt Gleichnisse vom Reich Gottes. Was passiert, wenn der Sinn der Gleichnisse im eigenen Leben aufgeht? Man lese nach in den Evangelien des Markus oder Lukas. Der Jüngerkreis hielt den Mann aus Nazareth für das Reich Gottes in Person. Mit ihm ist es auf Erden neu angebrochen. In Jesus ist Gott präsent, so das Zeugnis derer, die daran glauben, dass er der Christus ist. Will ich mich von Christus neu erreichen lassen? Er verbürgt, wie es zwischen Gott und den Menschen steht.

Wie geschieht der Wille Gottes? Durch welche Abgründe vermag die Dynamik der Liebe, die Schöpferkraft des Guten, die Logik des Geistes an ihr Ziel gelangen, selbst am Kreuz und im Tod? Will die Liebe in ihrer Freiheit nicht Leben, Auferstehung, ewiges Leben? Im Gespräch mit ihr erkennt jemand, was für ihn besser ist, als wenn er nur mit sich allein eine Entscheidung trifft. In der Offenheit riskiert sich das Ich auf das Du einer anderen Freiheit hin. Welches Experiment: Die Abhängigkeit vom Unabhängigen mehrt die Unabhängigkeit des Abhängigen! Ein universales Prinzip, das sich vielfältig konkretisieren lässt. Dein Wille geschehe: Wer fragt nach dem Willen Gottes für sein eigenes Leben? Wovon lebt der Mensch? Was ist sein tägliches Brot? Welches körperliche, geistige, seelische Manna tut not, um in Liebe und Freiheit leben zu können? Das Brot zielt über das bloß Materielle hinaus. Unser tägliches Brot gib uns heute: Eine recht verstandene Gabe wird zur Ortschaft einer geistigen Begegnung. Die Erfahrung des Schenkens führt die Frage mit sich, wem der Dank gebührt. Wann lässt sich die Welt als Schöpfung, als Gottes Gabe begreifen? Im Brot des Abendmahls wird dies in der Bitte um das tägliche Brot christologisch beantwortet: jetzt.

Schuld, verfehlte Freiheitsgeschichte, das, wofür man sich schämt, kann nicht das Letzte im Selbstverständnis eines Menschen sein. Selbst Sünde, das heißt Schuld angesichts Gottes, kann vergeben werden. Im deutschen Wort Sünde kann man auch die Bedeutung Sund hören, jene Meerestiefe, die das Festland trennt. Vergib uns unsere Schuld, wie wir vergeben unseren Schuldigern. Was zwischenmenschlich glückt, nämlich Vergebung, wird im Verhältnis zu Gott als Versöhnung, als Rechtfertigung im Glauben erkannt. Mystik im Wort! Wie auch wir vergeben haben, so vergibt Gott in seiner Weise.

Der Geist Gottes trieb Jesus in die Wüste. Ob Sandwüsten, Steinwüsten oder Betonwüsten, überall kann bewusst werden, dass die Erfahrung der Einsamkeit, freiwillig auf sich genommen, sich wie zwei Seiten einer Münze auslegt. Da herrscht einerseits die Gewissheit, dass ein geistiges Leben nur abgeschieden seine Konturen gewinnt, andererseits damit aber eine große Selbstgefährdung verbunden ist. Doch nur so wird die Unterscheidung der Geister gelernt. Der Schrei des Beters in der Wüste, nicht weiter in Versuchung geführt zu werden, sondern befreit von bösen Mächten und Gewalten leben zu können, ist verständlich: Und führe uns nicht in Versuchung!

Sondern erlöse uns von dem Bösen! Die göttliche Pädagogik zielt auf die Erlösung von pseudo-göttlichen inhumanen Mächten und Gewalten. Für diese Befreiung möchte sich der Beter öffnen. Die geistliche Schutzimpfung in den Stunden der Anfechtung macht nicht nur gegen menschenverachtende Machenschaften stärker immun, sondern verstärkt auch den Wunsch, gerechtfertigt und erlöst zu leben. Das Experiment Gottes, mit dem Beter in die Wüste zu gehen, führt letztlich zum Ziel; die Versuchungen des Bösen hingegen laufen langfristig ins Leere. Aber die Bitte ist verständlich. Ab und zu braucht man eine Oase, nicht nur die Einsamkeit mit Experimenten und Versuchungen.

Es ist Jesus Christus, der die Seinen neu das Beten lehrte. Er selbst betete bis zuletzt am Kreuz: »Vater, in deine Hände lege ich meinen Geist.« (Lk 23,46; vgl. Ps 31,6). Nur unter einer Rücksicht lässt sich das Kreuz als ein Heilszeichen verstehen: Es ist der Ort, an dem der heilige Tausch von Schuld und Unschuld endgültig vollzogen wurde (vgl. Lk 11,50–51). Denn im Leib Christi trafen die Schuld- und Unschuldsgeschichte konkret aufeinander. Dabei kam die Schuldgeschichte an ihr tödliches unumkehrbares Ende und die Unschuldsgeschichte begann neu: Jesus, der Gekreuzigte, erschien den Seinen als der Auferstandene!

Mit der Auferstehung wird das ewige Leben offenbart, das in der Ewigkeit seine Vollendung findet (vgl. Offb 22,15). Schuld und Sünde, Tod und Verderben bleiben außen vor. In Gottes Hand liegt die Zukunft derer, die ihm vertrauen: Wie im Himmel, so auf Erden.

8. Weder Thron noch Altar

Die Logik der Gnade

Aber Gott, der reich ist an Barmherzigkeit, hat in seiner großen Liebe, mit der er uns geliebt hat, auch uns, die wir tot waren in den Sünden, mit Christus lebendig gemacht – aus Gnade seid ihr selig geworden; und er hat uns mit auferweckt und mit eingesetzt im Himmel in Christus Jesus, damit er in den kommenden Zeiten erzeige den überschwänglichen Reichtum seiner Gnade durch seine Güte gegen uns in Christus Jesus. Denn aus Gnade seid ihr selig geworden durch Glauben, und das nicht aus euch: Gottes Gabe ist es, nicht aus Werken, damit sich nicht jemand rühme. Denn wir sind sein Werk, geschaffen in Christus Jesus zu guten Werken, die Gott zuvor bereitet hat, dass wir darin wandeln sollen. *(Eph 2,4–10)*

Der Text stammt aus dem Briefcorpus des Paulus an die Epheser. Was geht das uns an, könnte man sich denken, irgendwelche Leute vor 2000 Jahren, am Ende der Seidenstraße, lange tot! Immerhin ein Brief, der die Gedankenwelt des Paulus wiedergibt. Er nützt uns aber nichts, außer wir wären Kunstgeschichtler, Archäologen oder Reiseführer. In dieser Perspektive aber kann der Brief nicht der Stoff der Predigt sein. Briefe brauchen Adressaten. Der Adressat aber könnte sein: der »Epheser« in dir. Was ist denn das für eine reale, gesellschaftliche, politische, ökonomische, spirituelle Gestalt und Dimension: der »Epheser« in dir?

Schauen wir einmal hinein. Die Archäologie hilft uns etwas, auch die Geschichtswissenschaft: Wie ging es denn zu in Ephesus, damals und heute? Was war denn das für ein System, an das Paulus sich wendet und dabei ein neues, ein alternatives Miteinander aufruft? Zwei Machtzentren gab es in Ephesus. Das eine war der Thron, das andere der Altar. Die Epheser fühlten sich ganz glücklich, dass die Steuern, das, was erwirtschaftet wurde, im Lande blieb und nicht in die Ferne zum römischen Cäsaren Domitian abgeführt werden musste. Wie großzügig ist diese politische Herrschaft – ironisch gesagt. Ihr dürft mir einen Tempel bauen! Das, was du geleistet hast, darf dableiben! Noch heute beeindrucken die Fundamente. Der Cäsarenwahn nahm wieder einmal seinen Lauf. Politik, damals wie heute, braucht Verehrung. Nur Domitian übertrieb es etwas, alle mussten sagen: »Dominus ac deus« – »Herr und Gott!« Der Wahnsinn ist installiert. Was ist denn das für eine Welt von Herrschern, Gewalthabern, Mächtigen, Scheinkommunikanten, die den Menschen um den Ertrag der Arbeit bringen, um den Ertrag ihrer Mühe!

Welcher Pol: Domitian in dir, der Mann, der die erste Christenverfolgung anordnete: Johannes muss nach Patmos, in der Gemeinde findet ein Pogrom statt! Welche Welt, damals und heute! Politische Tyrannis unter dem Schein der Gutheit und Verehrungswürdigkeit. Es lohnt sich, kritisch in den Blick zu nehmen, was da in dir alles los ist oder losgetreten wurde. Und der andere Pol in Ephesus: wunderschön, ein alter heiliger Tempel, die Staatsbank der

Antike in der Asia. Bei den Göttern konnte man leihen, da gab es Zinsen. Je sicherer die Bank, desto besser. Nur keine Unruhe! Die Welt der Artemis von Ephesus: ein vielschichtiges Phänomen. Welche Feste, Anzüge, Aufzüge und Prozessionen! Welche Auftritte: die 800 Priesterinnen der Artemis in Plisseeröcken. Die Biene war Symbol der Fruchtbarkeit, die Bienenkönigin war der Inbegriff der Profitmaximierung. Unser Sprichwort von den »duften Bienen« stammt letztlich aus Ephesus. Welche Welt! Welche Religion! Bei den großen Herbstfesten wurde die Göttin Artemis gefeiert, geschmückt mit dem Zodiakus, mit Blumengirlanden, Früchtekränzen und der dreistöckigen Krone, der Tiara, auf dem Haupt – erst Papst Johannes XXIII. legte die Tiara ab. So wollte er den Herrschaftsanspruch über Kleinasien nicht mehr repräsentieren, das Taufwasser war abgeflossen.

Welche Kultfigur bestimmte die Verhältnisse? Es handelte sich um die Artemis von Ephesus mit ihrem Stierhoden-Gehänge; Profitmaximierung um jeden Preis! Eine antike Sklavenhaltergesellschaft. Ein seltsames Bündnis zwischen Thron und Altar am Ende der Seidenstraße. Artemis war das Idol, der Inbegriff des antiken, ausbeuterischen Wirtschaftssystems. Und wieder einmal brüllten die religiös motivierten Pappnasen im Theater: »Groß ist die Artemis von Ephesus!« Sie wissen nicht warum, aber einig sind sich alle. Eine seltsame Welt, damals und heute. In welcher Welt leben wir denn eigentlich? So funktioniert die Logik: wenn – dann, um – zu, wehe – wenn nicht! Wie kriegt man da zumindest etwas Humanität, etwas Evangelium hinein in diese Welt in dir und um dich herum?

Paulus verkündet: Ihr könnt auch Bürger und Bürgerinnen eines anderen Systems sein. Jenseits der Logik von »wenn – dann«, »um – zu« und »wehe – wenn nicht« – Moralisten aller Länder sind schon vereinigt – gibt es noch eine andere Welt. Eine Welt, in der die Logik des Familiären herrscht. Das deutsche Wort Familie kommt vom Lateinischen »familiaritas«, das heißt Vertrautheit. In einer guten Familie gilt: Es war, was es war, und es ist, was es ist, und was sein wird, offenbart die Liebe, die herrscht. Wie eigenartig, welche »Anderwelt« wird aufgerufen! Es gibt auch die Logik des Vertrauens, religiös gewendet des Glaubens, der Hoffnung, der Liebe, der Absichtslosigkeit, der Warumlosigkeit, der Beweisungslosigkeit – kurzum: der geschenkten Freiheit. Geschenk, »Umsonstigkeit« heißt theologisch Gnade. Da zählt nicht mehr am Ende die Sünde, der Sund, der dich trennt, das skm-tyo (altnordisch), die Schande, die zwingt, sich zu schämen.

Du musst dich nicht mehr schämen! Es gibt Versöhnung und Vergebung, geschenkten Anfang. Was predigt denn dieser Mann, der vor Damaskus endlich auf den Boden der Realität kam? Vorher donnerte Saulus auf hohem Ross, mit zusammengebissenen Zähnen, intellektuell und fromm ganz fit. Und plötzlich – alles umsonst? Fürwahr, umsonst! Gnade ist die Basis humaner Existenz. Der auferstandene Christus erschien ihm. Paulus betet neu. Beten heißt ursprünglich, sich lieben lassen, zur ewigen Liebe in ein Verhältnis treten und von dort her die eigene Lebenswelt, die Welt der Politik und Ökonomie neu ordnen lassen. Welches Programm in Ephesus! So verkündet Paulus gleichsam vorreformatorisch die Sache des Evangeliums auf den Punkt bringend: »Solus Christus!« Christus allein ist der Dreh- und Angelpunkt von neuer Erde und neuem Himmel. Christus, der Messias, hat zwei Aufgaben: nämlich einerseits zu lehren und vorzuleben, was Ethik ist, und andererseits zu offenbaren, wer Gott in einer Welt der Halbgötter ist, Götzen und Idole. Wer ist denn eigentlich Gott? Die ungeschaffene, zu verehrende Wirklichkeit, die Jesus, der Christus, offenbart. Gott ist der Geist der Kommunikation, der inkarniert. Gott ist jene Wirklichkeit, die barmherzig ist, ein überreicher Born an Gnade, der dem Sünder gern und umsonst vergibt. Welches Angebot! Es gibt Gnade in gnadenlosen Zeiten – in Politik und Wirtschaft! Da werden die Ohren der Männer und Frauen in Ephesus spitz – hingehört!

»Sola gratia«, einzigartige Gnade strömt im Interventionspunkt des Ewigen in Zeit und Raum. Er gibt umsonst. Einfach so, warumlos. Da ist der Mensch doch gut beraten, auf ein solches Angebot zu antworten – welch Wunder, wenn er es kann –, zu sagen: »Sola fide.« Darauf setze ich, antworte allein mit »fides«, mit Glauben, mit Vertrauen. Vertrauen ist die spontane, die humane, die vernünftige Antwort auf das Angebot: Umsonst wird dir alles vergeben. Welch frohe Botschaft! Sola gratia, sola fide! Das steht in der Schrift. Wenn die Schrift in ihrer Buchstäblichkeit nicht mehr als »papierener Papst«, sondern als ein Gefüge von Text verstanden wird, in dem dir das Wort der Liebe, der Gnade, das Evangelium entgegeneilt – und gerade dort, in der präzisen Buchstäblichkeit –, kann sich die Nähe des Ewigen lichten, wird die Bibel zur Heiligen Schrift.

»Sola scriptura« hieß die Parole. Am Ende der Offenbarung des Johannes ist davon die Rede. Ändere nichts am Evangelium von der Wahrheit der Gnade! Du kannst es höchstens »verschlimmbessern«. Schau genau hin. Was steht da? Und welcher Geist legt das Wort der Schrift aus? Der Geist Jesu, sein Sauerteig, der Treibsatz vom Reich Gottes – oder wieder einmal der Sauerteig der Pharisäer, der Zeloten, der Sadduzäer, der Apokalyptiker, der Herodianer und wie sie alle heißen, damals und heute? Welch schlechter Sauerteig treibt oft durch das Gefüge der Bibel – und kein Christum wird getrieben –, und am Ende macht es nur »blubb«!

Martin Luther (Band 16 seiner Schriften) fügt interessanterweise noch etwas hinzu in Sachen »sola« – einzigartig. Ich zitiere: »Sola experientia facit theologum.« Nur die Erfahrung macht den Theologen oder die Theologin, den Christologen oder die Christologin, den Pneumatologen oder die Pneumatologin.

Erfahrung. Selbsterfahrung nennen wir das, was zunächst in dir mit dir passiert. Schöne Kurse. Sie können auch narzisstisch enden. Das Ich bespiegelt sich wieder. Dumm gelaufen, aber die Grube ist da, und es macht »plumps«, und weg bist du. Nie wieder Ego-Trip! Wird die Selbsterfahrung aufgesprengt, kann es zur Begegnung kommen. Der Mensch reift dann am andern Du. Selbsterfahrung findet in Beziehung statt. Auch das kann kippen, der Egoismus zu zweit feiert dann da und dort fröhliche Urständ.

Für Naturerfahrung eignet sich der Schwanberg oder eine andere wunderschöne Gegend. Wie beglückend ist die Kommunikation mit Lebewesen und Dingen aller Art. Manchmal wird die Natur sogar transparent auf ihr unsichtbares Wasserzeichen! Sie ist dir gegeben, umsonst. Im Licht verstehst du sie neu als Schöpfung. Erfahrung ist das, was auf der Brücke passiert: Von dir über dich hinaus und in dich hinein.

Im Miteinander von Du zu Du wächst ein Wir. Um dort zu sein, muss ein Weg gegangen werden: Gruppenerfahrung, Gemeindeerfahrung sind nötig. Wer riskiert dies? Der Mensch, der aufbricht! Bruchstellen tun aber manchmal weh, doch an der Bruchstelle geht es weiter ins Unsichtbare, ins Neue, ins Freie, in die Wirklichkeit des Unhaltbaren, des Geistes also. Aufgebrochen, da sein vor dem Ewigen, das nennt man Beten. Schweigen also, Stille, Hören ist angesagt.

Aufgebrochen, unterwegs mit Jesus, dem Christus, durch sein Leben, sein Sterben, seinen Tod hindurch, in seine Zukunft hinein können wir uns ausstrecken. Es geht um Christuserfahrung. Aus der Tiefe des Ewigen aufgebrochen ist er ganz menschlich erschienen. Er ist das menschliche Gesicht Gottes bei uns. Und ist zurückgekehrt in die Tiefe des ursprunglosen Ursprungs. Wer ist der Mann aus Nazareth, der Christus, der offenbart, wer Gott ist und wie menschliches Miteinander geht? Von Freiheit zu Freiheit wird gelebt, nicht von Objekt zu Objekt! Das wäre Moral, er aber lehrt das Ziel der Ethik, also Glückseligkeit.

Eine weitere Dimension von Erfahrung heißt Geisterfahrung. Kirche ist ursprünglich ein pfingstliches Phänomen. Der Geist und seine Gaben, die Charismen wirken. Der Aufbau der Gemeinde geschieht. Man lese nach bei Paulus im 12. Kapitel, und was mehrend hinzukommt, steht im Kapitel 13: Am wirkungsvollsten aber ist die Liebe. Entgrenzung und Entfeindung im Geist Jesu Christi! Welch andere Welt fängt an in Ephesus! Das System von schlechter Politik und schlechter Religion einerseits und andererseits die Polarität der Familie Gottes, das Kraftfeld der Gnade, von Freiheit zu Freiheit. Da zählt nicht mehr Jude und Grieche, Römer oder Galater, Mann oder Frau, Sklave oder nicht. Eins im Geist des Evangeliums, einig in Christus ist die Basis des Miteinanders. Eine Revolution beginnt. Die schöpferische Evolution wird heimgeholt, revoltiert zurück in den göttlichen Ursprung nach vorne in der Zeit. Gott ist erschienen, hat sich aus göttlicher Ewigkeit eingefleischt in Jesus, dem Christus, dessen Geist weiterwirkt. Durch ihn ermächtigt, teilen wir das Brot des Lebens und den Wein des Himmels als Orte seiner Gegenwart.

9. Die noahitischen Gebote

Vierfache Enthaltsamkeit

Als sie damit zu Ende waren, ergriff Jakobus das Wort und sprach: Brüder, hört nun mich! Symeon hat erzählt, wie Gott zuerst dafür gesorgt hat, aus den Heiden ein Volk für seinen Namen zu gewinnen. Damit stimmen die Worte des Propheten überein, wie geschrieben steht: Danach will ich Gnade walten lassen und die zerfallene Hütte Davids wieder aufbauen. Ihre Trümmer will ich wieder herstellen und sie aufrichten; auf dass auch die übrigen Menschen den Herrn suchen, alle Völker, über die mein Name genannt wird. So spricht der Herr, der dieses seit Ewigkeit erkennen lässt. Deshalb halte ich es für recht, dass man den Heiden, die sich zu Gott bekehren, keine Last auflegen, wohl aber ihnen vorschreiben soll, sich von Verunreinigung durch Götzen, von Unzucht, von Ersticktem und von Blut zu enthalten. Denn Mose hat von alters her in jeder Stadt seine Prediger, da er jeden Sabbat in den Synagogen vorgelesen wird. *(Apg 15,13–21)*

Prediger wie Paulus legten Mose im Geiste Jesu Christi aus. Der Gekreuzigte und Auferstandene war ihm zur Halacha, zu dem Weg geworden, wie die Welt und die Bibel zu verstehen sind. Jesus von Nazareth hatte seine Botschaft in Form von Gleichnissen vermittelt. Der springende Punkt ist erreicht, sobald jemandem aufgeht, worin das Himmelreich besteht. Ob es sich dabei um das Gleichnis von den Talenten (Mt 25,14–30), vom Acker des Lebens (Mk 4,1–9), den beiden Söhnen (Lk 15,11–32) oder um ein anderes Gleichnis handelt, immer geht es darum, ob das Evangelium Jesu Christi von Grund auf begriffen wird.

Dabei ist das Ziel nicht, die eigene Humanität evolutiv zu verbessern, sondern das Thema ist die revolutionäre Veränderung des Verhältnisses von Mensch zu Gott. Wie nebenbei wird die Realität zum Erfahrungsort des Reiches Gottes, des Himmelreichs auf Erden. Wenn das Grundverhältnis zwischen Mensch und Gott geklärt ist, kehrt die lange vergessene Frage nach Gut und Böse wieder. Ja erst jetzt ist sie eigentlich richtig stellbar, ohne an ihr verzweifeln zu müssen. Denn sie muss nun nicht mehr mit der Frage nach Heil oder Unheil schlechthin verknüpft werden. Stellt man die Frage nach Gut und Böse dynamisch, dann lautet sie: Was ist besser, was ist schlechter?

In den folgenden Überlegungen zum Wertekanon, der auch bei systemischen christlichen Aufstellungen benutzt wird, geht es um die Frage: Wie lässt sich besser leben? Bei der Inkulturation des reinen Evangeliums in die Welt der Nationen, Stämme, Sprachen und der Völker (vgl. Offb 14,6) kommt zum Vorschein, wessen man sich enthalten sollte, wenn man die Bitte ernstmeint: wie im Himmel, so auf Erden. Diese Offenheit führt zu einem spannenden Prozess, der in der Apostelgeschichte greifbar wird.

Bevor man sich auf den Prozess der Inkulturation des Evangeliums vom Heiligen Geist, die Apostelgeschichte also, einlässt, lohnt ein Blick auf den alttestamentlichen Kontext, der die Abstinenzgebote (vgl. Apg 15,19–29) verdeutlicht. Selbstverständlich geht es dabei nicht um eine neue Kasuistik, sondern um das Erfassen der unfrei machenden Dynamiken, die sich durch Repräsentanten visualisieren lassen. Ihre exegetische Erarbeitung hilft, die geistigen Qualitäten zu erfassen, um sich so präziser distanzieren zu können. Bei der systemischen Arbeit mit Menschen, die sich prinzipiell für ein Leben im Kraftfeld des Heiligen Geistes entschieden haben (vgl. Apg 15,8–9), wird deutlich, wie gültig die Entschlüsse des Apostelkonzils bis heute sind: »Denn der Heilige Geist und wir haben beschlossen, euch keine weitere Last aufzuerlegen als diese notwendigen Dinge: Enthaltung von Götzenopferfleisch, von Blut, von Ersticktem und von Unzucht. Wenn ihr euch davor hütet, so handelt ihr richtig. Lebt wohl!« (Apg 15,28–29) Wie bedeutsam die sogenannten noahitischen Gebote sind, sieht man daran, dass sie katalysatorisch wirken, wenn man sie als allegorische Repräsentanten bei Aufstellungen gebraucht.

Im Unterschied zu einer vor allem psychisch-emotionalen Aufstellungsarbeit ist bei einem neutestamentlich orientierten Konzept die geistig-geistliche Dimension eines Systems sowohl methodisch wie inhaltlich das primäre Objekt der intellektuellen Anschauung, das von sich her, also gleichsam subjekthaft zur Erscheinung kommt. Dass dabei seelsorgerliche Anliegen zum Austrag gebracht werden und auch somatische Veränderungen zustande kommen, ist wegen der Konkretheit des Menschen als geistigem Wesen selbstverständlich. Daher greift jedes gesetzliche Verständnis der vier noahitischen Weisungen von vornherein zu kurz. Vielmehr lautet die entscheidende Frage, wie durch den Geist des Evangeliums der Ungeist der Götzenopfer, der Dominanz des Blutes, der Herrschaft des Erstickten und der Unzucht erkannt und systemisch unterbrochen werden kann. Die faktischen Auswirkungen besagter Ungeister sollen zur Auflösung gebracht werden, zumindest aber Wege aufgezeigt werden, die es ermöglichen, dass es nicht zu Rückfällen kommen muss, durch die der Alltag zum Ort der Wiederholung einer negativen Faktizität wird.

Die Wertschätzung des Geistes stärkt die Fähigkeit, sich kreativ an geistigen Auseinandersetzungen beteiligen zu können. Die Nichtanerkennung des Geistes hingegen verführt dazu, geistige Phänomene auf physiologische Prozesse zu reduzieren. Auch immer neue Hypothesenbildungen können jedoch nie erschöpfend Auskunft geben, weil unterschiedliche Seinsordnungen aufeinander nicht schlechthin abbildbar sind. Jegliches ist es selbst und nicht etwas anderes als es selbst. Innerhalb der Ordnungen des Geistes lassen sich verschiedene Geister unterscheiden. Jede geistige Realität besitzt ihre eigene Logik. Es stellt sich die Frage, welche Segensrituale oder geistliche Übungen ein Leben aus dem Geist des Evangeliums unterstützen. Wie findet jemand zu einer heilsamen geistlichen Grundordnung, die praktizierbar ist? Welche Geister treiben dazu, sich nicht des Blutes, der Unzucht, des Erstickten und des Götzenopferfleisches zu enthalten?

Einige Menschen aus den Heidenvölkern bekannten sich – geistgeführt – zu Jesus von Nazareth als dem Messias, dem Christus für Israel und die Völker. Von diesen Heidenchristen wird einiges verlangt, Abstinenz wird empfohlen. Vier Themenfelder sind geistig in Blick zu nehmen. Was ist der Geist des Götzenopferfleisches, der Geist des Blutes, der Geist des Erstickten, der Geist der Porneia, der Unzucht also? Der Geist – was sind denn das für Geister, die in der Beziehung zu dem Messias, zu dem Christus nicht mehr nötig, ja höchst überflüssig sind? Du sollst nicht und wirst doch nicht wieder in diese Fallen gehen! Es geht um Weisung zu mehr Leben.

Erstens: Der Geist des Blutes. Das Blut ist Sitz der seelischen Kräfte, der Ort des Lebensgeistes! Das Thema Blut ist ein großes Thema. Damit sollte man vorsichtig umgehen. In tausend Fällen findet positive Enthaltsamkeit nicht statt. Man denke an Formen des Inzests bis hin zu einem latenten Rassismus, an Standesdünkel, der sich genetisch begründet und unmenschlich macht, bis hin zu tausend Formen von Blutschuld. Holocaust bedeutet in diesem Zusammenhang: Man hat sich nicht des Blutes enthalten, des Blutes der andern. Böser Rassismus! Auf was könnte man eigentlich schon lange verzichten? Das sind neue Fragen, ja gleichsam modernste Genetik: die Gene und das Buch Genesis. Was wird alles experimentiert? Neuer Verlust des Paradieses oder Rückkehr ins Paradies? Was ist menschlicher, gnadenreicher? Was ist gut oder böse, schlechter oder besser? Was muss man sich als Heidenchrist zumuten, was nicht?

Zweitens: Porneia, Unzucht. Pornographische Spiritualität ist modern: Nur noch der Geist der Äußerlichkeit zählt. Wie gefährdet ist der Mensch, der wie versessen ist auf den Geist eines blanken, primitiven Materialismus? Real ist nur, was du siehst und anglotzen kannst, lautet die Verführung. Welche Hochglanzscheinwelt, die alles für das Outfit gibt. Einmaligkeit, Werte, Person sind dann kein Thema. Das Thema Porneia ist viel aktueller als die Fragen, die in ein paar Kirchenrechtswinkeln verhandelt werden. Wer die Bibel als geistiges Produkt, das zu dem großen Geist in Anbetung und Verehrung hinführt, nicht primär spirituell auslegt, sondern gesetzlich und kasuistisch, der verrät sie. Die Heilige Schrift wird für fromm scheinende Veräußerlichung missbraucht. Ich zitiere Martin Luther: da wird die Bibel zum »papierenen Papst«. Papst war in diesem Zusammenhang natürlich sehr negativ besetzt: äußerlich, zeremoniell, abstrakt. Solche Exegese ist gnostisch-logisch. Es herrscht ein Ungeist, der die Realität in Fleisch und Blut nicht ernstnimmt. Die Perspektive des Heiligen Geistes, des Liebes- und des Freiheitsgeistes, der danach strebt, dass human gelebt wird, ist dem Geist der Porneia egal. Doch Gott ist bis ins Äußerste mitgegangen, ist Fleisch geworden – entäußerte sich aus Liebe, nicht aus Gier und Sucht und Gewalttätigkeit. Dort im Äußersten hauchte Jesus den Geist Gottes aus, starb und wurde auferweckt durch Gottes ewige Schöpferkraft.

Drittens: Ersticktes soll man nicht essen. Dass es sich dabei nicht um eine 2000 Jahre alte Diskussion handelt, wann eine Wurst eine Blutwurst ist, die man nicht essen soll, ist leicht einsichtig. Keine neue Kasuistik, heißt die Devise. Was trägt man doch alles noch in sich, was einem heimlich, manchmal auch offenbar, die Luft nimmt – Ersticktes! In manchem Keller des Unbewussten west unbestattet manches Aas vor sich hin. Was tut man sich denn da an! Wozu das Evangelium eigentlich ermächtigt, nämlich Entsorgung, tut man nicht. Da und dort treibt noch ein seelischer, geistiger oder physiologischer Kadaver sein Unwesen in den Tiefen der Seele. Man bleibt gekränkt und beschwert sich, wenn man deswegen krank wird. Krankheit hat auch anderen Sinn, aber was von einem alten Aas stammt, das muss ja nicht auf Dauer so bleiben. Der Mensch ist doch kein Hort von alten Kadavern! Die Apostelgeschichte empfiehlt Entsorgung durch die Geistkraft des Evangeliums. Ohne geistlichen Prozess geht dies nicht. Zauberei ist keine Lösung.

Viertens: Götzenopferfleisch, da kommt das Thema Äußerlichkeit noch einmal. Was sind denn das für »Jupiter- und Venusparties«, bei denen irgendetwas Geschaffenes zum Götzen aufgebaut wird, als wäre es der liebe Gott? Die goldenen Kälber sind nicht abgeschafft. Wehe, man nimmt daran nicht teil! Ein bisschen gesellschaftliche Missachtung ist das wenigste, was man sich dadurch einhandelt. Irgendetwas erzeugt eine Kultwelt, und wehe, man gehört nicht dazu. »Wenn – dann«, »wehe – wenn nicht«, »um – zu«: Das ergibt Götzenopferfleisch. Da kann man auch richtig schön leiden, denn Götzen fordern Opfer. Abhängigkeit hat Konsequenzen. Was gibt es denn für heimliche Götzen? Götzen sind Idole und Ideale. Alles hat sich um sie zu drehen. Was kann ich für dieses Ideal denn noch alles opfern, wie mich noch kasteien? Man beachte einmal den Kollateralschaden, wie man modern sagt, die Nebenwirkungen im Freundes- und Familienkreis.

Drei Sorten von Götzen lassen sich unterscheiden: Es gibt die Götzen in der Luft, ideologische, in der Welt vorkommende Systeme mit entsprechender Logik. Vor ihnen knickt man ein. Der Mensch in seiner Aufrichtigkeit geht in die Knie, beugt sich den Idealen. Ein letztes Jammern, wieder einmal »dumm gelaufen«, aber vielleicht klappt es das nächste Mal; doch man ahnt, es wird nicht besser, macht aber weiter so. Die Götzen aus der Luft, die intellektuellen Abhängigkeiten, die mentale Verelendung. Eine Geisterparty nach der anderen. Die Götzen in der Mittellage: Da gibt es das Idol von Schwarz und Weiß, von Grau in Grau oder die Political Correctness. Und wehe, man hielte sich nicht daran! Man kommt gar nicht nach, alles zu studieren, was man sollte, um dazuzugehören. Stress ohne Ende! Die Götzen auf dem Level der Demokratie. Hinzu kommen die hierarchischen Götzen, Über-Ich-Systeme. Wozu traust du dich in kein freies Verhältnis zu treten, sondern lässt dich immer wieder zur Knechtschaft einladen? Gefährlich sind auch die Götzen aus der Unterwelt: Die unendliche Analyse fragt: »Ach, was kann ich noch tun, um weiter regressiv zu bleiben?« Eine gute Analyse ist dann zu Ende, wenn sie endlich zu Ende ist, je eher, desto besser. Natürlich gibt es Zeiten, in denen jemand nicht nur eine medikamentöse, sondern auch eine psychologische Stütze braucht, aber es gibt auch den Götzen: Wem könnte ich denn noch zu einem Trip in die analytische Gosse verhelfen, so dass er vor den Götzen aus der Unterwelt in die Knie geht? Gott jedoch sprach: Es werde Licht! Der Mensch aber geht in die Falle: Nein, es bleibe lieber dunkel, und die Götzenopferfleisch-Veranstaltungen gehen weiter.

Das Apostelkonzil beantwortet die Frage, welche Bedeutung die jüdischen Kaschrutregeln für Menschen haben, die keine Juden sind, sich aber zu Jesus Christus bekennen. Was ist »koscher«, was ist »treve« – was ist rein, was ist unrein? Die Kaschrutregeln sind Umwelt-, Mitwelt- und Inweltregeln. Israel kennt Spielregeln für »Leben – wie geht das denn?«. Sie werden treu überliefert und bis in die Gegenwart beachtet. Vieles ist zeitgeschichtlich bedingt und wird weitertransportiert. Triebe und Scheintriebe wurden geregelt bzw. auf deren Gesetzmäßigkeiten hingewiesen, etwa beim Macht- und Geschlechtstrieb. So gilt eine Frau während ihrer Periode als nicht koscher; fürwahr wie menschlich in einer Welt der Wüsten und Sandstürme! Für Männer war klar, sie ist tabu. Wie steht es mit dem Spiel- und Geltungstrieb? Nicht jeder durfte alles lernen und praktizieren. Es gab nur ein männliches Erbpriestertum für den Dienst am Tempel. Wie wird dieser Dienst am Wort Gottes durch Rabbiner und Rabbinerinnen fortgeführt? Für die Befriedigung des Nahrungstriebes war es üblich: Man soll nicht essen, bevor ein Segensgebet über das Essen gesprochen ist. So wird etwas für koscher erklärt. Es ist rein, nicht vergiftet, freigegeben zum Verzehr. Der Todestrieb sollte außen vorbleiben.

Selbst in kirchlichen Kreisen scheint das Apostelkonzil etwas in Vergessenheit zu geraten. Dabei sind seine Beschlüsse für die Gojim, für die Heidenvölker, nie abgeschafft worden. Wer ist ein Heide, ein Goi? Das Wort ist zunächst sehr wertneutral zu hören. Es ist jemand, der nicht zu Israel gehört, zu den zwölf Stämmen. Mose hatte seit alters her seine Prediger auch bei den Heidenvölkern. Im Umkreis der Synagoge lebten fromme Leute, meistens Frauen, die vom Monotheismus, dem Bewusstsein von jener Transzendenz, aus der die Schöpfung entsprungen ist, und der hohen Ethik, die in Israel herrschte, fasziniert waren.

Denn die Gesetzgebung bei den Heidenvölkern hatte zwei große Mängel. Daher übersetzte man »Thora« in der Septuaginta – 70 Gelehrte schufen den griechischen Text – mit »Gesetz«. Zwei neue Staatsgesetze sollten durch die übersetzte Thora insinuiert werden. Das eine betraf den Kindersklavenmarkt, das andere die Struktur der Familie. Das Apostelkonzil ist eine aktuelle Synode. Sie macht stichwortartig auf große Themenfelder aufmerksam, zu denen Christen heute etwas zu sagen haben. Nicht um eine neue Kasuistik moralisierender Art geht es, sondern um die nüchterne Frage aus geistiger Einsicht: Wo tut mehr Enthaltsamkeit not? Ein befreites Leben im Namen Jesu Christi, dazu lässt sich Amen sagen.

10. Vom Familiensystem zur Hausgemeinde

Veränderung durch Veranderung

Ihr Männer, liebt eure Frauen, wie Christus die Kirche geliebt und sich für sie hingegeben hat, um sie im Wasser und durch das Wort rein und heilig zu machen. So will er die Kirche in ihrer ganzen Herrlichkeit vor sich erscheinen lassen, ohne Flecken, Falten oder andere Fehler; heilig soll sie sein und makellos. Darum schulden die Männer ihren Frauen Liebe, als sei es ihr eigener Leib. Wer seine Frau liebt, liebt sich selbst. Keiner hat noch seinen eigenen Leib gehasst, sondern er nährt und pflegt ihn, wie auch Christus die Kirche. Denn wir sind Glieder seines Leibes. Deshalb wird der Mann Vater und Mutter verlassen und sich mit seiner Frau verbinden, und die beiden werden ein Fleisch. Dies ist ein tiefes Geheimnis. Ich sage es im Hinblick auf Christus und die Kirche.

(Eph 5,25–32)

Welcher Transformationsprozess findet seit Jahrhunderten in patriarchal organisierten Systemen statt? Sowohl epochal wie individuell ist es für Christen immer eine neu zu lösende Aufgabe, ein alternatives Mann-Frau-Verhältnis zu gestalten.

Wie es für den Einzelnen ein systematisches geistliches Üben gibt, so lässt sich auch für Sozialsysteme ein Prozess ausmachen, an dessen Ende ein neuer Zustand erreicht wird, der nicht nur Veränderungen mit sich bringt, sondern der aufgrund von »Veranderung« zu einem wesentlich humaneren Sozialgefüge führt. Solche Wandlungsprozesse glücken normalerweise nur bei einer entsprechend kompetenten spirituellen Supervision. Welcher rote Faden zieht sich vom postmodernen Supervisor diverser Sozialsysteme über das kirchliche Bischofsamt des Mittelalters bis zum frühchristlichen Dienst der Episkopie?

Die griechischen, deutschen und lateinischen Wortwurzeln machen eines deutlich: Es geht um Überblick, um eine Sicht auf Menschen in einem System, damit positive, dynamische Veränderungen und Entwicklungen realisiert werden können. Welcher »Episkopat« kümmert sich effizient um heilsame Transformationen?

Veränderungsprozesse besagen auf der personalen Ebene – mit einer künstlichen Wortschöpfung formuliert: Veranderungsprozesse. Woran wird ablesbar, dass bei wesentlichen Entwicklungen die handelnden Personen eine andere Identität gewinnen? Geschieht Veränderung nur durch systemexterne Faktoren, oder kann sich ein System von innen heraus so verändern, dass durch Selbstdifferenzierung die latent vorhandenen Integrationsgestalten zum Vorschein kommen?

Durch welche Phasen entwickelt sich ein sozialer Organismus? Wohin bewegt er sich mit sozialer und psychodynamischer Folgerichtigkeit, wenn sich der Geist des Evangeliums im Wort auswirkt? Wie katalysiert die Gegenwart Jesu Christi in Zeichenhandlungen ein antikes oder postmodernes familienähnliches Sozialsystem?

Um auf solche oder ähnliche Fragestellungen eine Antwort zu bekommen, liegt es nahe, eine systemische Visualisierung zu inszenieren. Wie kann dies vonstattengehen? Zunächst einmal ist jemand nötig, der über eine hohe bibliodramatische bzw. christodramatische Kompetenz verfügt. Denn es geht darum, einen höchst subtilen spirituellen Prozess zu initiieren, zu begleiten, zu unterbrechen bzw. positiv zu Ende zu bringen. Wer die Regie übernimmt, muss zudem umfangreiche exegetische und gruppendynamische Kenntnisse besitzen. Andernfalls besteht die Gefahr, dass es zu kontraproduktiven therapeutischen Situationen kommt.

Systemische Visualisierung im Geiste Jesu

Die regieführende Person motiviert die Gruppe, die sich für eine systemische Visualisierung zusammengefunden hat, indem Einzelne der Reihe nach in die Situation gebracht werden, sich für eine Rolle zu entscheiden und sie zu übernehmen. Wichtige Fragestellungen sind: Welche handelnden Personen, Prinzipien, Kräfte oder Götterfiguren bieten sich für einen dramatischen Handlungsverlauf an? Wie sieht das gesellschaftliche Umfeld des Transformationsprozesses aus? Was sind die leitenden Ideen für die eigene Praxis? Welche Hoffnungen und Ängste, Erwartungen und Gesetzmäßigkeiten, Visionen und Verheißungen bestimmen den Alltag?

Eine konkrete Themenvorgabe für die ersten Schritte der Visualisierung könnte die Lebenswelt in einem antiken Haus um die Mitte des ersten nachchristlichen Jahrhunderts sein. Die patriarchale Struktur eines solchen Großfamiliensystems ist in einer ersten Szene möglichst realistisch wiederzugeben. Die moderne bzw. postmoderne Gesellschaft bietet manche Parallele, um die Antike zu verstehen. Je nach Teilnehmerkreis sind in der Vorbereitungsphase mehr oder minder ausführliche Exkurse über den antiken Götterhimmel, die römisch-griechische Religion, die Gesellschaftsstruktur, das Rechts- und Wertesystem zu geben. Wie wirkte sich beispielsweise die Sklavenproblematik aus? Spannend ist der Vergleich zwischen Antike und Postmoderne im Hinblick auf die Beziehungen von Männern und Frauen.

Für eine zweite oder dritte Szene kann man auf die sogenannten Haustafeln zurückgreifen, wie sie im Brief an die Epheser (Eph 5,21–6,9) und im Brief an die Kolosser (Kol 3,18–4,1) zu finden sind. Auch der erste Petrusbrief enthält einschlägige Informationen (1 Petr 2,18–3,7). Je nach Teilnehmerkreis werden die ekklesiologischen Metaphern von der Gemeinde als Leib Christi und von Jesus Christus als Haupt der Gemeinde unterschiedlich eingelöst. In neutestamentlichen Briefen wird auch vom christlichen Mann als dem Haupt der Frau gesprochen. Solche provozierenden, missverständlichen, aber vielleicht auch radikal Neues eröffnenden Textstellen sollen nicht als sogenannter historischer Ballast des Frühchristentums beiseitegelassen werden, sondern sich in einem organischen Prozess erschließen. Dazu ist Textarbeit nötig, und es ist mit überraschenden Lösungsansätzen zu rechnen.

Kunstgeschichtlich gesehen war es ein weiter Weg von den Fresken und Mosaiken des Pantokrators in der Kirchenapsis bis zum geknickten Chorraum der gotischen Hallenkirche, womit architektonisch das Haupt Christi versinnbildlicht wurde, das er am Kreuz neigte. Die gläubige Gemeinde stellt seinen Leib dar. Die Frage ist, wie sich heute ein solches Selbstverständnis zum Ausdruck bringen lässt.

Ist an die Stelle der Seinsvergessenheit nun eine Mentalität getreten, welche die Strukturreformen von Körperschaften öffentlichen oder kirchlichen Rechts mittels einer skelettierenden Begrifflichkeit vorantreiben möchte? Mit musealer Geschäftigkeit bemüht man sich um eine hochgerechnete utopische Zukunft. Aber der Verlust an Geistigkeit, Kreativität und Humanität lässt sich nicht durch Diskussionen über monetäre Probleme und zwischenmenschliche Defizite ersetzen. Verwalteter Mangel reicht nie. Erst wenn der gesellschaftliche Diskurs wieder von Kategorien des Lebendigen und somit des organischen Wachsens bestimmt wird, macht es Sinn, sich mit neuen Organisationsformen zu beschäftigen. Das Interesse am konkreten Menschen in seiner leiblichen Verfasstheit mit seiner persönlichen Glaubensgeschichte und seinem familiären Kontext muss leitend sein.

Analog zum Prozess der Inkulturation des Evangeliums in die Welt der Antike und der sich daraus entwickelnden mittelalterlichen Sakralbauten stellt sich heute die Frage, wie sich in der einen Menschheit »messianisch« leben lässt. Wie kann ein solcher Prozess, in dem Jesus Christus ein erlöstes Verhältnis zu Gott garantiert und zwischenmenschlich befreiende Beziehungen ermöglicht, konkret aussehen? Was hieße das für die Umsetzung in einer Szene bei einer systemischen Visualisierung? Welche Konsequenzen ergeben sich daraus für die zukünftige kirchliche Vergesellschaftung und die Gestaltung der primären Lebenswelt von Einzelnen?

Wie beim Christodrama die Gegenwart Christi in der Gestalt des Jesus von Nazareth der entscheidende Dreh- und Angelpunkt ist, so ist bei einer systemischen Transformation die dynamische Präsenz des Heiligen Geistes die Wendemarke, an der die Zukunft eines Sozialsystems, das sich entschlossen hat, in der Perspektive einer befreienden Spiritualität voranzukommen, entschieden wird.

Es ist leicht einsichtig, dass über alle Wirklichkeit gnadenhaften Charakters nicht verfügt werden kann. Was also bleibt zu tun? Solide neutestamentliche Studien kommen zu klaren Ergebnissen bezüglich der Taten und Zeichen Jesu Christi. Was ist sein Wesen, was seine Sendung? Ebenso lässt sich gut erforschen, worin die Wirkungen des Heiligen Geistes bestehen. Wie geht durch ihn die Sendung Christi weiter? Um welche ungeschaffene Kraft Gottes handelt es sich, durch die sich die Menschen verwandeln lassen können?

Was hat dieser Geist der Freiheit und Erlösung mit der Verheißung Jesu Christi zu tun, einen neuen Himmel und eine neue Erde zu schaffen? Nach Charakterisierung der Rollen, einer personengemäßen Identifizierung durch Präsenzübungen und einer verbalisierten Selbstvorstellung wird es nach einer Zeit intensiver Konzentration wie von selbst zu einer ersten Szene im Visualisierungsprozess kommen. Um sowohl konzentrierter den bisherigen Identifizierungsprozess mit einer Rolle auf den Punkt zu bringen, als auch um zielorientierter in der Szene voranzukommen, sollte man sich in einem Satz klarmachen, wer man in der ersten Szene sein möchte. Satz meint in diesem Zusammenhang nicht nur eine sprachliche Formulierung, sondern auch einen Sprung, den man wagt, um Hindernisse hinter sich zu lassen.

Bei der Aktivierung der inneren und äußeren Sinne ist der Rhythmus zu beachten, den der Atem vorgibt. Was verstärkt die Sensibilität? Wie entsteht im Herzen eutonische Gelassenheit? Sobald jemand aus der Gruppe nun den starken Impuls spürt, in Szene zu gehen, entwickelt sich aus den Ideen der Darstellung die Bewegung. Auf dem Höhepunkt einer Szene unterbricht die Regie die Darstellung. Wie schockgefroren versuchen die Teilnehmer, emotional und mental die innere Spannung zu halten. Man stelle sich vor, ein Dornröschenschlaf beginnt. Die Zeit steht still. Im Schweigen wird sie gleichsam »entschleunigt«. Der Augenblick dehnt sich aus. Je länger der Blitzlichtaufnahme nachgespürt werden kann, desto besser.

Langsam zeichnet sich dann vielleicht im Bewusstsein der Gedankengang ab, was geschehen könnte, wenn es die Möglichkeit gäbe, die Rolle zu wechseln. Welche Transformation wäre in diesem Fall organisch? Angenommen, man wäre frei, was würde man dann am eigenen Verhalten ändern können? Wie handelt beispielsweise jemand, der glauben kann, dass er von fremden Mächten und Gewalten prinzipiell erlöst ist? Was wird aus Göttern, Symbolen und dem Szenenbild? Für den damit verbundenen inneren Prozess einer Metamorphose sollte allen, die an der systemischen Visualisierung beteiligt sind, hinreichend Zeit gelassen werden. Und zwar so lange, bis sich die TeilnehmerInnen in neuer Dynamik auf eine weitere Szene einlassen wollen.

Ein biblischer Impuls könnte das eigene Vertrauen auf gutes Gelingen verstärken: »Stellt euch nur auf und bleibet stehen und sehet, wie der HERR euch Rettung schafft« (2 Chr 20,17). Die Darstellung kann auch ohne Text, schweigend vonstattengehen. Wie sich in einem unüberschaubaren Uhrwerk viele Rollen und Räder, Ketten und Bänder bedingen, damit das Getriebe läuft, so spielt in einer systemisch angeleiteten Aufstellung jeder konsistent seine Rolle.

Wie kam man überhaupt zu seiner Rolle? Zunächst gab es Angebote, sei es von Seiten der Regie oder der Person, die sich eine Aufstellung wünscht. Es bestand die Freiheit, diese oder jene Rolle zu übernehmen. Nach der Entscheidung helfen Gebote und Verbote, die oft gar nicht deutlich voneinander unterschieden werden, in der Rolle zu bleiben. Im Allgemeinen verstärken Gebote das Ja zu dem, wozu man sich entschieden hat und was man jetzt realisieren möchte. Wie ein Gebieter sein Gebiet, so schützen Gebote von innen her den Bereich, in dem man sich frei bewegen kann.

Verbote hingegen bewahren von außen. Sie verstärken das Nein der Grenze, die nötig ist, um ein Ziel in entschiedener Freiheit zu erreichen. Meist nimmt man Verbote als von außen gesetzt wahr. Die Freiheit der Person ereignet sich in Akten von Ja oder Nein. Das Zusammenspiel von Geboten und Verboten ist sowohl in psychologischer wie in spiritueller Perspektive ein höchst komplizierter Vorgang, bei dem nicht nur mentale, sondern auch emotionale Faktoren wichtig sind. Zudem treten einzelne Realitäten wie Über-Ich, Es usw. auf. Im Prozess des Selbstvollzugs, von Gestalt zu Gestalt, verwirklicht sich Freiheit konkret.

Nach einer Pause und einer Zeit der eigenen Deutung und Auswertung finden weitere Szenen in einer Aufstellung statt, bis nach Meinung eines großen Teils der Teilnehmer die neutestamentliche Vorgabe so durchgearbeitet ist, dass keine weiteren gemeinsamen Transformationsübungen mehr stattfinden sollten. Der Transfer in den eigenen Alltag oder in die säkulare Lebenswelt kann nun eigenverantwortlich geschehen.

Wenn in einer Großgruppe kein systemischer Prozess initiierbar ist, bei dem mit neutestamentlichen Impulsen und Übungen gearbeitet werden kann, so sind die genannten Überlegungen dahingehend zu modifizieren, dass in den Szenenfolgen besonders darauf geachtet wird, ob zumindest von den Zuschauern eine Unterbrechung des bisherigen Handlungsverlaufs, in dem das System sich bühnenreif reproduziert, gefordert wird. Der Außenkreis ist ja mit dem Innenkreis der Akteure vielfältig vernetzt. Eine gemeinsame Auswertungsrunde aller Teilnehmer kann helfen, mit der Gruppe der Darsteller in eine neue Szene zu gehen.

Häufen sich die negativen Wertungen, die aufgrund eigener emotionaler Betroffenheit zustande gekommen sind, stellt sich die Frage, ob über das Aggressionspotenzial im System nicht nur allgemein, sondern personifiziert gesprochen werden kann. An wem macht sich die Aggression fest? Soll die Rolle eines Sündenbocks eingeführt werden? Wer ist bereit, diesen Part zu übernehmen? Falls sich jedoch die Mehrheit der Teilnehmer dagegen ausspricht, werden vorerst Verdrängungsmechanismen und Vermeidungsstrategien die Oberhand behalten. Eine mögliche Schlüsselszene für heilsame Veränderungsprozesse im System und bei Einzelnen ist verpasst.

Auf sanfte Art wird in der folgenden Szene die Frage nach Opfern und Tätern, nach Schuld und Vergebung, nach Leid und Gewalt wach gehalten, um zumindest am Ende der Visualisierung einige weiterführende Perspektiven aufzeigen zu können. Für eine Wiederholung oder für eine Weiterarbeit mit einer Teilgruppe des Systems sind eine sorgfältige Einzelanalyse der durchgehaltenen Hauptrollen, eine Charakterisierung der verschiedenen Szenen, Einzelgespräche und ein Verstehen der gescheiterten Lösungsversuche innerhalb des Systems notwendig, um doch noch einen Durchbruch zu erzielen, der eine befreiende Dynamik im Alltag in Gang setzt. Es wird der Frage nachgegangen, welche Interventionen und Vorgaben von außen für den neuen Prozess des Miteinanders nötig sind, so dass ein Lösungsbild entsteht.

Systemisch mit der Gestalt Jesu arbeiten

Wer die eine oder andere Fragestellung neutestamentlich vertiefen möchte, kann die Evangelien in die Hand nehmen. Denn am Ende einer systemischen Visualisierung in nachapostolischer Zeit, die ja bis in die Postmoderne andauert, kann man sich Rechenschaft geben, wo ein solches pfingstliches Unterfangen in der Praxis Jesu Christi seine Wurzeln hat. Wer eine systemische Spiritualität verweigert, bleibt latent einem Individualismus verhaftet und ist für Leitungsaufgaben im Sozialsystem Kirche inkompetent.

Nicht nur die Heilung der Schwiegermutter des Petrus (Lk 4,38–39; Mt 8,14–17; Mk 1,29–31) lässt sich als hausveränderndes Handeln Jesu begreifen, sondern auch manche anderen Heilungswunder ändern die Beziehungen in einem jüdischen oder römischen Haus. Man muss nur einmal solche Szenen der Heilsgeschichte systemisch veranschaulichen, dann wird deutlich, wie es vorher und nachher im Haus des Zachäus von Jericho (Lk 19,1–10) und im Haus des römischen Hauptmanns von Kapharnaum (Mt 8,5–13; Lk 7,1–10; Joh 4,46–53) zugeht. Nach der Begegnung mit Jesus Christus in ihrem Heimatland ging jene Mutter in ihr syrophönizisches Haus zurück: der Geist der Unfreiheit hatte ihre Tochter verlassen (Mk 7,24–30). Am systematischsten behandelt Jesus die Thematik der Konflikt- und Lösungslinien, wenn er im Kontext von Feuer- und Wassertaufe davon spricht. Gerade die Rahmenhandlungen bei Lukas und Matthäus verdeutlichen, wie sehr es Jesus Christus um ein neues Haus- bzw. Selbstverständnis geht (vgl. Lk 12,49–53; Mt 10,34–36).

Im Brief an die Epheser, an die Kolosser oder im ersten Petrusbrief spiegelt sich etwas von dem Prozess der Inkulturation des Evangeliums in die antike Gesellschaftsordnung. Manche Problematik, die dabei zum Vorschein kam, kehrt in der Postmoderne wieder. Wie nämlich verläuft heute die Transformation der Befreiungsgeschichte? Wie sucht sich die Botschaft von der Erlösung ihren Weg? Wer sind heute die Götter, sei es in Schwarz, in Weiß oder Grau in Grau? Worin besteht der Unterschied zwischen einem Orakel und einem Gutachten? Wer agiert wie ein Pseudochristus?

In einem systemischen Prozess mit einer Gruppe oder Großgruppe lassen sich exemplarische Phasen inszenieren, die glückende und missglückende Transformationen des Evangeliums verdeutlichen. Die Frage ist, wie der Geist der Erlösung und der Freiheit in einem interaktiven Sozialsystem wirkt. Interessant ist die Anwendung der Methode auf die konkrete Situation, in der sich ein soziales Gefüge befindet, zum Beispiel ein Kirchenvorstand, eine Kommunität, ein Lehrerkollegium, eine Seminarkonferenz oder eine Personalabteilung. Die Erfahrung der Teilnehmer, dramaturgisch mit einer befreienden, systemischen Visualisierung zu arbeiten, führt oft dazu, dass ungeklärte Verhältnisse deutlich werden. Viele Teilnehmer entschließen sich, ihr System konstruktiv zu verändern.

Bei klassischen Exerzitien wird mit der Gestalt Jesu bewusstseinsintern »gearbeitet«. Leben-Jesu-Betrachtungen sind neutestamentliche Innenaufstellungen. Durch die Kraft der Imagination entstehen seelische Innenbilder, die sich wie in einem Film aneinanderreihen. Vor dem inneren Auge des Exerzitanten bewegen sich biblische Gestalten zusammen mit imaginierten Personen der eigenen Biographie, bis eine Szene entsteht, die dem Lösungsbild einer systemischen Außenaufstellung entspricht.

Ob systemische Innen- oder Außenaufstellung – es kommt alles darauf an, das seelische Erleben nicht primär gesetzlich zu verstehen, sondern darum, die Logik des Geschehens im Kraftfeld der Gnade zu erfassen. So wird die eigene Geschichte, das eigene Ich mit einem systemischen Wir in die Beziehung zu Jesus Christus und sein Lebenssystem eingebracht.

11. Der Weg in die Freiheit

Leben im Geist der Entgrenzung

Und es begab sich, als Josua bei Jericho war, dass er seine Augen aufhob und gewahr wurde, dass ein Mann ihm gegenüberstand und ein bloßes Schwert in seiner Hand hatte. Und Josua ging zu ihm und sprach zu ihm: Gehörst Du zu uns oder zu unseren Feinden? Er sprach: Nein, sondern ich bin der Fürst über das Heer des Herrn und bin jetzt gekommen. Da fiel Josua auf sein Angesicht zur Erde nieder, betete an und sprach zu ihm: Was sagt mein Herr seinem Knecht? Und der Fürst über das Heer des Herrn sprach zu Josua: Zieh deine Schuhe von deinen Füßen; denn die Stätte, darauf du stehst, ist heilig. Und so tat Josua. *(Jos 5,13–15)*

Was könnten diese Verse mit der deutschen Einheit zu tun haben? Auf den ersten Blick wenig, auch wenn Michael als Fürst des himmlischen Heeres (vgl. Offb 12,7) traditionell als Engel des deutschen Volkes verehrt wird. So bleibt zunächst nichts anderes übrig, als zu versuchen, ein wenig weiter auszuholen.

Was steht vor unserem Text? Was steht danach? Josua, der Sohn des Nun, des Fünfzigsten also, repräsentiert eine alttestamentliche Pfingstgeschichte. Eine alte Geistesgeschichte wird aufgerufen. Im Namen Josua steckt »Jesus« – »Jeschua«. Das bedeutet so viel wie »Gott, die ewige Liebe, hilft, befreit, erlöst«. Noch lange sind wir nicht beim Thema der deutschen Einheit. Der Anlauf braucht mindestens 3000 Jahre. Also zehn Minuten Bibel-Crashkurs. Mit den fünf Büchern Mose hört die Heilige Schrift der orthodoxen Juden und der Samaritaner auf, denn nur der Pentateuch ist für sie Heilige Schrift. Mit dem Tod des Mose am Nebo – er blickt noch hinüber über den Jordan in das Land der Verheißung – ist das Buch Deuteronomium zu Ende. So wird Platz für allerlei andere Bücher der Geschichte Israels mit Gott und der Profangeschichte.

Wer sein Neues Testament gründlich studiert, entdeckt im Judasbrief Vers 9 einen interessanten Vers über den Tod des Mose. Dort heißt es: Nachdem Mose nun daliegt, es ist nur noch sein Leichnam übrig, da stritten sich der Teufel und Michael um diesen Leichnam – das klingt ganz fremd und orientalisch anmutend –, und Gott soll Richter sein. Er entscheidet letztlich über die neue Zukunft des Mose. Analog endet die Thora Jesu mit seinem Tod. Durch die Auferstehung fällt Gott sein Urteil. Jesus Christus ist der Gerechte mit ewigkeitlicher Zukunft.

Mi-cha-el, steht für die große Frage des geschaffenen Geistes, und sie lautet: »Wer-ist-wie-Gott?« Sein spirituelles, sehr ernstzunehmendes Gegenüber heißt Luzifer. Der Schrei des Nietzsche wird vernehmbar: »Licht bin ich, ich kenne das Glück des Nehmenden nicht!« Einerseits die Frage nach Gott und andererseits die Alternative: eine gnadenlose Welt. Alles nur Ich, oder: Michael – wer ist wie Gott – eine geistige Wirklichkeit, die zentriert.

Steht man am Nebo und geht hinab zum Jordan, so sieht man dort den Fluss und auf der anderen Seite die Stadt Jericho. Es ist die Gegend des Einzugs ins Gelobte Land: Wie kommt man in die Wirklichkeit der Verheißung? Es lässt sich gut rekonstruieren, was in dieser Gegend geschah, bis es zum Buch Josua, dem ersten Buch nach dem Pentateuch, den fünf Büchern Mose, gekommen ist.

Man stelle sich einmal folgende große, jährlich wiederholte Liturgie vor, die jahrhundertelang praktiziert wurde. Endfassungen dazu bieten der Elohist und der Jahwist. Was wurde liturgisch dargestellt?

1. Station: Die Wüste am Jordan beim Nebo

Bei Schittim traf man sich zur Erinnerung: Israel und mit ihm auch andere Völkerteile sind aus Ägypten herausgekommen. Mizrajim, das heißt in unsere Sprache übersetzt: die Realität der Entfremdung. Der Mensch, der nie frei bei sich sein kann, der immer Sklave ist für fremde Herren und Mächte, die ihn unterdrücken, suchte einen Ausweg. Man musste im Land der Entfremdung Totenhäuser bauen, Pyramiden, oder für eine utopische Zukunft arbeiten. Man lebte am Nil, dem linearen eindimensionalen Reichtum – eine schrecklich wunderbare Ordnung. Und das Vorzeichen: Sklaverei, Ausbeutung, Entfremdung.

Eine lange Wanderung durch die Wüste fand statt – und man ist doch davongekommen. Welches Glück! Am Rand der Wüste, in Schittim, mit Blick auf das verheißene Land traf man sich jahrhundertelang, erzählte einander, predigte: Entfremdung muss nicht sein. Der Pharao hat euch nicht erwischt, ihr seid durch das Schilfmeer, das Rote Meer entkommen. Ihr seid davongekommen. Auch Letzteres wird nun liturgisch dargestellt. Schritt für Schritt.

2. Station: Durch den Jordan hindurch

Jordan bedeutet »der vom Stamme Dan herunterwallt«, der Ort der Taufe, des Anfangs, der Initiation. Was wird dargestellt? Wir sind davongekommen – geglückte Flucht. Wir sind jenseits der Entfremdung. Wie machte man das? Das lässt sich noch heute praktizieren, wenn man genügend Ministranten oder eine Reisegruppe in Israel dabeihat. Der Jordan mäandert aufwärts. Wenn sich einige kräftige Burschen an das Ufer stellen, dann bricht die Böschung einfach ein, und ein paar hundert Meter weiter – plötzlich – der Fluss fließt nicht mehr. Man kommt trockenen Fußes durch den Jordan. Hier geschieht Erinnerung, Gedächtnis an früher im Jetzt, damals und heute. Josua ließ zwölf Steine in den Jordan setzen – die Prozession geht mit der Bundeslade hinüber: zweiter großer Festinhalt.

3. Station: Das Massotessen von Gilgal

Endlich drüben im verheißenen Land, in Gilgal! Dort gibt es dann neues Brot. Kein Manna mehr mit der Frage: »Was ist das?«, sondern Pessachbrot. Vom ersten Gerstenschnitt bekommt man Fladenbrot, Matzen (hebr. massot). Man isst es im erreichten Land der Verheißung – die Grundnahrung ist wieder gesichert.

Hier entstand ursprünglich nun unser Predigttext über Josua und Michael. Welcher Vorlauf war nötig, bis es zu dieser Begegnung kam? Wie bei einem kleinen Tsunami. Man »surft hoch« zu diesem Text. Wie geht das Fest bei Jericho weiter? Es soll ein spirituelles Fest sein, kein plumper Materialismus ist angesagt. Das Heilige hat wieder einen Ort. Wer ist wie Gott? Verkosten wir die Perikope, den Dialog des Josua mit Michael. Kein Volk hat im Moment einen solchen Zugang zu der Deutung wie wir in Deutschland. Wir kennen die Logik der Befreiung aus der Entfremdung. Was braucht man aber noch, damit man in Zukunft frei leben kann? Von Michael ermächtigt, handelt Josua. Was passiert?

4. Station: Die Apokalypse von Jericho

Sieben Posaunen werden geblasen: Jetzt ist höchste Zeit für das Kultbegängnis. Man zieht um die damals schon existierenden Ruinen von Jericho – die Stadt der Mondgöttin, das Prinzip des Empfangens, der Vernunft, war zugemauert. Keiner kommt heraus oder hinein nach Jericho, denn die Stadt ist mit einer riesigen Stadtmauer umgeben. Nur Ausnahmen gibt es. Die Welt, in der man etwas empfängt, vernünftig leben kann, materiell reell vermittelt, ist verschlossen. Auf welcher Seite nun ist die Frage: »Wer ist wie Gott?« Innen, auf der einen Seite der Mauer oder auf der anderen Seite der Mauer?

Die vierte Szene des großen Festes am Jordan erläutert: der Mauerfall muss sein! Und es glückt! Ein spiritueller Prozess mit der Bundeslade, dem Zeichen der Präsenz Gottes, findet statt. Man zieht um die Mauern – die Ruinen erinnern daran, was eigentlich immer schon geschehen ist, sich unendlich oft weltgeschichtlich wiederholen wird: Gott – Liebe – Geist entgrenzt. Die Mauern von Jericho sind gefallen. Jetzt kann man leben in einem freien Land.

Der Fall der Berliner Mauer war auch ein spiritueller Prozess. Jetzt ist dies fast in den Hintergrund getreten. Wo ist der Aufbruch hingekommen, die Logik der Freiheit von beiden Seiten? Fängt Ägypten, die Entfremdung, die pharaonische Welt, das babylonische Chaos, der dogmatische Sozialismus wieder an? Was macht der üble Kapitalismus? Die Apokalypse von Jericho – das ist doch eine Hoffnung! Eine Hoffnungsgeschichte! In Gottes Namen, es darf auch etwas untergehen, das keine menschenfreundliche Zukunft mit sich führt. Nicht nur vor 3000 Jahren ist die Mauer gefallen. Entgrenzung findet auch heute statt. Geschenkte Freiheit hat Zukunft.

Der Fürst, der Herr, der Kyrios guter geistlicher Mächte und Gewalten, Michael hat gewirkt. Wer ist der Kyrios? Wer ist denn der Herr der Welt angesichts der Fürsten dieser Welt? Der Kyrios in der Antike war jener Mensch, der zugunsten der andern sich siegreich durchgesetzt hat, so dass die Antlitzlosen wieder ein Gesicht bekamen und den Namenlosen Würde und Recht und Freiheit zurückgegeben wurde. Mit Kyrios wird in der Septuaginta, der Bibelübersetzung vom Hebräischen ins Griechische, auch der Name Gottes übersetzt.

Freiheit, gefallene Mauern, einiges Land: welche Aufgabe, welche Gabe! Geschenk verlangt immer wieder ein Fest des Dankes, denn der Dank ist die Antwort auf die Erfahrung eines Geschenkes. Deutschland ist ein Land mit einer langen Geistesgeschichte. Wo Geist ist, tummeln sich auch viele gewalttätige Ungeister. Wo Gottes Geist ist, wird die Front der Gnadenlosigkeit, Gewaltherrschaft und Dummheit offenbar. Wo Freiheit ausgerufen wird, kommen auch jene unfrei machenden Sklaventreiber immer wieder aus ihren Löchern hervor: babylonische Welt bricht an. So geht die Mauer vielleicht nicht mehr topographisch durch unser Land, aber durch die Welt des Geistes und der Seelen, der offenen und der zu Fäusten geballten Hände. Noch ist man trotz allem siegreichen Sich-Durchsetzen noch lange nicht dort, wo man sein könnte: in einem Land, in dem Gerechtigkeit, Beziehungsgerechtigkeit und Frieden sich küssen, wo die Spuren eines neuen Himmels und einer neuen Erde für alle sichtbar sind, wo die Grenzen so offen sind, dass man dem Fremden und einander in aller Freiheit Ja und Nein sagen kann. Ein Thema der Zukunft in Deutschland: Freiheit!

Bei den alten Griechen heißt Freiheit »eleutheria«, der Bereich, in dem man gut sein und bleiben kann. Bei den Lateinern entwickelt sich aus der indogermanischen Wurzel leudh das Wort »liberi«, die Kinder. Ein aus sich selbst rollendes Rad ist das Kind, ein ewiges Neubeginnen, ein heiliges Ja-Sagen. Liberi – in ihrem Atem lebt die Zukunft, nicht nur die Zukunft Deutschlands, sondern die der ganzen Welt. Und Freiheit – eleutheria – ist in unserer deutschen Sprache zweifach erhalten, auf dass wir nicht vergessen, worauf es ankommt.

Über das burgundische »liute« entstand hochdeutsch: »Leute«. Man erinnere sich an »Wir sind das Volk«. Die Leute lassen sich auf Dauer weder täuschen noch betrügen. Ursprünglich ist durch ewige Liebe ein Bewusstsein von Freiheit in die Herzen eingepflanzt: Menschen sind Leute (vgl. indog. leudh).

Und dialogisch gewendet: althochdeutsch »anti-lutti« heißt Antlitz. Wo gelebt wird von Angesicht zu Angesicht, von Antlitz zu Antlitz, entsteht wieder »familiaritas«, Vertrautheit.

Tauschen hat mit Täuschen zu tun: Geld gegen Ware, Geld gegen Arbeit. Das Tauschprinzip aber reicht nicht aus, um als freier Mann oder als freie Frau in Deutschland oder anderswo zu leben. Der Protest gegen einseitige Prinzipien und wider die Mauern in den Geistern und Seelen muss weitergehen! Paulus grüßt mit seinem Galaterbrief auch uns: Zur Freiheit seid ihr befreit, lasst euch nicht wieder ein Joch von Sklaverei aufdrücken, von wem auch immer! (Vgl. Gal 5,1) Lebt aus Gnade in aller Freiheit, jenseits von Willkür und Beliebigkeit – in Gottes Namen.

Vor dem Angesicht Gottes, das im Antlitz Jesu Christi aufgeleuchtet ist, kann man sich seiner eigenen Freiheit neu gewiss werden. Sie ist das Lebensprinzip. Eine Gesellschaft lebt von Werten, von Gerechtigkeit und Vertrauen, gemäß der Rechtsordnung und der Würde, so dass Unfreiheit und Ungerechtigkeit, Lüge und Gewalt ausgegrenzt werden. In diesem Sinne kann man singen: »Einigkeit und Recht und Freiheit … sind des Glückes Unterpfand.«

ZEIT DER ERNTE – ZEIT DES GERICHTS

12. Anklage gegen Unbekannt

Ein systemischer Zugang zur Theodizeefrage

Und Hiob antwortete dem Herrn und sprach: Ich erkenne, dass du alles vermagst, und nichts, das du dir vorgenommen, ist dir zu schwer. »Wer ist der, der den Ratschluss verhüllt mit Worten ohne Verstand?« Darum hab ich unweise geredet, was mir zu hoch ist und ich nicht verstehe. »So höre nun, lass mich reden; ich will dich fragen, lehre mich!« Ich hatte von dir nur vom Hörensagen vernommen; aber nun hat mein Auge dich gesehen. Darum spreche ich mich schuldig und tue Buße in Staub und Asche. Und der Herr wandte das Geschick Hiobs, als er für seine Freunde Fürbitte tat. Und der Herr gab Hiob doppelt so viel, wie er gehabt hatte. Und er bekam sieben Söhne und drei Töchter. Und Hiob starb alt und lebenssatt. *(Hiob 42,1–6.10.13.17)*

Um welche Art von Prozess handelt es sich, den jede Generation auf ihre Weise neu führt: mit Gott ins Gericht zu gehen? Der Hauptanklagepunkt ist das Leiden der Unschuldigen. Wie kann Gott das zulassen? Und rasch kommt man zu dem Schluss: Entweder ist Gott nicht allmächtig oder nicht gerecht, oder es gibt ihn gar nicht!

So einfach aber liegt der Fall wohl doch nicht. Daher lohnt es sich, die Denkstrukturen und den Prozessverlauf gründlich aufzurollen. Denn wie nebenbei fällt dabei Licht auf die Frage, wer der Mensch ist; und was man sinnvoller mit dem Wort Gott meinen kann. Im Blick auf Hiob und Jesus – das Kreuz ist das Zeichen seiner Verurteilung – gibt es viele Versuche, die Welt, in der so etwas geschieht, zu deuten und zu verändern.

Mit welchen Vorurteilen und Erwartungen beginnt die Eröffnung eines fiktiven Prozesses, bei dem genau dazu Stellung genommen wird? Wer sind die Richter, die Angeklagten, die Ankläger, die Anwälte, die Zeugen und die Gutachter? Zunächst geht es um die Vergewisserung der Identität derer, die mit dem Geschehen auf recht unterschiedliche Weise zu tun haben. Aus welcher Perspektive beurteilt jemand etwas? Denn bei aller Rechtswissenschaft, Philosophie und Theologie scheint nicht bei allen betroffenen Personen der Sachverhalt klar und deutlich zu sein. Und dies betrifft selbstverständlich auch Urteil und Begründung.

Auf systemische und so systematische Weise kann vor dem Gerichtshof mit der Abhandlung der Thematik begonnen werden. Um welchen Gerichtshof es sich dabei handelt, wird sich im Laufe des Prozesses herausstellen. Wenn es zu einem Wechsel der Zentralperspektive kommt, wie er bei der Rechtfertigung des Menschen durch Gott angesagt wird, würde sich das Verfahren prinzipiell ändern.

Es kommt zunächst alles darauf an, ob Gott als die zu verehrende Wirklichkeit in ihrer restlosen Verschiedenheit von der Schöpfung begriffen wird. Sobald man nämlich von Gott als der ungeschaffenen Wirklichkeit sprechen kann, bleibt er – wie im Judentum, Christentum und im Islam – von den Veränderungen in der Schöpfung, zu denen auch die endlichen Leidsituationen gehören, a priori untangiert. Das Grundverhältnis des Menschen zu Gott ist stabil, und zwar in guten wie in bösen Tagen. Menschen, an denen dieser Prozess ablesbar wird, sind, wie gesagt, Hiob oder auch Jesus, der in seiner Todesstunde einen Psalm betet. Mit dieser Gottesrede ist zugleich ausgesagt, dass eine unendliche, ewige Schöpferkraft, von der die wahrnehmbare geschaffene Natur ins Dasein gerufen wurde, selbstverständlich auch neue Schöpfungen schaffen kann. In dieser Perspektive darf gehofft werden, dass es in einer neuen Schöpfung, von der man neutestamentlich als jener Wirklichkeit spricht, in der die Auferstehung Jesu Christi anfängt, zum Ausgleich der Leiden der Unschuldigen kommen kann. Dabei geht es nicht um die Vertröstung auf ein Jenseits, sondern um die ethische Einsicht, dass der Mörder nicht in alle Ewigkeit über sein Opfer triumphieren soll.

Gerade das Leiden des Unschuldigen stellt die Frage nach Gottes Wirklichkeit in aller Schärfe, denn die unheile Welt als solche wird in ihrer vermeintlich einzigen Realität wahrgenommen, und zugleich ist einsichtig, dass die Welt als solche in ihrer Abgründigkeit keine Lösung für die Problematik anzubieten vermag. Der landläufige Nihilismus erweist sich als eine Ideologie der Resignation.

Aus der Position einer Philosophie der Freiheit und des Geistes hingegen ergibt sich die Zukunftsperspektive, dass die Abhängigkeit vom UNABHÄNGIGEN die Unabhängigkeit des Abhängigen neu zu konstituieren vermag. GOTT ist Geist (vgl. Joh 4,24). Zu welchen Energetisierungen, Psychisierungen und Materialisierungen dies evolutionär und revolutionär führt, ist eine Sache der Empirie.

Bei Diskursen, die bei einem entsprechenden Gerichtsverfahren nötig sind, werden alle möglichen Argumentationsweisen zugelassen. Man muss sich jedoch dabei bewusst sein, dass jedes logische, induktive und deduktive Kalkül sich auf der Seite der Schöpfung befindet und daher das Geheimnis Gottes als solches nur analog zur Sprache bringen kann.

Was heißt hier analog? Damit wird Ähnlichkeit zum Ausdruck gebracht. Ähnlichkeit aber besagt sowohl Ähnlichkeit wie Unähnlichkeit. Fokussiert man auf Ähnlichkeit, so ergibt sich die Kategorie des Ähnlichen Ähnlichen und des Unähnlichen Ähnlichen. Richtet man den Blick hingegen auf die Unähnlichkeit, so ergibt sich die Kategorie von Unähnlich Ähnlich und Unähnlich Unähnlich. Letztere bezieht sich auf die Qualität der Aussagen, die bezüglich der

Wirklichkeit Gottes möglich sind. Denn nur auf diese Weise wird man der restlosen Verschiedenheit, die zwischen Schöpfer und Geschöpf besteht, sprachlogisch gerecht.

Als Zeugen sind bei diesem Prozess all jene zugelassen, die einen Weg des theoretischen und des praktischen Angehens der Theodizeefrage betreiben. Zur Praxis der Anhörung gehört sowohl Reflexion als auch Erfahrung. Mit Erfahrung ist dabei all das gemeint, womit man gotteskundig werden kann. Die Intensivform der entsprechenden spirituellen Experimente nennt man in klassischer Terminologie Beten.

Wie bei einem Gerichtsverfahren üblich, wird Anklage erhoben werden. Da es sich um einen Prozess öffentlichen Interesses handelt, ist zunächst die Rolle des Staatsanwaltes bzw. der Staatsanwältin zu definieren. Im Namen der menschlichen Gesellschaft als solcher wird Anklage erhoben gegen UNBEKANNT. Denn es handelt sich bei dem Leid der Unschuldigen um ein Geschehen, das millionenfach tödlich endet. Über ein Kapitalverbrechen ungeahnten Ausmaßes ist zu verhandeln. In dieser Perspektive ist der Staatsanwalt eine menschheitliche Instanz, die vor dem Internationalen Gerichtshof der Humanität und Vernunft agiert.

Ein Blick in die Religionsgeschichte zeigt, wie gewaltig die Schar der Opfer ist, die in Gottes Namen explizit oder implizit starben. Dabei handelt es sich bei den Märtyrern um Menschen, die wegen ihres Glaubens an Gott die Reihe der Opfer verlängern. Auch in ihrem Namen ist prinzipiell Anklage zu erheben, da Gott hier am offensichtlichsten der Grund ihrer Ausrottung zu sein scheint. Aber sind nicht auch die, die in Gottes Namen morden, Opfer ihrer Religion? Schon Kain, der Bruder Abels, ging in die »Kultfalle«: »Und der Herr sah gnädig an Abel und sein Opfer, aber Kain und sein Opfer sah er nicht gnädig an. Da ergrimmte Kain sehr und senkte finster seinen Blick; da sprach Kain zu seinem Bruder Abel: Lass uns aufs Feld gehen! Und es begab sich, als sie auf dem Felde waren, erhob sich Kain wider seinen Bruder Abel und schlug ihn tot.« (Vgl. Gen 4,4–8)

Kann Religion, die Beziehung zu Gott also, zum Grund für Mord und Totschlag werden? Kain war überzeugt: Gott nimmt das Opfer des Abel an, seines jedoch nicht. Wird er wegen seiner vergleichenden Frömmigkeit zum Brudermörder? Kult ohne Ethik ist ein Missverständnis. Gott bleibt souverän und ist Garant für Zwischenmenschlichkeit, so die theologische Position im Buch Genesis.

Bei den Zeugen handelt es sich um sehr unterschiedliche Personengruppen. Zu nennen sind all jene, die familiär unmittelbar von Leiderfahrungen betroffen sind. Sie finden keine Antwort auf die Frage »Warum?«. Des Weiteren sind all jene zu nennen, die sich für die Zukunft der Menschheit im Allgemeinen engagieren wollen, die bisherige Geschichte der Menschheit aber als so beklagenswert deuten, dass ihnen die Kraft abhandenkommt, die Zukunft human gestalten zu können. Nicht zu vergessen sind all jene, die der Überzeugung sind, dass aus intellektueller Redlichkeit die Frage nach Gott so privatisiert werden muss, dass eine allgemeine gesellschaftliche Relevanz nicht mehr gegeben ist. In diesem Zusammenhang ist es nicht uninteressant, auf den Europäischen Verfassungsentwurf hinzuweisen, in dem von

Gott nicht mehr die Rede ist. Hinzu kommen all jene, die sich aus ihrem Gerechtigkeitsempfinden heraus philosophisch und theologisch auf der Bank der Ankläger befinden. Ihre Absicht zielt darauf, das Leiden der Unschuldigen zu mindern, indem sie den heimlichen Grund ihres Leidens durch Aufklärung zum Verschwinden bringen möchten. Wenn die Ursache nicht mehr vorhanden ist, kann es zu keinen Wirkungen mehr kommen. Die Anklagen sind ernstzunehmen und werden je nach Emotionalität und Intellektualität vorgetragen.

In seltener Eintracht agieren bei dem Prozess Gutachter und Anwälte. Dabei lohnt es sich, diese Positionen genau zu unterscheiden. Als Anwälte haben all jene zu gelten, die im Interesse des Angeklagten plädieren. So wird einerseits auf die Unschuld und die »Gutheit« des Angeklagten rekurriert. Phänomene des Sinns und des Glücks werden zugunsten des Angeklagten in die Waagschale geworfen. Charakteristisch für diese Position bleibt es, dass sie der Perspektive der Rechtfertigung verhaftet bleiben, das heißt prinzipiell systemimmanent argumentieren.

Die Gutachter hingegen versuchen, aus einer Position der Abstinenz ihren Beitrag zu formulieren. Dabei handelt es sich um jene Theologen, die das Projekt der Rechtfertigung Gottes vor menschlichen Instanzen prinzipiell ablehnen. Ihre theologischen Gutachten zielen darauf, dass der einberufene Gerichtshof und die damit verbundene Prozessordnung schlechthin unangemessen sei. Ihre Position ist der jener Psychiater vergleichbar, die durch ihre Gutachten einen Angeklagten dem Zugriff des Staatsanwaltes zu entwinden helfen. Dies gipfelt im Hinblick auf theologische Gutachten darin, dass gerade das Leiden des Unschuldigen der stärkste Hinweis auf die notwendige Existenz eines GOTTES sei. Das Leiden wäre sonst ja völlig absurd, und im Übrigen könne nur ein göttliches Gericht für Gott zuständig sein.

Wer ist Richter in einem Prozess? Insoweit der Richter im Namen des Volkes sein Urteil abgibt, ist er der Stellvertreter des Souveräns. Der Richter bei besagtem Prozess ist stellvertretende Souveränität, in der sich die Menschheit wiederfindet. Damit wird die Problematik solcher Stellvertretung sichtbar. Im Laufe der Menschheitsgeschichte gab es viele Instanzen, die diese Kompetenz beanspruchten. Seien es jene frühorientalischen Herrscher, die sich für Abkömmlinge der Götter hielten, byzantinische Kaiser, frühmittelalterliche Päpste oder Herrschergestalten der Moderne. Von Napoleon bis zum UNO-Generalsekretär, von Stalin bis zum Gerichtshof in Den Haag gibt es ein breites historisches Spektrum, das hoheitliche Rechte bezüglich der Menschheit beansprucht, ja auch amerikanische und sonstige Präsidenten stellten sich etwa über Beschlüsse der UN-Vollversammlung, die natürlich auch nicht die Menschheit schlechthin repräsentiert.

Diesen politisch motivierten höchstrichterlichen Instanzen korrespondieren religiöse Amtsträger, die ihre Entscheidungen für menschheitsrelevant halten, ob es sich dabei um die Scharia oder unfehlbare Lehräußerungen des Papstes in Sittenfragen handelt. Hinzu kommen philosophische Absolutheitsansprüche, die mit ihrer Unerbittlichkeit im Urteil religiösen und politischen Instanzen in nichts nachstehen. Eine allgemeine Anerkennung in Sachen Urteilskompetenz wird aber weder dem Dalai Lama noch der literarischen Avantgarde zugebilligt. Daher wäre es am klügsten, das Richteramt mit einer Gestalt zu besetzen, der man formal und inhaltlich die Repräsentanz der Menschheit zubilligt. Auf eine historische Identifizierung muss dabei verzichtet werden, da es sonst zu keiner menschheitlich relevanten Zustimmung kommen würde.

Das der Menschheit innewohnende Gesetz ihrer Existenz ist der letzte formale und inhaltliche Maßstab für die Akzeptanz eines Urteils. Um welches Gesetz es sich dabei handelt, sollte im Prozessverlauf als solchem deutlich werden. Wird es darauf hinauslaufen, dass sich das Gesetz als außermenschliches, das heißt göttliches Gesetz erweist, welches das menschheitliche Gesetz im doppelten Sinn des Wortes aufhebt, das heißt relativiert und bewahrt? Mit Relativierung ist in diesem Kontext das restlose Bezogensein auf das göttliche Gesetz gemeint. Mit dem Naturrecht oder den Menschenrechten allein lässt sich ein göttliches Gesetz nicht begründen. Gibt es ein Ur-Recht? Per definitionem kann nur Gott göttliches Recht setzen. Doch nicht himmelschreiende Sünden stehen zur Debatte, auch nicht die Frage nach dem göttlichen Gesetz, sondern die Frage nach Gott selbst.

Um die Schuld bzw. Unschuld des unbekannten Angeklagten zu ergründen, empfiehlt sich ein systemisches Vorgehen. Als Vorlage bietet sich die deutsche Strafprozessordnung an, weil sie so konzipiert ist, dass damit widerstreitende Interessen zum Ausgleich gebracht werden können.[41] Wesentlich ist einerseits der Schutz der Gesellschaft und andererseits die eventuelle Unschuld des Angeklagten bzw. dessen Freiheit.

In einem Vorverfahren wird der Sachverhalt erforscht, um eine öffentliche Klage oder die Einstellung des Verfahrens zu erreichen. Die Fäden der Untersuchungen laufen beim leitenden Staatsanwalt zusammen. Im Zwischenverfahren übernimmt das zuständige Gericht bzw. dessen Vorsitzender die Federführung. Die Anklageschrift wird verlesen. Wenn der Angeklagte nach den Ergebnissen des vorbereitenden Verfahrens hinreichend verdächtig ist, kommt es zur Eröffnung des Hauptverfahrens, dessen Ziel die Verurteilung oder der Freispruch des Angeklagten ist.

Am Ende des Hauptverfahrens trifft das Gericht das Urteil »nach seiner freien, aus dem Inbegriff der Verhandlung geschöpften Überzeugung« (gem. § 261 StPO). Bei Privatklagen sind Nebenkläger zugelassen, wie bei Körperverletzung, Beleidigung usw. Zu einem geordneten Ablauf gehören der Aufruf der Sache und der Zeugen, die Vernehmung des Angeklagten über seine persönlichen Verhältnisse, die Verlesung des Anklagesatzes, die Äußerungen des Angeklagten, die Beweisaufnahme mit Zeugen und Sachverständigen, die Anhörung des Angeklagten, die Plädoyers von Staatsanwalt und Verteidiger, die Beratung und Abstimmung des Gerichts und die Verkündung des Urteils.

Um eine effiziente Durchführung des Verfahrens im Hinblick auf eine systemische Darstellung zu gewährleisten, müssen genügend Personen vorhanden sein. Ein Teil wird mit der

41 Vgl. Strafprozessordnung mit einer Einführung von Claus Roxins, München 44. Aufl. 2008.

Dokumentation des Geschehens beschäftigt sein. Die Öffentlichkeit ist durch verschiedene Pressevertreter repräsentiert. Außer Opfern, die ihre persönliche Leidensgeschichte bezeugen, gehören selbstverständlich philosophische und theologische Gutachter zu einer sachgemäßen Inszenierung des Prozesses.

Auch Sonderkommissionen sind zugelassen. Breit ist das Spektrum derer, die sich für Religion interessieren. Es reicht von kirchlichen Amtsträgern bis zu den Verächtern der Religion. Atheisten, Agnostiker und Buddhisten sollen genauso zur Sprache kommen wie Monotheisten und Polytheisten.[42] Hiob und seinen Freunden wird genauso Gehör geschenkt werden wie Jesus von Nazareth und Kajaphas (vgl. Joh 11,9).

Sobald die Identifizierung mit den entsprechenden Gestalten, Rollen und Funktionen durchgeführt ist, entsteht eine intensive Gruppendynamik. Problemlos kommt es zu sprachlichen Äußerungen der einzelnen Beteiligten, Solidarisierungen finden statt, Argumentationsketten werden zugänglich. Wie die Wirklichkeit Gottes dargestellt wird, ist prinzipiell offen, sei es durch einen Repräsentanten oder durch ein ambivalentes Symbol, zum Beispiel die Leere. Jedenfalls erzeugt die Behauptung von der Existenz Gottes höchst unterschiedliche Wirkungsgeschichten und religiöse Praktiken, die zu mehr Freiheit bzw. Unfreiheit im Selbstverständnis eines Menschen führen. Religiöse Institutionen berufen sich auf Gott. Dies hat gesellschaftliche Konsequenzen.

So werden bei der Zwischenverhandlung Religionsvertreter in den Prozessverlauf involviert und mit Nebenklagen überzogen. Denn in Gottes Namen wird viel Unrecht und Unmenschlichkeit produziert. Von politischer Verhetzung, Menschenrechtsverletzungen, Machtmissbrauch, finanzieller Ausbeutung und Betrug durch religiöse Institutionen ist dabei die Rede. Kriege werden religiös motiviert. Wer ist letztlich dafür verantwortlich?

Spätestens in der Hauptverhandlung scheiden sich die Geister. Entweder sie findet nach allen Regeln der Kunst statt, oder sie kommt überhaupt nicht zustande. So gibt es systemische Aufstellungen, bei denen am Ende der Zwischenverhandlung festgestellt wird, dass die Anklage gegen Unbekannt nicht anders als im Buch Hiob zu Ende zu bringen ist: Das Subjekt der Anklage wird zum Richter des Klagenden.

Die Wende ist so radikal, weil das Leiden des Unschuldigen nicht anders als durch einen ewigen schöpferischen Gott zum Ausgleich gebracht werden kann. Alle anthropologischen Lösungsversuche der Theodizeefrage müssen sich vorher als untauglich erwiesen haben. Heischt das Leiden des Unschuldigen in der Binnentranszendenz der Welt nach der Transzendenz einer leidlosen geistigen Wirklichkeit, in der das Leiden des Unschuldigen im doppelten Sinn des Wortes aufgehoben ist? Welcher Begriff von Gott ist angemessen?

Was ist das für eine Anschauung Gottes, von der es in der Bergpredigt Jesu heißt: »Selig, die reinen Herzens sind, denn sie werden Gott schauen« (Mt 5,8)? Und im Buch Hiob liest man dazu: »Und Hiob antwortete dem HERRN und sprach: Ich hatte von dir nur vom Hörensagen

---

42 Vgl. Gregor Maria Hoft: Die neuen Atheismen, Kevelaer 2009; Gregor Maria Hoft: Religionskritik heute, Kevelaer 2004.

vernommen; aber nun hat mein Auge dich gesehen.« (Hiob 42,1.5) Um welches Offenbarwerden handelt es sich?

Meist kommt es nicht zu einer Hauptverhandlung gegen UNBEKANNT, sobald unter Gott jene Präsenz verstanden wird, die jemand – unabhängig von der Zugehörigkeit zu einer religiösen Institution – als tragenden Grund seines Lebens im Leid erfährt. Eine solche Liebe kann durch kein Gericht der Welt abgeschafft werden. Und so kommt es darauf an, ob Gott als ewige heilige Gegenwart erfahren wird. Macht seine Ferne in der Schöpfung offenbar, dass seine Nähe anthropologisch nicht ersetzbar ist? Kommt seine Anschauung durch die Repräsentanz des wiederkehrenden Messias Jesus zum Vorschein? Oder wird die Herrlichkeit Gottes auch anders erfahrbar? Ist im Atemgeist der Name Jahwe hörbar, sichtbar im Odem des Lebens? Um Anschauung geht es – um die Visio beatifica in der Endlichkeit, eine allseits befriedigende Kommunikation angesichts der Realität der Welt.

Wie kann Gott geschaut werden? »Der Anfang der Weisheit ist die Furcht des Herrn« (Ps 111,10), die Ehrfurcht vor Gott, das heißt ihn zu sehen, so lässt sich der ursprüngliche hebräische Bibeltext präzise übersetzen. Die Erfahrung der Herrlichkeit Gottes kann sich auch angesichts des neuen Anfangs Gottes mit der Menschheit ereignen: des Kindes in der Krippe von Bethlehem. Zu dieser Unschuld pilgerten die Weisen aus dem Morgenland (vgl. Mt 2,1–12). Gottes Heilsgericht beginnt in der Vertikalität der Ewigkeit zur Zeit. Im Hier und Jetzt fing die Fülle der Zeit an (vgl. Gal 4,3). Die kosmische Weihnacht hat sich hier schon einmal ereignet. Sie ist der Dreh- und Angelpunkt in Raum und Zeit, im Himmel und auf Erden, in Vergangenheit und Ewigkeit (vgl. Offb 12,1–12).

13. In der Kultfalle

Kain und Abel

Adam erkannte sein Weib Eva, und sie ward schwanger, und sie gebar den Kain und sprach: Ich habe einen Mann gewonnen mit Hilfe des Herrn. Danach gebar sie Abel, seinen Bruder. Und Abel wurde ein Schäfer. Kain ein Ackermann. Es begab sich aber nach etlicher Zeit, dass Kain dem Herrn Opfer brachte von den Früchten des Feldes. Und auch Abel brachte von den Erstlingen seiner Herde und von ihrem Fett. Und der Herr sah gnädig an Abel und sein Opfer, aber Kain und sein Opfer sah er nicht gnädig an. Da ergrimmte Kain sehr und senkte finster seinen Blick. Da sprach der Herr zu Kain: Warum ergrimmst du? Und warum senkst du deinen Blick? Ist's nicht also? Wenn du fromm bist, so kannst du frei den Blick erheben. Bist du aber nicht fromm, so lauert die Sünde vor der Tür, und nach dir hat sie Verlangen; du aber herrsche über sie. Da sprach Kain zu seinem Bruder Abel: Lass uns aufs Feld gehen! Und es begab sich, als sie auf dem Felde waren, erhob sich Kain wider seinen Bruder Abel und schlug ihn tot. *(Gen 4,1–8)*

Von Kindesbeinen an kennt man die Geschichte von Kain und Abel. Aber was erkennt man denn? Die Geschichte: Der Mensch lebt nicht mehr nur im Paradies. Kain ist der Erstgeborene von Adam und Eva. Aber man muss ja nicht immer bei Adam und Eva anfangen, es reicht schon ein Blick in diese Männerwelt, um zu sehen, in welcher Situation die Welt ist. Buch Genesis – das Buch der Gene: gleichsam genetisch läuft die Menschheit ab. Ist in der Genetik zwangsläufig Gewalt programmiert, oder ist freie Unterbrechung möglich? Kain und Abel, zwei Brüder, die eine und die andere Seite, Kain und Abel in dir: Was spielt sich da eigentlich ab?

Kain bedeutet auf Hebräisch so viel wie Gewinn, Profitmaximierung. Er ist der Schmied, der Mensch, der draufhauen kann. Einer seiner Nachkommen im Lande Uz ist Tubal Kain, das Idol, der Herr der Schmiede und der Bergleute. Er beherrscht die Welt der Metalle, der Waffen. Er weiß, wie man etwas berechnet. Wenn – dann: Wenn ich opfere, dann muss doch Gott das und das machen. Um – zu, wehe – wenn nicht: Schon ist er in der Kultfalle. Brudermord wegen Religion? Wie gut ist Religion – und die Kehrseite: wie tödlich? Das Land Kanaan ist nach Kain benannt: Gewinnland. Was ist das für ein langer Prozess, nach Kanaan zu kommen und dort vor dem Ewigen aus Gnade, aus »Umsonstigkeit« zu leben!

Jesus nimmt das Land Kanaan bei seiner Tempelaktion gleichsam noch einmal in Besitz. Wer sind die Kanaanäer, die Geschäftemacher – die »Kaufleute« übersetzen wir meistens etwas milde –? Wenn – dann: Der eine sperrt die Opfergaben, die Tauben – den Geist ein, der andere bereitet das Töten des Animalischen, der Rinder, vor, ein anderer wechselt Geld in harte Steuerwährung.

Was ist das für eine Welt, die Welt von Kanaan! Es ist so, sie »ist der Fall«. Und Kain gerät in die Welt der Kultfalle: Da mache ich noch etwas, da opfere ich etwas, und mancher Fromme opfert sogar sich selbst. Alles trieft von Opfern, Fürbitten usw. – und es ändert sich nichts! Da wird Kain aber böse. Er senkte den Blick, ergrimmt, bekommt einen dicken Hals, und was die Sache noch schlimmer macht: bei Abel klappt es! Tausend Formen von Kain sind in dir. Welch seltsame Gewinn- und Verlustrechnung, die nicht aufgeht!

Abel, hebräisch häbäl, bedeutet der Windhauch, die Freiheit. Das Buch Kohelet klingt mit. Alles ist Windhauch, es gibt nichts Neues unter der Sonne. Wie einsichtig ist Abel! Der Mensch, der aus Freiheit lebt. Der Name schon tut kund, dass jegliches auch vergänglich ist. Die Botschaft ist: Fixiere dich nicht, schlag nicht drauf, bringe den anderen nicht um. »Kruzifixiere« nichts – Abel hat es begriffen, Abel – die andere Seite von Kain. Die Bibel ist erzählter Sinn im Unsinn der Welt. Abel, die andere Seite: auch er betet, tut Kult, bringt Erstlinge – und selbstverständlich ist Gnade sein Thema. Gott ist gnädig.

Auf den Ewigen wird das Windhauchmotiv im Buch Kohelet nicht angewendet. Einerseits also der Mensch in seiner Vergänglichkeit und andererseits der Mensch, der es machen und zwingen will. Jenseits von Kain und Abel aber ist die ewige Souveränität schöpferischer Liebe: unbestechlich, nicht korrumpierbar, weder durch Frömmigkeit noch durch Opfer verführbar. Wenn du wirklich »tam« – fromm, ganz, übersetzen wir – bist – noch heute heißt im Türkischen über das Arabische »tamam« ganz in Ordnung –, ist das gute Ordnung, eine Zierde und ein Schmuck für den Menschen, ein guter Kosmos im Mikrokosmos unseres Daseins. »Tam« – mit ganzer Seele, mit ganzem Herzen, mit allen Kräften, mit ganzem Denken: daraus folgt nicht automatisch etwas. Lebe so und lasse dem andern so seine Freiheit. Mehr kannst du nicht tun, und das reicht ja auch.

Das ist ein »Korban«, ein Opfer, was im Hebräischen zunächst so viel wie näher kommen bedeutet, nahe werden lassen, sich selbst, den anderen – und jeder ist einmalig. Nähe und Ferne müssen je neu bestimmt werden im Geschehnis der Freiheit zur anderen Freiheit. Der ewigen Liebe näher kommen meint: Gib doch auf, was dich unfrei macht, was dich unwesentlich macht! Jede Gier, jede Sucht ist einfach zu relativieren. Opfer – in der mystischen Strömung des Judentums im 13. Jahrhundert wird »Korban« übersetzt nach »Karben«, das heißt Begegnung mit dem Sohn. Auf Exerzitien angewendet: Leben-Jesu-Betrachtungen stehen an. Welche Überraschung! So bin ich fromm, so werde ich ganz.

Doch Kain hat auch sein Daseinsrecht. Er bekommt ein Kainszeichen. In der üblichen Frömmigkeit wird das Kainszeichen mit dem Taw identifiziert, mit dem Kreuz also. Durch ihn wurde das Ende der Welt offenbar, der Tod von Abel, der Tod durch Fixierung, der Tod am Kreuz. Um des Kreuzes willen bleibt Kain am Leben. Denn der Tod soll nicht das letzte Wort haben. Viel wird geforscht um diese Texte von Kain und Abel. Was kann das Kainszeichen bedeuten? Kain ging nach Osten – ist er der Ahnherr der Indianer? Ist die Bartlosigkeit das Kainszeichen? Hat Enoch, ein Nachkomme Kains, die Hauptstadt der Azteken, Tenochtitlán gegründet? Vollstreckt Kain, der von den Früchten des Feldes lebt, nur das Urteil an dem Tiertöter Abel, der sich im Bunde mit seinem Gott bzw. seinem Geist zum Herrn über Leben und Tod seiner Herden aufgespielt hat? Oder handelt die Geschichte im Grunde vom Aufstand der Vegetarier – der Ackerbauern – gegen die Fleischesser – die Viehzüchter? Stehen im Hintergrund des sozialen Konfliktes klimatische Veränderungen, wie sie heute in der Sahelzone stattfinden? Das Wasser reicht nicht mehr für Viehzüchter und Ackerbauern, so dass es zur Auseinandersetzung mit tödlichem Ausgang kommt. Gott steht immer auf Seiten der Opfer! Diese Überzeugung gehört zu einem moralischen, aber auch ethischen Bewusstsein, das auf das Neue Testament Bezug nimmt. Tausend Perspektiven gibt es auf die Geschichte von Kain und Abel.

Adam ist der Mann und Eva die Frau, durch die das Leben weitergeht. Der Erbe ist Kain, der Erstgeborene. Für Abel bleibt das Schicksal. Die beiden Brüder machen das Dasein in der Welt und über die Welt hinaus offensichtlich.

Wirkte sich der Verlust des Paradieses, der an Adam und Eva festgemacht wird, transgenerational auf ihre Kinder Kain und Abel aus? Liegen hier schon die Wurzeln für traumatisierende Ereignisse? Wahrscheinlich. Doch wir wissen es nicht. Jedenfalls, sieht man, wenn die Geschichte von Kain und Abel aufgestellt wird, wie Abel über kurz oder lang die Opferrolle übernimmt. Für ihn gibt es keine systemimmanente Lösung. Tot ist tot. Nur in einer neuen Schöpfung oder durch das Wunder der Auferstehung kann er individuell in das Leben zurückkehren. Für Kain gibt es eine systemimmanente Lösung. Die Religion bietet einen Ausweg an: Kain erhält ein Kainszeichen, ein Kreuz auf die Stirn. Er soll am Leben bleiben, geschützt durch Gottes Barmherzigkeit.

Exerzitien sind eine Zeit, die man sich nimmt, die man geschenkt bekommt, die Bibel nach innen zu nehmen. Du selbst bist ein Buch des Lebens und ein Buch des Sterbens. Ein Buch des Lebens in der Einheit von Leben und Sterben. Feindesliebe und Nächstenliebe finden hier statt. Gehe gut mit dir um, mit Kain und Abel in dir! Jesus lebte etwas vom Leben des Abel, bis zuletzt – totgeschlagen, auferstanden. Aber auch etwas vom Leben des Kain: Er war selber schuld an seinem Tod. Seinen Geist, seinen Lebenshauch, seine Freiheit hat er bei dem Ewigen hinterlegt. Rückkehr in das Paradies kam zustande. Denn der Mensch ist nicht nur das, was der Fall ist. Möge es glücken, dem Ewigen näher zu kommen, möge Jesus in dir mehr Raum bekommen, ja auferstehen!

14. Das Wunder von Bethsaida

Sehen lernen im geistlichen Prozess

Die Jünger vergaßen, Brot mitzunehmen; nur ein einziges hatten sie bei sich im Boot ... Und sie kamen nach Bethsaida. Da brachte man ihm einen Blinden und bat ihn, dass er ihn berühre. Und er nahm den Blinden bei der Hand und führte ihn zum Dorf hinaus. Dann benetzte er dessen Augen mit Speichel, legte ihm die Hände auf und fragte ihn: Siehst du etwas? Und er begann zu sehen und sagte: Ich sehe die Menschen. Denn ich sehe etwas wie Bäume umhergehen. Hierauf legte er ihm noch einmal die Hände auf die Augen. Da sah er scharf und war wiederhergestellt und sah alles ganz deutlich. Hierauf schickte er ihn nach Hause und sagte: Geh aber nicht ins Dorf hinein. *(Mk 8,14.22–26)*

Jesus und seine Jünger kamen nach Bethsaida. Ein Stück unterwegs mit dem Evangelium. Versuchen wir zunächst einen Blick in den Text nach Markus zu werfen: Woher kamen seine Jünger, wo hielten sie inne, und wie ging es weiter (vgl. Mt 14,13–21; 15,32–39; Lk 9,10–17; Joh 6,1–13)? Kurz vorher wird die Brotvermehrung, die Speisung der vielen berichtet. Der Messias wird rund um den See von Galiläa als Brotkönig erwartet (vgl. Mk 6,31–44).

Der Ort der Speisung lässt sich mit dem heutigen Tabgha identifizieren, das am Fuß des Berges der Seligpreisungen liegt (vgl. Joh 6,3.15). So versteht man, warum auf dem frühbyzantinischen Fußbodenmosaik unter dem Altartisch vier Brote und zwei Fische in der Brotvermehrungskirche dargestellt sind. Das fünfte Brot liegt während der Liturgie real auf dem Altartisch. Es ist das Brot, in dem das Lamm Gottes verborgen präsent ist, so der christliche Glaube.

Kosmologisch gewendet stehen die zwei Fische für das Sternzeichen des Stammes Benjamin, in dessen Hauptort Bethlehem Jesus geboren wurde. Nach dem Sternzeichen Fische beginnt im Übergang zur Tag- und Nachtgleiche das Sternzeichen Widder, die kosmologische Chiffre für das Lamm Gottes. »Seht das Lamm Gottes« (Joh 1,29), ruft Johannes der Täufer im Blick auf Jesus von Nazareth. Er zeigt auf Jesus, den Messias, das Brot des Lebens, das vom Himmel herabgekommen ist (vgl. Joh 6,48).

Das Herzstück des christlichen Glaubens besteht darin, sich zur Menschwerdung Gottes in Jesus Christus zu bekennen. »Caro cardo salutis«, die Inkarnation ist der Dreh- und Angelpunkt des Heiles, formuliert der lateinische Kirchenvater Tertullian. In der armenischen Glaubenssprache bedeutet der Ausdruck »Edschmiadsin«, dass der EINGEBORENE auf die Erde herabgestiegen ist. Unter der Kathedrale von Edschmiadsin befinden sich die Reste eines vorchristlichen Feuerheiligtums mit einem Tonir. Noch heute wird in solchen Öfen Lavash, das armenische Fladenbrot, gebacken. Welche Komposition: Oben auf der Altarbühne wird das Brot Christi verteilt und in der Krypta steht ein Tonir, ein irdener Backofen!

Und *ein* Brot nahmen die Jünger Jesu mit. Das Jesusbrot war mit ihnen unterwegs. So fuhren sie mit dem kleinen Boot den Jordan hoch. Am Einfluss des Jordan in den See Genezareth liegt Bethsaida. »Fischhausen«, könnte man übersetzen. Mehrere aus der Jeschiwa Jesu stammten von dort: Philippus, Andreas, Petrus, Johannes, Jakobus. Ein Heimspiel geradezu! Es war die Welt, in der der Messias erwartet wurde. Unterwegs warnte Jesus sie vor dem Sauerteig der Pharisäer und der Herodianer (vgl. Mk 8,15). Auch heute gibt es den Pharisäer, den Herodianer in uns. Welche Gestalten und Dimensionen sind das? Die Pharisäer waren es gewohnt, die Thora gesetzlich auszulegen. Alles schön und recht, und immer wieder ist auch von Gnade die Rede, aber das Vorzeichen der Thoraauslegung heißt Gesetzlichkeit. Und Gesetzlichkeit führt immer zu Angst und Gewalt. Der andere Sauerteig sind die Herodianer, die Halbgötter, die versuchten, sich anzupassen, gleichsam als Handlanger der Fremdherrschaft des heidnischen Rom. Die Pharisäer waren dagegen aggressiv bis hin zu Aufständen. Der Herodianer, der Halbgott, ist immer angepasst an die große Macht, an die Fremdherrschaft, an Überwältigung und Übergriffigkeit.

Unterwegs also auf dem Wasser der Zeit nach Bethsaida, umgeben von Herodianern und Pharisäern – mit einer Handbewegung kann man leicht verdeutlichen, was das Gesetz ihres Sauerteigs ist und wie die Alternative aussieht: Die Hände werden zur Faust geballt oder zu betenden Händen geöffnet. Angst macht eng. Von außen wird Angst gemacht, und die Selbstverkrümmung wird stärker bis zur Gegengewalt. So gibt es zwei Möglichkeiten. Die erste heißt: »Ich bin schuld.« Immerhin: Sünder sind Persönlichkeiten. Das eigene Herz ist der springende Punkt, dass es so und nicht anders ist. Die Schuld als das letzte Wort über die Existenz des Menschen? Wie anders die Gegenbewegung! Die freien Hände, die Ja sagen! Ich reiche dir die Hand, ich packe mit an. Der Gestus »Hände hoch« bedeutet auch »ich gebe auf«. Mein Leben soll weitergehen. Ich hisse gleichsam die weiße Fahne.

Das Nein hingegen als zweite Möglichkeit geschieht in feindlicher, gewalttätiger Absicht. Angst zielt auf Enge und Gewalt gegen sich und andere. Sie verführt zum Verrat an der Logik der Gnade und der Freiheit zugunsten von Beliebigkeit und Willkür. Beliebigkeit, das sind die abstrakten Möglichkeiten, viele Möglichkeiten ohne Liebe: Beziehungslos, lieblos, irgendetwas tun oder nicht tun, ergreifen oder verbieten. Beliebigkeit als Pseudo-Entscheidung. Oder die andere Variante: Willkür. Nicht nur Pflicht, sondern Willkür, das ist die Kür. Einem fremden, entfremdenden Willen wird gehorcht, weil man es aufgegeben hat, Gottes Willen zu suchen und zu finden. Zwischen Willkür und Beliebigkeit oszilliert die Dynamik von Angst und Gewalt. »Hütet euch«, so Jesus, »vor dem Sauerteig der Pharisäer und der Herodianer.« Jüngerbelehrung steht an. Mit Jesus sind sie unterwegs.

Die Station nach Bethsaida ist gemäß Matthäus 16,16 das Petrusbekenntnis in Cäsarea Philippi, in jenen Dörfern, die der Tetrarch Philippus zu seiner Hauptstadt gemacht hatte. Dort helfen Petrus nicht Fleisch und Blut, weder die Mittel der Deduktion noch der Induktion oder ein Theologie- oder Philosophiestudium – das sind ja Reflexionswissenschaften –, sondern die

Näheerfahrung Gottes, das unaustrinkbare Licht des Geistes, lässt ihn bekennen: Jesus von Nazareth ist der Messias, der Christus. Mit dieser Einsicht ist verbunden, die zweifache Aufgabe des Messias zu akzeptieren.

Erstens: Der Messias offenbart, wer Gott ist, nämlich restlos verschieden von Götzen und Über-Ichs und menschenfeindlichen, satanischen Gottesbildern. Wer ist Gott? Darauf gibt der Messias Antwort.

Und *zweitens*: Er lehrt leben wider die Moral. Moral ist unsittlich. Das Gewissen des Einzelnen wird nicht berücksichtigt. Nur Gesetze, Axiome, Vorschriften sollen letztlich zählen. Jesus praktiziert Ethik: menschliches Miteinander unter Berücksichtigung des Gewissens. Auch das irrige Gewissen wird achtsam und sorgsam im Blick behalten. Petrus bekennt sich zu Jesus von Nazareth: »Du bist der Christus, du bist der Messias.« Mit ihm sind die Jünger unterwegs, heraus aus der Welt der Pharisäer und der Herodianer, bis hin zu dem klaren Bekenntnis: Jesus von Nazareth ist der Messias, der Sohn Gottes, wie der jüdische Spitzentitel lautet.

Bei Bethsaida, auf dem Weg vom See Genezareth nach Caesarea Philippi, kommt es nach dem Evangelisten Markus zu einer Jüngerbelehrung. Wundersames geschieht. Von Natur aus versteht es einer eben nicht. Immer wieder geht es um Krankengeschichten, immer wieder Augen, um zu sehen, Ohren, um zu hören, aber es geht nicht. In der Dimension des Körperlichen kann sich das schuldlos manifestieren. Durch die verwandelnde Kraft der Nähe zu Christus ändert sich hingegen zeichenhaft, wunderbar bisherige körperliche Verfasstheit. Es kommt zu Spontanheilungen, psychosomatisch begründet.

Ein Beispiel: »Sie brachten zu ihm einen Blinden und baten ihn, dass er ihn anrühre.« Berührung, Tangierung. Die Haut als die Grenze, die Wunde als der Ort der Gegenwart des Anderen. Berührung. »Er nahm den Blinden bei der Hand.« An der Hand Jesu geht es weiter – »und führte ihn hinaus vor das Dorf.« Wie vornehm! Immer wieder nimmt Jesus jemanden beiseite, den Taubstummen in der Dekapolis und hier den Blinden in Bethsaida. Gleichsam jenseits der Öffentlichkeit, in Stille und Schweigen, ereignet sich die heilsame Nähe der Begegnung.

»Er tat Speichel auf seine Augen«: Symbol der schöpferischen, männlichen Kraft. Schon im Gilgamesch-Epos, dem Bestseller im Orient, geschieht mit Erde und Speichel Schöpfung. Am Teich bei Siloah wird der alte Papa-Mama-Brei abgewaschen. Jesus wirkt Zeichen seiner schöpferischen, neuschöpferischen Kraft. »Und er legte ihm die Hände auf«: Berührung findet statt als Metapher für das Wirken des Geistes, der da weht, wo er will – unableitbar. Das Gnadenlicht ist unaustrinkbar, der Blinde ist im Energiefeld Jesu. »Und er fragte ihn: Siehst du etwas? Und er sah und sprach: Ich sehe die Menschen, als sähe ich Bäume umhergehen.« Langsam, ganz langsam fällt es ihm wie Schuppen von den Augen. Die berührende Begleitung durch Jesus Christus ist ein Prozess. Vers für Vers, Gebetszeit um Gebetszeit, Stein um Stein, so versetzt man Berge. Geistliche Begleitung ist ein Prozess, keine komische Zauberei, nicht die Wiederholung einer eingefrorenen Stagnation, keine bloße Spiegelung ohne Fortschritt. Es handelt sich um einen geistlichen Prozess, ein Vorangehen in Richtung Heil und

Ganzheit. Ein Gericht steht am Ende eines Prozesses. In der Welt ein Strafgericht, in der Logik der Gnade das Heilsgericht: ein klares Urteil und die Vollstreckung von Strafe wird ausgesetzt.

»Danach legt er abermals die Hände auf seine Augen. Da sah der ehemals Blinde deutlich und wurde wieder zurechtgebracht.« Nun konnte er genau sehen. Er sieht die Realität genauer und tiefer als bisher. Er sieht nun die Wirklichkeit. Hinter dem Fenster der Realität atmet die Wirklichkeit Gottes. »Und er schickte ihn nach Hause und sprach: Geh noch nicht hinein in das Dorf.« Noch ist es nicht Zeit für die Öffentlichkeit. Noch ist eine Zeit der Stille und des Schweigens, des Etwas-sich-setzen-Lassens, des Wunders der Verwandlung angesagt.

Wer ist ein Mensch, der sieht? Wer schaut mit dem Dritten Auge? Dort beginnt man immer wieder: »In nomine patris ...« – »Im Namen des Vaters der Barmherzigkeit.« Mit diesen Augen gilt es zu sehen. Mit den Augen der Barmherzigkeit der ewigen Liebe, die wir Gott nennen. So glückt es, die leiblichen und die geistlichen Werke der Barmherzigkeit ganz praktisch zu tun. An den Handwurzeln mögen nicht mehr Angst und Gewalt regieren, sondern von dort her wird der Reichtum der leeren Hände erfasst. Statt der Bewegung der Selbstverkümmerung – den sich in sich selbst zurückkrümmenden Menschen nennt Martin Luther einen Sünder – geschieht die Gegenbewegung: die Bewegung »mit Jesus unterwegs«. Wenn Freiheit aufgeht, führt sie ins Weite. Der Reichtum der leeren Hände zielt auf Gebet. Von den Handwurzeln her möge messianisch gehandelt werden. So bezeugen Christen in Geist und Wahrheit, in Wort und Werk, Jesus Christus.

15. Der königliche Hauptmann

Wie ein Wort wirken kann

Und Jesus kam abermals nach Kana in Galiläa, wo er das Wasser zu Wein gemacht hatte. Und es war ein Mann im Dienst des Königs; dessen Sohn lag krank in Kapernaum. Dieser hörte, dass Jesus aus Judäa nach Galiläa kam, und ging zu ihm hin und bat ihn, herabzukommen und seinem Sohn zu helfen; denn der war todkrank. Und Jesus sprach zu ihm: Wenn ihr nicht Zeichen und Wunder seht, so glaubt ihr nicht. Der Mann sprach zu ihm: Herr, komm herab, ehe mein Kind stirbt! Jesus spricht zu ihm: Geh hin, dein Sohn lebt! Der Mensch glaubte dem Wort, das Jesus zu ihm sagte, und ging hin. Und während er hinabging, begegneten ihm seine Knechte und sagten: Dein Kind lebt. Da erforschte er von ihnen die Stunde, in der es besser mit ihm geworden war. Und sie antworteten ihm: Gestern um die siebente Stunde verließ ihn das Fieber. Da merkte der Vater, dass es die Stunde war, in der Jesus zu ihm gesagt hatte: Dein Sohn lebt. Und er glaubte mit seinem ganzen Hause. *(Joh 4,46–53)*

Wie kann denn so etwas gehen, ein Wort, das so viel bewirkt? Gewiss kommt es darauf an, wer etwas sagt und wie die Umstände sind. Fangen wir zunächst einmal in unserem Alltag an. Manche gehen ab und zu auf den Fußballplatz. Dort hört man die einfachste Form des Wortes: Der Mann in Schwarz pfeift. Viele setzen oft große Summen darauf, wer gewinnt. Und interessanterweise, sogar wenn der Ball nicht im Tor ist und der Mann pfeift – Kurzform eines Wortes – Tor! Und Millionen Wettsummen marschieren von A nach B. Der Schiedsrichter pfeift – und die Umstände sind entsprechend – welche Wirkung! Das gibt zu denken.

Erwachsene gehen manchmal auf das Standesamt. Oft gibt es einen langen Vorlauf, bis die Umstände passen. Ein Ja, geflüstert, gehaucht, ein Versprechen wie ein Versprecher, und die Konsequenz: Früher war nach dem Gang auf das Standesamt eine Mark noch fünfzig Pfennig wert. Wer spricht denn da, wie sind die Umstände und siehe da – welche Wirkung!

Oder einst in Mexiko: Der Kaiser wurde an die Wand gestellt – der Kaiser von Mexiko! – und irgendein paar Pappnasen, denen man ein Gewehr in die Hand gedrückt hatte, und irgendein Unteroffizier rief: »Feuer!« – und tot. Wer spricht denn da, ein Wort und welche Wirkung! Viele Beispiele gibt es: Man weiß ein Kennwort, kennt das Passwort oder die Parole – und viele neue Welten tun sich auf.

Das könnte im Blick auf den Alltag in Geschichte und Gegenwart durchaus interessant werden. Hinter tausend Wörtern – jenseits vieler Worte – und plötzlich ein Wort: welche Wirkung! So, etwas popularphilosophisch vorbereitet, wenden wir uns noch einmal dem Text zu.

Jesus, das heißt Gott heilt, Gott hilft, ist ein Wort aus Ewigkeit, Gottes Wort im Menschenwort. Er ist unterwegs nach Kana – das Wort Kanon kommt davon her –, ein maßgeblicher Ort, der Ort der großen Verwandlung von Wasser, von Auf und Ab, von Zeit in Wein, in die Freude des Himmels. Von Kana in Galiläa, das heißt von der Körperwelt aus, ergeht das heilsame Wort Jesu. Kann denn in der Realität so etwas Wundersames passieren?

In Kapharnaum lebte ein Mann im Dienst des Königs, ein königlicher Hauptmann. Ein solcher Mann hat klare Befehlsstrukturen im Kopf und kennt die entsprechenden Kommandos. Doch die Sache mit seinem Sohn funktioniert nicht. Liest man den Paralleltext bei Lukas und Matthäus, so weiß man etwas mehr von diesem Mann (vgl. Lk 7,1–10; Mt 8,5–13). Geschichtlich, historisch gesehen stand er im Dienst des Landesherrn Jesu, des Herodes Antipas. Sein Bruder Philippus regierte das Nachbarkönigreich mit der Hauptstadt Cäsarea Philippi. An der Grenze seines Königreichs herrschte Herodes Antipas durch seinen Grenzkommandanten. Der königliche Hauptmann war im Grenzort Kapharnaum, das heißt hebräisch im Bereich des Trostes, stationiert. Hier ist die Wahlheimat Jesu. Der königliche Hauptmann hatte der jüdischen Bevölkerung viel Gutes getan, zumindest nach dem Urteil der jüdischen Erbpriester. Selbstverständlich kannte er auch den Finanzminister des Herodes, den Chuzas. Johanna, die Frau des Chuzas, hatte sich der Bewegung um Jesus angeschlossen (vgl. Lk 8,3). Wer ist Jesus von Nazareth? Der Messias? Wer glaubt an ihn, seine Mystik, seine Herkunft, seine Zukunft, sein politisch alternatives Programm?

Je nach theologischer Perspektive der Evangelisten wird das aramäische Wort Äbäd im Griechischen mit Kind bzw. Sohn oder Knecht übersetzt. Jesus sprach mit den Leuten die Alltagssprache, nämlich Aramäisch. Der Äbäd lag danieder, war krank. Äbäd kann man im Deutschen am besten übersetzen mit Bursche. Ein Bursche kann ein Knecht sein, jemand, der zu gehorchen hat – man denke an die Burschenschaften –, ein junger Mann also, aber auch ein Kind, ein Sohn. Auf Arabisch ist daraus Abd-ullah geworden, Knecht Allahs. Wer ist ein Äbäd, ein Kind des Ewigen?

Wenn im Orient von Kindern erzählt wird, geht es immer um die Zukunft. Die Zukunft liegt darnieder. Der Sohn, der Knecht ist krank. Welche Tragik! Der Haupmann lässt sein Herz sprechen. Wird der fremde Mann aus Nazareth sich um seinen Sohn kümmern? Wer glaubt an Jesus und seine Botschaft? Am Ende der Geschichte, heißt es, wurden der königliche Hauptmann und sein Haus gläubig (vgl. Joh 4,53). Sie vertrauten sich Jesus von Nazareth als dem Messias an, dem Wort Gottes aus Ewigkeit in Fleisch und Blut.

Wir hören: Geh hin, du hast eine Zukunft! Dein Äbäd, dein Kind, dein Sohn lebt! Es geschah um die siebte Stunde. Sie ist ein Topos im biblischen Text. Am siebten Tag, am Sabbat, heilt Jesus: Aus der Stille kommt die Kraft. Nur in der Stille wird am Grund der Seele und des Geistes das Wort des Ewigen hörbar, so hörbar, dass da und dort höchst interessante psychosomatische Effekte eintreten können. Der Mensch als seelisch-geistig-körperliches Wesen bildet eine Einheit. Ist zutiefst sein Geist, seine Seele erreicht, geht das Leben im Alltag oft körperlich anders weiter. Und bei spiritueller Telekinese, wie wundersam: Verwandlung beginnt. Die Logik des Geistes gehorcht den Gesetzmäßigkeiten des Plötzlichen, auf einmal, jetzt, unableitbar. Die Logik der Seele, reflektiert in der Psychologie, kennt Verläufe, langsames, organisches Wachstum. Geist, Geist im Wort aber wirkt manchmal »jetzig«, in einem Augenblick. Wie gesagt, wenn die Umstände entsprechend sind – denken wir an unsere Beispiele zu Beginn – und abhängig davon, wer das Wort sagt.

Welche Szene am See Genezareth, dem See, der wie eine Zither geformt ist! Und der Wind vom Hermon, dem Berg der Verklärung, raunt im Schilf sein Lied: Wie wirkt der Ewige durch seinen Messias in Israel und bei den Völkern? Eine große wundersame Geschichte wird erzählt, in die das eigene Leben hineinzuhalten sich lohnt. In der Gegenwart Christi, in den Gestalten von Brot und Wein, in der Stille beginnt oft ein tiefes Hören, ist der Anfang der Verwandlung verborgen.

In der Dogmatik, in der Systematik wird über die Weisen der Präsenz Jesu Christi reflektiert. Von Aktualpräsenz spricht man, von Gegenwart zu Gegenwart, von Herz zu Herz, von Du zu Du, von dem unsichtbaren, auferstandenen ewigen Christus und dem Menschen, der in den Kreis der Gemeinde kommt. Begegnung mit Jesus wird in den Gestalten von Brot und Wein riskiert. Dabei kommt viel darauf an, dass man selbst gegenwärtig wird, zumindest für ein paar Augenblicke in der Begegnung mit dem Christus präsent wird. Die Anwesenheit des Gebenden kann vernommen werden. In den Zeichen seines Testamentes wird er gehört.

Und es ist eigenartig: Seit Jahrhunderten wird das Wort des Hauptmanns von Kapharnaum wiederholt, gleichsam als liturgische Vorbereitung für den Empfang der eucharistischen Gaben von Brot und Wein. Man leiht sich die Worte des Hauptmanns, der da einst sagte: »Herr, ich bin nicht würdig« (man kennt sich ja), »dass du eingehst unter mein Dach« (das Schädeldach, das Haus, die Tiefe des Selbst), »aber sprich nur ein Wort!« (Was ist das für ein heilsames Zauberwort) – aber, sprich nur ein Wort, und mein Äbäd, mein Sohn, mein Knecht »und meine Seele wird wieder gesund.« – so gelange ich neu ins Heil. Die Seele ist der Äbäd des Geistes! Sie ist das Prinzip der Individuation, das, was jemand zu dem macht, wer er in der Tiefe als Persönlichkeit ist. Die Seele ist die Matrix, die Grundlage der Gefühle: »Sprich nur ein Wort, und so wird meine Seele gesund.«

Im Kraftfeld des Ewigen, in der Gegenwart Jesu Christi fängt eine neue Heilserfahrung an, zuweilen mit psychosomatischen Konsequenzen. Es geschehen Verwandlungen im Alltag, Beziehungen können noch einmal einen guten Anfang finden – oder ein gutes Ende. Ein Mensch, der darniederliegt, der gebeugt wurde, sich verkrümmte, kommt wieder ins Lot. Er steht auf, ist wie eine Säule zwischen Himmel und Erde und vermag lebendig weiterzugehen. Sprich nur (d)ein Wort, und so wird meine Seele gesund. Wunder geschehen.

Darum geht es: Gottes heilsames Wort zu hören, durch unsere Menschenworte hindurch beim Abendmahl und im Alltag. Vielleicht ist heute eine gute Zeit der Stille, den inneren Christus zu hören, der als äußerer Christus durch Raum und Zeit gegangen ist. Und noch einmal: Sprich nur ein Wort im Geist, sprich nur dein Liebeswort, und so wird meine Seele gesund. Dies wünscht man einander. Dazu werden die Gaben in Wort und Werk bereitet.

16. Tochter mit Zukunft

Die Frau aus Syrophönizien

Jesus stand auf und ging von dort in das Gebiet von Tyrus. Und er ging in ein Haus und wollte es niemand wissen lassen und konnte doch nicht verborgen bleiben. Sondern alsbald hörte eine Frau von ihm, deren Tochter einen unreinen Geist hatte, und sie kam und fiel nieder zu seinen Füßen. Die Frau war griechischsprachig aus Syrophönizien und bat ihn, dass er den bösen Geist von ihrer Tochter austreibe. Jesus aber spricht zu ihr: Lass zuvor die Kinder satt werden; es ist nicht recht, dass man den Kindern das Brot wegnimmt und es vor die Hunde wirft. Sie aber antwortet und spricht zu ihm: Ja, Herr, doch fressen die Hunde unter dem Tisch von den Brosamen der Kinder. Und er sprach zu ihr: Um dieses Wortes willen geh hin, der böse Geist ist von deiner Tochter ausgefahren. Und sie ging hin in ihr Haus und fand das Kind auf dem Bett liegen und der böse Geist war ausgefahren. *(Mk 7,24–30)*

Wer den Prozess von Exerzitien durchläuft, hält manchmal inne und fragt sich, wie nun mit Gottes Hilfe die nächste Stunde zu gestalten ist. Man startet meist in winterlicher Zeit. Es ist nicht viel los, und man hofft auf ein Korn, das mit seinem Keimen den Frühling beginnen lassen könnte. Man geht noch einmal über den Acker seiner Seele, liest eine Bibelstelle wie die jetzige – in der Hoffnung, da senkt sich schon etwas ein, was Frühling braucht. Möge doch etwas aufgehen auf dem Acker der Seele; sei es ein Samenkorn, wer und was auch immer.

Im Sommer wachsen Kraut und Unkraut manchmal dicht beieinander. Aber nur nicht nachschauen, warte bis zum Herbst, bis zur Zeit der Ernte. Neugier, auch eine Form von Sucht, ist fehl am Platz. Zieh kein Pflänzchen mit der Frage: »Ach wächst das wirklich?« wieder heraus, denn dann fängst du von vorne an. Warte bis zur Ernte.

Predigt ist die Relecture einer Betrachtung: Vers für Vers. Sehen wir, hören wir, spüren wir, tasten wir uns noch einmal durch den Text, um seinen Geschmack zu vernehmen. Ein Text ist ein Stück »Gewirk«, ein Netz, eine Wirklichkeit von Beziehungen und Freiräumen. Möge unaustrinkbares Licht vom Licht der Gnade Gottes in unsere Herzen fallen, so dass uns vom springenden Punkt im Leben her etwas aufgeht!

Mit Jesus unterwegs von Galiläa in das Gebiet um Tyrus. Das liest sich so wie nebenbei, aber die Topographie gibt uns einen Wink: Auf den Spuren des Elija macht Jesus seine erste Auslandsreise, nach Syrophönizien, in den heutigen Libanon. Der Mann geht über die Grenze in das Gebiet von Tyrus und Sidon. Eine berühmte Prinzessin – der Vater König, der Bruder König in phönizischen Stadtstaaten am Meer – mit einem großen Namen, halb freiwillig, halb verführt – man weiß es nicht –, macht eine weite Reise mit blondgelockten blauäugigen griechischen Helden übers Meer nach Kreta. Die Prinzessin heißt, namensgebend für unseren Kontinent, Europa. Jesus ist also im Kernland von Europa. Hier liegt Byblos. Mit den Buchstaben von Byblos wurde die Bibel aufgeschrieben. König Hiram von Tyrus hat Salomo den Tempel gebaut. Phönizien – Purpurland – erstreckte sich herunter bis zum Karmel, zum Gottesberg, dem Weinberg des Herrn. Jesus unterwegs nach Europa? Wir sind eine Kolonie von Phönizien, und Amerika ist eine Kolonie von uns.

Eine Ureuropäerin, eine hochgebildete, griechischsprachige Syrophönizierin mit Punierblut in den Adern – was ist das für eine Frau? Zunächst ist sie eine Frau, deren Tochter krank ist. Die Tochter hat einen Dämon – ihre innere Stimme ist unfrei, besetzt. Europa ohne Zukunft – das könnte spannend werden.

Reiche kapitalistische Hafenstädte säumen die Küste der Levante. Im Hinterland Phöniziens liegt Baalbek mit einem großen Tempel, vergleichbar dem Tempel von Jerusalem an Größe und Schönheit.

Diese kapitalistischen Städte hatten auch bei Finanzkrisen genügend Geld. So zogen ihre Getreideaufkaufhändler durchs Hinterland nach Galiläa, in die Heimat Jesu, die periodisch von Hungersnöten geplagt war. Selbst das Saatgetreide gelangte dann nach Tyrus und Sidon. Welch ein sozialer Konflikt! Welche Wunden schlagen die reichen Ausländer der galiläischen Bevölkerung! Phönizien ist das Land der Isebel – der Ischa Baal, der Frau des Baal. Mit Ahab, dem König des Nordreichs, war Isebel verheiratet. Sie ist die Frau, die keine Grenzen achtet. Zwei falsche Zeugen, und der Weinberg des Nabots gehörte dem Ahab. Die Frau weiß einfach, wie man es macht. Sie dient Baal – dem Wissen um die Verläufe. Die Frau weiß, wie alles funktioniert. Sie ist eine Oberfunktionärin. Freiheit, Würde, Werte sind für sie kein Thema. Da prallen Wellen aufeinander, in der Gegend von Tyrus.

Dorthin kommt der Mann aus Nazareth. Er ging über die Grenze. Seine Mutter entstammt dem Hohepriesteradel. In der Klasse der Erbpriester wurde untereinander geheiratet – Onkel Zacharias, Tante Elisabeth, Cousin Johannes. Mütterlicherseits ist die Herkunft also vom Feinsten. Neben dem Tempelplatz steht das Haus seiner Großmutter Anna, hebräisch »chäsäd«, der Gnade also. Väterlicherseits galt Jesus als Davidide. Josef, ein Davidischer Prinz! »Sohn Davids, erbarme dich meiner!« – welche Welt!

Für die innere Betrachtung heißt das, nach winterlicher Zeit den Schauplatz zu sehen. Die eigene Phantasie wird durch historische Kenntnisse angereichert. Die Szene, das innere Bühnenbild erscheint: Wer trifft wen? Fremde Frau trifft fremden Mann. Die Frau braucht Hilfe. Sie fällt vor ihm nieder – die Füße sind der Sitz der Persönlichkeit im Orient, ja der Gottheit in Indien. Sie hält ihn für fähig, ihren Lebenskonflikt zu lösen. Jesus ist für Geister und Dämonen zuständig. Er praktiziert erfolgreich Spiritualität. Die Frau begegnet ihm in ihrer Not. Ihre Tochter ist besetzt, ja besessen. Ihre Frage ist: »Was kann ich tun für meine Tochter, für meine Zukunft?« Weltanschauung und Religion sind egal. Die Frau hat ein Herz, sonst würde sie das nicht machen. Und Jesus? Er zieht nicht recht. Die Frau argumentiert. Er will nicht. Die Frau muss beeindruckend gewesen sein. Manche Exegeten gehen so weit und sagen: In dieser Begegnung hat er sich bekehrt: »Ich bin nicht nur für Israel, sondern für die Völker zuständig.«

Für einen wahren Mann ist es ja keine Schande, etwas zu lernen. Lassen wir die Frage offen, wie denn Gottheit und Menschheit in ihm jeweils übereinkommen. Erwacht hier sein Messiasbewusstsein für die Völker?

Der Hund ist Symbol für die Grenze. Er sagt Ja zu dem, was seines Herren oder seiner Herrin ist, und Nein zu dem, was er für seinen Herrn als bedrohlich empfindet. Der Hund ist Symbol der Sprache von Ja und Nein aus Ja. Die Frau argumentiert: »Das mag schon alles richtig sein, aber ...« Und Jesus gibt ihr nach.

Wie wundersam verläuft das! Begegnung bewirkt Verwandlung. Nicht mehr Ich ist Ich, sondern Ich und Du werden Wir. Das hat Konsequenzen. Sie kommt zurück in ihr Haus, in ihr Selbst, und siehe: die Tochter ist gesund. Vielleicht, weil die Frau selber gesund wurde in dieser Begegnung? Weil sie nicht mehr fixiert blieb auf eine vermeintlich unheilbare, geistige Krankheit? Neue Freiheit im Geist wirkt sich aus.

Spiritualität nimmt den anderen in seiner Gesundheit und in seinem tiefen Heilsein wahr, in der Perspektive seines zutiefst erlösten Gerechtfertigtseins. Es lohnt sich, psychologische Seelsorge von geistlicher Begleitung zu unterscheiden. Nicht nur auf der Metaebene, sondern in der Praxis. Zwischenmenschlich beginnt eine neue Freiheitsgeschichte, eine neue Geistesgeschichte. Freiheit meint nicht Beliebigkeit. Dies ist der eine Straßengraben: sich alle Möglichkeiten offenhalten! Möglichkeiten über Möglichkeiten, aber ohne Liebe. Man wird nie konkret, sondern bleibt beliebig, man behält die Liebe egoistisch für sich. Der andere Straßengraben heißt Willkür: Ich weiß nicht, was ich soll, irgendeiner wird anstatt meiner seinen Willen schon durchsetzen. Die arme Eisprinzessin, sogar über ihre Kür entscheidet ein fremder Wille! Jenseits von Willkür und Beliebigkeit gibt es eine andere Logik. Zur Freiheit seid ihr befreit! Im Kraftfeld der Gnade findet die Begegnung mit Jesus, dem Christus, statt. Und das Wunder wird am Leben sichtbar. Die Frau hat Zukunft, ihre Tochter ist befreit. Wo Besessenheit war, wird wieder die Stimme des Gewissens vernehmbar.

17. Ephata

Die Heilung des Taubstummen

Und als Jesus wieder fortging aus dem Gebiet von Tyrus, kam er durch Sidon an das Galiläische Meer, mitten in das Gebiet der zehn Städte. Und sie brachten zu ihm einen, der taub und stumm war, und baten ihn, dass er die Hand auf ihn lege. Und er nahm ihn aus der Menge beiseite und legte ihm die Finger in die Ohren und berührte seine Zunge mit Speichel und sah auf zum Himmel und seufzte und sprach zu ihm: Ephata! Das heißt: Tu dich auf! Und plötzlich taten sich seine Ohren auf, und die Fessel seiner Zunge löste sich, und er redete richtig. Und er gebot ihnen, sie sollten's niemandem sagen. Je mehr er es aber verbot, desto mehr breiteten sie es aus.

(Mk 7,31–36)

Unter dem Vorzeichen von Männerspiritualität mit Jesus unterwegs: Welch seltsames, fast schamanisch anmutendes Ritual – da mag mancher, der bei Kirche angestellt ist, froh sein, dass es am Ende nicht heißt: Geh hin und tu desgleichen!

Schauen wir uns die Sache noch einmal an. Was ist das für ein Weg von A nach B, bei dem sich zwei Männer treffen. Von Tyrus, vom Libanon, von Phönizien her unterwegs – am Ende einer Auslandsreise – kommt Jesus am See Genezareth, am Galiläischen Meer, vorbei und zieht gleich wieder ins nächste Ausland: in die Dekapolis. Jesus geht über die Grenze. Es ist seine zweite Auslandsreise, von der wir wissen.

Pompeius, der römische General, gründete im Jahr 63 v. Chr. den Städtebund der Dekapolis neu. Immer wieder siedelten Veteranen dort; seit Alexander dem Großen ist man dort griechischsprachig, dann kamen auch die Römer nach Skythopolis, ins alte Bet Sche'an. Zum Städtebund gehörten zum Beispiel Amman, das frühere Philadelphia, die jetzige Hauptstadt Jordaniens, sowie Gerasa und andere Städte. Zehn reiche Städte mit griechischer Kultur bildeten die Dekapolis. Da gab es Schweinefleisch. Auf den Münzen war die Tyche, die Glücksgöttin – noch einmal die Münze in die Luft werfen! Es handelt sich um eine hellenistische, europäische Hochkultur. Plato, Aristoteles, Philosophie sind selbstverständlich. Man geht ins Theater, in die Welt der Psychologie, kollektive Reinigungsprozesse mit eleos und phobos, das heißt mit Mitleid und Furcht finden statt. Wenn das Setting stimmt, kommt es zur Katharsis: Man ist clean. Eine ethisch durchaus hochstehende Welt! Man denke an Aufführungen wie Antigone von Sophokles. Antigone ruft angesichts ihres erschlagenen Bruders – Onkel Kreon lässt ihn nicht bestatten, aber sie tut es doch: »Nicht mitzuhassen, sondern mitzulieben bin ich da.«

Jesus im hellenistischen, im griechischsprachigen Ausland – in der Dekapolis. Multikulti – damals wie heute! Aber wo es Glück gibt, hat man manchmal auch Pech. Der Zirkus der Welt – was ist das für eine Manege! Die Oberzirkuskünstler sind die Manager der damaligen

Zeit. Da gibt es Seiltänzer, Löwenbändiger, das volle Programm. Da kommt es folglich auch zu Burn-out, Ausgebranntsein. Man(n) kann nichts mehr anhören, daher ist jeder weitere Kommentar überflüssig. Der Mann ist taub. Der Mann sagt nichts mehr. Lange berieselt, zugekreischt, zugelabert, wir wissen es nicht. Und irgendwann: Er sagt kein einziges Wort mehr. Der Mann ist zu. Es muss nicht immer Alkohol sein. Flucht in die Entsensibilisierung genügt. Er ist taub. Für seine Frau ist das schrecklich: Beziehung aus, Endstation. Ein Mann ist stumm und taub geworden. Psychologisch ist dies das Ende von Animus – arme Seele!

Gute Therapie hat immer etwas Vornehmes an sich. Jesus nimmt ihn beiseite. Es geht um Männerspiritualität. Begegnung mit psychosomatischen Effekten hört sich spannend an. Allerlei Symbolträchtiges kommt zum Vorschein, Freud hätte seine helle Freude daran. Welche Symbolik ist das: die Muschel, die Ohrmuschel? Botticelli malt Aphrodite auf der Muschel; »mei Muscherl« sagt man in Wien. Es ist die Symbolik des Weiblichen. Der Finger erinnert an die alten Predigten von der Kanzel: Da oben stand ein Mann, der sagte, »wo es langgeht« mit Moral bis zum Abwinken. Unten saßen die »Abgekanzelten«. Der Zeigefinger beinhaltet Männersymbolik. Der Mund, die Lippen des Mundes, der Raum, die Zunge stehen für das Urmodell konvex-konkav, nach innen bzw. nach außen. Und bei dem Mann aus unserer Heilungsgeschichte geht nichts mehr.

Eine Begegnung von Mann zu Mann! Wie seltsam ist diese Geschichte! Jesus nimmt ihn beiseite. Der Geist ist mit Sprache noch zurückhaltend. Zunächst das schamanische Setting, gleichsam ein sexualtherapeutisches Ritual. Finger in die Ohren – zunächst hört man ein Rauschen. Ein seltsames Ritual beginnt. Jesus leiht ihm gleichsam symbolisch von seiner Männerkraft, berührt des anderen destruierte Weiblichkeit – der Mann kann nichts mehr hören. Die Kunst der Kommunikation ist das Zuhören. Es war nichts mehr los mit dieser »tauben Nuss«, dem stummen Mann. Und dann wird gleich – wie verdoppelt – mit Speichel nachgelegt. Um die männliche Herkunftsgeschichte und Kraft geht es. Der Speichel, ganz modern in der Kriminologie wiederentdeckt als Speicheltest. Männerinformation: Jesus nimmt Speichel von sich und gibt ihn dem anderen auf die Zunge. Ein bisschen Ekel mag da aufkommen, auch wenn dies alles tiefenpsychologisch, symboltheoretisch, sexualtherapeutisch vernünftig ist.

Wie aber kommt es zur Wirkung im Kraftfeld des Geistes von Männerbegegnung? Plötzlich! Die Logik des Geistes hat etwas Plötzliches. Sofort! Und »sogleich« – hört der Mann wieder. Sein vernehmendes Vermögen, seine Vernunft kehrt zurück, er wird wieder sprachfähig. Der stumme, taube Mann findet zurück zu den Sinnen, er ist wieder sensibilisiert. Ephata! Mach doch noch einmal auf! Und er hört wieder und spricht wieder.

Männerspiritualität: Erst gilt es zu entdecken, wo man zu ist, wie es einem geht. Nüchterne Bestandsaufnahme steht an, z.B. bei Managerkursen auf dem Segelschiff: zunächst drei Tage Erholung, dann geht es an den Strand. Am Lagerfeuer beginnt das Ritual mit Schere und Pflaster. Jeder darf sich dort Pflaster kleben, wo er sich verwundet fühlt. Diese Männerwelt sieht nach ein, zwei Stunden ganz gut aus. Wo sind die Wunden und wo die Pflaster, die letztlich nichts taugen? In der Lagerfeuerwelt kommt man ins Gespräch. Manche sprechen das erste Mal wieder von sich – nicht über sich – und hören wieder einem anderen wirklich zu. Es geht um Seele und Geist.

Männerspiritualität: Jesus nahm ihn beiseite – Gönne dir Auszeit! Riskiere Begegnung, geistige Präsenz, emotionale Anwesenheit in deiner realen verkrüppelten Körperlichkeitsgeschichte. Die Latte hängt zunächst hoch, man muss sich trauen, auch wenn man meint, spirituell gar nichts zu können. Und entscheidend ist die Begegnung: sich berühren zu lassen von Du zu Du, von Geist zu Mensch, von Mensch zu Geist. Da sind tausend Formen von Verstummen, tausend Formen von Taubheit! Und irgendwo erreicht dich wieder das Liebeswort, das Gotteswort in Menschensprache: Ephata! Mach doch noch einmal auf! Das tut gut!

Wer während eines Exerzitienprozesses täglich vier Mal eine Betrachtungsstunde zu einer Leben-Jesu-Begegnung hält, kann sich erstens exegetisch dem Text nähern, zweitens in existenzieller Absicht. Anschließend lässt sich drittens nach der inneren Begegnung mit Jesus Christus die christologische Dimension der Textstelle vertiefen. In der letzten, der vierten Betrachtungszeit wird vor allem die doxologische Weise des Umgangs mit dem Text praktiziert. Der Inhalt des Textes wird nun persönliches Gebet.

18. Eine Lehrveranstaltung Jesu

Gelähmt auf dem Bett

Und es begab sich eines Tages, als Jesus lehrte, dass auch Pharisäer und Schriftgelehrte dasaßen, die gekommen waren aus allen Orten in Galiläa und Judäa und aus Jerusalem. Und die Kraft des Herrn war mit ihm, dass er heilen konnte. Und siehe, einige Männer brachten einen Menschen auf einem Bett, der war gelähmt. Und sie versuchten, ihn hineinzubringen und vor ihn zu legen, und weil sie wegen der Menge keinen Zugang fanden, ihn hineinzubringen, stiegen sie auf das Dach und ließen ihn durch die Ziegel hinunter mit dem Bett mitten unter sie vor Jesus. Und als er ihren Glauben sah, sprach er: Mensch, deine Sünden sind dir vergeben. Und die Schriftgelehrten und Pharisäer fingen an zu überlegen und sprachen: Wer ist der, dass er Gotteslästerungen redet? Wer kann Sünden vergeben als allein Gott? Als aber Jesus ihre Gedanken merkte, antwortete er und sprach zu ihnen: Was denkt ihr in euren Herzen? Was ist leichter zu sagen, dir sind deine Sünden vergeben, oder zu sagen, steh auf und geh umher? Damit ihr aber wisst, dass der Menschensohn Vollmacht hat, auf Erden Sünden zu vergeben, sprach er zu dem Gelähmten: Ich sage dir, steh auf, nimm dein Bett und geh heim. Und sogleich stand er auf vor ihren Augen und nahm das Bett, auf dem er gelegen hatte und ging heim und pries Gott. Und sie entsetzten sich alle und priesen Gott und wurden von Furcht erfüllt und sprachen: Wir haben heute seltsame Dinge gesehen.

(Lk 5,17–26)

Was war denn das für eine seltsame Lehrveranstaltung Jesu Christi? Ein ganz gemischtes Publikum: Pharisäer, Schriftgelehrte, Kranke, Sympathisanten, Anhänger, der Querschnitt durch die Gesellschaft. Und dann war der Raum so voll, so dass nichts anderes übrig blieb als der Einbruch von oben. Ein Gelähmter wurde gebracht auf seiner Kline, auf seiner Tragbahre, auf seinem Bett, auf seinem Sofa. Bei den Fachleuten rabbinischer Schriftauslegung kommt natürlich das bedeutsame Bett in der jüdischen Tradition zu Sodom und Gomorra in den Sinn. Diese will ich nicht vorenthalten: Vor Sodom und Gomorra steht ein Mitah, eine Kline, ein Bett, eine Bahre. Und wer in die Stadt hinein möchte – dummerweise – nach Sodom und Gomorra, wird zunächst auf dieses Bett, auf dieses Maß, auf diese Norm, gelegt. Denkt jemand zu viel, kein Problem: ein bisschen Kopf ab. Geht jemand rasch, zu rasch voran: ein bisschen Bein ab. Endlich ist er normal, er passt. Perfekte Anpassung, perfekte Normierung, Gleichheit heißt die Eintrittskarte.

Und fürwahr, innen ist wirklich alles gleich: Mensch und Tier, Sodomie, Gomorra, hui und pfui. Noch heute gibt es unten am Toten Meer die Sodomsäpfel, wunderschön, großartig anzuschauen. Bei einer Wüstenwanderung findet man endlich einen Strauch mit diesen kostbar schönen Früchten, aber wenn man sie pflückt und aufmacht, ist innen nur Luft. Außer Hochglanz nichts gewesen! Das ist die Welt von Sodom und Gomorra, das Maß, das Bett, die Kline, die Norm.

Nun zurück zu der neutestamentlichen Geschichte: Da liegt der Mensch nun gelähmt, paralysiert, nicht querschnittsgelähmt, sondern halbseitig gelähmt, vielleicht ein Schlaganfall oder vielleicht auch Folgen der Gicht. Antike Medizin ist oft nicht präzise übersetzbar. In diese Krankengeschichte kann man gut die eigenen Lähmungen hineinhalten. Am einfachsten sind physiologische Lähmungen: eingeschlafene Beine und Arme. Ein sanfter Verlauf, ein bisschen klatschen, und es geht schon wieder. Physiologische Lähmungen gibt es hundertfach, mehr oder weniger intensiv, aber auch seelische, emotionale Lähmungen und geistige Lähmungen: man ist nicht frei. Jüdisch gesagt: man ist nicht koscher. Man ist nicht beziehungsfähig.

Der Mann ist gelähmt. Da liegt er nun auf seinem Bett, auf seiner Norm, auf seinem Idealismus, der ihn zur Strecke gebracht hat. Es gibt tausend Gründe, warum alles so gekommen ist. Doch egal, die Realität sagt genau betrachtet: es geht nichts mehr. Trotz allem war er ein glücklicher Mensch, denn er hatte Freunde. Sie brachten ihn von oben her vor Jesus. Und er sagt: »Deine Sünde ist dir vergeben.« Gottes Maße sind anders als deine Normen von Fuß ab, von Kopf ab, von angepasst. »Egeire«, wach auf, Mensch, wach auf! Mensch, steh auf!

Glauben heißt Mut zur Unterbrechung von »es war einmal«. Alptraummärchen nahmen ihren Lauf, und da liegst du nun paralysiert mit deiner Lähmungsgeschichte. Gute Gründe – biographische, gesellschaftliche, psychologische, soziologische, medizinische – gibt es genug. Oft folgt eine unendliche Analyse. Doch angesichts von Paralyse nützt das nichts. Aber Begegnung heilt – wie wundersam! Wer begegnet wem? Begegnung geschieht von Angesicht zu Angesicht, von Herz zu Herz, von offenem Ohr zu heilendem Wort, und plötzlich ereignet sich eine Metamorphose, eine Verwandlung. Das verbum externum trifft das verbum internum. Der verkündigte Jesus, der Christus außen, begegnet der tiefen Sehnsucht des Menschen nach Heil innen. Wie verborgen war der Geist Jesu immer schon in ihm? Welcher Durchbruch in der Begegnung! Wundersam! Ab und zu auch gesellschaftlich, öffentlich wahrnehmbar. Welche Lehrveranstaltung Jesu! Welches Ambiente! Gelähmtes Leben steht wieder auf. Der Mensch in seiner Freiheit kommt neu zustande: bezüglich Seele und Geist, ja bis in die Körperlichkeit hinein.

Exerzitien sind eine Zeit der inneren Begegnung mit Jesus, dem Christus, der in Wort und Sakrament verkündet wird, ja dadurch selbst zur Sprache kommt. Exerzitien kann man nicht machen. Der Mensch begibt sich in ein gestiftetes Kraftfeld und wird be-wirkt, durch den Gnadenstrom, der lichtet, Lähmungen und Blockierungen auflöst, bis jemand wieder zustande kommt, neu und frei dasteht und weitergeht. Darum geht es, um Begegnung mit Jesus, dem Christus, im heilenden Wort, sei es mitten in einer öffentlichen Lehrveranstaltung oder einer geistlichen Übung im stillen Kämmerlein. Dort hoffen wir auf Verwandlung durch seinen Geist und bitten: Wandle unsere Gesetzlichkeit in Glauben und Vertrauen, wandle unsere Schriftgelehrtheit in Weisheit und Menschlichkeit.

19. In der Mitte stehen

Eine Heilung am Sabbat

Und er ging abermals in die Synagoge. Und es war dort ein Mensch, der hatte eine verdorrte Hand. Und sie lauerten darauf, ob er auch am Sabbat ihn heilen würde, damit sie ihn verklagen könnten. Und er sprach zu dem Menschen mit der verdorrten Hand: Tritt hervor! Und er sprach zu ihnen: Soll man am Sabbat Gutes tun oder Böses tun, Leben erhalten oder töten? Sie aber schwiegen still. Und er sah sie ringsum an mit Zorn und war betrübt über ihr verstocktes Herz und sprach zu dem Menschen: Strecke deine Hand aus; und seine Hand wurde gesund. Und die Pharisäer gingen hinaus und hielten alsbald Rat über ihn mit den Anhängern des Herodes, wie sie ihn umbrächten. *(Mk 3,1–6)*

Ob man beim Evangelisten Markus, bei Matthäus (vgl. Mt 12,9–14) oder bei Lukas (vgl. Lk 6,6–11) nachliest, die wundersame Heilung des Mannes mit dem gelähmten Arm steht bei allen im selben redaktionsgeschichtlichen Kontext. Zunächst wird die Frage nach dem Status des Sabbats beantwortet: »Der Menschensohn ist Herr über den Sabbat.« (Mt 12,8; Lk 6,5; Mk 2,28) Eine wichtige neutestamentliche Handschrift des Lukasevangeliums enthält folgende Einfügung: »Am selben Tag sah er einen Mann am Sabbat arbeiten und sagte zu ihm: Mensch, wenn du weißt, was du tust, bist du glücklich zu preisen; wenn du aber nicht weißt, was du tust, bist du verflucht und ein Übertreter des Gesetzes.« Jesus von Nazareth nutzt den Tag der Ruhe und der Stille, den Sabbat, um zu offenbaren, wozu er gesandt ist.

Zum Kontext der Geschichte des Mannes mit dem gelähmten Arm gehört also am Beginn die Frage nach dem Sabbat, und am Ende steht die Zielsetzung Jesu: »Auf seinen Namen werden die Völker ihre Hoffnungen setzen.« (vgl. Mt 12,21; Mk 3,7–8; Lk 6,17–19) Jesus wählt Jünger aus, damit sie in Gottes Namen zu den Völkern gehen (vgl. Lk 6,12–16). Sie sollen im Namen des schöpferischen Geistes der Liebe (des Vaters) und im Namen wahrer Menschlichkeit (des Sohnes) und im Geist des Evangeliums (des Heiligen Geistes) den Völkern die Thora auslegen und sie durch das Zeichen der Taufe in den Bund der Gnade aufnehmen (vgl. Mt 28,19–20). Jesus stiftet eine zweite Erwählung. Das ist seine Sendung: Den Völkern zu offenbaren, dass Gott jemand ist, der das Heil der Menschen will. Heilungen sind Zeichen dieses Heilswillens.

Wie kommt Heilung zustande? Welcher Raum der Begegnung ist notwendig, damit eine Verwandlung glückt? Wann kann ein Wunder geschehen? Modern gesprochen könnte man sagen: Jesus von Nazareth inszeniert eine Aufstellung im Kraftfeld des Geistes, und ein psychosomatischer Effekt sondergleichen tritt ein. Und warum heilt er gerade am Sabbat? Erst in der heiligen Stille beginnt die Verwandlung, die das Neue bringt (vgl. Joh 5,1–9).

Doch nähern wir uns dem Geschehen Schritt für Schritt. Wer bildet das Ambiente? Im Außenkreis, in dessen Mitte der Mann mit dem gelähmten Arm dann gestellt wird, befinden sich höchst unterschiedliche Personengruppen. Da gibt es Schriftgelehrte und Pharisäer, Herodianer und Menschen, die mit Jesus unterwegs waren. Sie sind gleichsam Prototypen, wie sie bei jeder Aufstellung zu finden sind.

Jesus nimmt die Menschen in den Blick. Er schaut sie an – mit grimmigem Auge. Was ist das für ein Zorn, der ihn bewegt? Gewiss ist nicht jener Zorn gemeint, der zu den sieben Todsünden zählt. Am treffendsten könnte man das griechische Wort thymos hier wohl mit Schnauben übersetzen. Gemeint ist jener heilige Zorn, der entsteht, wenn ein Geist sich nicht mit einem himmelschreienden Unrecht abfinden will.

Jeder in der Synagoge kannte die Psalmen. Sie prägten das Selbstverständnis der Juden. Allen war im Ohr, dass man der Gegenwart Gottes auf dem Zion in Jerusalem immer gedenken solle. Der Gebetsruf eines Frommen in der Babylonischen Gefangenschaft war zum Allgemeingut geworden: »Vergesse ich dich, Jerusalem, so verdorre meine Rechte. Meine Zunge soll an meinem Gaumen kleben, wenn ich deiner nicht mehr gedenke, wenn ich nicht lasse Jerusalem meine höchste Freude sein.« (Ps 137,5–6) Auch der Prophet Sacharja kommt in den Sinn. »Weh meinem nichtsnutzigen Hirten, der die Herde im Stich lässt. Das Schwert über seinen Arm! Sein Arm soll völlig verdorren ...« (Sach 11,17)

Wer ist der Mann, den Jesus in die Mitte stellt? Liegt ein Fluch über dem Mann? War er eine Führungskraft, ein Leistungsträger im gesellschaftlichen, politischen oder religiösen Bereich, ein Mann der Tat, ein Hirte oder gar ein Oberhirte? Und nun hat er keine Kraft mehr, zu handeln und zu zeigen, wo es langgeht.

Was die Leute wohl über ihn denken? Wie steht es um das Selbstbewusstsein dieses Mannes? Die Frage nach der Schuld taucht auf. Warum geht es ihm so? Und ein solcher wird ins Zentrum gerückt! Welche Provokation! Und das noch am Sabbat in der Synagoge! Doch die Aussage Jesu ist klar und deutlich: »Steh auf und stell dich in die Mitte.« (Mk 3,3)

Das Zentrum für den Umkreis ist der Punkt in der Mitte, von dort her wird die angemessene Nähe und Ferne derer bestimmt, die in die Peripherie gehören. Wer in seine Mitte kommt, sei es in die Leibmitte oder die Herzmitte, muss sich nicht mehr verstellen, sondern ist zu neuer Selbstdarstellung gereift. Was innerlich vorbereitet ist, geschieht von außen.

Jesus stellt den Mann mit dem gelähmten Arm in die Mitte, also unmittelbar in seine Nähe – denn: »Er sah ringsum«, heißt es im Text. Bei ihm gewinnt der Mann neuen Stand. Denn er ist dort, wo Christus ist. So kann er zu sich stehen, neu Verantwortung übernehmen.

Das Christus-Prinzip ist der ewige, innere Meister, Jesus Christus hingegen der Meister, der nicht nur mit Christus, sondern mit Jesus identisch ist. Der Mann aus Nazareth ist für seine Gefolgschaft restlos transparent auf die Transzendenz in der Immanenz hin. Von dort her ereignet sich Verwandlung in eine neue Lebendigkeit. Wer seinen Mittelpunkt gefunden hat, kann in Zukunft einen harmonischen Kreis um sich ziehen.

Wer ist der Mann aus Nazareth, dessen Wort wirkt? Seine Worte und Taten wurden im Licht der Ostererfahrungen und in der Dynamik von Pfingsten aufgeschrieben. Für die Seinen ist er der Mensch, in dem sich der göttliche Geist so verkörpert hat, dass bei seinem Tod am Kreuz sein Geist in die Geistigkeit des Geistes – in die Hände des Vaters (vgl. Lk 23,46) zurückgekehrt ist. Sein Körper wurde zu Grabe gebracht (vgl. Lk 23,55).

Im Unterschied zu einem Sarkophag ist ein Kenotaph oder ein Grabmal immer leer. Es ist der Ort der Erinnerung, dass Schöpfung bzw. Neuschöpfung immer in der Leere, in der »Umsonstigkeit«, aus dem Nichts seinen Anfang nimmt. Grab und Grabmal bilden eine Einheit. Sie sind gleichsam der Bauch der Mutter Erde, die durch den Schöpfergeist neu fruchtbar wird.

Auferstehung besagt, dass der Geist Jesu mit einem völlig durchenergetisierten Lichtkörper so ident geworden ist, dass der Kreis der Frauen und Männer um Jesus ihn wahrnehmen konnte, nachdem die Seele Jesu in die Schattenwelt hinuntergestiegen war und er ihnen wie neu geschaffen – auferweckt bzw. auferstanden – erschienen ist.

Durch die Identwerdung bzw. Neuidentwerdung von Geist und Körper wird die Seele als Prinzip der Individuation eines Lebewesens offenbar. Wie die Triebe die Identwerdung des Geistes mit dem Körper durch die Hormone vorantreiben, so vermitteln die Gedanken das Zueinander von Geist und Seele. Und durch die Sinne wird das Verhältnis von Seele und Körper intensiviert.

Jesus Christus ist die integrierte Persönlichkeit, der Repräsentant der organischen Kommunikation zwischen Geist und Körper und Seele. Die Kommunikation zwischen ihm und dem Mann mit dem gelähmten Arm glückt. Der Mann macht, was Jesus sagt. So lernt er spontan, seinen Arm wieder zu gebrauchen. Wie heilsam kann ein Wort sein, das so tief gehört wird, dass innere Blockaden und Lähmungen aufgelöst werden! Und eine körperliche Veränderung tritt ein. Eine solche Heilungsgeschichte macht Geschichte. Es sind Geschichten, durch die Geschichte verändert wird.

Welche Kräfte waren noch im Spiel? Gewiss wirkte auch der Moraltrieb mit seinen drei Subtrieben. Es ging um Macht: Der Machttrieb war im Spiel. Und Geltung wurde beansprucht. Der Geltungstrieb kam zum Vorschein. Zudem geriet Jesus in den Bannkreis des Todestriebes: Anhänger des Herodes und Pharisäer fassten den Entschluss, Jesus umzubringen (vgl. Mk 3,6). Doch nach Sterben kommt Auferstehung. Bis heute hilft die Geschichte, aus der Lähmung in die Handlungsfähigkeit zu kommen.

20. Das Reich Gottes

Nach achtzehn Jahren wieder im Lot

Am Sabbat lehrte Jesus in einer Synagoge. Dort saß eine Frau, die seit achtzehn Jahren krank war, weil sie von einem Dämon geplagt wurde; ihr Rücken war verkrümmt, und sie konnte nicht mehr aufrecht gehen. Als Jesus sie sah, rief er sie zu sich und sagte: Frau, du bist von deinen Leiden erlöst. Und er legte ihr die Hände auf. Im gleichen Augenblick richtete sie sich auf und pries Gott. Der Synagogenvorsteher aber war empört darüber, dass Jesus am Sabbat heilte, und sagte zu den Leuten: Sechs Tage sind zum Arbeiten da, kommt also an diesen Tagen und lasst euch heilen, nicht am Sabbat! Der Herr erwiderte ihm: Ihr Heuchler! Bindet nicht jeder von euch am Sabbat seinen Ochsen oder Esel von der Krippe los und führt ihn zur Tränke? Diese Tochter Abrahams aber, die der Satan schon seit achtzehn Jahren gefesselt hielt, sollte am Sabbat nicht davon befreit werden dürfen? Durch diese Worte wurden alle seine Gegner beschämt; das ganze Volk aber freute sich über all die großen Taten, die er vollbrachte.
Er sagte: Wem ist das Reich Gottes ähnlich, womit soll ich es vergleichen? Es ist wie ein Senfkorn, das ein Mann in seinem Garten in die Erde steckte; es wuchs und wurde zu einem Baum, und die Vögel des Himmels nisteten in seinen Zweigen. Außerdem sagte er: Womit soll ich das Reich Gottes vergleichen? Es ist wie der Sauerteig, den eine Frau unter drei Sea Mehl mischte, bis das Ganze durchsäuert war. (Lk 13,10–21)

Manches Gleichnis vom Reich Gottes schreibt die Geschichte Israels mit Gott weiter. Es bringt den Namen Gottes und die Botschaft Jesu zu den Völkern. Die Botschaft vom Reich Gottes ist der Kern der Verkündigung Jesu, die er durch Zeichenhandlungen unterstreicht. Er selbst ist dieses Reich in Person, und er versteht sich als Hohepriester nach der Ordnung des Melchisedek, des Königs der Gerechtigkeit, der auch König von Salem, das heißt von Jerusalem ist, der Stadt des Friedens (vgl. Hebr 7,1–3). An einem Sabbat, dem siebten Tag, dem Tag Gottes, handelt Jesus aus der Kraft der Stille. Im Raum der Begegnung trifft er die Frau, deren Leben von einer langen Krankengeschichte geprägt war. Achtzehn Jahre, das Thema ist nicht die Schuld, so wenig wie bei den Achtzehn, die beim Einsturz des Turmes von Schiloach ums Leben kamen (vgl. Lk 13,4). In der Zahlensymbolik bedeutet die Achtzehn, dass ein neuer Anfang im Namen Jahwes geschieht – das Jota (Zehn) ist der erste Buchstabe im Eigennamen Gottes –, und die Acht steht für den Beginn der neuen Erde und des neuen Himmels.

Was hat die Frau mit ihrer achtzehnjährigen Krankengeschichte niedergebeugt – welche Last, welche Weltanschauung, welche moralischen Ansprüche? Niemand kennt die konkreten psychosomatischen Hintergründe ihrer Geschichte. Von einem Dämon ist die Rede, einer unfrei machenden inneren Stimme. Sie wurde von einem gleichsam spirituellen Tinnitus dominiert und gequält. Die entsprechende Symptomatik ist offensichtlich.

Eine heilsame persönliche Beziehung entsteht. Das Wort Jesu wirkt. Er legt ihr die Hände auf. Und sie ist frei genug, seinen Segen anzunehmen. Wie wirkte sich der Energiestrom des Segens aus? Das Resultat zeigt es. Die Frau wurde im Kraftfeld Jesu wieder gesund. Sie richtet sich auf, sie ist wieder im Lot. Auf das Wunder kommt es an, die Präsenz des Reiches Gottes in Raum und Zeit!

Jesus zitiert bei seiner Auseinandersetzung mit den Schriftgelehrten in der Synagoge den Propheten Jesaja (vgl. Jes 1,1). Es geht um den Anbruch des messianischen Friedensreiches. Die wundersame Heilung der gekrümmten Frau soll dafür ein Zeichen sein. Die Schriftgelehrten widersprechen, bis sie beschämt schweigen. Die Leute freuen sich.

Worum geht es bei der Geschichte von Ochs und Esel, die nach den Apokryphen ihren Platz an der Krippe gefunden haben? Ochs und Esel, könnte man sagen, stehen zunächst an und für sich selbst. Das Animalische hat einen guten Platz im Stall von Bethlehem, dem Geburtsort des Messias, gefunden. Doch der biblische Kontext und die Opferpraxis der Römer und Griechen, der Menschen im Vorderen Orient und in Kleinasien, eröffnen noch weitere Perspektiven. Zunächst nach Ephesus und dann nach Lystra.

Der obersten Gottheit, normalerweise Zeus, in Ephesus aber auch der Artemis, opferte man Stiere. Die Priester und die Kultgemeinschaft teilten sich das Fleisch, für die Kraft des Opfertieres sollten weiterhin die Götter zuständig bleiben. So trägt die Kultstatue der Artemis ein Stierhodengehänge. Der Stier bzw. der Ochse ist also das Opfertier par excellence der Heidenvölker. Der Ochse kennt seinen Herrn, heißt es treffend bei Jesaja.

So ist es auch nicht verwunderlich, als man in Lystra wegen einer wundersamen Krankenheilung – ein von Kindesbeinen an Gelähmter kam wieder auf die Beine – dem Apostel Paulus und Barnabas sogleich Stiere opfern wollte. Wegen seines schönen großen Bartes hielt man Barnabas für Zeus und Paulus für Hermes, weil er das Wort führte. Der Priester des Zeus vor der Stadt rückte mit Früchtegirlanden und Stieren an, um das Opferfest durchzuführen (vgl. Apg 14,8–13).

Nach dem Propheten Sacharja bringt ein Esel den Messias nach Jerusalem. Denn vom Zion aus wird sich das messianische Friedensreich ausbreiten. Das Heil kommt von den Juden, heißt es im Johannesevangelium (vgl. Joh 4,22). Der Esel ist gleichsam die animalische Repräsentanz des jüdischen Volkes, so wie der Stier bzw. Ochse die animalische Basis der Völker versinnbildlicht. Esel und Ochs sind die kultischen Wappentiere von Israel und den Völkern. Hören wir, was den Esel betrifft, den Propheten Jesaja, dessen Verheißung Jesus von Nazareth bewusst realisiert. »Juble laut, Tochter Zion! Jauchze, Tochter Jerusalem! Siehe, dein König kommt zu dir. Er ist gerecht und hilft; er ist demütig und reitet auf einem Esel, einem Fohlen, dem Jungen einer Eselin.« (Sach 9,9–10)

An Weihnachten wird der Geburtstag Jesu gefeiert, der für die Seinen der Messias Israels und der Völker ist. Unter dem Weihnachtsbaum steht die Krippe. Was war das für ein langer kulturgeschichtlicher Prozess, bis der Weltenbaum, die unsichtbare Himmelsachse, um die sich von der Erde aus betrachtet das Weltall dreht, zum Lichterbaum wurde! So stellt man zur Zeit der Wintersonnenwende einen mit Kugeln und Lichtern geschmückten Tannenbaum in die Wohnstube, um dem Kosmos bei sich ein Zuhause zu geben. Am oberen Ende des Baumes ist mancherorts ein Rauschgoldengel angebracht, der über die Spitze hinausragt. Als der Engel Gottes, Gabriel, durch den Kosmos rauschte, wurde der kosmische Lichterbaum zum Christbaum. Aus den Tiefen der Transzendenz erschien der ewige Messias in Fleisch und Blut. Die Menschwerdung Gottes ist das zentrale Glaubensgeheimnis der Christen. Gottes Reich hat die Menschheit erreicht. Das Erscheinen Jesu Christi ist der Dreh- und Angelpunkt des christlichen Glaubens. Unter dem Weihnachtsbaum wird dieser Glaube bezeugt.

Mit Gleichnissen vom Reich Gottes bringt Jesus den Menschen die ewige Wirklichkeit nahe, so auch in seinem Gleichnis vom Senfkorn. Darin zitiert er den Garten mit dem Baum, in dessen Zweigen die Vögel des Himmels wohnen (vgl. Lk 13,19). Das Zitat ist dem Buch Daniel entnommen (vgl. Dan 4,9.18). Dort steht der Langtext zur neutestamentlichen Kürzelsprache. Wer ist der Baum, an dem das Hereinreichen Gottes in Raum und Zeit schon alttestamentlich sichtbar wurde? Die Antwort ist so überraschend wie einfach. Es handelt sich um den babylonischen König Nebukadnezar. Man lese nach beim Propheten Daniel, der die höchst wundersame Glaubensgeschichte des Königs von Babylon erzählt. Ein spiritueller Dreischritt wird berichtet: Zunächst hält sich der König für den Herrn der Welt. Dann bricht eine persönliche Katastrophe über ihn herein, und plötzlich erreicht ihn die himmlische Wirklichkeit, gleichsam das Reich Gottes. Nebukadnezar, der König von Babel, bekennt sich zu Gott, dem Herrn des Himmels und der Erde (vgl. Dan 4,1ff).

Und noch ein anderes Gleichnis Jesu vom Reich Gottes steht redaktionell am Ende dieses Lukastextes, so dass die Botschaft vom Reich Gottes, das in der Heilung der gekrümmten Frau aufschien, nachhaltig meditiert werden kann: Es handelt sich um das Gleichnis vom Sauerteig und den drei Sea Mehl. Ein Sea Mehl sind 13,13 Liter. Schmunzelnd gesagt, ist es das schwäbischste aller Gleichnisse. So ausdauernd muss man sonst in Sachen Reich Gottes nicht schaffen. Es ist viel Arbeit für eine Frau, aus etwas Sauerteig und einem ganzen Backtrog voll Mehl einen Teig zu kneten, es braucht viel Wasser und Schweiß. Auch zu diesem Gleichnis gehört eine Geschichte aus dem Alten Testament. Wenn man sie kennt, kann der springende Punkt des Gleichnisses Jesu besser erfasst werden. Gibt es plötzliche Wendungen im Leben, die sich auf Gottes Eingreifen zurückführen lassen? Im Buch der Könige steht dazu eine entsprechende Reich-Gottes-Geschichte (vgl. 2 Kön 7,1ff).

In Samaria herrschte große Not. Die Stadt war von dem feindlichen Heer der Aramäer belagert. Eine Handvoll »Taubenmist«, also irgendein Fraß, kostete fünf Silberstücke. Der König von Israel war entschlossen, den Propheten Elischa zu opfern. Sein Kopf sollte rollen, um die Armee aus Damaskus zum Abzug zu bewegen. Da prophezeite Elischa, dass am nächsten Tag ein Sea Mehl nur noch ein Silberstück kosten werde. Niemand glaubte ihm. Doch plötzlich kam der Umschwung. Die Aramäer zogen ab, ihr Lager mit vielen Vorräten konnte kampflos eingenommen werden. Der Prophet behielt recht, die Herrschaft Gottes hatte sich durchgesetzt.

Das Reich Gottes ist wie ein Sauerteig, der die Frage nach einem Sea Mehl (vgl. 2 Kön 7,1) oder drei Sea Mehl (vgl. Lk 13,21) lehrreich beantwortet. Wie beginnt das Reich Gottes, wie breitet es sich aus? Kann man dazu etwas beitragen? Jesus erzählt Gleichnisse und handelt so, dass solche Fragen eine Antwort finden. Die Evangelien berichten davon.

21. Am Teich Siloah

Die Heilung des Blindgeborenen

Jesus ging vorüber und sah einen Menschen, der blind geboren war, und seine Jünger fragten ihn und sprachen: Meister, wer hat gesündigt? Dieser oder seine Eltern, dass er blind geboren ist? Jesus antwortete: Es hat weder dieser gesündigt noch seine Eltern, sondern es sollen die Werke Gottes offenbar werden an ihm. Wir müssen die Werke dessen wirken, der mich gesandt hat, solange es Tag ist. Es kommt die Nacht, da niemand wirken kann. Solange ich in der Welt bin, bin ich das Licht der Welt. Als er das gesagt hatte, spuckte er auf die Erde, machte daraus einen Brei und strich den Brei auf die Augen des Blinden. Und er sprach zu ihm: Geh zum Teich Siloah, das heißt übersetzt gesandt, und wasche dich. Da ging er hin und wusch sich und kam sehend wieder. *(Joh 9,1–7)*

Wenn ich in Jerusalem bin, zieht es mich irgendwann wieder hinab ins Kidrontal. Die Mutigen gehen mit durch den Hezekiastunnel. Als Student hatte ich meine Arbeit über das Corpus Johanneum dort zu bestreiten. Eine Mischung zwischen Archäologie und Christologie war das Thema. Bewaffnet mit Block, Stift und Kerze ging es hinein zu den leise rinnenden Wassern. Lang ist der Tunnel, je nach Regenlage funktioniert eine Schüttquelle, und gegen Ende findet man oben im Tunnel die Reste einer Inschrift, die nun im Archäologischen Museum von Istanbul aufbewahrt werden. Ein kleines Stück fehlt, das Ganze ist ein Fragment. Im Studium hat man ja oft Zeit und kommt daher auf obskure Ideen. Ich hatte mir vorgenommen, diese alte Inschrift zu ergänzen. Da muss man natürlich öfter im Dunkeln durch den Tunnel gehen, bis man es versteht.

Was studiert man da in der Dunkelheit mit etwas Licht? Die Haurichtung der Menschen, die diesen Tunnel gemacht haben. Und siehe da, es waren zwei Bautrupps. Die einen kamen in der Dunkelheit von dieser Seite, die anderen von jener Seite. Wieso trafen die sich nicht in der Mitte, sondern im letzten Achtel? Nun ja, der eine Bautrupp hatte in den Felsen noch ein Brunnenhaus zu schlagen. Nach der römischen Besetzung von Jerusalem ist fast alles davon weggebrochen. Die Römer legten hier einen Steinbruch an. Säulenstümpfe des Teiches Siloah findet man noch vor Ort. Am Tunnelausgang ist der Ort, wo sich die Bautrupps trafen. Mitten im Berg Ophel, im Dunkeln, suchte man Erkenntnis. In dieser Gegend ereignete sich vor zweitausend Jahren die höchst exemplarische Geschichte des Mannes, der es von Anfang an nicht »blickte«.

Zunächst ist, wie in jeder jesuanischen Betrachtung, das Augenmerk auf die Compositio loci zu richten. Das Ereignis findet an einem bestimmten Ort zu einer bestimmten Zeit statt. Was geschah denn beim Teich Siloah? Wie fing der Text aus dem Evangelium an? Jesus ging vorüber. Ein seltsames Pessach. Wie oft ist Jesus schon vorübergegangen, und man war abwesend für diesen Mann, für diesen Geist? Jesus ging vorüber und siehe da, er sah jemand. Plötzlich, auf einmal gerät jemand in sein Blickfeld. Wieso, warum? Jetzt ist der Kairos: Ein Mensch wurde wahrgenommen, jemand, der von Anfang an blind geboren war – ein Armer.

Die Jünger haben sogleich – wie immer – ihr Thema. Das unterscheidet sie vom Meister. Nämlich: »Wer ist schuld?« Da hat man etwas Feines, wenn man die Gründe weiß, warum es dem so geht, der blind ist. Aber ihm nützt das gar nichts. Er bleibt genauso blind, auch wenn therapeutisch, philosophisch, theologisch usw. alles aufgeklärt wäre, es hätte sich real gar nichts geändert. Wer ist denn schuld? Warum, warum, warum? Die Rose aber blühet ohne warum, sie blühet, weil sie blühet, formuliert Angelus Silesius. Was ist das für eine seltsame Verschränkung von Ursache und Wirkung. Wer ist Grund, Ursache, Schuld? Selber schuld oder Eltern schuld: Die unendliche Analyse beginnt. Und es bleibt, wie es war. Man »blickt« es nicht. Wie provokant ist der Text!

Wer ist schuld? Es könnte ja auch anhand der Welt, wie sie denn nun einmal ist, etwas offenbar werden von der Kabod, von der Herrlichkeit, der Gewichtigkeit, der Bedeutsamkeit, der Liebe – welch andere Perspektive!

Und wie ein Schamane macht Jesus etwas sehr Seltsames. Nachdem er die Sache prinzipiell geklärt und angesprochen hat, nämlich zwischen Sehen und Nicht-Sehen, zwischen Nacht und Licht, führt er ein Ritual durch. Gebildete Menschen der damaligen Zeit kannten außer Homer auch das Gilgamesch-Epos. Dort findet sich die Steilvorlage für die Wundergeschichte. Das Epos ist der am meisten abgeschriebene Text im Alten Orient, eine Schöpfungsgeschichte. Von Anahit, der weiblichen Schöpferkraft des Himmels, wird erzählt, und wie der Mensch durch sie zustande kam. Mutter spielt eine wesentliche Rolle – Materie, die Mutter Erde. Mama braucht der Mensch. Vater braucht der Mensch, zur Not im Reagenzglas. Mit dem Speicheltest lassen sich die Gene des Männlichen nachweisen. Erde und Speichel – Jesus inszeniert den großen Papa-Mama-Brei, und – klatsch! Nun »blickt« der Blinde es gar nicht mehr.

Werde selbstständig, steh auf und wasche dich! Der Mann ist weise, er gehorcht dem Wort des Geistes, steht auf und geht hin und wäscht sich und »blickt« es. Welch seltsame, wundersame, unergründliche Geschichte. Wahrheit auf allen Ebenen. Historisch, systematisch, psychotherapeutisch, kulturell, schamanisch. Die wissenschaftliche Exegese hat seitdem damit zu tun. War dies nun exemplarisch kausal oder ist es symbolisch zu verstehen, usw.? Eine einfache wundersame Geschichte!

Das Wunder am Teich Siloah ist das sechste Zeichen johanneischer Zählung in der Schöpfungswelt. Sieben Wunderzeichen kennt Johannes. Das letzte Zeichen ist die Auferweckung des Lazarus. Das sechste Wunderzeichen nun handelt vom Menschen, der auf das Wort des Geistes, der Liebe hin sieht. Ihm gehen die Augen auf, er wird selbstständig, wäscht sich und sieht: Mitten in der Dunkelheit steht er auf.

Das Mysterium des Lebens wird verkündet. Einerseits der Tod als die Wirklichkeit der restlosen Verschattung des Menschen, man sieht nicht mehr weit am Ende der Welt – Mysterium des Kreuzes. Und andererseits: das ewig schöpferische Licht wirkt in der Welt weiter bis in alle Ewigkeit. Jesus steht auf – von Seiten Gottes her heißt das, er wird auferweckt – und erscheint den Seinen neu. Die Grenze der ersten Welt berührt den Anfang der Ewigkeit. Davon wird in konkreten Geschichten am Rand der Ewigkeit, in unserer Schöpfung erzählt. Nicht die Frage nach der Schuld ist das Herzstück des Glaubens, sondern die Antwort der Vergebung, der Versöhnung, der Gottesschau. Aufstehen, mitten in der Dunkelheit, ist eine Weise zu glauben.

Und dieser Glaube an das Wort Jesu brachte den Mann mit seiner Elterngeschichte, sei es im physischen, psychischen oder geistigen Sinn, in den Teich Siloah. Unabhängig von allen grammatikalischen Gesetzmäßigkeiten bzw. der Unmöglichkeit, den Buchstaben Sin nach Schin zu transformieren, gönnt sich der Evangelist Johannes ein Wortspiel. Er deutet den Teich Siloah als das Wasser, in dem die Taufe zur Sendung (hebr. schalach, dt. senden) erfahrbar wird (Schiloach). Der von Natur aus Blindgeborene wird darin zum Gesandten, der sieht. Er ist von nun an Apostel, d.h. Gesandter, der durch seinen Glauben an das Wort Jesu zum Gesandten wurde. Durch seinen Geist sendet Jesus auch heute viele Männer und Frauen aufgrund ihres Glaubens. Seine Gestalt wird bei geistlichen Übungen innerlich sichtbar.

22. Was ist deine Matte?

Eine Krankenheilung am Teich Bethesda

Es war ein Fest der Juden, und Jesus zog hinauf nach Jerusalem. Es ist aber in Jerusalem beim Schaftor ein Teich, der heißt auf hebräisch Bethesda. Dort sind fünf Hallen; in denen lagen viele Kranke, Blinde, Lahme und Ausgezehrte. Es war aber dort ein Mensch, der lag achtunddreißig Jahre krank. Als Jesus den liegen sah und vernahm, dass er schon so lange gelegen hatte, spricht er zu ihm: Willst du gesund werden? Der Kranke antwortete ihm: Herr, ich habe keinen Menschen, der mich in den Teich bringt, wenn das Wasser sich bewegt; wenn ich aber hinkomme, so steigt ein anderer vor mir hinein. Jesus spricht zu ihm: Steh auf, nimm deine Matte und geh hin! Und plötzlich wurde der Mann gesund und nahm seine Matte und ging weg. Es war aber an dem Tag Sabbat. Da sprachen die Juden zu dem, der gesund geworden war: Es ist heute Sabbat, du darfst deine Matte nicht tragen. Er antwortete ihnen: Der mich gesund gemacht hat, sprach zu mir: Nimm deine Matte und geh! Da fragten sie ihn: Wer ist der Mensch, der zu dir gesagt hat: Nimm deine Matte und geh hin? Der aber gesund geworden war, wusste nicht, wer es war, denn Jesus war entwichen, da so viele Leute an dem Ort waren.

Danach fand ihn Jesus im Tempel und sprach zu ihm: Siehe, du bist gesund geworden; sündige hinfort nicht mehr, dass dir nicht etwas Schlimmeres widerfahre. Der Mensch ging hin und berichtete den Juden, es sei Jesus, der ihn gesund gemacht habe. Darum verfolgten die Juden Jesus, weil er dies am Sabbat getan hatte. *(Joh 5,1–16)*

Damals gab es in religiösen Kreisen ein geflügeltes Sprichwort: Wer den Sabbat bricht, bricht die ganze Thora. Ein solcher hält sich nicht mehr an die Weisung des Mose für Israel. Es steht also viel auf dem Spiel. Und einige Verse weiter kann man bei Johannes lesen, dass Jesus sagt: Wegen eines einzigen Werkes wollt ihr mich töten? Wegen dieses einzigen Werkes? Grund genug, wird mancher denken. Was ist das für ein Werk, dieses Wunderzeichen am Teich Bethesda?

Es hilft, das Gesamtprojekt Jesu zu verstehen. Vorab geschah das erste Zeichen bei der Hochzeit zu Kana, dann offenbarte Jesus sich bei der Tempelaktion. Aus welcher Vollmacht handelte er? Wirkte wirklich Gott durch ihn? Ist sein Wesen die Anwesenheit Gottes in ihm? Mit einer Frau gründete er dann eine Auslandsgemeinde in Samarien. Das zweite Wunderzeichen Jesu war die Heilung eines Burschen. Der Hauptmann von Kapharnaum in Galiläa hatte Jesus darum gebeten. Wohin zielt das Gehen und Erwählen Jesu von Nazareth? Er bricht den Sabbat. Eine lange Diskussion, und immer wieder ist dies ein Thema, bis heute.

Wer heutzutage nach Israel fährt, beginnt seinen Gang durch die Altstadt – viele Meter über dem alten Straßenpflaster – vielleicht beim Annenhaus. Anna – Gnade also hieß die Großmutter Jesu. Sie hatte ein Haus, ganz in der Nähe des Tempels. Im Hof sieht man noch heute die Reste der fünf Säulenhallen, der psychosomatischen Klinik in Jerusalem. Dort lag ein Mann 38 Jahre lang. Wer bibelkundig ist, weiß um die 40-jährige Wüstenwanderung Israels. Ein Jahr Auszug und Einzug und 38 Jahre Wüste, die ganze Zeit Einsamkeit. Oder 30 (hebr. Lamed, dt. Schlange – Zahlenwert 30) und 8 – die Welt der Schlange und der achte Tag – die alte Schöpfung und die neue Schöpfung – welche Symbolik führt dieser Mensch in seiner realen Existenz mit sich?

Da lag nun ein Mann auf seiner Matte, auf seinem Bett, auf seiner Grundlage. Was ist das für ein Ding – eine Matte? Er wurde gekrallt von seiner Situation, von seinen Grundlagen, Grundgesetzen, Prinzipien. Da hat man, was man hat, bzw. das, was man meint zu haben, hat einen. Eine seltsame dialektische Verklammerung! Der Mann lag auf seiner Matte.

Ein Engel, geschaffene geistige Wirklichkeit, kam ab und zu in das Wasserbecken von Bethesda, heißt es in manchen neutestamentlichen Handschriften. Wer an seiner Bewegung partizipieren konnte, wurde gesund. Der 38 Jahre alte Mann hatte niemanden, der ihn damit in Berührung brachte. Es ist bedauerlich, dass viele Übersetzungen die Sache mit dem Engel (Joh 5,4) weglassen. Dabei ist die Erfahrung der Geistbewegung im Zeitlichen – Metapher dafür ist das Wasser – oft ein wesentliches Moment der Genesung.

Bestandsaufnahme: Dieser Mensch liegt weiter auf seiner Matte, auf seiner Matrix, auf seiner »Muttergeschichte«. Seine Lage ist seine Situation. Wie kommt man in die Mitte, wo Bewegung ist, wo man gesund wird? Meditari – sich in die Mitte bringen lassen. Da war wohl nichts mit Meditation, er blieb am Rand auf seiner Matte. Keiner brachte ihn zum Meditieren mit psychosomatischen Bewegungsübungen, keine Leibarbeit, kein Solebad, kein spirituelles Setting.

Nun kommt Jesus vorbei. Man kann sich das einmal als eine Chefarztvisite vorstellen. Und dabei würde der Patient gefragt werden: »Willst du gesund werden?« Bei einer solchen Frage bekommt ein Kranker normalerweise einen dicken Hals. Willst du gesund werden? Seelisch, geistig, beziehungsmäßig? Normalerweise ist man verblendet genug, zu antworten: »Ja, aber …«, das jedoch heißt »nein«, denn mit Aber ist man schon wieder mental beschäftigt, bis sich das Ja aufgelöst hat. Später, später, später – und alles bleibt beim Alten.

Willst du glauben? Ja, aber … später. Willst du vertrauen? Ja, aber … später. Willst du hoffen? Ja, aber … später. Willst du lieben … irgendwann.

Eine interessante Begegnung: Jesus und der Mann, der ihn gar nicht kennt; eine Männergeschichte. Findet der Anfang einer Kontemplation statt? Wer ist denn da im Tempel des Menschen, im Dialog von Rede und Antwort? Willst du gesund werden? Ja, aber ich habe niemand, der mich in den Teich bringt, wenn sich das Wasser bewegt. Wenn ich hineinkomme, steigt ein anderer hinein usw., 38 Jahre – und wie alt bist du?

Was kann man tun, ehe es Zeit wird, von der Matte aufzustehen? Am besten, man macht eine spirituelle »Rollkur« mit dem Text des Evangeliums im Ohr oder im Herzen, so dass es durch den ganzen Leib wirken kann. Denn auf der Matte steht spirituelle Biographiearbeit an: zunächst in der stabilen Seitenlage, dann in der Rücken- oder Bauchlage, schließlich wieder in der stabilen Seitenlage, um endlich aus einer Rücken- bzw. Bauchlage aufzustehen. Je nach Lage tauchen wesentliche, oft sehr emotionsgeladene Szenen in der Erinnerung auf.

Jesus spricht zu dem Mann: Steh auf! Nimm deine Matte, deine Situation, deine Grundlage, deine Grundprinzipien und geh! Die Bibel erzählt immer vom Wunder. Plötzlich! Vom Wunder der geistigen Intervention. Plötzlich wird der Mann gesund und macht das, was für ihn gut ist. Sei vorsichtig, du könntest nachher Ärger bekommen. Es ist Sabbat. Muss denn das gerade am Sabbat sein? Sechs Tage hat man Zeit zum Heilen und Exerzitien zu machen. Aufstehen und gerade jetzt ...

Der Mensch, der gesund wurde, wird verfolgt. Wie eigenartig! Entsteht so eine neue Gemeinde? Die Thora des Mose wird gebrochen, nicht weil sie schlecht wäre, Gott kündigt seinen Bund niemals. Das Interesse Jesu jedoch besteht darin, und das tut er durch Zeichen und Bibelauslegung kund, einen gleichursprünglichen, anderen Bund Gottes mit den Völkern zu schaffen. Wer verstand damals seine Sendung? Hätte man auf ihn gehört, seine Mystik und Politik, vielleicht hätten die Römer Israel nicht niedergeworfen und zerstört. Was geschieht, wenn die Botschaft von dem einen barmherzigen, bundesgerechten Gott alle erreicht, exklusiv und inklusiv? Jesus liefert sich und die Seinen den Völkern aus um der Völker und um Israels willen. Sein Freund Judas gibt ihn weiter.

Den Namen des Einen bei den Völkern zu verkünden, den Gnadenbund für alle zu öffnen, gleichursprünglich wie für Israel, so lautet das Programm Jesu. Wie geschieht in diesem Bund die Anbetung des Einen? In Geist und Wahrheit – unter diesem Niveau geht es nicht. In Geist und Wahrheit ist der neue Bund gegründet.

Noch einmal zurück zu dem Menschen mit seiner exemplarischen Kausalität: der Mensch in seiner Situation »Meditation klappt nicht«. Vielleicht aber ist Kontemplation möglich: Wer ist denn schon unerkannt, heimlich heilsam mit da im Tempel deines Leibes und sagt dir: Nimm deine Matte und geh! In Bet-hesda, im Haus der Gnade also, beginnt das Wunder des Lebens neu.

23. Der barmherzige Samariter

Von Jerusalem nach Jericho

Da stand ein Schriftgelehrter auf, versuchte Jesus und sprach: Meister, was muss ich tun, dass ich das ewige Leben ererbe? Er aber sprach zu ihm: Was steht im Gesetz geschrieben? Was liest du? Er antwortete und sprach: Du sollst den Herrn, deinen Gott, lieben von ganzem Herzen, von ganzer Seele, von allen Kräften und von ganzem Gemüt und deinen Nächsten wie dich selbst. Jesus sprach zu ihm: Du hast recht geantwortet. Tu das, so wirst du leben. Er aber wollte sich selbst rechtfertigen und sprach zu Jesus: Wer ist denn mein Nächster? Da antwortete Jesus und sprach: Es war ein Mensch, der ging von Jerusalem hinab nach Jericho und fiel unter die Räuber. Die zogen ihn aus und schlugen ihn und machten sich davon und ließen ihn halbtot liegen. Es traf sich aber, dass ein Priester dieselbe Straße hinab zog, und als er ihn sah, ging er vorüber. Desgleichen auch ein Levit. Als er zu der Stelle kam und ihn sah, ging er vorüber. Ein Samariter, der auf der Reise war, kam dahin, und als er ihn sah, jammerte er ihn, und er ging zu ihm, goss Öl und Wein auf seine Wunden und verband sie ihm, hob ihn auf sein Tier und brachte ihn in eine Herberge und pflegte ihn. Am nächsten Tag zog er zwei Silbergroschen heraus, gab sie dem Wirt und sprach: Pflege ihn, und wenn du mehr ausgibst, will ich dir es bezahlen, wenn ich wiederkomme. Wer von diesen dreien, meinst du, ist der Nächste gewesen dem, der unter die Räuber gefallen war? Er sprach: Der die Barmherzigkeit an ihm tat. Da sprach Jesus zu ihm: So geh hin und tu desgleichen. (Lk 10,25–37)

Viele Menschen wollen den Geist an sich wirken lassen und unterziehen sich geistlichen Übungen. Spiritualität hat Konjunktur und erst recht in geistarmen Zeiten, in menschenunwürdigen Umständen. Nicht das Vielwissen sättigt die Seele, sondern das Verkosten von wenigem von innen her. Welch ein Projekt! Das Evangelium und seine Geschichten sind nach innen zu nehmen. Der Text liegt außen da. Was ist denn die Geschichte, die sogenannte Historie? Sie ist manchmal nicht unwichtig, damit man am Ende nicht allzu rührselig sagt: Nun, jetzt geh ich hinaus, tue irgendein gutes Werk, und alles ist gut, leider aber gehen mir bald die Kraft und die Silbergroschen aus. Also langsam, Moral reicht nie.

Fangen wir noch einmal an: Nicht das Vielwissen sättigt die Seele, das heißt auch auf sogenannte Kleinigkeiten soll zunächst aufmerksam gemacht werden. Gewiss hat mancher nicht gehört, dass da jemand von Jerusalem nach Jericho ging. Was ist denn das für eine seltsame Bewegung? Normalerweise geht man ja im Duktus der Wanderung Jesu von Jericho hoch durch das Wadi Kelt, in dem Psalm 23 entstanden ist – »muss ich auch wandern durch Todschattenschlucht« –, und irgendwann kommt man oben in Jerusalem mit dem Tempel, dem Ort der Gnade und Huld, an. Eine Bewegung im Duktus des Evangelisten Lukas: Die Wallfahrt nach Jerusalem. In unserem Text aber macht ein Mann die gegenwendige Bewegung. Er begibt sich auf den alten Pfad des Stammes Benjamin von Bethlehem vorbei an Jerusalem über die Höhen von

Bethanien und Bethphage hinunter durch das Wadi nach Jericho, der Stadt der Mondgöttin Jericha. Er geht weg von Jerusalem nach Jericho, an den tiefsten Punkt der Erde, gleichsam ans Ende der Welt. Eine Bewegung, anhand derer sich gut die Mystik und Politik Jesu ablesen lassen.

Was kann geschehen, wenn man weggeht vom Ort der Gnade in die Welt der Aufständischen? In die Wüste Juda zogen sich viele Aufständische zurück. Zeloten, Sikarier, missglückte »Protestanten«. Gewiss, Protest muss sein, aber je mehr Schaum vor dem Mund, desto rechtgläubiger? Was ist das für eine Welt von Aufständischen, die in der Wüste Juda lebten, durch die sich das Wadi Kelt zieht? Dort fällt mancher edle Mensch unter die Räuber: So ist die Geschichte damals und heute. Tot oder halbtot, von außen ist das nicht unterscheidbar. Da ist jemand »plattgemacht« worden.

Nun bleiben wir bei der Geschichte: Nicht um Anklage geht es, sondern darum, zunächst den Weg Israels, den ersten Erwählungsbund, zu begreifen. Auf zwei Grundpfeilern ruht die Erfüllung der Thora, nämlich erstens ein ganzheitliches Verhältnis zur ewigen Liebe zu gestalten, mit ganzem Herzen – tam heißt fromm, tam heißt ganz – mit ganzer Seele, mit jeglicher Kraft. Höre Israel! Die Evangelisten Matthäus und Markus und Lukas fügen diesen Versen hinzu: »mit deinem ganzen Denken«, Luther übersetzt »Gemüt«, auch richtig. Und zweitens: Liebe deinen Nächsten, er ist wie du! Daran hängt die ganze Thora. Der Weg Israels, die Thora zu erfüllen, wird gemäß den Kaschrutregeln beschrieben: Was ist koscher, was ist rein? Was ist in Ordnung für einen Teil der Menschheit? Das wird nun aufgeblättert. Zitiert wird aus dem Buch Numeri und dem Buch Deuteronomium und aus Leviticus, Kapitel 21: Einem Erbpriester aus Aarons Stamm war es nicht erlaubt, einen Toten oder Halbtoten, einen Leichnam – außer seinen nächsten Verwandten – zu berühren. Dafür ist er nicht zuständig, das steht ihm nicht zu. Fragen wir uns selbst nach den eigenen koscheren Regeln, weswegen wir uns als nicht zuständig erklären. Wofür hat jemand, positiv formuliert, keine Kompetenz? Was geht dich eigentlich nichts an? Wer in Chirurgie nicht begabt ist, soll eben nicht operieren. Wer kein Arzt ist, hat dafür keine Erlaubnis. Wer etwas nicht kann, soll es eben lassen.

Der ersttestamentliche Erbpriester in unserer Geschichte wird nicht verklagt. Ganz nüchtern läuft der Text durch. Dieser Aaronit hat keine Kompetenz und geht weiter. Ganz ungewöhnlich für unsere Hörerfahrung. Man hat es ja so gern, irgendeinem Frommen wieder einmal eins reinzuwürgen. Wozu es natürlich auch viel Recht und Berechtigung gibt, aber nicht automatisch und immer. Wo gehst du einfach weiter in der ruhigen Gewissheit: Ich bin nicht zuständig, es geht mich nichts an? Alles andere wäre übergriffig. Ich habe dafür kein Mandat. Da gibt es viele Menschen in Not, und du hast kein Mandat. Vielleicht aber hast du eines, dann handle. Für die meiste Not aber hast du kein Mandat, keinen Mandanten. Versuchen wir, einfach einmal hinzuhören, ohne in den Text hineinzulegen, was da eigentlich stehen müsste. Es geht ganz sachlich um Weltanschauung.

Und der Levit ging auch vorüber. Nach dem Buch Numeri handelte er korrekt. Leviten bildeten eine eigene Priesterkaste. Sie waren zuständig für Tempeldienste, Singen, Psalmen, liturgische Geräte herrichten usw. Ein Vergleich: Es wäre unsinnig, von jedem Benediktiner, der liturgisch voll beschäftigt ist, zu verlangen, sich auch noch intensiv um Aids-Kranke zu kümmern. Niemand käme auf eine solche Idee. Jeder macht das, was er kann und wozu er beauftragt ist. Ganz einfach, ganz nüchtern, du musst nicht immer ein schlechtes Gewissen haben, zu wenig Gutes zu tun. Das hilft den Armen auch nicht, aber schau, was deine Sache ist. Es gibt den Weg von Menschen, die auf ihre Weise weiter durch die Welt gehen, und den von Menschen, die anders weitergehen in die Welt: Jesus stiftet eine zweite Erwählung.

Sinnigerweise gründet er seine erste Auslandsgemeinde in Samarien mit der Frau vom Jakobsbrunnen. Um Entgrenzung, Entfeindung und neue Unterscheidung geht es. Wie verläuft der Weg zu den Völkern im Namen des schöpferischen Geistes, im Namen einer neuen Ethik? Wie schaut das neue Bundesangebot aus? Und fürwahr, dieser Mensch aus Samarien – schomer bedeutet die Dimension, aus der geholfen wird – kommt und sagt: Da bin ich zuständig, und er macht es. Er kümmert sich um Öl und Wein, in der Antike probate Mittel für Wundheilung. Nicht Öl ins Feuer gießen, sondern in die Wunde träufeln, heißt die Devise. Wein wirkt desinfizierend – manche nehmen zu viel nach innen, da stimmt dann etwas nicht.

Der Wein ist nicht nur physiologisch sehr angenehm, er hat auch symbolische Bedeutung. Er ist Chiffre des Glücks, ja des Himmels. So nimmt Jesus den Segensbecher und sagt: Das ist neuer Gottesdienst. Wo Blut war, darf Himmel werden, Glück, Seligkeit. Der Wein im Kelch ist Metapher der Ewigkeit, der Gnade, der Huld, der Kommunikation, der Gegenwart Jesu Christi. Große Geschichten gibt es um den Wein, der entsteht nach Kelterung und Gärung, im Orient wie bei uns. Und immer wieder tut Unterscheidung not. Was ist menschenfreundlich, und was ist zerstörerisch, was ist erlösend, und was ist dionysisch mit panischem Schrecken im Gefolge?

Und es ist ein Geheimnis um das Öl. Jesus geht seinen Weg durch Gethsemane bis Emmaus. Erst dort versteht ihn Kleophas, sein Onkel, der mit Maria verheiratet ist, der Schwester seiner Mutter. Es dauert, bis man den Sinn des Satzes versteht: Nächstenliebe heißt, ich mag dich leiden. Ich nehme Schmerz und Kelterung auf mich, ich überwinde meine Verletzungsangst, meine egozentrische Sorge um meine Unversehrtheit. Jesus geht seinen Weg durch den Ölgarten, nur so erscheint die Frucht des achten Tages, das Öl. Vom Ölberg her, wo Jesus sich in die Wolke, in die unsichtbare, göttliche Wirklichkeit zurückbirgt, kommt der Mensch wieder ins Lot. Der Ölberg ist nicht der Ort des Straf-, sondern des Heilsgerichts – je verkrümmter, desto schmerzhafter. Hier ist Har Maggedon, der Berg von Megged. Mit Megged bezeichnet man die feinste Olivenölsorte, wertvoll wie Kalamata – kaltgepresst. Am Fuß des Ölbergs liegt Gethsemane, d. h. gat schemen, also Ölgarten. Von dort läuft die Geschichte des Messias, des mit dem Öl des achten Tages Gesalbten, weiter bis ans Kreuz, den Ort der letzten Kelterung.

Ihm geht es in seiner Weise wie dem Mann, der unter die Räuber gefallen war. Das Öl des Messias fließt weiter hinaus in die Welt, bis hinab in die Todschattenschlucht, das Wadi Kelt in der Wüste Juda. Dort fällt jemand unter die Räuber, damals und heute. Gewiss, Räubern soll man das Handwerk legen, das kann jemandes Sendung sein, mancher aber findet seine Sendung darin, den Verwundeten zu helfen, auf sein Reittier zu legen – das Symbol des Animalischen –, für sie zu investieren, Öl und Wein nahe zu bringen. So erfüllt sich die ganze Thora mitten in Israel für die Völker: zum ewigen Geist, dem ungeschaffenen Schöpfer in ein liebendes Verhältnis zu treten und Sorge zu tragen für den Nächsten. Er ist wie du, das heißt in der Wüste von Exerzitien: Kümmere dich um dich selbst, den Halbtotgeschlagenen in dir, am besten mit Öl und Wein, den Metaphern für Jesus, den Christus. Der Nächste ist ja jener, der Barmherzigkeit übt. Sei gut zu dir! Vielleicht wirst du auch ein Levit wie Markus, der für sich und die anderen ein Evangelium schrieb (vgl. Mk 10,17; 14,51; Kol 4,10; Apg 4,36; 13,13; 15,37; 1 Petr 5,13–14)? Oder ein Priester nach der Ordnung des Melchisedek (Hebr 7,1–28) und erfüllst auf diese Weise das Gebot der Nächsten- und der Gottesliebe?

In der Sieben-Männer-Geschichte um den barmherzigen Samaritan spielen männliche Energien und Interessen eine wichtige Rolle (vgl. Lk 10,25–37). Da ist erstens der Schriftgelehrte mit seiner Frage nach dem Leben, ja nach dem ewigen Leben; zweitens Jesus Christus, der in Sachen Gottes- und Nächstenliebe bestens Bescheid weiß; drittens der schwer verwundete, halbtote Mann; viertens derjenige, der seit alters her das Recht hat, die jüdische Religion zu repräsentieren; fünftens derjenige, der als frommer Spezialist nicht für alles kompetent und zuständig ist; sechstens jemand, der fähig und willens ist, zu helfen; siebtens jemand, der als dessen Mitarbeiter die nötigen Mittel sachgemäß zum Einsatz zu bringen weiß – und gleichsam man selbst als achte Person, die zugleich der Raum ist, in der die ganze Geschichte stattfindet. Welche Männergeschichten lassen sich in der Außen- und Innenwelt vor diesem Hintergrund neu durchbuchstabieren? Mit welchen Männeranteilen ist man identifiziert? Welche archetypische Umstrukturierung im eigenen Selbst steht an? Theoretisch und praktisch?

Kehren wir noch einmal zur Frage des Schriftgelehrten zurück: Wer ist mein Nächster? Am Ende des Gleichnisses fragt Jesus: »Wer ist dem, der von den Räubern überfallen wurde, der Nächste gewesen?« (Lk 10,36) Die Antwort ist so einfach wie selbstverständlich: derjenige, der ihn gerettet hat. Es verhält sich also umgekehrt als eine moralisierende Auslegung nahelegen möchte. Das Opfer ist gerade nicht der Nächste! Nächstenliebe heißt nicht, sich um Opfer kümmern zu müssen, sondern das gerettete Opfer erkennt im Helfer den Nächsten. Christologisch gewendet bedeutet dies: Jesus Christus ist mein Nächster. Denn er hat mich gerettet, Schuld und Sünde vergeben. Durch ihn ist mir ein neues Gottesverhältnis geoffenbart worden, der Glaube an das ewige Leben geschenkt. Mit dem Tod ist nicht alles aus. Wer ihm vertraut, findet wieder Mut, auf die Menschlichkeit des Menschen zu setzen. In den Metaphern seiner Gegenwart, in Wein und Öl, in seinem Wort, dem Wort Gottes (vgl. Offb 19,13) kommt er unmittelbar nahe. In Jesus Christus kommt Gott selbst uns nahe: »Du salbst mein Haupt mit Öl und schenkst mir voll ein.« (Ps 23,5) Dies ist eine Erfahrung von Glück und Seligkeit (vgl. Lk 10,23–24; Mt 13,16–17). Die Gottesliebe besteht darin, dass Gott uns zuerst geliebt hat, wie es im 1. Johannesbrief heißt (vgl. 1 Joh 4,19).

VON WEIHNACHTEN BIS ZUM ENDE DER PASSION

24. Heilige Stille

Situation – Meditation – Kontemplation – Realisation

Nach dem Feuer kam ein sanftes, leises Säuseln. Als Elija es hörte, hüllte er sein Gesicht in den Mantel, trat hinaus und stellte sich in den Eingang der Höhle. *(1 Kön 19,12b–13)*

Was haben die himmelschreienden Sünden mit der heiligen Stille zu tun? Schließt sich das nicht aus? Was ist das für ein schweigender Gott, der das Schreien des Volkes hört? Braucht man einen heiligen Krieg, wenn das Böse übermächtig wird? Heiliger Krieg heißt ursprünglich die Unterbrechung der eigenen Aggressivität. Stille kehrt ein. Und was geschieht dann? Bei einer guten Aufstellungsarbeit kann man es erleben.

Gott antwortet durch Zorn – gemeint ist gewiss nicht eine der sieben Todsünden, sondern das Schnauben des Geistes, wie man Gottes Zorn spirituell übersetzen kann. Die durch Mark und Bein gehende, unhörbare Stimme vernimmt der Prophet Elija am Gottesberg Horeb in der Stille, im verschwebenden Schweigen, im sanften Säuseln, wie Martin Luther übersetzt. Vielleicht geht ihm dabei der Kollateralschaden seiner Frömmigkeit auf, das im Gewissen hörbare Schreien der Witwen und Waisen der Baalspriester, die er geschlachtet hat. Gottes Zornengel erreicht ihn.

Wie geht der Weg in die Stille, in deren Unbestechlichkeit die Geister unterschieden werden? Was kommt woher, und wohin führt es? Sehr normal und einfach fängt der Weg in die Stille an. Und Einfachheit ist auch das Ziel. Viele Erfahrungen kommen aufgrund einer Situation zustande, in der man sich befindet. Welche Grunderfahrung hält man für eine unabänderliche Realität? Ist das, was der Fall ist, allein das Faktische? Eine differenzierte Wahrnehmung tut not.

In welcher Situation befinde ich mich?

Wer auf Zeiten des Anfangs einer Beziehungsstörung oder das Ende einer Beziehung zurückblickt, wird entdecken, dass Verstummen eingetreten ist. Wie durch eine Tür ist die Sprache des Verstehens hinausgegangen. Was bleibt, ist jene schlechte Leere, in der nicht mehr vertraut, gehofft und geliebt wird. Das eigene Selbst ist wieder zu einem Ego geworden, das um sich selbst kreist, ohne einen Zugang in die eigene spirituelle Tiefe zu finden. Weder der Freundeskreis noch die Öffentlichkeit können den Verlust der Beziehung ersetzen. Verstummen tritt an die Stelle der Person, die bisher Stille und Schweigen, Name und Sprache garantierte. Dabei spielt es keine Rolle, ob dies durch fremdes oder eigenes Verschulden eingetreten ist. Statt befreiende Nähe und Ferne wird Vereinsamung und endgültige Distanzierung erfahren. Es hat einem die Sprache verschlagen. Eine depressive Verstimmung kann die Folge sein.

Körperwelten sind zu Kerkerwelten geworden. Die Seele fühlt sich eingesperrt. Der Geist ist nur noch mit normierenden Normalitäten beschäftigt. Die Erinnerung an unerhörte Gebete verblasst. Zudem sind sie schon lange verstummt. Unerhört!

In der mystischen Auslegung der Apostelgeschichte durch Meister Eckhart lässt sich jene Phase der Selbstwahrnehmung mit der Situation des Petrus im Kerker in Verbindung bringen. Es scheint weder eine Lösung von innen noch von außen möglich zu sein. Die Schlüssel des Petrus greifen nicht, weder der Schlüssel des Himmels noch der Schlüssel der Erde. An die Stelle der Schlüssel sind zwei Ketten getreten. Die Wächter des Gesetzes und der Gewalt verhindern jedes Entkommen des Petrus, der von seinem Ichpunkt her nicht über die Möglichkeit verfügen kann, seinen Kerker zu verlassen. Die Situation als solche bietet keine Lösung an. Auch durch eine unendliche Analyse der Verhältnisse würde im Grunde alles gleich bleiben: Außen ist außen, Innen ist innen.

Was ereignet sich in der Meditation?

Erst auf der Ebene der Meditation ergeben sich neue Perspektiven in Situationen, die realistisch betrachtet ausweglos erscheinen. Wird die Realität aber im Horizont einer größeren geistigen Wirklichkeit erfasst, dann relativieren sich die alten Proportionen von außen und innen, ohne dass ihre Verschiedenheit aufhören würde. Meditation ist jenes prozesshafte Geschehen, das in mystischer Intensität zu einem lebensentscheidenden Durchbruch führt: sich neu in die Mitte bringen lassen. »Stell dich in die Mitte«, so Jesus (vgl. Mk 3,1–5). Überblick und Innenblick finden statt.

Im Schweigen wird jegliches als es selbst wahrgenommen. Das Durcheinander, in dem nichts mehr es selbst, sondern etwas anderes als es selbst ist, lichtet sich. Entfremdung wird aufgehoben. Das Konglomerat der Dinge wird transparent. Das meditative Schweigen erzeugt eine Atmosphäre, in der unterschieden werden kann: Bilder und Wörter auf ihre Herkunft hin, Regungen und Bewegungen auf ihre Gründe hin, Schmerzen und Leiden auf ihre Ursachen hin, Glück und Seligkeit auf ihre Wurzeln hin.

Der Unterscheidung von innen entspricht der Durchbruch von außen. Meister Eckhart lässt Petrus bekennen: »Jetzt erkenne ich wahrhaft, weil Gott mir seinen Engel gesandt hat.«

(Apg 12,11) Im Nun, plötzlich ereignet es sich, dass Petrus ins Freie gelangt. Nicht linear, eindimensional, monokausal, sondern gleichsam ums Eck erscheint aus einer geistigen Welt die Lichtgestalt des Engels. Für Meister Eckhart besteht das Wesen des Petrus darin, die ins Licht vorlaufende Erkenntnis zu sein. Nach seinem spirituellen Durchbruch, der sich bis in die Realität hinein auswirkt, kehrt Petrus in den Kreis der Gemeinde zurück. Kommunikation mit dem Engel hat sich ereignet.

Wie geschieht Kontemplation?

Nach seiner Befreiung aus dem Kerker und seinem Besuch in der Gemeinde von Jerusalem heißt es von Petrus in der Apostelgeschichte recht knapp: »Dann verließ er die Gemeinde und ging an einen anderen Ort.« (Apg 12,17) Erst im Apostelkonzil hören wir wieder von ihm (Apg 15,7–11). Welche kontemplativen Gebetserfahrungen mag Petrus wohl in der Zwischenzeit gemacht haben, so dass er die Entscheidung des Apostelkonzils vorwegnehmen konnte? Welche Leben-Jesu-Betrachtungen haben ihn verwandelt?

Im Schweigen wird die Tugend der Verschwiegenheit eingelöst. Um welchen Übergang handelt es sich von der Schweigemeditation in die Stille der übergegenständlichen Kontemplation? Während ungegenständliche Meditation immer Negation mit sich führt, ist im Übergegenständlichen jene Weise von Einungserfahrung möglich, die grenzenlos ein und alles sein lässt. Personal gewendet: Wer erscheint so im kontemplativen Gebet, dass in der Reflexion hymnisch bekannt wird: Du bist mein Ein und Alles, in dem jegliches aufgehoben ist? Nichts Geschaffenes, auch kein Engel, vermittelt die Unmittelbarkeit, in der die kontemplierende Person lebt. Wie von Angesicht zu Angesicht, von Gestalt zu Gestalt, von Herz zu Herz, von Du zu Du wird im Geist der Einung gelebt.

Wer ist mit da im eigenen Körper? Während wahrer Kon-templation wird im Tempel des Leibes vollzogen, dass sich Gottheit mit Menschheit auf weiselose Weise (vgl. M. Eckhart) in der Einmaligkeit der betenden Seele eint. In dieser Stille glückt Stillung. So gestillt fließt der Strom der Ewigkeit in die Zeit, bis sie in die Ewigkeit zurückkehrt.

Insoweit christliche Mystik trinitarische Mystik ist, begegnet dem Menschen in ihr der eine Gott, wenn er nahe kommt, als schöpferischer VATER, als sein lassendes Geheimnis, als ursprungloser Ursprung. In der Nähe Jesu Christi erweist Gott sich im SOHN Gottes, der im Wort befreiend und erlösend handelt. Der sich selbst vermittelnde GEIST Gottes erfüllt die inneren Sinne so mit seiner tröstenden Dynamik, dass er im Kraftfeld der Gnade aufscheint. Anbetung ereignet sich wie von selbst.

Früchte, die während der trinitarischen Kontemplation reifen, können empfangene Talente sein, die nun bewusst ins eigene Geschaffensein integriert werden, oder das Evangelium Jesu Christi in Wort und Sakrament. Die Zeichen des Heils werden neu erfasst, so dass ihr Vollzug höchst sinnvoll erscheint, oder auch Charismen, die sich weder auf die Schöpfungsordnung noch auf das Heilswirken Christi zurückführen lassen. Sie werden als Gaben des Heiligen Geistes begriffen.

Auf welche Weise findet Realisation statt?

Die Rückkehr in den Alltag lässt sich mit Überlegungen verbinden, die darauf reflektieren, wie die inneren und die äußeren Sinne zur Anwendung kommen: Der Alltag braucht einen Rhythmus von Gebet und Arbeit.

Dem *Hörsinn* entspricht in den Phasen des Verstummens, des Schweigens und der Stille jeweils die Zeit der Wörter, der Worte und des Wortes. In einem spirituellen Prozess gelangt man von einer Situation ausgehend über die Phasen der Meditation und der Kontemplation in die Zeit der Realisation. Es ist ein Weg vom Verstummen zum Schweigen in die Stille und weiter bis zur Sprache eines neuen Alltags, der von Gebet und Arbeit geprägt ist.

Dem *Sehsinn* korrespondiert in der Situation das Erblicken bzw. Hinsehen, in der Meditation das Hindurchblicken bzw. das tiefe Sehen, in der Kontemplation die beseligende Schau. Zerrformen hingegen sind die Verblendung und das Verschließen der Augen vor der Realität und der Wirklichkeit. Um welchen ästhetischen Fortschritt handelt es sich in der Reihung von den Bildern über die Ikonen zu den Erscheinungen? Man kann sehen mit den Augen des Körpers, mit den Augen der Seele und mit den Augen des Geistes. Auf dieser Basis kommt es zu unterschiedlichen Theoriebildungen (griech. theorein, dt. sehen, schauen), die für die Praxis des Alltags relevant sind.

Im *Tastsinn* kann sich situativ Gefühllosigkeit bzw. apersonale Leidenschaft einstellen. Während der Meditation hingegen wird jemand durch Gefühle, durch Trost und Misstrost berührt. Heiliger Schauer ergreift und durchdringt die kontemplativ betende Person. An die Stelle von egozentrischer Identität ist liebende Identität getreten, die sich nicht individualistisch nur als ein Individuum definiert, das ungetrennt in sich und getrennt von allem anderen existiert, sondern das sich in Freiheit zugleich unvermischt und ungetrennt berührt weiß von jeglichem anderen in seiner eigenen Weise, sowohl von den Dingen wie von den Menschen. Alltag braucht Sensibilität und Selbstständigkeit.

Von *Riechsinn* ist in vielen Alltagsformulierungen die Rede: In etwas seine Nase hineinstecken, jemanden nicht riechen können. Der eine ist ein Schnüffler, dem anderen stinkt es usw. Auf meditativem Niveau wird dieser Sinn auf Ursprüngliches bzw. den Ursprung hin gerichtet. Dorthin wendet jemand seine Nase im Akt der heilsamen Umkehr. Johannes ruft: »metanoeite« – kehrt um! Darin steckt die griechische Wortwurzel »nous«, der Verstand, die Vernunft, sprachlich verwandt mit englisch »to know«, erkennen, wissen, und deutsch »Nase«. In der Kontemplation wird mit dem inneren Sinn die Atmosphäre des Heiligen erspürt, die in der Orthodoxie durch lichtdurchfluteten Weihrauch symbolisiert wird. Im Alltag braucht man Aufmerksamkeit und Gespür für Ursprüngliches, für Authentisches.

Der *Geschmackssinn* kommt in der Geschmacklosigkeit an seine Grenzen. Egal, ob süß oder sauer, bitter oder salzig. Alles schmeckt schal und fade. Man ist verbittert. Man weint. Gelingt es jedoch, etwas wieder von innen her neu zu verkosten, dann beginnt der meditative Prozess der Wandlung. Anhand von Brot und Wein wird der Übergang in das kontemplative Gebet gestaltet, bis Verklärung und Weisheit, das Wunder der Verwandlung, selbstverständlich sind. Sinnigerweise bedeutet im Lateinischen »sapere« sowohl schmecken als auch weise sein. Der Alltag wird zum Ort der Veränderung und der Weisheit.

Realistisch betrachtet haben wir es meist mit Mischformen und Schnittmengen von Erfahrungen zu tun, die sich aus der Situation, der Meditation und der Kontemplation ergeben. Ob man dies besser unter dem Stichwort »Mystik im Alltag« oder »Contemplativus in actione« thematisieren sollte, sei dahingestellt. Es kommt jedoch darauf an, dass erkannt wird, wann ein gutes alltägliches Leben aus dem Geist sich in sein Gegenteil verkehrt. Sobald der Alltag banal zu werden droht, wird es Zeit, etwas zu unternehmen. Es muss ja nicht sein, dass das Gefühl immer stärker wird, in einem Laufrad bzw. in einer Hamsterrolle zu existieren. Die Welt ist auch nicht nur ein Haifischbecken, in dem man Angst haben muss, gefressen zu werden. Was kann man tun? Drei Schritte sind für einen neuen Alltag notwendig: Unterbrechung, Unterscheidung, Unterhaltung. Wie geht das konkret?

Eine Unterhaltung, zum Beispiel ein gutes Gespräch, eine befriedigende Kommunikation, ermöglicht die Erfahrung, dass eine Bruchstelle auch ein Ort ist, an dem es anders, noch unsichtbar, frei weitergehen kann. Ein neuer Horizont tut sich auf. War die Unterbrechung eine Sollbruchstelle? Was kann man durch eine Wunde lernen? Ein tiefer innerer Prozess mit neuer Zukunftsperspektive könnte beginnen. Wann bringen Scherben Glück? Kommt es durch Pfropfung zur Veredelung? Zu einem gelingenden Alltag gehören Zeiten der Unterhaltung und der Unterbrechung. Natürlich ergibt sich daraus eine Zeit der Unterscheidung.

Während einer Krise gibt es die Chance, neu kritisch zu werden. Es verdeutlicht sich, was etwas ist oder wer jemand ist. Die Frage nach dem Woher und Wohin kann gestellt werden. Im Prozess der Unterscheidung der Geister, der Dinge und Bedeutungen, der Motivationen und Konsequenzen, der Leiden und Visionen entstehen Antworten, die zur Klärung der Situation beitragen. Oft genügt dafür auch eine relativ kurze Zeitspanne. Was ist authentisch? Was steigert die Entfremdung? Es lohnt sich, darüber im Gespräch zu bleiben. Welche Weisen von Unterhaltung lassen sich unterscheiden? Ist es Zeit für eine innere Unterhaltung, des inneren Gesprächs zwischen Seele und Geist?

Ein Selbstgespräch findet statt. Irgendwann wird vermutlich der Punkt erreicht, an dem sich dies als nicht mehr weiterführend erweist, sei es, weil man während des inneren Monologs anfängt, nur noch um sich selber zu kreisen, oder weil das Interesse an der Thematik nachlässt bzw. weil die dafür nötige Energie zu Ende geht. Eine Grenze ist erreicht. Was kann passieren? Entweder man kehrt in den Alltag zurück, oder die Selbstunterhaltung bricht ab, und zeitgleich beginnt eine Gebetszeit in Schweigen und Stille. Beten heißt ursprünglich ja nicht dieses oder jenes machen, sondern sich den Luxus zu gönnen, sich lieben zu lassen. Die betende Person tritt in ein Verhältnis zu jener ewigen, hörenden Liebe, die Gott genannt wird. Wie Elija am Rand der Höhle, gleichsam seiner spirituellen Neu-Geburtshöhle, von der geistigen Nähe Gottes berührt wurde, so begann am Rande der Geburtsgrotte von Bethlehem eine neue Geschichte mit der Nähe Gottes in Fleisch und Blut. Was kann sich ereignen?

Wer seine Gebetszeit bewusst als Christ verbringen möchte, kann zu Jesus Christus in eine Beziehung treten, so dass durch ihn das eigene Gottesverhältnis erlösend aktualisiert wird. Zwischenmenschlich katalysiert er eine Ethik der Freiheit. Welche Überraschungen erlebt jemand, der sich der befreienden Dynamik des Heiligen Geistes überlässt? Der Trost und die Kraft des Geistes wirken inspirierend und ermutigend. Gebet glückt. So gestärkt, kehrt man unternehmerisch in den Alltag zurück, um ihn selbstverantwortlich und geistlich zu gestalten.

25. Die Heilige Familie

Jesus, Maria und Josef

Jakob war der Vater von Josef, dem Mann Marias; von ihr wurde Jesus geboren, den man Christus nennt. Im Ganzen sind es also von Abraham bis David vierzehn Generationen, von David bis zur babylonischen Gefangenschaft vierzehn Generationen und von der babylonischen Gefangenschaft bis Christus vierzehn Generationen.
Mit der Geburt Jesu war es so: Maria, seine Mutter, war mit Josef verlobt; noch bevor sie in der Ehe zusammenlebten, zeigte sich, dass sie ein Kind erwartete – durch das Wirken des Heiligen Geistes. Josef, ihr Mann, der gerecht war, und sie nicht bloßstellen wollte, beschloss, sich in aller Stille von ihr zu trennen. Während er noch darüber nachdachte, erschien ihm ein Engel des Herrn im Traum und sagte: Josef, Sohn Davids, scheue dich nicht, Maria als deine Frau zu dir zu nehmen; denn das Kind, das sie erwartet, ist vom Heiligen Geist. Sie wird einen Sohn gebären, dem sollst du den Namen Jesus geben; denn er wird sein Volk von seinen Sünden erlösen. (Mt 1,16–21)

Bevor ein Kind geboren wird, hat es als menschliches Lebewesen eine pränatale Geschichte. Damit sind nicht nur die Monate der Schwangerschaft gemeint, sondern eine Gedankenwelt, die schon lange existiert, bevor es zu Zeugung und Empfängnis kommt. Eltern und Verwandte haben Ideen, Befürchtungen und Erwartungen, die um das neue Lebewesen kreisen. Entscheidungen werden getroffen. Präexistenz ist also prinzipiell ein Thema.

Christen interessiert natürlich besonders die Frage nach der Präexistenz Jesu. Dabei spielen nicht nur die Stammbaumgeschichten Jesu eine Rolle (vgl. Mt 1,1–17; Lk 3,23–38), sondern die Wirklichkeit des ungeschaffenen, transzendenten Geistes und seine Idee vom ewigen Messias, dem Sohn Gottes. So hört der Prophet die Stimme Gottes, der zu Christus spricht: »Mein Sohn bist du, heute habe ich dich gezeugt.« (Ps 2,7) In der Frömmigkeitsgeschichte des Christentums lässt Ignatius von Loyola den Exerzitanten in das innergöttliche Gespräch hineinhören: »Lasst uns die Erlösung des Menschengeschlechtes bewirken.« (EB Nr. 107)

Eine Ikone von der Menschwerdung

Eine russische Ikone aus dem 17. Jahrhundert kann der Anschauung des Mysteriums von der Menschwerdung dienen. Knapp und wesentlich wird in der Sprache der Farben erzählt, was seit 2000 Jahren im christlichen Glauben bezeugt wird: Der ewige, schöpferische Geist – Gott selbst – ist in Fleisch und Blut bei uns Menschen erschienen. Was zeigt die Ikone? Der Mittelpunkt der ganzen Szene ist das Kind in der Krippe.

Ehe man innerlich dabei verweilt, sollte man zunächst die umstehenden Menschen in den Blick nehmen. Auf der rechten Bildhälfte sieht man Menschen, die in den neutestamentlichen

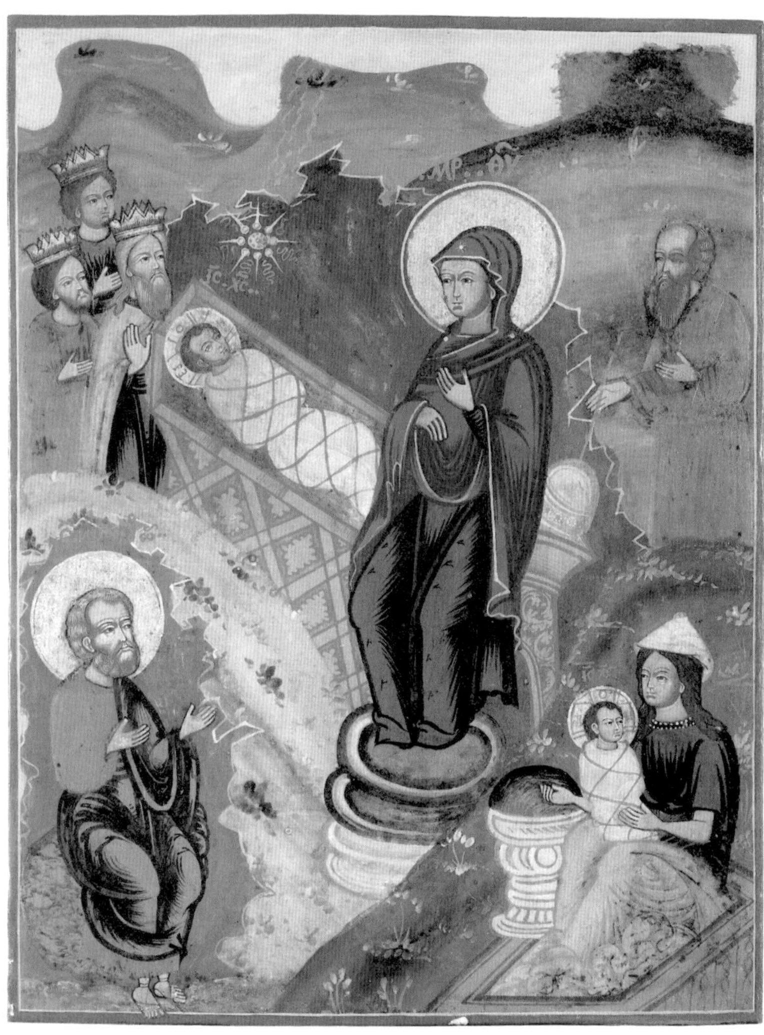

Russ. Ikone, 17. Jhdt.

Bibelausgaben nicht genannt sind. Sobald man jedoch apokryphe Texte liest – jene Schriften, die das Leben Jesu kommentieren, aber von der Kirche nicht in den Kanon aufgenommen wurden –, findet man allerlei Hinweise, die sich auf die beiden rechten Personen beziehen.

Am rechten oberen Rand der Geburtshöhle – angezeigt durch die zackige Linie, die den dunklen Hintergrund zum Vorschein bringt – sieht man einen Mann, der mit einem Stab in der Hand auf das Gesamtgeschehen hinweist. Der Sitz der Mutter Jesu, der Thron der Weisheit, ist das, worauf er besonders aufmerksam macht. Wie in der orthodoxen Ikonenschreibkunst üblich, wird er ohne Aura dargestellt, denn er ist anonym, also namenlos. Daher passt ein sogenannter Heiligenschein nicht zu ihm. Steht diese männliche Gestalt mit einem Bart für die vielen Männer unserer Zeit, die am Rande des Geheimnisses stehen, in dem das göttliche Leben auf Erden erscheint?

Der biblische Text ist ein offenes System, in das alle Menschen jederzeit eintreten können. So kann sich jemand mit der Magd oder dem Knecht, die am rechten Bildrand der Ikone dargestellt sind, identifizieren. Diese Gestalten stehen für Personen, die nicht namentlich in der Bibel genannt werden. Im Laufe der Geschichte wird nach katholischer und orthodoxer Tradition einigen Menschen, die im Geist des Evangeliums lebten, ein Heiligenschein zugesprochen, wie er sonst nur biblisch bezeugten guten Menschen zukommt.

Im rechten unteren Bildrand hilft die namenlose Magd der Mutter Jesu. Maria ist frei genug, ihr Kind einer fremden Frau anzuvertrauen. Diese Geschichte wird gleichsam am Rande erzählt: Jesus von Nazareth hatte als ganz normales Kind all das nötig, was zum Großwerden gehört. Es musste gebadet werden und war gewiss interessiert, einen guten Platz auf dem Schoß der Amme zu haben. Wie viele Frauen leben diese ganz selbstverständliche Nächstenliebe für die vielen Kinder in dieser Welt, ohne dass sie groß heiliggesprochen werden!

In der linken unteren Bildhälfte sehen wir Josef mit seiner positiven Aura: ein Mann mit Ausstrahlung. Mit beiden Händen sagt er uns gleichsam: Schaut dorthin! Hier geschieht, was Leben ist! Josef ist ein Mensch, dem die Mehrung des anderen am Herzen liegt. Er ist Autorität im besten Sinn des Wortes. Bei den Römern heißt Autorität »auctoritas«, was sich von lateinisch augere, deutsch mehren, vermehren, ableiten lässt. Einer guten Autorität geht es darum, dass aus dem anderen Du immer mehr wird, was es werden kann.

Josef beherrschte die Kunst des Seinlassens. Aus seiner Verborgenheit gibt er Raum, so dass Jesus von Nazareth wirklich wird, wer er ist. Josef vertritt gleichsam die Stelle des Vaters im Himmel auf Erden. Und noch eine Kunst beherrscht er. Er versteht es, Träume zu deuten. Seine Flucht nach Ägypten rettet Jesus und Maria das Leben. Josef verstand die spirituelle Sprache der Engel in der Welt der Bilder aus dem Unbewussten. Er verstand Gottes Sprache mitten in einer schrecklichen Welt, der Welt des Kindermörders Herodes, in der er mit seiner Familie aufwuchs.

Die drei Menschen, die bisher in unser Blickfeld geraten sind, entstammen alle der jüdischen Welt. Die anderen drei, die kronentragenden Weisen, die sogenannten »Heiligen Drei Könige« repräsentieren die arische Welt (gemeint sind indogermanische Völker, die noch heute zum Beispiel im Iran siedeln). Dass dies in keiner Weise rassistisch zu verstehen ist, wird jedem einleuchten, der sich mit ihnen identifiziert. Sie stehen für die drei Kontinente, die damals bekannt waren. So sind sie oft als ein schwarzer, ein brauner und ein weißer Mensch dargestellt.

Über die Herkunft der drei Weisen gibt es viele Theorien. Im griechischen Neuen Testament werden sie als »magoi« bezeichnet. Damit gemeint sind Zarathustra-Priester. Diese Mogh (mittelpersisch) war eine spezielle Priester- und Gelehrtenkaste in der Welt der Meder und Perser, einem großen Reich, das sich bis ins heutige Armenien erstreckte. Einer der wichtigsten Helden im armenischen Staatsepos heißt wie einer der Könige: Balthasar.

Was hat es nun mit diesen Weisen auf sich? Sie beschäftigten sich mit Konstellationen. Sie waren einerseits Meister der Astronomie und konnten den Lauf der Gestirne am Himmel berechnen und deuten, zugleich waren sie anderseits priesterliche Lehrer in Ethik und Kult auf Erden. Für die Magoi war es gewiss eine sensationelle Entdeckung, dass zu der Zeit, als Jesus in Bethlehem geboren wurde, eine höchst einmalige Konstellation über Bethlehem zustande kam. Jupiter, das Königsgestirn, und Saturn, das Gestirn Israels, kreuzten mehrfach ihre Bahnen über dem Hauptort des Stammes Benjamin, nämlich Bethlehem: »Und du, Bethlehem Ephrata, die du klein bist unter den Städten in Juda, aus dir soll mir kommen, der in Israel Herr sei, dessen Ausgang von Anfang und von Ewigkeit her gewesen ist.« (Mich 5,1)

Geführt durch den »Stern von Bethlehem«, fanden die Weisen aus dem Morgenlande den Weg zu der Krippe. Mithras, die Logik des Himmels, war nicht mehr nur abstrakt am Himmel zu verehren oder in Mythen, die von seiner Geburt in einer Höhle berichten, sondern der ewige Gott, der Herr des Himmels, war nun selbst als Christus in Fleisch und Blut auf Erden gegenwärtig geworden. Sie brachten ihre Gaben zu dem, der da vor aller Völker Augen erschienen ist. Welche Wandlung mag in ihrem Geist, ihrem Sinn vorgegangen sein, bis sie den Weg zur Krippe fanden?

Welche drei Wandlungen des Geistes sind nötig, bis das Mysterium der Weihnacht erlebbar wird? In den Reden Zarathustras heißt es zu Beginn: »Drei Verwandlungen nenne ich euch des Geistes: Wie der Geist zum Kamele wird und zum Löwen das Kamel und zum Kinde zuletzt der Löwe.« Auf drei Dinge sei aufmerksam gemacht. Der tragsame Geist, dem Kamele gleich, will gut beladen sein. Wer von uns kennt die Welt der Pflichten nicht, die man notwendigerweise, manchmal ächzend und stöhnend, aber doch auch stolz auf sich nimmt? Beladen eilt man durch seine Betonwüsten und tut seine Pflicht. Obwohl man es sich nicht gerne eingesteht, ist man doch froh, wenn einem die Gesellschaft, Verwandte und Bekannte, Kirche und Kinder sagen, was man soll. So wird man glücklich und manchmal auch unglücklich jedes Jahr etwas älter. Und manches Kamel fragt sich am Ende: Soll das alles gewesen sein? Wie gesagt: Der Geist des Menschen bedarf der Verwandlung.

Auch wenn man immer wieder gern ein Kamel ist, schätzt man doch sehr die Verwandlung der eigenen Existenz in die Gestalt eines Löwen. Wenn Emanzipation glückt, sagt ein solcher Mensch immer häufiger: Ich will! Freiheit heißt das neue Thema. Die Verwandlung des Bewusstseins ist geglückt. Eine kostbare Lebensphase, die zu Recht immer wieder eintrifft. Wie aber glückt die dritte große Verwandlung des Geistes? Wann erscheint einem in dunkler winterlicher Zeit noch einmal etwas Neues? Wo geht einem – fast unscheinbar – ein neues Licht auf?

Hören wir Friedrich Nietzsche, den man gewiss nicht als kirchlichen Frömmler verdächtigen kann. Was vermag das Kind, das der Löwe nicht vermochte? »Unschuld ist das Kind und Vergessen, ein Neubeginnen, ein Spiel, ein aus sich rollendes Rad, eine erste Bewegung, ein heiliges Ja-Sagen.« Darum geht es. Um es in der Sprache Jesu zu sagen: »Amen, ich sage euch: Wer das Reich Gottes nicht annimmt, als wäre er ein Kind, wird nicht hineinkommen.« (Mk 10,5; Mt 19,14; Lk 18,17)

Gottes ewiger, schöpferischer Geist ist erschienen in dem kleinen Kind in der Krippe. Der holde Knabe im lockigen Haar wurde zum Mittelpunkt der ganzen Welt. Unser Blick wendet sich dem eigenartig gewickelten Kind zu, bei dessen Füßen seine Mutter, Maria, sitzt. In ihm ist der Heilige selbst erschienen, der ewige Gott. Die orthodoxe Christenheit bringt dies zum Ausdruck, indem sie in die Aura des Kindes Buchstaben schreibt. Die Weisen aus dem Morgenlande haben hier nun »Ahura Mazda« entdeckt: die große göttliche geistige Ausstrahlung auf Erden. Sinnigerweise ist unser Wort »Aura« mit dem persischen Wort »Ahura« direkt sprachlich verwandt.

Die Selbstvorstellung Gottes, der als Heiliger dem Mose im Dornbusch erschienen ist, gipfelt in der Offenbarung seines Namens: »ICH bin der, der ICH bin da.« Martin Buber übersetzt noch präziser: »ICH bin der ICH bin da, wo du bist.« Adam, wo bist Du? Eva, wo bist Du?

In byzantinischen Großbuchstaben steht der Gottesname im Heiligenschein des Jesuskindes: Gott ist der Seiende, der Ich-bin, der HO ON. In Großbuchstaben steht zwischen dem Haupt des Christkindes und dem achtstrahligen Stern die Bezeichnung seiner Wirklichkeit, die Abkürzung für Jesus (IC) und für Christus (XC). Wer ist er? Zwei Realitäten sind in ihm eine Wirklichkeit geworden. Er ist der ewige Messiaskönig (vgl. Ps 2,7) und der geschichtliche Jesus von Nazareth, dessen Mutter Maria aus dem priesterlichen Erbadel entstammte.

Mit dem achtstrahligen Stern, der über der dunklen Höhle aufleuchtet, hat es eine besondere Bewandtnis. Die Acht steht für Unendlichkeit, ja für die Ewigkeit. So wie die Hebräer sich von dort her verstanden und ihre Knaben am achten Tag beschneiden ließen zum Zeichen des Bundes mit dem ewigen Gott, findet seit Jahrhunderten die Taufe der Christen oft in einem achteckigen Taufbecken statt. So beginnt die Initiation in den nun für alle Völker geöffneten Gnadenbund Gottes, den Jesus gestiftet hat.

Die orthodoxe Christenheit vermittelt in der ihr eigenen Sprache, woran Christen glauben. In der Form eines althebräischen Andreaskreuzes ist das Kind in sein lichtes Kleid gewickelt – in Chi-Binden wie Osiris. Das Licht der Gnade, das in der Welt erschienen ist, wird den Weg über das Kreuz in die ewige Herrlichkeit Gottes gehen. Hat die Sehnsucht der Völker im Stall von Bethlehem anfänglich ihre Erfüllung gefunden?

Im erdbraunen Gewand, die Materie verkörpernd, sieht man Maria, die Mutter Jesu. Die drei Sterne auf ihrem Gewand symbolisieren, dass sie vor, während und nach der Geburt, dass sie also zu jeder Zeit offen war für das Wirken des Heiligen Geistes. Sie ist – um es in biologischer Sprache zu sagen – immerwährende Jungfrau. Sie konnte »Christum treiben«, wie Martin Luther formuliert. In ihr gewinnt das lutherische Gnadenprinzip Gestalt: Je mehr der Mensch Gottes Geist und Gnade empfängt, desto mehr kann er Christus treiben. Dies ist der tiefere Sinn von Jungfrau und Mutter zugleich. So ist Maria für jeden Christen und jede Christin eine Schwester im Glauben. Über ihrem Heiligenschein findet man in griechischen Großbuchstaben die Abkürzung für Mutter Gottes (MP – THV). Durch sie hat Gott sich selbst aufgrund des Wirkens seines Geistes in die Welt der Materie eingezeltet, in Szene gesetzt, inszeniert.

Das Besondere an diesem Andachtsbild ist die Tatsache, dass es sich um kein Bild handelt, sondern um eine Ikone. Heilsgeschichte wird in Farben ausbuchstabiert. Ikonen werden geschrieben, sagt man im Griechischen. Sie sind bemalte Fenster, durch die der Mensch aus der Ewigkeit angeschaut wird.

Weihnachten ist das Fest des neuen Anfangs, in dem uns das göttliche Licht der Ewigkeit mit seinem Gnadenstrahl erreicht, so dass das letzte Ziel im Glauben erkennbar wird: Gott selbst.

Die Familie Jesu

Die ersten beiden Kapitel der Evangelisten Matthäus und Lukas entfalten die Familiengeschichte Jesu von der Geburt in Bethlehem, über die Flucht nach Ägypten und der Wallfahrt nach Jerusalem bis hin zum Wohnen in Nazareth. Die Evangelisten Markus und Johannes hingegen thematisieren zu Beginn ihrer Evangelien vor allem die messianische Herkunft Jesu (vgl. Mk 1,1–11 und Joh 1,1ff; 3,31ff).

Neutestamentliche Texte ermöglichen einen Zugang zur sogenannten Heiligen Familie, nämlich zu Jesus, Maria und Josef. Zu den einzelnen Personen gibt es ausführliche exegetische und dogmengeschichtliche Studien, die helfen, die Gestalten in ihrer heilsgeschichtlichen Komplexität zu verstehen.

Biblische Wahrheit macht frei. Das heilsgeschichtliche Geschehen und nicht irgendein tröstliches Konstrukt bildet daher die spirituelle Basis für eine ehrliche Aufstellung der eigenen Kernfamilie. Für eine effiziente Aufstellungsarbeit – sei sie imaginativ innerlich oder sichtbar äußerlich – genügt eine Kurzcharakteristik der Personen und ihrer Wirkungsgeschichte. Fragen, die dabei helfen, sind: Warum wird Josef der jüdische Ehrentitel eines Gerechten zugebilligt? Auf den Schultern der Gerechten ruht die Menschheit, heißt es. Welche zentrale Aufgabe kommt Maria im Leben Jesu zu? Wer ist Jesus von Nazareth? Was ist seine Sendung? Warum bekennen ihn die Seinen als Messias? Er ist für sie die neue Selbstoffenbarung Gottes auf Erden und der Garant einer Ethik der Freiheit.

Nur einige wesentliche Konturen von Jesus, Maria und Josef sind nötig, damit durch ihre alternative Anwesenheit in Repräsentanten die eigene Kernfamilie in einer heilsamen Atmosphäre angeschaut werden kann. So lassen sich leichter natürliche, unnatürliche und übernatürliche Kontexte unterscheiden.

Systemisch gesehen werden Repräsentanten als Stellvertreter ausgesucht, die ein neues Verständnis des eigenen Lebens erzeugen. In dieser Perspektive kommt Jesus von Nazareth als Stellvertreter eine entscheidende christologische Position zu. Um es mit den Worten des Kajaphas zu sagen: »Ihr wisst keinen Rat. Ihr bedenkt nicht, dass es besser für euch ist, wenn ein Mensch für das Volk stirbt, als wenn das ganze Volk zugrunde geht. So sprach er nicht von sich aus, sondern weil er der Hohepriester jenes Jahres war, sagte er aus prophetischem Geist, dass

Jesus für das Volk sterben solle; aber er sollte nicht nur für das Volk sterben, sondern auch um die zerstreuten Gotteskinder zu sammeln.« (Joh 11,49b–52)

Jesus Christus ist der Stellvertreter schlechthin: an Gottes und der Menschen statt. Durch ihn findet das sogenannte Commercium sacrum statt, der heilige, heilsame Tausch von Schuld und Unschuld am Kreuz, der Höhepunkt, an dem offensichtlich wird, wie es um Opfer und Täter bestellt ist. Hieraus entspringen die Sakramente Taufe und Abendmahl. »Ein Soldat stieß mit dem Speer in seine Seite, und sogleich floss Blut und Wasser heraus.« (Joh 19,34) Liturgisch wird dieses Wandlungsgeschehen im Abendmahl unblutig wiederholt, so dass Täter- und Opfergeschichten an ein heilsames Ende kommen. Das Wandlungsgeschehen im Abendmahl ist herkünftig von der großen Wandlung, die Jesus ein für alle Mal vollbracht hat.

Daraus ergibt sich eine Reihe von Fragen: Wie lässt sich eine wechselseitige – wenn auch manchmal zeitverschobene – Abhängigkeit stellvertretend durchbrechen? Wer tritt in die Lücke, die latent schon vorhanden ist? Wie sieht das neue System aus, in dem gilt: einer für den anderen, eine für die andere, eine für den anderen, einer für die andere, ohne dass wieder ein dialektischer Bannkreis entsteht?

Durch den Akt einer freien Tathandlung tritt eine stellvertretende Gestalt auf, die Opfer und Täter zugleich ist. Erst von dort her können alle die eigene und fremde Botschaft hören: Ich kann nicht mehr, ich will nicht mehr, ich bin an einer Grenze, an der es so nicht mehr weitergeht. Wie können andere für mich einstehen, in Gottes oder der Menschheit Namen? Wer kann erkennen, dass durch Stellvertretung befreit und erlöst werden kann?

Die Heilige Familie ist die stellvertretende Familie, die in der Moderne einen architektonischen Ausdruck durch die Kirche Sagrada Familia in Barcelona gefunden hat. Nicht nur jedes einzelne Familienmitglied kann sich als Individuum zu einer heiligen Person wie mit einem Schutzgeist in ein Verhältnis setzen, sondern auch die Gegenwartsfamilie als solche findet im Horizont der stellvertretenden Familie ihre eigene Position. Trotz aller schrecklichen Wahrheit kann die eigene Familie oder zumindest ein Teil von ihr den Weg einer gnadenreichen Transformation gehen.

Um die Komplexität der Beziehungen zwischen den Personen besser zu begreifen, kann man die Beziehungen als singuläre Gestalten visualisieren. Bei besonders heiklen Verhältnissen kann die jeweilige Beziehungsgestalt zweifach repräsentiert werden, um die Verschiedenheit der wechselseitigen Wahrnehmungen und Absichten zu verdeutlichen. Sobald nun das Gottesverhältnis ausdrücklich thematisiert werden soll, lässt sich gestaltspezifisch der Jesusrepräsentanz zusätzlich eine erlösende sowie eine befreiende Relationsfigur zuordnen. So ist Jesus Christus gleichsam dreifach dargestellt.

Als strukturelle Vorgabe kann man die Kernfamilie Jesu noch um seine Großfamilie erweitern. Die Kirche San Zaccaria in Venedig ist ein diesbezügliches Gesamtkunstwerk. Dort findet man wesentliche Familienszenen und Sippenmitglieder dargestellt, zum Beispiel Elisabeth, Zacharias, Anna und Joachim. Und der Evangelist Matthäus überliefert: »Ist das nicht der Sohn des Zimmermanns? Heißen nicht seine Mutter Maria und seine Brüder Jakobus, Josef, Simon und Judas? Und leben nicht alle seine Schwestern unter uns?« (Mt 13,55–56) Anhand des Stammbaums Jesu nach den Evangelien lässt sich seine Herkunftsfamilie noch ausführlicher verstehen (vgl. Mt 1,1–17; Lk 3,23–38).

Wenn eine entsprechend große Gruppe für eine Aufstellung vorhanden ist – sei es innerlich oder äußerlich –, sollte man zwei Einzelszenen mit dem Stammbaum Jesu aufbauen. Erstens aus der Perspektive der Position Adams bzw. Evas (vgl. Lk 3,38): Vorne befindet sich die göttliche Wirklichkeit, und rückwärts ist exemplarisch die Menschheit bis Jesus versammelt. Zweitens ergibt sich eine Szene aus der Perspektive Abrahams nach vorne in die Zukunft bis zur Gestalt Jesu (vgl. Mt 1,2–16). Der Vater des Glaubens weiß sich von der unsichtbaren Hand Gottes geleitet, der wie eine bergende Wand hinter ihm ist. – Auch die Position neben dem Mann aus Nazareth führt zu tiefen Repräsentanzerfahrungen.

Die Heilige Familie ist eine spirituelle Familie. Man denke nur an die Begegnung Marias mit dem Engel Gabriel (vgl. Lk 1,26–38) oder an den Engel, der Josef den Traum deutet (vgl. Mt 1,20–24; 2,13–23). War es Yerachmiel, der Engel der Barmherzigkeit, der die Väterlichkeit Gottes repräsentiert? Mit ihm wird der Engel der Gemeinde von Philadelphia identifiziert (vgl. Offb 3,7–13). Und Jesus selbst ist das Kind, dessen Eltern Maria und Josef sind. Es stammt vom Heiligen Geist (vgl. Mt 1,20b; Lk 1,35; 3,7–13). So erscheint der EWIGE Ursprung als göttlicher Anfang im KIND aus Fleisch und Blut.

Was beim Familienaufstellen offensichtlich wird und nach einer endgültigen Verabschiedung drängt, zum Beispiel krankmachende Projektionen, alte Über-Ich-Vorstellungen, inzestuöse Situationen, vergiftende Mutterbindungen usw., ist gesellschaftlich gesehen all das, was untergehen kann, ohne dass dem eine Träne nachzuweinen wäre. Dazu gehören alle regionalen und globalen Phänomene, durch die die Inhumanisierung der Menschheit vorangetrieben wird. Zerstörende Mächte und Gewalten, seien sie im politischen oder ökonomischen Bereich, haben kein positives Daseinsrecht, sondern sind zum Verschwinden verurteilt. Dieser Weltuntergang ist zu begrüßen.

Zeitgeschichtlich gesehen lässt sich eine eigentümliche Entwicklung beobachten: Synchron zur Fortschreibung der Menschenrechte, die zunächst bürgerliche Freiheiten gewährleisten sollten und die dann auf weitere soziale und ökonomische Rechte hin ausgeweitet wurden, bis zu den neuerdings geforderten Rechten auf Bildung und Gesundheit, auf Solidarität und Frieden, kam es empirisch gesehen seit dem letzten Jahrhundert weltweit zu einer systematischen Missachtung der Menschenrechte.

Daran wird offensichtlich, dass eine nur juristische Setzung nicht zum Ziel führt. Erst wenn der Aufbau einer wertebewussten Kultur des Geistes nach der Logik der Freiheit in der Menschheitsfamilie gepflegt wird, existiert die gesellschaftliche Basis, die Menschenrechte zu realisieren. Das Interesse an Werten, die für das Gemeinwohl wesentlich sind, kann durch Prozesse verstärkt werden, bei denen das Gewissen des Einzelnen und die seelische Verfasstheit einer Gesellschaft berücksichtigt werden. Die Bedeutung des Menschenrechtes Kommunikation ist dabei der Schlüssel, damit entsprechende gesellschaftliche Prozesse glücken.

Der ausführlichste biblische Text für die Aufstellung der Menschheitsfamilie ist die Offenbarung des Johannes. In 22 Kapiteln kommt die eschatologische Ordnung zur Sprache. In der Gesamtschau haben einzelne Visionen einen sinnvollen Ort. Alles in allem wird ein Lösungsbild sichtbar, das zeigt, was Zukunft hat.

Wie kann die Johannesoffenbarung als ein ewiges Evangelium für alle Völker, Nationen, Sprachen und Stämme verstanden werden (vgl. Offb 14,6)? Tod und Untergang werden verkündigt, das Leben und die Auferstehung gepriesen. Mit seinem Evangelium, gemäß den Ordnungsprinzipien der Barmherzigkeit und der Beziehungsgerechtigkeit, richtet der endzeitliche Christus die Menschheit (vgl. Offb 4,2–5,1). Das Heilsgericht Jesu Christi ist das Ziel des Evangeliums, dessen Anfang in der Heiligen Familie beginnt: Jesus mit Maria und Josef. Diese Familie ist ein Raum des Lebens, das in der Ewigkeit seine Vollendung findet. In diesen Freiraum hinein kann man sich mit seiner eigenen Familiengeschichte stellen, so dass sich dort die eigenen Familienerfahrungen wandeln können, die bisher das Leben belastet haben.

Spirituelle Intervention aus dem Geist des Evangeliums

Vor dem Hintergrund der Menschwerdung Gottes und der Wiederkunft Christi bietet sich eine individuelle und systemische Intervention aus dem Geist des Evangeliums an, so dass eine Lebensgeschichte eine neue Perspektive erhalten kann.

Was bedeutet der Glaube an Jesus Christus im Prozess der eigenen Menschwerdung? Sobald ein Geist mit einem Körper ident wird und sich ihr Ineinander entwickelt, durchläuft die Seele mit der Zeit verschiedene Phasen. Wie verhält es sich bei der Seele Jesu Christi, an den Christen glauben? Wenn der Verstehenshorizont des Geschehens nicht die Binnentranszendenz der realen Welt ist, sondern die Ewigkeit, aus der der göttliche Geist auf Erden inkarniert, dann durchläuft die Seele Christi verschiedene Phasen in der Welt. Wie lässt sich aus der Welt des Glaubens in die Welt des Wissens intervenieren?

Die Erkenntnisquelle für eine mögliche Antwort ist nicht nur die natürliche Welt, sondern auch die göttliche Welt, als deren Repräsentant jeweils ein Engel erscheint. Es geht also um einen Gegenstand des Glaubens bzw. der Glaubenserfahrung, nicht allein des Wissens, wie es bei den Naturwissenschaften der Fall ist. Kann die Glaubensperspektive etwas dazu beitragen, dass es durch spirituelle Intervention zu Veränderungen im realen Leben kommt, so dass es wirklicher gestaltet werden kann, oder verhindert eine religiöse Sicht der Dinge gar die Aufklärung der realen Verhältnisse? Welche Absichten stecken hinter entsprechenden Texten, in denen vom Glauben an Gott die Rede ist? Geht es um Verführung zur Verantwortungslosigkeit oder um ein Bekenntnis zur eigenen Freiheit, die davon überzeugt ist, durch Gott je neu zur Freiheit befreit zu werden?

Vor jeder Interpretation sind neutestamentliche Texte zunächst wortwörtlich laut zu lesen. Und es ist ebenso eine Kunst zu hören, was geschrieben ist. Mittels der Sprechsprache lassen sich die Gottesbeziehung und die Verhältnisse zwischen Geist, Körper und Seele reflektieren und artikulieren.

In christologischer Perspektive ereignet sich die Identwerdung von Geist und Körper in der Inkarnation. Wie Körper und Geist mittels der sogenannten Schriftsprache kommunizieren, das heißt, die genetischen Voraussetzungen werden durch den Geist belebt, so kommuniziert analog der Heilige Geist mit der Materialität Mariens. Wie kommt in einer unheilen Welt geglückte Endlichkeit zustande, so dass der Tod nicht das letzte Wort hat?

Geist und Seele sind miteinander mittels Gedankensprache im Gespräch. Pneumatologisch gewendet handelt es sich um die Inspiration, zu der Seelen fähig werden, wenn sie mit dem Heiligen Geist kommunizieren. Wie lassen sich Wendepunkte im Leben erkennen und vernünftige Entscheidungen treffen? Welche seelische Disposition nützt diesem Prozess?

Von Inkulturation kann man theologisch sprechen, wenn die gläubige Seele betet und sich dabei mittels Sinnensprache körperlich ausdrückt bzw. berührbar wird. Die Inkulturation des Evangeliums in die moderne Welt ist ein großes Thema. Wie sind die Strukturen der Wirklichkeit? Was ist Realität? Wie wirken die organischen Triebe? Was bewirken die Scheintriebe? Welche Welten erzeugen sie? Wer ist Mutter Erde? Was bedeutet das Bekenntnis zum Vater im Himmel?

Wer andere anhand des Evangeliums systematisch begleitet, sollte nicht nur über triebdynamische Zusammenhänge und psychologische Entwicklungsphasen genau Bescheid wissen, sondern auch über ein Reservoir entsprechender Bibelstellen verfügen. Im dem Spannungsgefüge von natürlichen Verläufen und metaphysischen Welten entstehen kreative Lösungen.

Was geschieht, wenn man die Pränatalphase in christologischer Perspektive betrachtet (vgl. Joh 1,1–13; Mt 1,1–24; Lk 1,1–80)? Der Kommunikationstrieb und der Scheinkommunikationstrieb sind immer schon am Wirken und Werken. Offensichtlich wird dies in der Oralphase, die selbstverständlich auch neutestamentlich thematisiert wird (vgl. Joh 1,14–17; Lk 2,1–40). Um die Analphase, die vom Nahrungstrieb und vom Todestrieb bestimmt ist, befreiend nachzuerleben, kann man auf das Leben Jesu in Bethlehem zurückgreifen (vgl. Mt 2,1–12; 2,16–18). Die Ödipalphase Jesu findet im Land der Entfremdung, in Mizrajim, das heißt in Ägypten, statt (vgl. Mt 2,13–15; 2,19–23). Der Spieltrieb und der Geltungstrieb spielen die Hauptrolle. Was wird gelernt? Von dort kehrt Jesus in das Land der Verheißung zurück. Die Geschichte vom zwölfjährigen Jesus im Tempel markiert den Beginn der Genitalphase, in der öffentliche Selbstverantwortung übernommen wird (vgl. Lk 2,41–52). Der Geschlechtstrieb und der Machttrieb sind psychodynamisch leitend. Für das reife Erwachsenenleben stehen die Evangelien als Potenzial für spirituelle Intervention zur Verfügung (vgl. Joh 1,29–21,25).

26. Wie das Reich Gottes anfängt

Vom Kamel über den Löwen zum Kind

Und man brachte Kinder zu ihm, damit er sie berühre. Die Jünger aber schalten sie. Doch als Jesus das sah, wurde er unwillig und sprach zu ihnen: Lasst die Kinder zu mir kommen, wehret ihnen nicht, denn für solche ist das Reich Gottes. Wahrlich, ich sage euch: Wer das Reich Gottes nicht annimmt wie ein Kind, wird nicht hineingelangen. Und er umarmte und segnete sie, indem er ihnen die Hände auflegte. *(Mk 10,13–16)*

In der ökumenischen Bibellese ist für jeden Tag ein Text vorgesehen. Wenn man keine guten Gründe hat, etwas zu ändern, kann man die Welt, die Schöpfung, so wie sie einem entgegenkommt, annehmen, wie sie ist. So lässt sich dieser Text für den Anfang von Exerzitien im liturgischen Geschehen nehmen.

In Exerzitien soll man nicht kindisch werden, aber die einander oft überlappenden Phasen der eigenen spirituellen Existenz dürfen in den Blick genommen werden, zu einem allfälligen guten Ausgang und zu einem neuen Beginn.

Da wir in deutschen Landen sind, werfen wir zunächst einen Blick in die arische Spiritualität. Kann man Friedrich Nietzsche spirituell taufen? Es ist ja gar nicht so leicht, mit einem solchen außerkirchlichen Gewährsmann zu beginnen. Aber da ein Restposten Außerkirchlichkeit, ja Heidentum vielleicht doch in manchem steckt, scheint Identifizierung möglich. Drei Phasen männlicher Spiritualität, die sich in Frauenspiritualität transponieren lassen, gibt er zu bedenken.

Die erste Phase, der man sich bewusst wird, ist gleichsam das reflektierte Krafttier, das zeigt, wie man so lebt. Die erste spirituelle Phase steht unter dem Vorzeichen: der Mann ist ein Kamel. Das Kamel ist stark und willig, vertraut mit Wüste und Einsamkeit, riecht von weitem, wo eine Oase ist, und sagt: »Wo ist noch eine Last, die ich tragen könnte?« Man will ja ein gutes Kamel sein! Das Kamel hört vor allem eines gern: du sollst. Manchmal sind ihm zwar die vielen Kameltreiber etwas lästig, aber die spirituelle Grundgestimmtheit kämpft sich durch: »Was soll ich tun? Ich kann es ja, ich bin ein großes Kamel.« Der Mensch mit seiner Pflicht, die geistlich vielfältig gestaltet wird, bewegt sich als Trampeltier nach dem Kompass, der sagt, was er soll. Das ist ja gar nicht so schlecht. Ein bisschen »Kamel« muss vielleicht gar nicht abgeschafft werden. Doch durch das Nadelöhr kommt man sehr schwer. Es ist das kleinste Tor, durch das man die Kamele durch die Stadtmauer von Jerusalem zerrte. Zumindest muss die Last weg, sonst kommt man nicht durchs Nadelöhr.

In einer solchen Lebensphase könnte man sich natürlicherweise sagen – nicht allzu ideologisch oder gar sektiererisch, nur etwas philosophisch ungläubig: »Der Mann ist ein Kamel und hört gar gern, was er soll.« Denn damit entkommt man zwei großen Fallen im Leben:

Man entgeht der Beliebigkeit, die tausend Möglichkeiten ohne Liebe enthält. Welche Umwege! Da vernimmt man lieber, was man soll. Und geradlinig geht es weiter. Und man entkommt zudem der Willkür. Lieber ein guter eigener Kameltreiber sein, als auch noch die Kür nach fremdem Willen laufen wie die arme Eisprinzessin. Fast zufrieden, wenn auch etwas brummig lebt der Mann wie ein Kamel und macht, was er soll. So zumindest tun es die Männer in der Midlife-crisis: Sie machen sich wieder auf die Suche nach ihrer Pflichtspiritualität.

In der zweiten Phase werden sie dann zu Löwen. Sie fangen an zu brüllen, schütteln ihre Mähnen, werden sozusagen repräsentativ. Das Lebensgefühl ist: »Das kann doch nicht sein: Ich arbeite und tue hier meine Pflicht! Ich möchte auch einmal ein Herr sein!« Dann aber versteckt er sich wieder hinter seinen Alltagspflichten und lebt das oben genannte Kamel-Dasein weiter. Aber die Sehnsucht »Ich bin ein Löwe!« ist erwacht.

Und der Löwe im Inneren sagt, wenn auch noch etwas zaghaft, langsam aber immer lauter: »Ich will!« Welches Glück, welcher Fortschritt! Da wird gern mancher Euro für einen Selbsterfahrungskurs ausgegeben, um endlich zu erfahren, was man nun will in einer Welt, in der man bisher nur gesollt hat. Von der Emanzipation gelangt man womöglich zur »Entmann-zipation« – die Hauptsache ist das »Ich will!« Der Löwe brüllt etwas lauter, inzwischen kulturell angereichert: »Ich will mehr!« Eine neue spirituelle Phase beginnt. Unter dem Vorzeichen »Männerspiritualität« trifft man sich auf einem Segelboot, jeder klebt sein Pflaster auf den Leib und erzählt seine Verwundungsgeschichte – und oft klingt es wie ein kleiner Urschrei: »Ich will so nicht mehr weiterleben wie bisher!« Der Weg vom Sollen zum Wollen ist manchmal weit.

Friedrich Nietzsche bietet noch einen dritten Wurf von Spiritualität an. In der Welt von Zarathustra mit seiner hohen Ethik des Sollens und des Wollens geschieht die neue Geburt in der Höhle. Dort wird Mithras geboren. Dieser Name bedeutet: Die Logik des Himmels – nun auf Erden. Wunderschöne Geschichten berichten von der dritten Phase in mythischer Sprache. Ich zitiere sinngemäß aus »Also sprach Zarathustra«: »Ein aus sich selbst rollendes Rad ist das Kind. Ein heiliges Ja-sagen, ein ewiges Neu-beginnen.« Es stellt sich die Frage: Wie finde ich mitten in meinem Sollen und Wollen einen neuen Anfang, einen Ursprung, aus dem heraus man weiterspringt aus Zeit in Ewigkeit? Wer spricht das große Ja zu all dem, was da an Pflicht und Tat noch einmal vor das innere Auge kommt? Ein aus sich selbst rollendes Rad ist das Kind! Ein heiliges Ja-Wort, ein Neubeginn aus Ewigkeit! Ist das ein spiritueller Traum in mythischer Sprache? Christlich gewendet: Wann wird es Weihnachten? Wo leuchtet das Gnadenlicht auf im Dunkel der Welt?

Wann beginnt die Menschwerdung noch einmal neu? Reicht das Reich der ewigen Liebe, das Himmelreich, in Raum und Zeit hinein – und wie bin ich dabei? Was bedeutet die Spiritualität des Kindes, des neuen Anfangs im Kraftfeld der Gnade? Ist das Leben ein Geschenk, ein holdes Wesen im lockigen Haar? Dorthin, nach Bethlehem waren die Magier, die Zarathustra-Priester, gezogen. Denn Gabriel, die göttliche Liebeskraft, wirkte in Gottes Namen durch den

Kosmos hindurch bis auf die Erde. So tangierte geistiger Geist den Menschen, die jungfräuliche Materie. Sie wurde zur Mutter, zur Mater. Die mütterliche Seite der Menschheit hatte die höchste Frucht der Erde hervorgebracht, so Charles Péguy. Der Traum vom wahren Christenleben, das Martin Luther gepredigt hat: Alles ist restlos aus Gnaden zu empfangen. Gottes Geist wirkt, so dass Christum getrieben wird und in Zeit und Raum erscheint, in der Gestalt des Wortes, in den Zeichen von Brot und Wein, die bezeugt werden als Ortschaft, in der Jesus Christus begegnet. Er ist Licht in dunkler Nacht, ganz materiell und Heiliger Geist in Raum und Zeit. Dritte Phase spiritueller Existenz: Nach allem Sollen und Wollen, einfach einmal wieder sein in Gottes Gnadenlicht, das bedeutet: ein neugeborenes Wesen sein.

Wie sah die Realität zur Zeit Jesu aus? Auf dem Sklavenmarkt der Antike gab es Kinder zu kaufen. Auf dem Sklavenmarkt der Moderne gibt es das auch: Auf vielen Ebenen versucht man, Kinder zu »kaufen«, um sie nach dem Prinzip »Wenn – dann« beherrschen zu können. Doch Kinder sind keine Handelsware. In der Synagoge war es oberstes Prinzip, jüdische Kinder, die in die Sklaverei gekommen waren, mit allen zur Verfügung stehenden Mitteln sofort freizukaufen. Auch die Ethik Jesu spricht hier mit klaren Worten: Lasset die Kinder zu mir kommen. Ihnen gehört das Reich Gottes, das Reich der Liebe. Sie haben ein göttliches Recht auf Würde und Freiheit. Welche Botschaft für uns Menschenkinder! Er selbst kommt zu uns als Kind, in allem uns gleich in Gottes Namen. An Weihnachten wird sein Geburtstag gefeiert.

27. Zwei Seligpreisungen

Die Frau aus dem Volk und Jesus von Nazareth

Und es begab sich, als er so redete, da hob eine Frau in dem Volk ihre Stimme und sprach zu ihm: Selig ist der Leib, der dich getragen hat, und selig die Brüste, an denen du gesogen hast! Er nun sprach: Ja, selig sind die, die das Wort Gottes hören und befolgen! *(Lk 11,27–28)*

Zwei Seligpreisungen bilden den roten Faden für jenes Geschehen, das sich in unserem Geist, in unserem Herzen während eines Gottesdienstes ereignen kann. Zunächst werfen wir einen Blick in den redaktionsgeschichtlichen Kontext: Da geht es um die öffentlich akzeptierte bzw. nicht akzeptierte spirituelle Kompetenz Jesu Christi. Ein paar Verse vorher heißt es: Die Schriftgelehrten sind der Meinung, er sei von Beelzebul besessen, mit dem Teufel treibe er Unterteufel aus. Er sei im Bund mit Baal, dem Herrn, dem Ursprung jener Feuerfliegen, die einst von oben her in das Gebälk des Tempels geflogen sind, um ihn zu zerstören, als die Babylonier Jerusalem belagerten. Reißt Jesus also das Haus Gottes nieder? Zerstört er Israel, wenn er den Bund für die Völker öffnet, ja gar eine zweite Erwählung stiftet? Bei einer solchen Perspektive auf Jesus wird der Konflikt nicht ausbleiben.

Im Duktus des Lukasevangeliums kommt nach dem oben zitierten Text die Geschichte der Rückkehr böser Geister, von denen jemand befreit wurde. Dämonen finden nirgendwo einen besseren Platz als bei Menschen, die gerade frisch aus Exerzitien kommen, aus geistlichen Übungen mit Jesus. Und wieder etwas später im Lukastext wollen die Menschen Zeichen, Beweise, Argumente – hat er nun recht oder nicht?

Mitten aus dieser Gemengelage ruft eine Frau aus dem Volk: »Selig, glücklich, wie im Himmel, so auf Erden!« Eine Frau aus dem Volk preist die Mutter Jesu: »Selig, der Leib, der dich getragen hat, und die Brüste, die dich genährt haben!« Und Jesus widerspricht nicht. Er antwortet, alle im Blick behaltend, mit einer weiteren Seligpreisung: »Ja, selig sind, die das Wort Gottes hören, es bewahren und befolgen.«

Zunächst zur ersten Seligpreisung, eine Seligpreisung, die sich mit einer langen Dogmengeschichte verknüpfen lässt. Jedes Jahrhundert, das geistig halbwegs wach war, gab dazu einen Kommentar ab. Selig die Materie, die Mater! Was ist das für ein Glück, dass die Materie so ist und nicht ganz und gar von Erbsünde durchdrungen, so die katholische Lehre! Ich erinnere an die Diskussion im letzten und im vorletzten Jahrhundert, die ja in diversen ideologischen Schulen noch anhält. Wer oder was ist Materie? Keiner weiß es genau, aber immerhin hat man dazu nicht nur physikalische sondern auch philosophische Theorien, etwa von Karl Marx und Friedrich Engels.

Im Jahre 1848 flatterten beiden die Druckfahnen des Kommunistischen Manifests in London auf den Schreibtisch. Ein »Gespenst« ging um in Europa: der Kapitalismus. Die Zeche zahlten die Proletarier. Marxisten glaubten an den positiven Humanismus. Das Ja zum Humanen – welche Zivilreligion! Der positive Humanismus ist grundlos, nicht weiter begründbar. Er beinhaltet das Ja zum Menschen, zur Menschlichkeit von Anfang an, kommunistisch und materialistisch.

Und Darwin treibt das im Jahr 1859 noch weiter: Das Leben setzt sich reell, materiell durch, die Entwicklung der Arten findet statt. Ist der Materialismus – darinnen steckt die Frage nach der Mater, der Mutter, der Materie – ein intellektueller Mutterkomplex oder die einzige realistische Weltanschauung? Sucht man das Mütterliche nur im Gegenständlichen? Immerhin ist das Thema auf der Bühne der Weltgeschichte. Wie lautet die Antwort auf die Frage nach der Materie in personaler Gestalt, nach dem mütterlichen Prinzip, nach der Mutter, aus der das Leben weitergeht, das heißt reell und materiell vermittelt? Das erinnert uns an Eva.

In einer solchen zeitgeschichtlichen Situation meldet sich natürlich auch ein Papst zu Wort. Was formuliert er aus seiner Tradition? Im Jahre 1854 konzipiert Papst Pius IX. aufgrund seiner Überzeugungen ein eigenes Fest für den 8. Dezember. An Maria wird offensichtlich, sie ist die Immaculata conceptio, das unverdorbene Konzept vom geschaffenen Menschen, empfangen ohne Erbsünde. Im Volksmund spricht man von »unbefleckter Empfängnis«. Ex opere operato, aufgrund des Heilswirkens Jesu Christi, muss man hinzufügen. Bei aller Liebe zur Materie, zu Maria als Mutter, muss man christologisch klar bei Sinnen bleiben. Wie kommt die Wirklichkeit Mariens zustande? Aufgrund des Heilswillens Gottes, des Wirkens des Heiligen Geistes und des Erlösungswerkes Jesu Christi. Durch Gott wird die Materie gut. Der Riss durch die Schöpfung ist prinzipiell wieder geheilt.

Marxisten und Katholiken kamen nur selten miteinander ins Gespräch, geschweige denn Marx und Pius IX. Im Jahre 1950 kommt es bezüglich der Zukunft der Materie wieder einmal zu einem missglückten bzw. gar nicht stattfindenden Dialog. Diesmal wurde in neoscholastischer Ghettosprache formuliert: Mit Leib und Seele ist Maria in den Himmel aufgenommen. Es wird verkündet, dass es für Maria, den Prototyp der Materie, die geschaffen ist, eine absolute Zukunft in Gottes Nähe gibt. Aufgrund des Heilswirkens Gottes ist sie mit ihrem Leib, ihrer durchgeistigten Körperlichkeit, und ihrer Seele, ihrem Individuationsprinzip, ganz und gar in der Herrlichkeit Gottes angekommen.

Wie ist das zu verstehen? Wo läuft die Sinnspur? »Selig«, sagt die Frau aus dem Volk, und empfindet es als Glück, dass Maria der Herkunftsort Jesu Christi in Raum und Zeit ist. Jesus Christus ist gleichsam doppelt geboren, aus dem Schoß des Ewigen Vaters, herkünftig aus Ewigkeit, und erschienen aus dem »Zelt« (vgl. Joh 1,14 und Offb 21,3), dem Leib seiner Mutter. Dies ist von spiritueller Relevanz für Menschen, die meditieren, ja beten wollen in ihrer Leiblichkeit. Sie können sich im Kontext des Geistes Gottes und erlöster Materialität vorfinden. Der menschliche Geist und die Seele existieren also in der körperlichen Verfasstheit – zumindest eine Zeitlang, viele Jahrzehnte, wenn es hoch kommt. Und es stellt sich die Frage: Wer ist der Ursprung und das Ziel des Menschen? Woher und wohin in Zeit und Ewigkeit?

»Selig der Leib und die Brüste, die dich genährt haben«: Origenes fällt ein: Die Milch der frommen Denkungsart nährt den Menschen. Dazu gibt es manche kunstgeschichtlichen Irrläufer. So etwa auf einem vorreformatorischen Frömmigkeitsbild im Germanischen Nationalmuseum in Nürnberg. Man sieht eine arme, betende Seele, hungrig nach dem Kelch des Heiles. Und da ist – etwas unappetitlich – ein Kelch, in den aus der Seite Jesu sein Blut und ein Milchstrahl aus seiner Mutter Brust springen. Da wurde es wohl Zeit für eine Reformation und eine allfällige Entmischung »synkretistischer« Frömmigkeitsphantasien! Frömmigkeitsgeschichtlich war emotional manches gewachsen, kunstgeschichtlich greifbar, wozu man den Geist der Unterscheidung braucht. Aber immerhin, diese Problemanzeige gibt zu denken, zu glauben, zu hoffen und zu lieben.

Selig also der Mensch, aus dem durch den Geist reell, materiell vermittelt Jesus Christus in Raum und Zeit geboren wurde. Je mehr vom Heiligen Geist empfangen, desto mehr glückt das »Christum-Treiben«. Und es ist selbstverständlich, dass auch Luther in dieser Fragestellung auf das Evangelium zurückgreift. Es ist die gemeinsame Wurzel verschiedener Bekenntnisse und Konfessionen.

Jesus sagt Ja zu der Seligpreisung seiner Mutter durch die Frau aus dem Volk und fügt hinzu: »Selig sind, die das Wort Gottes hören und es bewahren.« Gemeint ist das Wort der ewigen Liebe im Menschenwort, das Wort Gottes, das letztlich und zutiefst er selbst ist. Man lese in der Offenbarung des Johannes nach: Der Spitzentitel für Jesus von Nazareth als dem Christus lautet: das Wort Gottes (vgl. Offb 19,13). So kommt es während geistlicher Übungen sehr darauf an, unmittelbar mit ihm selbst in Beziehung zu treten. Er ist Gottes Antlitz, Gottes Auswortung in Raum und Zeit. Jesus spricht menschlich und darinnen zutiefst verborgen und sich entbergend als Wort Gottes. Jesus Christus ist der gültige Kommentar Gottes zu seiner Thora, zu seiner Weisung vom Berg. So ist Jesus das Wort Gottes, das Gottes Thora auslegt.

Der Dreh- und Angelpunkt des Christentums besteht darin, dass Jesus Christus das Wort Gottes in Fleisch und Blut ist. Der ewige Geist ist in ihm inkarniert. Da das Wort Gottes sich aber nun in unser Menschenwort eingelassen hat, besteht begründete Hoffnung für den Ausstieg des Menschenwortes, das mit Jesus als Christus untrennbar verknüpft ist, aus dieser Welt in Gottes Ewigkeit. Dorthin ist das Wort Gottes, Jesus Christus, das Menschenwort, auferstanden, auferweckt, schon zurückgekehrt. Und wie die Frömmigkeit – die Frau aus dem Volk – bekennt, fand Maria in dieser Spur ihr ewiges Sein, nicht aus eigener Macht und Autonomie, sondern aufgrund des Heilswillens Gottes, des Wirkens des Heiligen Geistes und des Erlösungswerkes Jesu Christi. Hören wir noch einmal in unseren Herzen diese Seligpreisungen, so dass das Glück und die Freude in uns wachsen. Denn selig sind, die das Wort Gottes hören und bewahren, selig die Frau, die ihn genährt hat.

28. Die Versuchungen Jesu

Kommunikation und Scheinkommunikation

Jesus wurde vom Geist in die Wüste geführt, damit er vom Teufel versucht würde. Und da er vierzig Tage und vierzig Nächte gefastet hatte, hungerte ihn. Und der Versucher trat zu ihm und sprach: Bist du Gottes Sohn, so sprich, dass diese Steine Brot werden. Er aber antwortete und sprach: Es steht geschrieben, der Mensch lebt nicht vom Brot alleine, sondern von einem jeden Wort, das aus dem Munde Gottes geht. Da führte ihn der Teufel mit sich in die Heilige Stadt und stellte ihn auf die Zinne des Tempels und sprach zu ihm: Bist du Gottes Sohn, so wirf dich hinab, denn es steht geschrieben: Er wird seinen Engeln deinetwegen Befehl geben, und sie werden dich auf den Händen tragen, damit du deinen Fuß nicht an einen Stein stößt. Da sprach Jesus zu ihm: Wiederum steht auch geschrieben: Du sollst den Herrn, deinen Gott, nicht versuchen. Darauf führte ihn der Teufel mit sich auf einen sehr hohen Berg und zeigte ihm alle Reiche der Welt und ihre Herrlichkeit und sprach zu ihm: Das alles will ich dir geben, wenn du niederfällst und mich anbetest. Da sprach Jesus zu ihm: Weg mit dir, Satan, denn es steht geschrieben: Du sollst anbeten den Herrn, deinen Gott, und ihm allein dienen. (Mt 4,1–11)

Der Evangelist Matthäus schrieb eine spirituelle Biographie Jesu. Dabei verwendet er eine Kürzelsprache, um die Wüstenerfahrungen seines Meisters zusammenzufassen. Vierzig Tage und vierzig Nächte dauern die Exerzitien Jesu. Ja, genau genommen ist sein ganzes Leben ein Exerzitium. Was lesen wir? Jesus geht in die Wüste, in die Einsamkeit, er nimmt Abstand vom Alltäglichen, er fastet, und am Ende kommt es zu einer sprachlichen Zusammenfassung seiner Erfahrungen. Die Triebfeder des Geschehens ist der Geist der Kommunikation, der Heilige Geist, der in vielen Menschengeistern anwesend ist und doch an und für sich selbst wirkt. Wie wird der Mann aus Nazareth getrieben, so dass er durch den Geist, den Kommunikationstrieb in seiner spirituellen Bedeutung, für die Seinen als Christus offenbar wird? Das ganze Leben Jesu zeigt die Menschwerdung eines Menschen vor Gott. Aus der Anwesenheit des Geistes Gottes, der Jesu Wesen ausmacht, handelt er einmalig, unvergleichlich.

Der Geist treibt dazu, sich die Welt anzuschauen, wie sie wirklich ist: die geistige Welt, die psychische Welt, die körperliche Welt und fürwahr: Die wesentlichen Dynamiken kommen zum Vorschein. Wir sehen den Mann aus Nazareth in der Polarität des Geistes Gottes, des Geistes der Kommunikation, real, materiell, inkarnatorisch vermittelt, und des Gegenspielers, des Geistes der Scheinkommunikation, des Geistes, der die Ängste des Menschen benutzt. Er lügt nicht, sondern sagt die halbe Wahrheit – das ist die perfekte Lüge! Schau dir das einmal in Stille und Schweigen an. Wann und wo und wieso geht es dir so, wie es dir geht?

Das Leben Jesu wird auf den Punkt gebracht. Wie lauten die drei Grundversuchungen? Es geht um Systematik. Jesus, eingespannt zwischen dem Geist der Kommunikation und dem

Ungeist der Scheinkommunikation, erlebt die drei Phasen, in denen der Mensch in der Einsamkeit zum Menschen reift.

Zunächst also der Nahrungstrieb: Nach der Geburt beginnt die Nahrungsaufnahme. Wenn sie nicht klappt, geht alles rasch zu Ende. Aus Steinen mache Brot, eine erste, allzu schlichte, aber lebensnahe Auslegung heißt: Werde doch einfach Bauer. Sammle die Steine vom Feld – so entsteht ein Acker –, säe und ernte, werde etwas Normales. So macht man im Orient aus Steinen Brot. Er aber gibt zu verstehen: Nein, Bauer will ich nicht, es ist nicht mein Lebensentwurf. Was für andere großartig ist, ist für mich eine Versuchung. Tiefer gesehen geht es darum, ob der Nahrungstrieb befriedigt wird. Nimmst du das zu dir, was du brauchst, so dass dein Geist mit deinem Körper je mehr ident wird und deine Seele lebt? Nahrung ist notwendig. Oder setzt du immer wieder auf Nicht-Nahrung? Das führt zum Tod. Die Versuchung, der Gegenspieler, der Todestrieb kommt dann zum Zug. Schau dir dies in einer ersten Runde an: das Verhältnis von Nahrungstrieb und Todestrieb in dir. Wird das organische Leben auf ein tödliches, sich selbst tötendes Nicht-Leben reduziert? Gewinnt in der Einsamkeit die Dynamik der Angst vor Vereinsamung? Es lohnt, zu verweilen. Was nehme ich zu mir, mit welcher Askese arbeite ich? Dahinter steckt: »Ich nehme mir mein Leben!« oder »Ich nehme es mir nicht, sondern ich nehme es mir: Ich bring mich um – subtil.« Eine große Auseinandersetzung im Leben Jesu, im Leben eines Menschen steht an. Das Wort Gottes nährt; das erste Thema wird beendet.

Darauf folgt eine zweite Runde, in der sich das organische Leben und der Schein wieder komplementär verhalten. Es geht um einen Höhepunkt, die höchste Zinne. Schau dir einmal an, wie es am Höhepunkt der Heiligen Stadt weitergehen könnte. Schlechte Psychologie rät: Lassen Sie sich einfach einmal fallen, dann wird alles gut, lassen Sie sich gehen. Das hat aber manchen nur blaue Flecken eingebracht. Der Teufel zitiert gern die Bibel. Aber zuerst braucht es Unterscheidung der Geister, Unterscheidung der Triebe, Unterscheidung der Impulse. Aus welcher Quelle kommt der Rat? Vom Spiel- bzw. Lerntrieb oder vom Geltungstrieb? Spielerisch lernen oder nur Geltung und Gültigkeit beanspruchen? Der Ungeist arbeitet gern mit dem Geltungstrieb. Nur Schein ohne Sein, nur wissen, aber nie erkennen, wer man ist. Die verdrehte Paradiesgeschichte: Der eine Baum ist der Baum der Einheit von Sein und Erscheinung, der andere Baum ist der Baum der Spaltung von Sein und Schein, der Baum des Geltungstriebs: Für dich gelten doch nicht die Naturgesetze, die Gesetzmäßigkeiten des Daseins, für dich gilt doch nicht die Logik des Lebens, du hast doch gute, fromme Ausreden oder entsprechenden politischen oder gesellschaftlichen Einfluss. In jedem Fall ist es immer nur die halbe Wahrheit. Spielerisch lernen oder eben nur gelten wollen, gute Noten, Ehrenzeichen und Orden beanspruchen, ohne etwas dafür zu tun – welche Auseinandersetzung!

Und wieder antwortet Jesus in der Sprache der Bibel, dem Spiegel der Welt im Wort mit der Frage und Antwort nach Woher und Wohin: Inszeniere keine Versuchung! Versuche nicht den Geist der Liebe, den Geist der befreienden Freiheit, den Ewigen, der da sagt: »Ich bin, der ich bin da!«, das lebendige Leben in dir, der sich vom ersten bis zum letzten Atemzug offenbart: »Jahwe.« Mach kein dummes Humanexperiment! Lebe deinen Spieltrieb und falle nicht auf den Geltungstrieb herein!

Und die dritte Versuchung: Es gibt keinen Unterschied zwischen Gott und dem Teufel, dem lebendigen Leben und dem Geist der Gewalt. Falle nieder vor dem Idol der Scheinkommunikation. Wie konsistent! Organisch gesehen aber heißt die Alternative: Werde doch dieser Mann, der du bist, mit allem, was für deine Biographie dazugehört. Ein ganz normales organisches, spirituelles Angebot: Jesus von Nazareth, erscheine den anderen als der, der du bist in deinem Wesen, als der Messias, der bis zuletzt mit ausgebreiteten Händen offenbart, wer Gott ist, wie Menschsein geht und wie neues Menschsein wird – neuer Himmel, neue Erde, Auferstehung. Den Weg wird er gehen, auch wenn der komplementäre Scheintrieb die Perspektive von Macht und Gewalt suggeriert. Nimm dir politische Macht, übernimm die religiöse Macht! Aber Jesus geht weg und verbirgt sich vor ihnen (vgl. Joh 6,1).

In den Exerzitien Jesu wird offenbar, wie der Duktus seines Lebens läuft. Die Geister sind zu unterscheiden, zunächst innerlich für sich und dann geschichtlich, heilsgeschichtlich nach außen gewendet. Welches Exerzitium! Welche geistlichen Übungen durch Matthäus auf den Punkt gebracht!

Sobald man in eigenen Exerzitien anfängt, sein Leben und Sterben in das Textgefüge des Evangeliums hineinzuhalten, kommen Fragen auf: Wo bin ich? Was sind meine Versuchungen? Handelt es sich um eine normale, materielle Versuchung, Steine in Brot zu verwandeln, getrieben von der Angst: Es reicht nie! Oder treibt mich der Geltungstrieb unerbittlich voran? Ist die Versuchung mehr auf der seelischen, psychologischen Ebene zu situieren: Geltung, Geltung, Geltung? Treibt mich die Angst vor dem Versagen um, oder will ich unbedingt jemand anderer werden als der, der ich bin – mit aller Macht? Doch wie unfrei macht Macht! Um an Machiavelli zu erinnern: »Die Macht hat nicht die Macht, auf Macht zu verzichten.«

Der Machttrieb ist die Kompensation für den unerfüllten Geschlechtstrieb. Gott aber ist Geist und nicht die Macht, die das Mannsein oder Frausein verneint. Der Allmächtige ist Geist. Dem Geist des Lebens gebührt die Anerkennung, ja die Anbetung. Die Ehre Gottes ist der lebendige, geistreiche, kommunizierende Mensch und nicht ein Wesen, das gebannt von Ängsten und Versuchungen nach den Gesetzen der Scheinkommunikation funktioniert. Hinter allen scheinkommunikativen Verblendungen und Behinderungen kann der lebendige Mensch in seiner unzerstörbaren Eigentlichkeit gefunden werden. Auch wenn die Mächtigen der Welt den Menschen um sein freies Mann- oder Frausein bringen wollen. Die Gestalt, in der jemand sein Sosein leben will, muss unverfügbar dem Einzelnen überlassen werden. Nur so bleiben seine Würde und Entscheidungsfreiheit gewahrt. Die Selbstverantwortung ist letztlich nicht ersetzbar.

Das Neue Testament ist ein inspirierter Kommentar zum Leben Jesu. Zu diesem Leben gehört das Sterben, bis offenbar wird, dass es auch neues Leben gibt: die Wirklichkeit der Auferstehung. Der achte Tag leuchtet in die Welt der ersten Schöpfung hinein, vor allem, wenn sie zur Ruhe kommt. Ruhe heißt hebräisch Noah. Die Maße der Arche bzw. ihr Zahlenwert ergeben im Hebräischen das Wort »Sprache«. Wer herauskommt aus der Arche, dem Haus der Sprache und auf Erden neu seinen Frieden findet, in dem wächst die Hoffnung auf den achten Tag, den Tag der Auferstehung. Jesus stellt sich den Realitäten des sechsten Tages, dem Tag seines Sterbens, und er findet seinen Sabbat, den siebten Tag mitten in der Stille der Wüste. Denn »Engel kamen und dienten ihm«, tradiert der Evangelist Markus (vgl. Mk 1,12).

Das Leben und Sterben Jesu, seine Vereinsamung und seine Einsamkeit bedenken wir, seinen Tod verkünden wir, und seine Auferstehung preisen wir.

29. Jesus und seine Braut

Die Hochzeit zu Kana

Am dritten Tage war eine Hochzeit in Kana in Galiläa, und die Mutter Jesu war da. Jesus und seine Jünger waren auch zur Hochzeit geladen. Und als der Wein ausging, spricht die Mutter Jesu zu ihm: Sie haben keinen Wein mehr. Jesus spricht zu ihr: Was geht es dich an, Frau, was ich tue? Meine Stunde ist noch nicht gekommen. Seine Mutter spricht zu den Dienern: Was er euch sagt, das tut. Es standen aber dort sechs steinerne Wasserkrüge für die Reinigung nach jüdischer Sitte, und in jeden gingen zwei bis drei Metreten. Jesus spricht zu ihnen: Füllt die Wasserkrüge mit Wasser! Und sie füllten sie bis obenan. Und er spricht zu ihnen: Schöpft nun und bringt's dem Speisemeister! Und sie brachten's ihm. Als aber der Speisemeister den Wein kostete, der Wasser gewesen war, und nicht wusste, woher er kam – die Diener aber wussten's, die das Wasser geschöpft hatten –, ruft der Speisemeister den Bräutigam und spricht zu ihm: Jedermann gibt zuerst den guten Wein, und wenn sie betrunken werden, den geringeren; du aber hast den guten Wein bis jetzt zurückbehalten. Dies ist das erste Zeichen, das Jesus tat, geschehen in Kana in Galiläa, und er offenbarte seine Herrlichkeit. Und seine Jünger glaubten an ihn. *(Joh 2,1–11)*

Wer kennt diesen Text nicht? Jeder kennt ihn, aber was bekannt ist, ist noch lange nicht erkannt. Denn unaustrinkbar ist das Licht, das aus diesem Gefüge zur je tieferen Erkenntnis aufleuchtet. Vergangenes wird gekannt, gewusst, Zukünftiges geahnt, Gegenwärtiges aber wird erkannt. Bei der Relecture und Rezeption dessen, was da gesagt ist, geht es um Gegenwart.

So fangen wir noch einmal an, Relecture beginnt ja von rückwärts, ist gleichsam geistige Archäologie. Jesus offenbart seine Herrlichkeit – dahin läuft die Geschichte, zumindest das Fragment, das wir gehört haben. Die Herrlichkeit, seine Würde, seine Gewichtigkeit, seine Bedeutung, seine Bedeutsamkeit ist das Thema. Wie kann sie anhand von dem, was da seit zweitausend Jahren tradiert wird, offenbar werden? Und die Seinen – kurz zuvor berufen, so die Verse im Johannesevangelium – vertrauen ihm, sie glauben an ihn. Sie gehen anschließend mit ihm hinab nach Kaphar-nahum, in den Bereich des Trostes. In der Tiefe, am See von Kapharnaum, finden sie ihr neues Zuhause. »Nicht wenige Tage blieben sie dort.« (vgl. Joh 2,12)

Wo geschah die Geschichte? Dadurch wird vielleicht schon deutlicher, dass sie auch unmittelbar mit uns jetzt zu tun haben könnte. In Kana, davon kommt das Wort Kanon – das ist das Maß, das maßgebend ist. Gelegen ist der Ort in Galiläa, dem Land von Gimel und Lamed – Zahlenwert 33. Gel wird noch heute in der äthiopischen Sprache direkt für Körperwelt, für Realität verwendet. Auch die dunkle Vorhalle der lichten gotischen Kathedralen, etwa in Vézelay, heißt kunstgeschichtlich Galil. Auf die Frage: »Was kann mir denn in dieser Realität schon Neues kommen?«, gibt Kana das Maß vor.

Am dritten Tage, am Dienstag, wird noch heute in Israel bei den orthodoxen Juden besonders gern Hochzeit gefeiert, denn nur vom dritten Tag heißt es im Buch Genesis, im Buch der Gene, zweimal: Und Gott sah, dass es gut war: Sie ist gut, er ist gut. Am dritten Tag, meistens im Herbst, findet das Fest statt. Jetzt hat man Zeit, die Ernte ist eingebracht.

Die Natur bietet auf hohem biochemischen Niveau die Vorlage für Verwandlung und Einung. Aus Wasser – Chiffre der Zeit, des Auf und Ab, des Hoch und Tief, dem natürlichen Strömen – ist durch den Weinstock und den Akt der produktiven Kelterung – Gärung tut not – Wein geworden. Das ist selbstverständlich. Aus Wasser, aus Regen und Quellwasser und Menschenschweiß wird anhand des Weinstocks Wein. So natürlich ist das. Aus Zeit wird Seligkeit, Glück – in Maßen genossen. Die natürliche Welt lebt von Vorhandenem, von Verwandlung und Neuem. Die Frage bleibt: Wie findet der Mensch Glück und Seligkeit im Zeitlichen?

Und es gibt das große Geschehnis der Begegnung von Braut und Bräutigam. Jesus und seine Bibelschule sind dabei. Seine Stunde ist noch nicht gekommen. Was ist die Stunde Jesu? Später wird es der Evangelist Johannes mitteilen. Als die Menschen aus den Völkern kommen – die Griechen –, da freut sich Jesus. Die Ausrufung des Namens Gottes und die Prinzipien der Ethik sind nun auch bei den Völkern bekannt geworden und greifen, so dass die Begegnung mit ihm gesucht wird: Das ist seine Stunde (vgl. Joh 12,20–23).

Am dritten Tage fand eine Hochzeit in Kana in Galiläa statt. Im Hintergrund steht stets ein natürlicher Prozess: Wie kommt mehr Glückseligkeit, mehr Himmel auf die Erde? Naturale, chemische, seelische Prozesse haben ihre Rhythmik und laufen meist langsam. In der Welt des Geistes und seiner Logik geht es oft eigenartig plötzlich zu. Das Glück ist weg, die Seligkeit dahin, der Wein ausgegangen. Welch eigenartige Intervention der Mutter Jesu! Sie spricht zu den Dienern. Das hört sich für unsere Ohren harmlos an, ist es aber nicht. Sie wendet sich tiefer gesehen an die äbädim, an die Gottesknechte, an die Frommen Israels. Sie verbindet jenes Judentum mit der Botschaft Jesu. Welch großartige Intervention! Sie sagt den Gottesknechten und Gottesmägden: »Macht, was er euch sagt.« Welches Vertrauen! Keine Ahnung, wann und wo – aber immerhin, sie gibt die Richtung vor. Was er euch sagt, das tut! Maria erscheint als Wegweiserin. Für sie ist Jesus der zielführige Weg.

Was sieht man denn, wenn diese Kunde erklingt: Sechs steinerne Wasserkrüge, von denen jeder drei mal etwa 40 Liter fasst – das müsste reichen für viele. Drei mal 40. Dies ist der Zahlenwert für den Sinai (120 + 10), an dem die Thora des Mose gegeben wurde. Das Jota (10) soll man nicht aus dem biblischen Text wegnehmen, denn sonst verliert er seinen Sinn, nämlich vom EINEN, dem Ewigen zu erzählen. Mit dem Jota, dem kleinsten Buchstaben im hebräischen Alphabet, beginnt der Gottesname. Jesus, der neue Name Gottes, stiftet einen Bund für die Völker.

Die Symbolzahl Zwei steht für das additive Prinzip, die Drei für die vollkommene Verwandlung, der Zahlenwert 40 für die ganze Zeit. Er ist identisch mit dem Buchstaben »m«. Dahinter steckt das hebräische Wort majim, das heißt deutsch: Wasser. Das ganze Leben ist ein Auf und Ab, so ist die Endlichkeit. Welche Partitur, welche Komposition! Ästhetik lebt vom Fehlen jeglicher Zufälligkeit. Sechs steinerne Wasserkrüge – im Kontext wieder eine Symbolzahl! Die erste Schöpfung – sechs Tage – eine ganze Welt geht zu Ende, sie diente der Reinigung, der Läuterung, dem lauteren Dasein vor dem Ewigen.

Und immer wieder geht – festgemacht am Zahlenwert sechs – bei Johannes damit etwas zu Ende. Beispielsweise am sechsten Tag zur sechsten Stunde, Jesus vor Pilatus: es geht etwas zu Ende (vgl. Joh 19,14). Und wann und wo beginnt die neue Schöpfung? Oder man denke an die Geschichte der Frau am Jakobsbrunnen, aus Samaria, aus »Helferland«: Fünf Männer hat sie gehabt, der sechste ist auch nicht ihr letztes Ziel (vgl. Joh 4,18). Der Frau reicht es. Da kommt der Sabbatmann zur sechsten Stunde (vgl. Joh 4,6). Welch schrecklich schöne Apokalypse! Es darf etwas zu Ende gehen – ohne Angst, Neuschöpfung wird stattfinden.

Sechs steinerne Wasserkrüge sind in Kana voll von Endlichkeit, der Geist wirkt plötzlich – Metamorphose findet statt. Wie kommt der Himmel, das Glück, die Seligkeit auf die Erde? Wodurch erfüllt sich die große Bitte: wie im Himmel, so auf Erden?

Die Rahmenhandlung für das Wunder des Neuen in der Schöpfung ist eine Hochzeit. Braut und Bräutigam sind da, ein paar Verse weiter hören wir Johannes den Täufer. Er ist der Freund des Bräutigams (vgl. Joh 3,29). In der jüdischen Hochzeitsliturgie ist dies die Bezeichnung für den Zeugen in der Hochzeitsnacht. Er ist dabei und freut sich, dass der Akt der Einung und der Wandlung glückt und somit mehr Himmel auf die Erde kommt.

Was macht Jesus eigentlich im Duktus des Johannesevangeliums in Kana? Was ist das für ein erstes wundersames Zeichen? Er verheiratet sich gleichsam mit seiner Jeschiwa, mit seiner Bibelschule. Er ist der Bräutigam, sie die Braut. Jesus wählt einige von den vielen Berufenen für seine Sendung aus, seine Thora zu den Völkern zu bringen. Er öffnet den Gnadenbund für alle Menschen, zieht drei Jahre mit seiner Bibelschule, seiner Braut, durch die Fluren und das Land, um sie darauf vorzubereiten. Kapharnaum ist ihr Zuhause. Jesus steht für die Seinen ein, wie jeder wahre gute Mann, bis zuletzt mit ausgebreiteten Armen. Auch wenn er umgebracht wird, keine Sorge, so ein Mann steht auf. Er hat Zukunft.

Braut und Bräutigam: Der erste Teil des großen johanneischen Werkes, das Evangelium, beschreibt sehr wundersam diese Einung, diese Metamorphose, diese Neuschöpfung bis hin zur Auferstehung. Im zweiten Teil des johanneischen Doppelwerkes der Offenbarung ist der Bräutigam vorweg, nun sehnt sich seine Gemeinde nach ihm, dem Auferstandenen. Die Braut und der Geist sprechen: Maranatha! Komm doch bald, übersetzen wir, präziser noch kann man auslegen und übersetzen: Komm doch jetzt! Es geht um Jetzt-Erwartung, um die plötzliche Erleuchtung, dass sich der Himmel öffnet und das fließende Licht der Gottheit herunterläuft, dass der Mensch seine ewigkeitliche Zukunft mitten im Zeitlichen erkennt.

Der Speisemeister klagte: Du hast den guten, den Himmelswein, bis jetzt zurückbehalten. Möge das Evangelium vom ersten Wunderzeichen Jesu unsere Hoffnung und Sehnsucht danach stärken.

30. Frauen um Jesus

Dem Kreislauf der Gewalt entkommen

Und es begab sich, dass Jesus durch Städte und Dörfer zog und predigte und verkündete das Evangelium vom Reich Gottes, und die Zwölf waren mit ihm und einige Frauen, die er gesund gemacht hatte von bösen Geistern und Krankheiten. Nämlich Maria, genannt Magdalena, von der sieben böse Geister ausgefahren waren, und Johanna, die Frau des Chuzas, eines Verwalters des Herodes, und Susanna und viele andere, die ihm dienten mit ihrer Habe. *(Lk 8,1–3)*

Was schreibt uns Lukas in diesem 8. Kapitel seines Evangeliums, eines inspirierten Kommentars zum Leben, Sterben und dem Auferstehen Jesu Christi? Was ist das für eine gemischte Gemeinschaft – revolutionär und alternativ – aus Männern und Frauen? Sie waren miteinander unterwegs und hörten zu, wie Jesus von Nazareth die Thora auslegte. Die fünf Bücher Mose, den Spiegel der Welt, mit der Frage und der Antwort: Woher und Wohin? Was ist der Sinn der Schöpfung, welche Zukunft hat sie? Wie geht es, menschlich zu leben?

Zwölf, die Männerzahl des Ganzen und der Initiation. Zwölf Stämme, der zwölfjährige Jesus, zwölf mal zwölftausendmal – einhundertvierundvierzigtausend männliche Erbpriester kommen in den Himmel. Zwölf – die Zeit der Einteilung von Tag und Nacht. Und Drei ist die Zahl der Vermittlung. Man lese nach bei Markus. Drei Namen stehen für die ganze Frauenwelt – mit Namen genannt: Maria, Johanna und Susanna. Wie leicht überliest man diese wenigen Verse. Lukas geht es darum zu zeigen, wie man bei Jesus sein kann, sei es als Mann oder als Frau.

Hier handelt es sich um das Unterwegssein – auf einem Weg von Galiläa nach Jerusalem, nach dem irdischen und nach dem himmlischen Jerusalem. Drei Frauen sind mit Jesus unterwegs. Sie waren ausgebrochen aus dem dreifachen Kreislauf der Gewalt, dem Bannkreis, dem antike und auch moderne Frauen entkommen wollen. Ihnen reichte es, sie waren interessiert an einem anderen Reich, an dem Reich der Liebe, an dem Reich Gottes, an einer anderen Botschaft in einer Welt von Drohbotschaften und angstmachenden Ideologien. Evangelium, Frohe Botschaft, war nötig.

Nehmen wir – gleichsam innehaltend auf der großen Galerie des Heiligen Landes – die drei Frauen noch einmal in den Blick. Der Name in der Bibel ist eine Kürzelsprache, der Fokus für eine Biographie, die hinter dem Namen verborgen ist. Eine reale Geschichte in Fleisch und Blut wird dabei erzählt. Drei Formen von Gewalt, von Ausbeutung, von unheilsamer Dynamik kommen zum Vorschein. Ein Bannkreis wird durchbrochen.

Die erste Frau: Maria, genannt Magdalena – Maria von Magdala, hebräisch migdal, der Turm, das Symbol des Weiblichen schlechthin. Magdala ist ein kleiner Ort am See von Galiläa. Maria war vielleicht ein Gutsbesitzerstöchterchen. Vieles von ihr ist apokryph überliefert. In ihrer

Kirche auf dem Ölberg findet man dazu Geschichten gemalt. Doch Genaues weiß man nicht. Hat sie Kaiser Tiberius in Rom besucht, um ihm die Botschaft von der Auferstehung Jesu zu bringen? Jedenfalls ist sie eine Frau mit einer spirituell zunächst negativen, esoterischen Geschichte. Griechisch heißt Daimonion so viel wie innere Stimme – sieben negative innere Stimmkomplexe halten sie spirituell besetzt. Unfrei machende Frömmigkeit etc. – welche Biographie! Sieben Dämonen beherrschen sie an ihren Poren, ihren Schöpfungspunkten innen und außen, an sieben Chakren, sagt man im Sanskrit. Die Frau ist besetzt. Das spirituelle Wort für psychologisch besetzt, unfrei, nennt man Besessenheit. Unfrei durch geschaffene, aber negativ zum Vorschein kommende Geister.

Doch in ihrem Namen Maria ist auch Verheißung angesagt: Maria – vom hebräischen mara hergeleitet – heißt bitter. Die Frau weiß um die Bitternis, um die Abgründigkeit der Welt hier. Und man kann auch deuten nach der Wortwurzel raa, das heißt sehen: die Frau sieht – unsichtbar, aber wirklich, heimlich. Maria von Magdala sieht ganz fraulich, sieht mehr, trotz bzw. wegen ihrer geistig-geistlichen inneren Besetzungsgeschichte.

Sie steigt aus ihrer alten frommen, frömmelnden, geistig-weltanschaulichen Gewalt- und Komplexgeschichte aus. Sie macht den ersten Schritt in den Umkreis, in die Atmosphäre, in die geistige Welt des Jesus von Nazareth. Austreibung von besetztmachenden Wirklichkeiten ist kein äußerlich magisches Geschehen, sondern beim Austreiben kommt die Kraft, die Dynamik von innen. Jesus in seiner Geistigkeit wird ihr innerlicher als sie sich selbst mit ihrer alten geistigen Innengeschichte. Austreibung. Kein komisches, schlecht exorzistisches Gchampel bringt etwas, sondern der Meister selbst wird ihr innerlich. Austreiben, Christum treiben: ein Geburtsvorgang auf der spirituellen Ebene findet statt.

Die Frau bleibt dran bis zuletzt. Bei Lukas im 24. Kapitel kehrt sie auch textlich zurück. Sie ist bei dem Mann, der Zukunft hat (Joh 20,11–18), und so auch sie. Sie erlebt ihr Ostern mitten in der Zeit (vgl. Mk 16,9). Abschied von bisheriger dämonischer Dynamik, von geistigen Einflüssen, die sie nicht sein ließen. Ihr Leben glückte ihr zunächst nicht – nun aber gilt: zur Freiheit ist sie befreit! Sie erlebte die Freiheit eines Christenmenschen im Kraftfeld der Gnade des Auferstandenen. Sein Friede hat sie endgültig erreicht. Welche Geschichte – welche Frau! Eine erste Form von Gewalt wurde an ihr offensichtlich: Ideologisch, weltanschaulich, existenziell und nun – das konnte nicht alles gewesen sein! Sie suchte und fand den alternativen Mann, den Mann aus Nazareth und seine Geistigkeit. Mit ihm war sie unterwegs in seiner Jeschiwa, in seiner Bibelschule. Sieben böse Geister, aber jetzt ist Schluss damit. Es war einmal – wie im Märchen.

Auch die zweite Frau hat eine lange Geschichte mit Gewalterfahrung hinter sich, ehe sie den Weg in das Kraftfeld des Messias fand. Von Johanna, der Frau des Chuzas, ist die Rede. Hebräisch chen, chäsäd, heißt die Gnade, die Huld. Gott ist Gnade, Liebe erweist sich als huldreich. Aber welche Realität war das tägliche Brot der Frau des Chuzas? Welche Chuzpe besaß dieser Mann, der Prokura hatte bei Herodes, dem Halbgott? Ein Beamter, ein Verwalter, Finanzminister, könnte man übersetzen. Jesus warnt vor dem Sauerteig der Herodianer, dieser seltsamen Welt von nach oben Buckeln und nach unten Treten. Die Frau eines herodianischen Ministers: Gesellschaftliche Gewalt, politische Gewalt ist ihr tägliches Brot. Von Leere zu Leere, von Party zu Party, gesellschaftliche Geschwätzigkeit, immer lächeln, immer sinnlos – das Feigenblatt der billigen Gnade für gesellschaftlich ausbeuterische Missstände – und sie musste immer mit. Die Frau des Chuzas, die Frau der Oberklasse, aber irgendwann reichte es ihr: Cut – Schnitt! Sie wechselt woanders hin, sie braucht einen anderen Mann als den Minister im Dienst des Halbgottes Herodes Antipas.

Herodes, der sogenannte Große, hatte mehrere Söhne, einer davon war der Landesherr Jesu, nämlich Herodes Antipas. Sein Halbbruder Philippus regierte das Nachbarreich. An den Jordanquellen gründete er die Kaiserstadt des Philippus, Cäsarea Philippi. Herodes hatte Tiberias gegründet, benannt nach dem römischen Kaiser Tiberius. Welche politische Welt, Verstrickung über Verstrickung, aber auch Glanz und Reichtum und Einfluss sind Alltag von Johanna, der Frau des Chuzas! Das, was sie vermochte, stellte sie nun – Herrschaftswechsel – jemand anderem und dessen Jeschiwa zur Verfügung. Ein radikaler Bruch, bei dem Konflikte wohl nicht ausgeblieben sein werden. Doch lieber ein produktiver Schmerz anstatt sinnlosen Dauerleidens anlässlich gesellschaftlicher und politischer Verpflichtungen. Die zweite Frau – sie dokumentiert eine zweite Form von Gewalt und Ausbeutung.

Die dritte Frau ist Susanna. Jeder kannte in der damaligen Zeit die Geschichte der biblischen Susanna. Sie steht in den katholischen Bibelausgaben im zwölften Kapitel des Buches Daniel; apokryph tradiert wird sie im Evangelischen Kanon: Stücke zu Daniel. Stellen wir Susanna und ihre Biographie einmal kurz in unserem Geiste auf: Da ist eine junge schöne Frau, glücklich verheiratet, während politisch das babylonische Exil zu Ende geht. Die Perser sind gekommen. Susanna lebt in ihrem kleinen Paradies, einem blühenden Garten mit Bäumen und Tieren. Das meint das persische Wort für Paradies. Ein kleines, schönes, umzäuntes Glück – es könnte alles wunderbar sein. Susanna im Bade: Nun erlebt sie klerikal-richterliche Gewalt. Zwei alte Herren brechen in ihr Familienglück, in ihr Beziehungsglück ein. Das Angebot der beiden lautet: »Sei uns willig, sonst geht es dir schlecht.« Sie wollen über die Sexualität eines anderen Menschen herrschen. Das ist klerikaler Betrug. Susanna aber hält den unsittlichen Wünschen derer, die da über negative klerikale Macht verfügen, stand. Welches Drama! Nun, sie kommen nicht zum Ziel, aber Strafe muss sein, sie zeigen sie an. Das Gartentürchen wird geöffnet, ein junger fremder Mann soll da gewesen sein. Die beiden behaupten, sie hätten Susanna beim Ehebruch ertappt. Zwei Zeugen für die Steinigung – das sind sie selbst – stehen bereit.

Wie kann sie dieser Falle entkommen? »Mein Recht ist bei Gott!« Der Richterstamm Dan kommt in den Sinn – und Gott, das heißt El. Ergibt zusammen Dan-i-el, Daniel! Da steht die unschuldige Frau mit ihrer heilsam wirksamen Frömmigkeit. Wie geht ihre Geschichte weiter? Ein junger Mann geht vorbei – Daniel, später ein berühmter Prophet. Noch heute hochverehrt in Susa, der Hauptstadt von Elam, einer Satrapie des persischen Reiches, früher zu Babylon gehörig. Daniel möchte nicht mitschuldig sein, sondern – welch genialer Einfall – so sollte man mit Pseudozeugen öfter umgehen – er verhört sie getrennt. Er befragt die beiden Herren öffentlich: Wo war das denn genau, was du da gesehen haben willst? Der eine redet von diesem Baum, der andere faselt von einem andern. Siehe da: Lügen haben kurze Beine! Glück gehabt, welch Wunder! Susanna wird nicht gesteinigt. Ihr Name steht für erfolgreichen Widerstand gegen fremde klerikalistische Männergewalt. Das böse Spiel der richtenden religiösen Gewalt im Doppelpack ist aus. Die neutestamentliche Susanna hat ihrem Namen nach wohl entsprechend gelebt und so ihren Schlussstrich gezogen, die Herrschaft gewechselt und sich der Jeschiwa Jesu angeschlossen. Im Bibelkreismilieu des Evangeliums blühte sie auf.

Drei Frauen und viele andere. Der Teil steht für das Ganze. Frauen im Umfeld Jesu. Mit ihm unterwegs von A nach B – und immer wieder: innehalten, sich hinstellen, aus den Kreisläufen der Gewalt entkommen, einfach einmal bleiben. So war das. Und es war, was es war. Und es ist, was es ist. Und was noch sein wird, offenbart die Liebe in Fleisch und Blut: Jesus, der Christus, dessen geistige Präsenz im Miteinander und in den Gestalten von Brot und Wein immer wieder gefeiert wird.

Die Frauen aus Galiläa gaben ihm das Geleit bis zum Grab (vgl. Lk 23,55) und wollten ihn salben (vgl. Lk 24,1). Plötzlich wurden sie Zeuginnen seiner Auferstehung: Maria aus Magdala, Johanna und die anderen Frauen (vgl. Lk 24,10). Kreuz und Tod, Gewalt und Mord haben nicht das letzte Wort, sondern das Leben. Im Pfingstsaal finden wir die Frauen wieder (vgl. Apg 1,14). Der Geist Jesu wirkt. Es ist an der Zeit, dass diese Frauengeschichten ökumenisch neu gelesen werden. Denn solche Frauen sollen – strukturell und personell – die Zukunft der Kirche prägen.

Die drei namentlich genannten Frauen in der Bibelschule Jesu sind existenzielle, geschichtliche Konkretisierungen der Töchter der Heiligen Weisheit, nämlich Glaube (Maria von Magdala), Hoffnung (Susanna, der nichts anderes übrig bleibt, als nach Gottes Gerechtigkeit zu rufen) und Liebe (Johanna, die als Geliebte ihres Mannes eine Beziehung wagt, in der sich ihre Liebe vollendet). Die unveräußerlichen Rechte jeder Frau werden an den drei galiläischen Frauen deutlich: Das Recht auf Vertrauen, anstelle der Not, ständig misstrauisch sein zu müssen; das Recht auf Hoffnung, anstelle verzweifelt sein zu müssen; das Recht auf ganze Liebe, anstelle eines Lebens zugunsten der sogenannten besseren Hälfte. Die Bibelschule Jesu ist eine Bewegung für Frauenrechte und Männerrechte, kurzum: für Menschenrechte, also auch für Kinderrechte auf der Basis geschenkter Freiheit.

31. Das Joch Jesu

Frieden im Herzen

Kommt alle zu mir, die ihr euch plagt und schwere Lasten zu tragen habt. Ich werde euch Ruhe verschaffen. Nehmt mein Joch auf euch und lernt von mir; denn ich bin gütig und von Herzen demütig; so werdet ihr Ruhe finden für eure Seele. Denn mein Joch drückt nicht, und meine Last ist leicht. *(Mt 11,28–30)*

Die Einladung Jesu verspricht dem, der sie annimmt, die Erfüllung prophetischer Verheißungen: »So spricht der HERR: Tretet hin an die Wege und schaut und fragt nach den Wegen der Vorzeit, welches der gute Weg sei, und wandelt darin, so werdet ihr Ruhe finden für eure Seele!« (Jer 6,16) Und Jesaja predigt: »Ja, Gott wird einmal mit unverständlicher Sprache und mit einer fremden Zunge reden zu dem Volk, er, der zu ihnen gesagt hat: Das ist die Ruhe; schafft Ruhe den Müden, und das ist die Erquickung!« (Jes 28,11–12)

In Gottes Namen tritt Jesus auf. Was ist das für ein Joch, das er anbietet, so dass die Herzen ihren Frieden finden, Seelen zur Ruhe kommen? Handelt es sich um den Querbalken eines Kreuzes, von dem Matthäus, Markus und Lukas andernorts berichten (vgl. Mt 16,24; Mk 8,34; Lk 9,23)? Davon ist bei den Synoptikern in den Perikopen zwischen dem Messiasbekenntnis des Petrus und der Verklärung Jesu auf dem Heiligen Berg die Rede (vgl. Mt 16,13–17,8; Mk 8,27–9,8; Lk 9,18–36; 2 Petr 1,17–18). Diese Perikopen sprechen vom Kreuz (griech. stauros), nicht vom Joch (griech. zygon) wie beim sogenannten Heilandsruf (vgl. Mt 11,29). Bei der Frage nach dem Kreuz geht es vor allem um die Nachfolge des vorösterlichen Christus, bei der Perikope vom Joch um die Erfahrung des immer gegenwärtigen Christus, der offenbart, wer Gottvater ist.

Um das deutsche Wort Joch herum gibt es interessante etymologische Verwobenheiten, die darauf aufmerksam machen, welche Art von Lebenserleichterung damit gemeint sein könnte. So ist im Sanskrit von Yoga die Rede. Wer diese Kunst beherrscht, atmet leichter und fühlt sich wohler. Von weiteren Wirkungen gesundheitlicher und spiritueller Art ganz zu schweigen.

In der römischen Welt sucht sich ein Mann eine Gattin, lateinisch eine con-iux. Gemeinsam ziehen sie den Karren des Lebens. Wenn jemand besonders vornehm tut, aber es nicht ist, sondern sich im Grunde nur raffiniert verhält, sagt er zu seiner Frau: Bitte nach dir. Über kurz oder lang hat sie dann mehr zu leisten als ihr Mann, denn sie muss sich mehr ins Zeug legen, um den Karren zu ziehen. Das Bild vom Joch, durch das Mann und Frau ehelich gebunden sind, greift auch Matthäus auf: »Was nun Gott verbunden hat (griech. syn-ezeuxen), soll der Mensch nicht trennen.« (Mt 19,6) Ein heilsames Joch kann erhalten bleiben und muss nicht mutwillig oder töricht zerstört werden. Wenn zwei sich geeinigt haben, einander Frau und Mann zu sein, dann können das Leben und die Arbeit leichter werden. Und Kinder haben ein Zuhause.

Wer Lasten tragen will, kann sich einen Wasserträger zum Vorbild nehmen. Man lege sich einen gut sitzenden Jochbalken über die Schultern, um am Ende des Tragholzes zwei volle Eimer mit Schnüren befestigen zu können. Ein ähnlicher Effekt kommt zustande, wenn man Ochsen anschirrt, damit sie den Pflug ziehen können. Ein Joch erleichtert also ursprünglich die Arbeit, und so ist das Leben zu sehen.

Aber es gibt auch Joche, die das Leben nur zum Schein verbessern. So spricht Sören Kierkegaard vom goldenen Joch, vom silbernen Joch und vom eisernen Joch. Im Blick auf die Wochentage lassen sich sogar sieben Joche unterscheiden: Zunächst zum goldenen Joch, dem Joch des Sonntags, des ersten Tages der Woche: In der Alchemie wird das Gold der Sonne zugeordnet. Mancher lebt oft wie in einem goldenen Käfig – aber immer eingesperrt. Er ist unterjocht von der Erwartung, immer glänzen und strahlen zu müssen. Das Joch der eitlen Autonomie muss leuchten. Man bekommt alles, aber der Preis ist schrecklich. Das Joch Christi ist dies gewiss nicht.

Das silberne Joch erinnert an den Montag, das Silber ist das Metall des Mondes, der sein ganzes Licht von woanders her empfängt. Empfängnissüchtig, mondsüchtig kann eine Last sein, an der jemand schwer trägt. Unter dem Schein des Guten kann die Nacht zur Qual werden. Allzeit bereit, aber nichts geschieht. Periode um Periode kommt und vergeht. Die Gier nach immer mehr haben bleibt unerfüllt. Was übrig bleibt, ist oft ein Mutterjoch, unter dem Kinder leiden.

Mit einem eisernen Joch knechtet Mars die Seinen. Der Dienstag, benannt nach dem germanischen Kriegsgott, ist sein Tag. Ent-rüstung ist gefährlich. Sicher ist man nur, wenn man gut gerüstet ist! Das aber engt ein und kostet. Wer so existiert, hat viele Feinde, und sie sind auch nötig. Denn wozu tut man sich sonst so viel an? Rüstung hat ihren Preis, das eiserne Joch drückt schwer.

Am Mittwoch betreibt Merkur bzw. Hermes sein Geschäft. Quecksilbrig, ständig in Unruhe, werden Prozesse der Vermittlung versucht. Doch nichts will so recht glücken. Welche Bürde tragen solche Menschen, und es ist trotzdem immer zu wenig! Also weiter, auch wenn es kein erreichbares Ziel gibt, das tiefe Befriedigung mit sich bringen würde. Hermeneutik ist hier eine Auslegungskunst, in der ein Ich den hermeneutischen Zirkel nicht durchbrechen kann!

Der Donnerstag, benannt nach der höchsten germanischen Gottheit Donar, der dem römischen Jupiter bzw. dem griechischen Zeus entspricht, steht für jene männliche Dominanz, die Frauen und Männer um ihre Freiheit bringt. Wie zweideutig ist in diesem Kontext die Verwendung von Zinn, jenes Metalls, das man für Ehrenzeichen und Kultbecher benutzt. Welche Herrschaft wird so angezeigt? Gibt es ein Vaterjoch, das oft über Generationen vererbt wird? Welche Unterdrückung geht damit einher?

Am Freitag – namensgebend ist die nordische Liebesgöttin Frigga bzw. Fridda – lässt sich das kupferne Joch festmachen. Ob Venus, der Morgen- und Abendstern, oder Aphrodite, die Meerschaumgeborene aus Zypern, dem Kupferland, immer geht es um die gleiche Selbstgefährdung. Welches Joch tut man sich an, um Aphrodite zu gefallen? Was an und für sich positiv ist, trägt auch das Potenzial in sich, Missbrauch und Übergriffigkeit anzuziehen. Wann wird ein gutes Joch zu einer Form von Versuchung und Selbstbestrafung? Wann werden Engel zu Götzen?

Und zu guter Letzt ist auch noch das bleierne Joch des Saturn zu erwähnen. Der Samstag – im Englischen Saturday – ist davon abgeleitet. Im Saturntempel war der römische Staatsschatz aufbewahrt. Das unsichtbare Joch drückt schwer wie Blei und ist doch auch attraktiv, denn Geld regiert die Welt! Während der Saturnalien versuchten die Römer der Antike, dem Joch zumindest eine Zeitlang zu entkommen. Sklaven wurden zu Herren, die Herren übernahmen Sklavenrollen. Doch bald war der Spuk wieder vorbei. Geld macht nicht glücklich, aber es beruhigt, heißt ein geflügeltes Wort. Aber was ist das für eine Ruhe? Ist das der tiefe Frieden im Herzen, nach dem Ausschau gehalten wird? Wohl kaum!

Es ist leicht einsichtig, dass ein siebenfach beladener Mensch, der sich Woche um Woche plagt und unter Lasten stöhnt, nach einer prinzipiellen Lösung sucht.

Der Sonntag wurde nach seiner Christianisierung zum achten Tag, zum Tag der Auferstehung Jesu Christi. Er ist die wahre Sonne der Gerechtigkeit, das heißt der Bundes- und Beziehungsgerechtigkeit. Sein weißes, unsichtbares Osterlicht krönt die Woche, den Zeitraum der ersten Schöpfung. Zugleich aber wird der erste Tag der Woche vom Geheimnis der Auferstehung getragen. Die Woche und ihre Joche bauen in dieser Perspektive auf dem Licht der Gnade auf. Die Wochentage kommen so kosmologisch in das lichte Kraftfeld des Evangeliums und stehen nicht mehr im Schatten der Götter.

Was aber ist nun das Joch Christi? Eine Ikone aus Ägypten weist uns ein. Sie zeigt Abt Menas, dem Jesus den Arm um die Schultern legt. Das also ist das Joch Christi: Seine Umarmung! »Nicht mehr Knechte habe ich euch genannt, sondern Freunde« (Joh 11,6), heißt es dazu im Johannesevangelium. Mit der spirituellen Erfahrung seiner Umarmung werden die anderen Joche erträglich. Manchmal führt es auch dazu, dass man sie ganz ablegt.

So ruft der Apostel Paulus den keltischen Stämmen zu, was er im Brief an die Galater geschrieben hat: »Christus hat uns befreit, und nun sind wir frei. Bleibt daher fest und lasst euch nicht von Neuem das Joch der Knechtschaft auflegen!« (Gal 5,1) Die Unterscheidung der Joche ist oft ein langwieriger Prozess. Manchmal ist ein Joch eine Zeitlang zu tragen, damit nicht noch Schlimmeres geschieht. Wann ist die Zeit, es sich abnehmen zu lassen (vgl. Jer 27,1–22; 28,1–15; 51,1–64)? Jesus ist spiritueller Lehrer und Freund. Er sagt: »Mein Joch drückt nicht, und meine Last ist leicht. Nehmt mein Joch auf euch und lernt von mir.« (vgl. Mt 11,30.29)

32. Vom Ernst der Nachfolge

Idealisierend – autoritätsgläubig – regressiv

Als Jesus und seine Jünger auf dem Weg nach Jerusalem waren, sprach einer zu ihm: Ich will dir folgen, wohin du gehst. Und Jesus sprach zu ihm: Die Füchse haben Gruben, und die Vögel unter dem Himmel haben Nester, aber der Menschensohn hat nichts, wo er sein Haupt hinlege. Und er sprach zu einem andern: Folge mir! Der aber sprach: Herr, erlaube mir, dass ich zuvor hingehe und meinen Vater begrabe. Aber Jesus sprach zu ihm: Lass die Toten ihre Toten begraben, du aber geh hin und verkündige das Reich Gottes! Und ein anderer sprach: Herr, ich will dir nachfolgen, aber erlaube mir, dass ich zuvor Abschied nehme von denen, die in meinem Haus sind. Jesus aber sprach zu ihm: Wer seine Hand an den Pflug legt und sieht zurück, der ist nicht geschickt für das Reich Gottes. *(Lk 9,57–62; vgl. Mt 8,18–22)*

Jesus ist unterwegs mit seiner Bibelschule, und einer spricht ihn an. Wenn man den Text synoptisch liest, also auch gleichzeitig ein Auge auf den Text bei Matthäus wirft, dann liest man, der eine Mensch war ein Schriftgelehrter. Was ist das für ein Typ, für ein Anteil in diesem oder jenem Menschen? Der Mann ist religiös interessiert und schriftkundig, ein potenziell öffentlicher Anhänger Jesu, ein Bewunderer. Der Mann möchte etwas, er möchte sich dieser neuen Bibelauslegung anschließen. Wie legt Jesus die Thora aus, die fünf Bücher Mose, den Spiegel der Welt mit der Frage: woher und wohin? Alternativ! Und das ist interessant für einen Schriftgelehrten. Jesus ließ in Sachen Bibelauslegung keinen Streit mit den Schriftgelehrten seiner Zeit aus.

Da gab es die breite Strömung der Pharisäer. Hier weiß man schon um Gnade, aber das Vorzeichen ist immer eine gesetzliche Zwanghaftigkeit, Moral bis zum Abwinken. Da existierte die Bibelauslegung der Sadduzäer – der eher schizoide Typ: Man muss sich nur um die Welt hier kümmern, das steht in der Bibel. Aber bleib mir vom Acker mit Engeln, Auferstehung, Gebet – ich habe zu tun! Dann gab es die Zeloten – immer im Aufstand. »Gib dem Kaiser, was des Kaisers ist, und Gott, was Gottes ist«, sagte Jesus an ihre Adresse. Auch sie blitzten ab, als sie ihn auf ihre Seite ziehen wollten. Immer Schaum vorm Mund, nur dann ist man ein guter fundamentalistischer Protestant. Das Zelotentum – der hysterische Typ. Keine Sorge – von allen drei Gruppierungen wird jemand den Weg in die Bibelschule Jesu finden. Von Saulus über Nikodemus bis Simon Zelotes.

Die vierte große Bibelauslegungsschule der damaligen Zeit waren die Apokalyptiker von Qumran. Die Weltsicht der Essener war leitend: Die Welt geht unter, bonjour tristesse! Apokalyptiker sind Prediger des Todes. Wie klar weiß man dann zwischen Gut und Böse, Schwarz und Weiß, Gläubig und Ungläubig zu unterscheiden. Ein Essener, ein führender Apokalyptiker, wird im ersten Jahrhundert nach seiner Taufe christlicher Gemeindeleiter in Jerusalem. Wand an Wand lebten am Zion Christen und Essener. Keine Sorge, nicht um Verklagung kann es gehen, sondern um eine Spiegelung: Was sagt das Evangelium im Kontext?

Jesus legt die Bibel anders aus. Er legt sie als Messias aus; christlich eben, wenn man ahnt, was damit positiv gemeint sein könnte: bezüglich Gott geschieht dies erlösend, rechtfertigend – hinsichtlich der Menschen gemäß einer Ethik und Logik der Freiheit.

Ein religiös interessierter idealisierender Schriftgelehrter sagt sich, da schließe ich mich an, das klingt attraktiv. Frage den Schriftgelehrten in dir: Was hörst du? Da gibt es nichts Festes mehr, Freiheit entgrenzt. Geist ist nicht Garant für »da bekomme ich einen schönen Fuchsbau für meine Listigkeit, da hab ich irgendwo ein schönes Nest, kirchliche Rentenansprüche bis über den Tod hinaus«. So sicher ist die Sache nicht. Immerhin, auch Schriftgelehrte fanden den Weg in die Bibelschule Jesu. Noch ist nicht alles verloren. Wer man auch ist, man kann ganz und gar auf Jesus Christus und das Evangelium setzen. Nimm »bei Kirchens« alles mit, aber verwechsle dies nicht mit dem Eigentlichen! Das erste Gespräch: Jesus und ein religiös interessierter Theologe, ein kluger Kopf, der sich sagt: »Da gibt es eine neue Super-Lokomotive – da werde ich Anhänger.« Er ist ein Jesus-Bewunderer, doch möglichst ohne Konsequenzen.

Da kommt schon der Nächste: Matthäus präzisiert, wer dieser andere ist. Es handelt sich um einen Bibelschüler, einen Jünger Jesu, jemand, der sich schon angeschlossen hat und aufgenommen wurde in den Kreis, um mit Jesus unterwegs zu sein. Und Jesus spricht zu ihm: »Folge mir nach!« Nun kommt es zur Klärung in der Bibelschule, man kannte damals seine Religion und ihre Vorschriften. »Erlaube mir, dass ich hingehe und zuvor meinen Vater begrabe.« Davon kann in Israel niemand dispensieren, auch der Hohepriester Kajaphas nicht. Und Jesus stellt sich über die höchste religiöse Autorität und sagt: Lass das!

Welcher Konflikt für einen frommen Autoritätsgläubigen! So ein wunderbarer Wundertäter, ein Rabbi, ein Lehrer – ist er verrückt geworden? Er stellt sich über die Päpste der damaligen Zeit. Darf er das? Es brodelt in der Anhängerschaft Jesu. Wer ist denn dieser Mann aus Nazareth? Spricht er in Gottes Namen? Oder haben die Schriftgelehrten und Theologen der damaligen Zeit recht: Er ist vom Beelzebul besessen? Vom Baal Zebul, vom Herrn der Fliegen, der Feuerfliegen, einer speziellen Glühwürmchenart, die 586 v. Chr. bei der Belagerung durch die Babylonier in das Gebälk des Tempels in Jerusalem flogen. Da brannte der Tempel ab, den Rest erledigten die babylonischen Barbaren. Durch Beelzebul brennt der Tempel Gottes in der Welt ab, seinetwegen verschwindet die Schechina, die Gegenwart Gottes, und muss auf Wanderschaft gehen ins Exil nach Babylon!

Der Text ist gar nicht harmlos: Lass die Toten ihre Toten begraben. Du aber verkündige das Hereinreichen Gottes. Glaube an mich, sagt Jesus, ich bin das Reich Gottes in Person. Das toppt jede religiöse Autoritätsgebundenheit. Jetzt kommen Fragen auf: Wer ist Jesus als der Christus für dich? Welche frommen eingefleischten Instanzen verhindern eine wirkliche, lebendige Beziehung zu ihm? Willst du gut »evangelisch« sein und der Unmittelbarkeit zu Jesus, dem Christus, nichts vorziehen? Über ihm gibt es nichts, was Glaube und Nachfolge betrifft. Frage einmal innerlich nach: Wie steht es mit deiner religiösen Autoritätsgeschichte? Was kannst du diesem Mann sagen, der sagt: Folge mir nach? Ein Ja, aber …, also ein Nein oder einfach ein Ja?

Nun der Dritte noch: »Ein anderer sprach: Herr, ich will dir nachfolgen, aber erlaube, dass ich zuvor noch Abschied nehme von denen, die in meinem Haus sind.« Dies ist verständlich. Auch er ist ein Gutmensch, anständig und domestiziert. Wo ist das Problem?

Jesus macht eine neue Familie auf. Ihr Horizont ist nicht der einer Familie, die Maß nimmt am Kreislauf von Werden und Vergehen – mit dem Tod ist Schluss –, sondern der Horizont der neuen Familie ist Gottes Ewigkeit. Die Initiation ist nicht der Geburtsschrei, sondern Taufe heißt der Einstieg. Welche Alternative! Selbstverständlich ist auch die natürliche Familie gut, Gott hat sie ja geschaffen. Es geht aber bei Nachfolge um mehr, um plus être. Wie sprengt die Wirklichkeit der Gnade die Grenzen deiner natürlichen Herkunft?

Jesus spricht – und wer schon einmal auf dem Acker war und das probiert hat, weiß, wie er recht hat: Wer seine Hand an den Pflug legt und schaut dauernd zurück, der kann keine gerade Furche ziehen, der ist nicht geschickt für das Reich Gottes. Immer diese Drehbewegung Richtung Regression! Ach, ich muss noch etwas erledigen! Ach, was sagen denn die andern? So kann man nicht zielführig über den Acker der Welt kommen. Und irgendwann bricht das Animalische aus, ob du nun mit Ochsen oder Kühen pflügst. Kein bisschen Frau Lot – die Dauerregression bis zur Erstarrung – ist geeignet für den Gang nach vorne, von wo die Liebe hereinreicht, die ewig schöpferische, in die alte Erde, in den alten Himmel.

Was sind das für männliche Gespräche! Da geht es um etwas: Wer bist du? Und wer ist Er? Risiko, Mut, Eröffnung der Differenz von du zu du, von dir zu ihm. Hör gut zu! Jesus nachfolgen heißt, den Weg in den Himmel bewusst gehen. Und dies hat Konsequenzen: wie im Himmel, so auf Erden.

33. Der traurige Jüngling

Wahrer Reichtum und wahre Armut

Und als er sich auf den Weg machte, lief einer herbei, kniete vor ihm nieder und fragte ihn: Guter Meister, was soll ich tun, damit ich das ewige Leben ererbe? Aber Jesus sprach zu ihm: Was nennst du mich gut? Niemand ist gut als Gott allein. Du kennst die Gebote: Du sollst nicht töten; du sollst nicht ehebrechen; du sollst nicht stehlen; du sollst nicht falsch Zeugnis reden; du sollst niemanden berauben; ehre Vater und Mutter. Er aber sprach zu ihm: Meister, das habe ich alles gehalten von meiner Jugend auf. Und Jesus sah ihn an und gewann ihn lieb und sprach zu ihm: Eines fehlt dir. Geh hin, verkaufe alles, was du hast, und gib's den Armen, so wirst du einen Schatz im Himmel haben, und komm und folge mir nach! Er aber wurde unmutig über das Wort und ging traurig davon; denn er hatte viele Güter. Und Jesus sah um sich und sprach zu seinen Jüngern: Wie schwer werden die Reichen in das Reich Gottes kommen! Die Jünger aber entsetzten sich über seine Worte. Aber Jesus antwortete wiederum und sprach zu ihnen: Liebe Kinder, wie schwer ist's, ins Reich Gottes zu kommen! Es ist leichter, dass ein Kamel durch ein Nadelöhr gehe, als dass ein Reicher ins Reich Gottes komme. Sie entsetzten sich aber noch viel mehr und sprachen untereinander: Wer kann dann selig werden? Jesus aber sah sie an und sprach: Bei den Menschen ist's unmöglich, aber nicht bei Gott; denn alle Dinge sind möglich bei Gott.

(Mk 10,17–27)

Dieser Text hat Spiritualitätsgeschichte gemacht. Antonius der Große zog in die Wüste, Franziskus verzichtete auf sein Erbe usw. Doch man sollte sich nicht mit Heiligen vergleichen, um an seine eigene Üppigkeit und Ärmlichkeit erinnert zu werden, sondern sich zunächst einmal schlicht und einfach dem Text des Evangeliums zuwenden. Im Neuen Testament ist die Rede von törichten Jungfrauen, von reichen Jünglingen und allerlei Menschen, so dass man »seltsames Evangelium!« denken könnte. Für einige scheint die Sache auch noch schlecht auszugehen.

Der reiche Jüngling, als abgesättigter Animus in einem selbst: Welche verschiedenen Arten von Vermögen hat man doch: geistiges Vermögen, musikalisches Vermögen, psychisches Vermögen, emotionales Vermögen, und wenn es ganz schlimm kommt, immerhin noch Hartz IV – ein reicher Deutscher? Der Evangelist Lukas komponiert sein ganzes Evangelium mit den beiden Polen Armut und Reichtum. Im griechischen Mythos heißt es dazu wie folgt: Welche Eltern braucht man? Nötig ist zunächst der Reichtum, Poros, die Furt, die immer schon eröffnete Wegstrecke durch die Ströme der Zeit. Aber nur mit Poros ist man noch Halbwaise, so die Weisheit der Griechen. Man braucht auch noch Penia, die Armut, die Leere, das Empfangenkönnen. Konvex und Konkav, Yin und Yang. Erst wenn Poros und Penia zusammenkommen, entsteht etwas, das »élan vital« besitzt. Die Eltern, Poros und Penia, erzeugen Eros, die Libido, vielleicht auch jene, um die sich Freud kümmerte. Mit Reichtum allein geht man irgendwann traurig von dannen, so wie der reiche Jüngling. Eines fehlte dem reichen Jüngling: die Gleichheit, die Solidarität mit den Armen, mit den einfachen Menschen im Lande, den Anavim, den Erstadressaten der Botschaft Jesu. Und der Evangelist Matthäus präzisiert: mit den Armen im Geiste. Gemeint ist nicht der Mensch, der intellektuell, ideologisch, allzu kirchlich domestiziert, mental schlechthin abgesättigt ist. Welche Falle, welcher Reichtum! Das Ego weiß nicht nur alles, sondern weiß sogar alles besser. Welche Selbstgefälligkeit! Die Armen im Geiste hingegen sind freie, leere, offene Geister. Sie sind jene, die die Humanität, die Spitze ihrer Geistigkeit sich offenhalten anstatt gnadenlos autonom zu agieren oder sich – sich selbst befruchtend – durch das Leben schlagen. Wo ist jemand, der nicht antikonzeptiv, empfängnisunfähig, abgesättigt, zufrieden ist mit dem, was er immer schon hat, und das nur noch brav und solide verwaltet werden muss? Wer ist frei und offen für Gottes Gnade, hält Ausschau nach mehr Sein? Der traurige Jüngling ist der reiche Jüngling, der alles getan hat und an dem Punkt ist, an dem seine Unfreiheit offenbar wird.

Wie gütig und barmherzig ist Jesus von Nazareth! Er schaut ihn voll Liebe an. Es besteht doch Hoffnung, aber der Jüngling zieht – erste Runde Exerzitien – traurig von dannen. Der Mann braucht noch Zeit. So leicht ist das nicht, sich auf das Evangelium, die Bergpredigt hin zu öffnen, ohne Angst vor Selbstverlust, vor Potenzschwächung, vor Freiheitsreduktion. Ist das der reiche, bei sich seiende Mensch? Keineswegs! Das wussten schon die frühen Marxisten: Mache aus Proletariern keine kleinen Kapitalisten, das wäre kein Fortschritt! Das ist kein Ja zu mehr Menschlichkeit!

Das Evangelium ist eingebettet in den Gesamttext des neutestamentlichen Textbestandes. Jerusalemer Exegese weist uns weiter. Der Jüngling taucht wieder auf, und zwar in Gethsemane (vgl. Mk 14,51–52). Jesus wird verhaftet, ihm wollte er nachgehen. Soll er ihm jetzt noch nachfolgen? Der Jüngling rennt, fliehend, aber sein linnenes Gewand, sein Byssusgewand, bleibt in den Fängen der Häscher hängen. Der nackte Mensch, der nackte, arme Mensch kann nun dem nackten Christus nachfolgen, nicht mehr geschützt durch die Livree seines Reichtums, seines Vermögens, seiner Potentia, seiner Möglichkeiten – seiner Unwirklichkeit. Und die Geschichte geht noch weiter: Nach Jerusalemer Quellen ist jener reiche Jüngling kein anderer als der spätere Evangelist Markus.

Neutestamentlich wird die Sache mit dem Linnen, dem Leinengewand mehrfach aufgenommen: zunächst bei dem Menschen, der sein Festgewand verscherbelt hat (vgl. Mt 22,1–14). Welche Schmach für den Gastgeber! Jener setzt sich einfach so dazu, in der Meinung, er werde schon nicht auffallen, aber so geht es nicht: hinaus, hinaus! Für all solche Typen macht das ewige Evangelium offenbar, wie es am Ende doch gut ausgehen könnte: In der Gemeinde von Sardes wird das weiße Taufgewand ewigkeitlich verheißen, und für die Hochzeit des Lammes geschieht die Umkleidung mit strahlend reinem Leinen, mit Byssus (vgl. Offb 3,1–6; 19,7–9).

In der Antike gab es zweierlei Arten von Leinen, das normale, gebleichte Flachsleinen und das kostbare Leinen, das Byssus. Noch heute stellen Frauen auf Sardinien, die einen semitischen Dialekt sprechen, echtes Byssus her. Sie sind Nachkommen einer kleinen Kolonie der Phönizier. Byssus wird ursprünglich von der Steckmuschel gewonnen, die am Grund des Meeres zu Hause ist. Welch ein Symbol! Mit ihren Wurzelfäden bewegt sie sich und ist damit bei Bedarf verankert. Weißlich, stabil und feuerfest, das ist Byssus.

Was bedeutet dieses weiße, kostbare Leinen? Es sind die »rechten Taten der Heiligen«, heißt es dazu in der Offenbarung des Johannes (vgl. Offb 19,8), die Dikaiometa, das heißt das, was aus dem Gerechtfertigtsein entsteht. Es sind jene Handlungen, die nicht auf der Basis der Selbstrechtfertigung entspringen, durch eigenen Reichtum, durch eigene Armut, durch eigene Verdienste, durch eigene asketische Künste oder durch das, was man gebildeterweise, durch Kurse gestählt, so alles kann, sondern jene, die aus dem Gerechtfertigtwordensein entspringen. Die Dikaiometa sind das neue Byssusgewand für den Menschen, der auf dem Weg der Armut, der Leere, des Nicht-mehr-machen-Könnens hindurch in das Kraftfeld der Gnade Gottes gelangt ist. Jenseits von Verdienst und Schuld wird der Mensch von Gott ermächtigt, einfach zu sein, zu wirken und zu werden. So sieht das Gewand der eschatologischen jungen Frau mit ihrer Christusbeziehung aus. Sie ist die Braut der Apokalypse (vgl. Offb 19,7–8).

Die Evangelien sind Biographien, die mit der Biographie Jesu Christi verwoben sind, lange Geschichten von Einzelnen und ganzen Gemeinden. Und wie bei einem guten Krimi wird erst gegen Ende die ganze Lösung offenbar. Mit der Offenbarung des Johannes hören die schriftlich aufgezeichneten Evangelien auf. Was noch fehlt, wirkt der Geist Jesu, der Heilige Geist. Exerzitien sind ein geistlicher Prozess, auf dem wir – ermächtigt durch den Geist Jesu Christi – frei werden, den Weg der Nachfolge in Reichtum und Armut zu gehen, durch Versuchung und Irrtum, umkehrend in Holzwegen und Sackgassen. Jesus ist die Halacha, der zielführige Weg, auf dem wir ermächtigt durch den Geist, den Geist der Gnade und Barmherzigkeit, voranschreiten können.

Im Hören auf den Geist, im Blick auf Jesus können wir zu jeglichem immer wieder in ein freies Verhältnis treten. Er spricht: »Wer um meines Namens willen Brüder, Schwestern, Vater, Mutter, Kinder verlassen hat, wird ein Vielfaches dafür bekommen und das ewige Leben gewinnen.« (Mt 19,29) Denn die Wirklichkeit des Geistes ist zeitlos und grenzenlos. So ist die Bedingung der Endlichkeit im unbedingten Geist aufgehoben, also bewahrt und überboten.

34. Die vierfache Sendung

Der Zwölferkreis Jesu

Und er rief die Zwölf zu sich und begann, sie paarweise auszusenden, und gab ihnen Vollmacht über die unreinen Geister und gebot ihnen, nichts mitzunehmen auf den Weg außer einem Stab, kein Brot, keine Tasche, kein Geld im Gürtel. Nur Sandalen sollten sie tragen, aber keine zwei Röcke anziehen. Und er sprach zu ihnen: Wo ihr in ein Haus einkehrt, da bleibt, bis ihr von dort weiterwandert. Und wo ein Ort euch nicht aufnimmt und man euch nicht hören will, da geht fort und schüttelt den Staub von euren Füßen, ihnen zum Zeugnis. Darauf zogen sie aus und predigten, dass man umkehren solle. Dabei trieben sie viele Dämonen aus und salbten viele Kranke mit Öl und heilten. *(Mk 6,7–13)*

Zwei Wegweiser helfen, den Weg durch die Zeit geistlicher Übung zu finden: Der Engel des Misstrostes und der Engel des Trostes. Wenn man sich in der zweiten Exerzitienwoche befindet, ist es dem bösen Engel eigen, unter dem Schein des Guten die Seele zu bewegen. So gilt es, die Geister genau zu unterscheiden. Einsamkeit, Wüstenzeiten, in denen der Schrei von Nietzsche vernehmbar wird: »Licht bin ich – ich kenne das Glück des Nehmenden nicht.« Plötzlich entsteht erneut die Gefahr – woher auch immer –, sich wieder gnadenlos autonom voranzutreiben. Doch nein, Unterbrechung steht an.

So besinnen wir uns am Anfang einer Liturgie, wo wir denn gerade – und jeder ist woanders – stehen. In welchem Dorf, in welcher Ortschaft ist man jetzt da? Genau an diesem Ort geschieht die Begegnung mit dem Evangelium im Kraft- und Energiefeld des Geistes. Der Text ist vor knapp 2000 Jahren in Galiläa verortet. Galiläa steht für die Dimension mit dem Zahlenwert 33 (Gimel, Lamed). Gal steht für Körperwelt und die Realität, in der man sich auskennt. Für heute könnte das bedeuten, dass man mit Jesus in der je eigenen Realität unterwegs ist: in der eigenen Geistigkeit, seelischen Verfasstheit, körperlichen Zuständlichkeit. Welche Art von Unterwegssein ist das – von Ortschaft zu Ortschaft, von Zustand zu Zustand, von Einfall zu Einfall?

Schauen wir hin! Was ist in Israel historisch geschehen, ein für alle Mal, konkret, besonders in diesem evangelischen Dreieck zwischen Kapharnaum – Kephar Nahum, dem Bereich des Trostes – und Bethsaida, in Fischhausen. Hier entstand die Metapher vom Fischfang. Der Mensch im Wasser der Zeit wird aus der Dimension der Vergänglichkeit gezogen, so dass er sich seiner ewigkeitlichen Substanzialität inne wird am Strand der Ewigkeit. Und so geht es hoch zum Berg der Seligpreisungen. Dort wird das Wort, die Weisung vom Berg, die Thora im Geiste Jesu gehört und verstanden. Im Hinterland liegt drittens Chorazin, und auch Magdala, woher Maria stammt, aus Turmhausen, denn Migdal heißt Turm. Überall sind Verwandte und Bekannte, da braucht man nicht viel mitzunehmen, so wie heute auf den Dörfern. Immer kennt man irgendjemanden, mit dem man verwandt ist. Es ist eine ganz reale Situation, mit Jesus unterwegs zu sein. Drei Frauen und andere Frauen gehörten zu seiner Jeschiwa, zu seiner Bibelschule. Maria von Magdala sowie Johanna, eine Frau aus der gesellschaftlichen Klasse des Herodes, und schließlich Susanna, die den Namen der Susanna trägt, die aus den Stücken zu Daniel bekannt ist. Sie alle sind der Gewalt entkommen – man kennt sich.

Diesmal nun sind die Zwölf unterwegs. Der Zwölferkreis Jesu vergegenwärtigt die zwölf Stämme Israels im Neuen Bund. Zwölf steht immer für etwas Ganzes, mit dem etwas Neues beginnt. Der zwölfjährige Jesus, das zwölfjährige Mädchen usw. Wie sagt man, um auszudrücken, der Himmel ist etwas ganz, ganz anderes? Zwölf mal zwölftausendmal, das sind dann hundertvierundvierzigtausend jüdische Erbpriester, die im Himmel angekommen sind (vgl. Offb 14,1). Sie haben gemäß den Kaschrutregeln gelebt und nur innerhalb ihrer Priesterkaste geheiratet. Wozu hat Jesus seine Jünger gesandt?

Erstens: Sie predigten Umkehr, nicht Regression. Sie sind gleichsam Prädikanten der Frühzeit. Sie haben etwas vorzusagen, lateinisch prae-dicare, nämlich, dass die Kehre zum Ursprung möglich, ja sinnvoll ist: Umkehr. Wohin soll ich mich wenden, wo ist Gottes Angesicht, das im Antlitz Jesu aufleuchtet, zu finden, so dass der gestiftete Dialog mit dem ewigen Ursprung wieder menschlich gezeitigt werden kann? Aug in Aug, im Augenblick, ein Dasein von Herz zu Herz ist erstrebenswert: *das* sagen sie vor. Du kannst wieder ursprünglich, authentisch leben, jenseits deiner Entfremdung, der Normen und Rahmen, der selbstgemachten Beschneidungen und was man eben so als gnadenloser Asket erfindet – im Sinne der Gleichberechtigung: Frauen gehen auch in die Falle! Die Jünger Jesu predigen Umkehr. Die Kehre zum Ewigen, zum Einen, zum Gott des Bundes, der sich auswortet in Jesus und seinen Gleichnissen. Der springende Punkt ist wieder zu finden. Das Himmelreich ist doch wie ...

Die Jünger dienen dem Wort, insoweit sie es schon verstanden haben. So ziehen sie von Haus zu Haus, auf dass dort nicht mehr seelische, geistige, physiologische Nahrung mit dem Sauerteig der Pharisäer und ihrer Zwanghaftigkeit gebacken werde, mit dem Sauerteig der Herodianer, die üblerweise mit fremden Herren paktieren. Es soll nicht mehr gekocht und gebacken werden mit einer Substanz, die alles durchdringt und doch nur hohle Blasen wirft. Jesus warnt vor dem Sauerteig der Sadduzäer, die Welt nur zu sehen als etwas, das hier ist und nicht Wurzeln im Himmel hat. Man möge den Sauerteig der Zeloten lassen, die meinen, recht fromm ist nur, wer Schaum vor dem Mund hat. Zeloten predigen Aufstand ohne den Geist der Unterscheidung. Und auch nicht im Geist der Prediger des Todes, der moralischen Apokalyptiker, sind die Jünger Jesu unterwegs. Bonjour tristesse, die Welt geht unter, das mag ja wahr sein. Freimachend aber ist, wie sie neu geschaffen wird. Im Geiste Jesu ziehen seine Jünger von Dorf zu Dorf, von Haus zu Haus, von Mensch zu Mensch. Die Predigt der Kehre zum Ursprung, so dass der Blick vorne frei wird auf das verborgene Sinnziel des Daseins, ist ihr Anliegen. Dies ist Predigt von Umkehr!

Zweitens: Sie trieben viele böse Geister aus. Der Mensch ist ein Schlachtfeld von Ideologien, geistigen, aus sich selbst rollenden spirituellen, ideologischen Dynamiken. Da und dort ist auch noch ein Restposten Geist des Faschismus, Geist eines missverstandenen Kommunismus, Geist des Materialismus, Geist von Klerikalfaschismus – der Mensch ist ein Schlachtfeld von Geistern. Böse Geister sind Schattenwelten, die sich aus sich selbst heraus selbstisch entwickeln und gewaltige Komplexe erzeugen: den Geist des gnostischen Idealismus und seiner Propaganda. So viele Geister, etwa der Geist eines »versauten« Daseins. Wo sind die Schweine von Gerasa? Gute Austreibung – Exorzismus – geschieht immer von innen her. Wenn äußerlich, gesetzlich herumgedoktert wird, verstärkt das oft nur bedrohliche innere Vorgänge.

Welcher Geist ist tiefer als diese Geister? Wer ist dem Menschen innerlicher als er sich selbst? Gottes Liebesgeist! Der Geist Jesu kommt zum Zug und entwickelt eine Dynamik von innen her. Welche spirituelle Ermächtigung, selbstständig zu werden im und aus dem Geist Jesu Christi, so dass von selbst abfällt, was den Geist des Menschen unfrei machend besetzt hält! Das ist ein Prozess von Dorf zu Dorf, von Mensch zu Mensch – und siehe da, der Geist wirkt! Du musst nicht fixiert bleiben in Form von Besetzung. Das spirituelle Intensivwort dazu heißt: Besessenheit. Mancher ist ganz fanatisch, besessen von irgendetwas in Gottes Namen. Denn es wäre ja womöglich schrecklich, sich eingestehen zu müssen, dass man eigentlich dem Moloch oder sonst einem Götzen gedient hat. Lieber macht man weiter so.

Die Jünger Jesu trieben böse Geister aus. Vor seinen Repräsentanten und Repräsentantinnen mit Wort und Werk nehmen böse Geister Reißaus. Wo der Geist Jesu sich ausbreitet, fühlen sie sich gar nicht mehr wohl. Sobald böse Geister, Dämonen – Daimonion heißt innere Stimme, Gewissen, natürlich gibt es innere Stimmen, die nicht Sprachrohr des Gewissens sind – verschwunden sind, wird die Wunde des Menschen offenbar, und im selben Augenblick beginnt die Heilung.

Drittens: Sie salbten Kranke mit Öl. Der barmherzige Samariter kommt in den Sinn. Menschen sind verwundet, unter die Räuber gefallen. Wein reinigt, Öl heilt. Es sind Chiffren des Messias. Das Wort kommt vom Hebräischen, maschach heißt salben, deshalb Messias, Christus. Es gibt Frauen mit Beziehung und Frauen ohne bewusste Beziehung zum Messias. Das macht das Gleichnis vom Himmelreich und den zehn Jungfrauen offenbar. In der orthodoxen und katholischen Kirche wird der Mensch bei der Taufe, beim Sakrament der Initiation gesalbt. Er gehört nun zu Christus. Die Olive wird gekeltert, so erscheint das Öl, die Frucht des achten Tages. Nach dem Jakobusbrief werden kranke Christen mit Öl gesalbt. Möge der Kranke ins Leben mit einer Sendung im Namen des Christus zurückkehren, sei es diesseitig oder jenseitig. Auch bei der Priesterweihe wird gesalbt. Im Zeichen des Messias sollen Wort und Sakrament weitergegeben werden. Zur Aussendung zum/r Spiritual/In gehört der Salbungsritus. Die geistlichen Werke der Barmherzigkeit sollen getan werden. Die Jünger Jesu salbten mit Öl. So brachten sie ins Zeichen, dass die unmittelbare Beziehung zu dem Messias, zu Christus heilsam ist.

Wer ist ein Christ? Wer ist eine Christin? Wer gönnt sich das Angebot für eine zusätzliche Beziehung im Leben, die hilft, dass jegliches in einem neuen Licht erscheint? Christ oder Christin ist man in dem Maß einer geschenkten und ergriffenen Beziehung zu dem Christus.

Christen sind keine besseren, aber auch keine schlechteren Menschen als andere. Sie haben aber eine zusätzliche Beziehung zu dem, der aus Gottes Liebe ganz menschlich erschienen ist. Jesus ist ihr Messias. Wenn zwei Menschen heiraten, haben sie oft einen doppelten Namen oder nehmen den Namen des andern oder der anderen an. Der gemeinsame Name ist das Zeichen für die Entscheidung, wir wollen nun eine gemeinsame Beziehung zeitigen, auch eine gemeinsame Verwundungsgeschichte durch Zeit und Raum gehen. Die Frau, der Mann als Christ: Ihre Ehe möge ein Ort der Wunde und des Heiles sein. Die Beziehung zu dem Messias macht offenbar, dass aus der Wunde Licht fallen kann. Denn der Messias ist auferstanden.

Viertens: Die Jünger Jesu heilten durch die Ausrufung des Schalom, des ganzheitlichen Friedens. Heil wirkt sich da und dort heilend aus. Der Geist wird wieder frei, geistige Heilung – die Seele kann wieder atmen, Heilung der Seele findet statt. So betet man vor dem Akt der Communio: Sprich nur ein Wort, dein liebes Wort erfüllt von Geist, und die Seele wird wieder gesund. Der Hauptmann von Kapharnaum steht dafür Pate: Sprich nur ein Wort, und mein Bursche – hebräisch äbäd bedeutet sowohl Knecht wie Sohn – wird wieder gesund. Wer Gott dient, dessen Zukunft kommt ins Heil.

Geist und Seele existieren zutiefst einander durchdringend eine Zeitlang in der Körperlichkeit des Menschen. Der Leib ist der durchseelte, durchgeistigte Körper. Schau dir die Symptomatik von diesem oder jenem Gebrechen im Gespräch mit der Geistigkeit, ja der Präsenz Jesu Christi an. Bei einer guten Wurzelbehandlung verschwinden ab und zu auch Symptome. Es ist eigentlich selbstverständlich, dass dies immer wieder der Fall sein wird. Zwischen Heil und Heilung besteht oft ein direkter Zusammenhang. Man sollte nicht alles nur als Wellness-Spiritualität verdächtigen. Das gibt es auch, aber wo mit Geist und Seele andere begleitet werden, ist es nicht unsittlich, dass jemand auch wieder gesünder wird. Wer heilend wirkt, ist oft ermächtigt durch den, der da heißt Jeschua, Gott heilt, Gott befreit, Gott erlöst.

Jesus schickt die Seinen zu den Menschen, damit sie sich um diese in ihrer gebrochenen und zerbrechenden Körperlichkeit kümmern. Diese Diakonie tut gut und ist im Sinne Jesu Christi. Die Beziehung zu Jesus Christus muss allerdings nicht identisch sein mit gesund werden. Zweifach ist die Tätigkeit der Jünger, nämlich mit Öl salben und heilen. Nicht mit Notwendigkeit ergibt sich aus Salben mit Öl auch gleich Gesundung. Mögen wir unterwegs sein mit Jesus und seiner Evangelium verkündenden Bibelschule!

35. Das Evangelium verkünden

Die Aussendung der Zweiundsiebzig

Der Herr setzte weitere 72 Jünger ein und sandte sie je zwei und zwei vor sich her in alle Städte und Orte, wohin er gehen wollte, und sprach zu ihnen: Die Ernte ist groß, und der Arbeiter aber sind wenige. Darum bittet den Herrn der Ernte, dass er Arbeiter aussende in seine Ernte. Geht hin, siehe, ich sende euch wie Lämmer mitten unter die Wölfe. Tragt keinen Geldbeutel bei euch, keine Tasche und keine Schuhe und grüßt niemanden unterwegs. Wenn ihr in ein Haus kommt, sprecht zuerst: Friede sei diesem Hause! Und wenn dort ein Kind des Friedens ist, so wird euer Friede auf ihm ruhen; wenn aber nicht, so wird sich euer Friede wieder zu euch wenden. In demselben Haus aber bleibt, esst und trinkt, was man euch gibt, denn ein Arbeiter ist seines Lohnes wert. Ihr sollt nicht von einem Haus zum andern gehen. Und wenn ihr in eine Stadt kommt und sie euch aufnehmen, dann esst, was euch vorgesetzt wird, und heilt die Kranken, die dort sind, und sagt ihnen: Das Reich Gottes ist nahe zu euch gekommen. Wer euch hört, der hört mich, und wer euch verachtet, der verachtet mich. Wer aber mich verachtet, der verachtet den, der mich gesandt hat. *(Lk 10,1–16)*

Beim ersten Lesen ist einem vieles recht vertraut, doch der Text ist brisanter, als es zunächst den Anschein hat. Wenn man verschiedene Handschriften vergleicht oder entsprechende Übersetzungen zu Rate zieht, so liest man: Er setzte weitere 70 ein. Eine schwierige Diskussion. Welcher Handschrift gibt man den Vorzug? »Jünger« werden in einer Übersetzung ergänzt, Heteros steht da, das heißt »andere« aus seiner Bibelschule, eventuell also auch Frauen. 70 Heteros sandte er aus. Oder 72? Was haben sich die Schreiber gedacht? 72 zu zweien also, 36 Teams. Sucht man Anschluss an die synoptische Stelle bei Markus, so heißt es dort: zwölf Apostel in Zweiergruppen, bei Lukas nun drei mal zwölf, 36 Zweiergruppen sind unterwegs.

Wo sind sie unterwegs? Im Galiläischen Dreieck zwischen Kapharnaum, Bethsaida und Chorazin, einer vertrauten Gegend, Kapharnaum – die Wahlheimat Jesu für drei Jahre. Dort beginnt sein messianischer Aufstand. Wie kriegen die unterdrückten Leute wieder Status und Stand? In dieser vertrauten Gegend braucht man keine Vorräte mitzunehmen, alle sind irgendwie miteinander verwandt oder bekannt. Einige Dörfer in einem kleinen Eck von Galiläa. Eine Vorratstasche ist nicht nötig, ein zweites Paar Sandalen leiht man sich, wenn etwas kaputt geht. 72 andere aus der Bibelschule Jesu sind unterwegs. Der griechische Text gibt an und für sich nicht her, dass es sich dabei nur um Männer gehandelt haben muss. Etwas Tröstliches heutzutage.

Manche Texte aber, die von den 70 reden, haben auch einen tiefen Sinn, nämlich den Anschluss zu finden an die Thora des Mose. Mose und die 70 Ältesten (Exodus 24) kommen in den Sinn, der Bundesschluss am Sinai. Es gibt die Thora des Mose und die Thora Jesu. Der

Mann aus Nazareth stiftet den Bund für die Völker, eine große Geschichte. Man kann davon ausgehen, dass die Zahlen sehr pointiert gesetzt sind. Eine Partitur, auch mathematisch auf höchstem Niveau. Siebzig, hebräisch Ajin, bedeutet so viel wie Auge. Schon bei Ezechiel gibt es die Geschichten mit den Augen. Die Augen sind die Gesandten des Großkönigs. Wenn sie boshaft sind, agieren sie als Spione, sonst aber als normale Botschafter und Gesandte.

Die Geschichte der Gesandten der Thora Jesu wird nun verhandelt. Geh und wasche dich im Teich der Sendung, dem Schiloach – und der Blindgeborene konnte sehen. Ajin, die Augen, sind die Quellen, aus denen etwas entspringt. Sie sind der Ursprung, die Welt in einem neuen Licht zu sehen, im Licht Jesu Christi. Die Gesandten sind seine Augen und die Boten seiner Worte: »Wer euch hört, hört mich. Wer euch verachtet, verachtet mich und den, der mich gesandt hat.« – So sagt er. Da steht plötzlich viel auf dem Spiel!

Antikes Gesandtenwesen bildet den Hintergrund für das Verstehen des Evangeliums im Kontext der Völker. Der Gesandte heißt griechisch Apostel, lateinisch Missionar. Die Frage ist, in wessen Namen ist jemand unterwegs? Um die Repräsentanz des Sendenden geht es. Das finden wir auch in späterer Zeit noch, wie Schillers Drama »Wilhelm Tell« verdeutlicht: Wer den Hut des Geßler nicht grüßt, verachtet die Macht der Habsburger. Die Schweizer wissen, wovon ich rede.

Der kaiserliche Gesandte, der Legat in Antiochia etwa, spricht im Namen der römischen Cäsaren wie ein deutscher Botschafter im Namen des deutschen Volkes, ernannt durch die Regierung, die in einer repräsentativen Demokratie vom Parlament gewählt wurde. Ein deutscher Botschafter spricht so auch in deinem Namen, ob du willst oder nicht. Ein geordnetes Gesandtschaftswesen bedeutet: Der ursprüngliche Souverän ist abwesend und doch in der Weise des Gesandten gleichzeitig anwesend.

Es geht um Identität und Differenz. Jesus sandte 70 bzw. 72 – beide Lesarten geben Sinn: »Wer euch hört, hört mich.« Keine Sorge, die Differenz von Herr und Bodenpersonal bleibt bestehen, aber in aller Gebrochenheit kann auch Gottes Wort, Jesu Wort im Menschenwort den Menschen erreichen: durch seine Gesandten, durch die Apostel, durch die Jünger, durch die Jüngerinnen. Was ist das für ein eigenartiges Sich-selbst-Ausliefern an seine Schüler und durch sie hindurch an die Menschen? Natürlich glückt dies nur, wenn die Hörenden und die Sprechenden als Gesandte sich mühen, im selben Geist zu kommunizieren.

Der Geist ist die Kraft der Vermittlung, die Atmosphäre der Kommunikation, die Gleich-Ursprünglichkeit des Zwischen, die Verbindung der Hörenden und Sprechenden. Auf den Geist also kommt es an, um den Gesandten zu verstehen, und so hören die Hörenden, worauf es ankommt. Wer wortet sich zutiefst und zuletzt als Souverän in Sprache und Form aus? Die Parallelstelle bei Matthäus spitzt es noch einmal zu, indem Jesus darauf hinweist: Wer euch verachtet, verachtet den, der mich gesandt hat, den Geist des Vaters, den Geist des ewigen Schöpfers. Welche Mission! Jesus, der Christus, ist der Gesandte Gottes. In ihm ist der Ewige repräsentiert, der restlos von der Schöpfung Verschiedene, anwesend in der Gestalt dieses wahren Menschen. Das Wesen Jesu ist restlos bestimmt von der Anwesenheit dessen, der ihn sendet.

Und er sendet nun seine Schüler zu den Menschen. Was sollen sie tun? Lukas hilft uns weiter: Metanoia, Umkehr ausrufen! Die Kehre zum Ursprung ist angesagt. Drehe dich um zu dem ewigen Gott! Er ist dein verborgenes Sinnziel. Wende dich seinem Geist zu, der in Jesus, dem Christus, erschienen ist! Zwischen dem Hörenden, Hoffenden, Liebenden und Jesus, dem Christus, wird Beziehung gestiftet. Hier beginnt die Praxis der geistlichen Übung. Metanoia! Und es soll die Malkut ausgerufen werden, das Hereinreichen Gottes – die göttlichen Energien sind nahe. Das Reich Gottes erscheint. Davon ist die Rede in Gleichnissen, in Sprache, die zum Erlebnis werden kann. Dämonen sollen ausgetrieben werden, dieses geistige innere Stimmengewirr, das den Menschen versklavt, fixiert und ihm Zukunftslosigkeit vorgaukelt, die tausend Affen im Kopf der Menschen.

Daimonion heißt das Gewissen. Die inneren Stimmen, die Dämonen, gilt es zu unterscheiden, so dass die Leute geistig wieder klar, leer und frei werden für den Geist Gottes. Kranke mit Öl salben. Öl ist die Chiffre, die Metapher für den Messias. Die Aufgabe des Messias besteht darin, dass man sich wieder zu glauben traut, zu Gott in ein gerechtfertigtes, erlöstes, freies Verhältnis treten zu können. Zwischenmenschlich bedeutet das eine neue Ethik. Freies Verhalten von freien Menschen zueinander, keiner muss ein Sklave der Moral sein. Keine Moral steht über einem freien Menschen. Jenseits von Willkür und Beliebigkeit, gemäß der Logik der Freiheit kann das eigene Dasein gezeitigt werden in der Beziehung zum Ewigen. Beten freilich tut not. Kranke sind zu heilen. Es gibt tausend Formen von Diakonie und Medizin. Das ist Aufgabe derer, die das Evangelium Jesu Christi ausrufen (vgl. Mt 10,8; Lk 9,1–6; Mk 6,12–13).

Welche Ermächtigung, darauf zu setzen, dass die Hörenden desselben Geistes sind wie die Verkündenden! Der Geist des Vaters, der Geist des Sohnes, der Heilige Geist wirkt – auf dieser und auf jener Seite – auf der des Sprechenden und auf der der Hörenden der Predigt. Welch Wunder, wenn dadurch Evangelium realisierbar wird, nicht nur in Ewigkeit, sondern auch in Zeit und Raum! Ausgehend von der Thora des Mose verkündet Jesus, den Gnadenbund öffnend, seine Thora für Israel und für die Völker. Es wird jetzt und in Zukunft Juden geben, für die er der Messias ist. Sie haben eine doppelte Aufgabe: Verständnis für die Botschaft Jesu bei denen zu wecken, die nach der Thora des Mose leben, und bei den Menschen aus den Völkern, die sich für die Thora Jesu interessieren. Der Name des Ewigen ist bei den Völkern zu verkünden und die Prinzipien einer Ethik der Freiheit zu lehren. Auch ein Christ aus den Völkern kann sich natürlich um diese Aufgaben bemühen.

36. Die Seepredigt Jesu

Der reiche Fischfang

Als Jesus am Ufer des Sees Genezareth stand, drängte sich das Volk um ihn und wollte das Wort Gottes hören. Da sah er zwei Boote am Ufer liegen. Die Fischer waren ausgestiegen und wuschen ihre Netze. Jesus stieg in das Boot, das dem Simon gehörte, und bat ihn, ein Stück weit vom Land weg zu fahren. Dann setzte er sich und lehrte das Volk vom Boot aus. Als er seine Rede beendet hatte, sagte er zu Simon: Fahr hinaus auf den See! Dort werft eure Netze zum Fang aus! Simon antwortete ihm: Meister, wir haben die ganze Nacht gearbeitet und nichts gefangen. Doch wenn du es sagst, werde ich die Netze auswerfen. Das taten sie und fingen eine so große Menge Fische, dass ihre Netze zu reißen drohten. Deshalb winkten sie ihren Gefährten im anderen Boot, sie sollten kommen und ihnen helfen. Sie kamen und gemeinsam füllten sie beide Boote bis zum Rand, so dass sie fast untergingen. Als Simon Petrus das sah, fiel er Jesus zu Füßen und sagte: Herr, geh weg von mir; ich bin ein Sünder! Denn er und alle seine Begleiter waren erstaunt und erschrocken, weil sie so viele Fische gefangen hatten; ebenso ging es Jakobus und Johannes, den Söhnen des Zebedäus, die mit Simon zusammenarbeiteten. Da sagte Jesus zu Simon: Fürchte dich nicht! Von jetzt an wirst du Menschen fangen. Und sie zogen die Boote an Land, ließen alles zurück und folgten ihm nach. *(Lk 5,1–11)*

Kommst du heute nach Israel, dann empfehle ich dir, diesen Platz am See Genezareth aufzusuchen, wo der Wind vom Hermon im Schilf seine Melodie spielt: in der Nähe von Kapharnaum, das nach dem Propheten Nahum benannt ist, was auf Deutsch Trost heißt. In Wahrheit übt Jesus Trost aus. Da ist er zu Hause. Welche Kunst, Topographie ins Verkündigen einzubauen!

Geh von Kapharnaum weiter in Richtung Bethsaida, wo der Jordan in den See Genezareth mündet. Dort findest du das Heimatdorf von Petrus. Sinnigerweise liegt zwischen Kapharnaum und Bethsaida, also zwischen »Trosthausen« und »Fischhausen«, der schöne Platz dieser Seebühne. Der See Genezareth macht einen Bogen, eine kleine Bucht, wie ein Amphitheater, ein Seetheater. Und wenn du in die Mitte dieser Bucht fährst: da ist die Traumszene, die Traumbühne – ein wunderbarer Ort.

Wortgottesdienst

Jesus legt die fünf Bücher Mose als das Wort Gottes aus. Er ist der weiße Reiter (vgl. Offb 19,11–13), das heißt das Wort Gottes. Er wird identifiziert mit dem Wort Gottes. Er legt die Bibel als Evangelium aus. Welche Kunst! Aus Text wird heilsame Heilige Schrift. Er legt den Menschen nicht mit der Bibel herein, sondern er legt die Bibel positiv aus. Instrumentalisierende Verzweckung von sogenannten Bibelstellen zum Zwecke, irgendein Schäfchen ins Trockene zu bringen oder ein Geschäft mit der Angst zu machen, betreiben die Krankmacher. Jesus legt den Menschen die Bibel als Evangelium aus.

Am See Genezareth gibt es die gehäufte Kompetenz des Petrus in seiner Fischkompanie. Er weiß, wie es geht. Und die anderen kleinen Fischfabrikbesitzer, die wissen es auch: Wie fange ich Fische? Kompetent und erfolglos – das ist ja schrecklich! Er weiß, wie es geht, und es klappt nicht! Da staut sich Frust an. Und als da noch einer, der gar kein Fischer ist, sagt: »Ihr müsst dahin fahren, dann geht es!« Welche Provokation für Petrus! Stell dir vor, Jesus tritt in der Kirche auf und sagt: »Ihr seid kompetent, aber völlig erfolglos.« Führt das zu Gehorsam oder zum Aufstand?

Petrus ist das gleichgültig, er tut es. Er arbeitet mit dem Netz, er ist ein Networker in seinem Handwerk. Petrus am Netz! Und er ist erfolgreich. Man stelle sich das vor: Kompetenz und Erfolg! Das ist die neue Mischung. An anderer Stelle heißt es, sie fingen 153 Fische. Das ist die Anzahl der Völker, die geholfen haben, den Tempel in Jerusalem zu bauen, damit die Gegenwart Gottes ein Gebäude hat.

Fischer arbeiten mit einem Netz. Verknüpfungen und Beziehungen allein – das ist kein Netz. Das Netz der Beziehungen ist erst dann ein Beziehungsnetz, wenn es zwischen allen Beziehungen Freiräume gibt, die nicht durch Beziehungen besetzt sind. Die Zwischenräume sind nach oben und unten offen, *das* ist ein Netz. Vitamin B reicht nicht. Und nur ein Loch im Eimer, das ist auch kein Netz. Ein Fischer hat Erfahrung, wie Wirklichkeit verläuft. Sie besteht aus Beziehungen und Freiräumen, wie jedes Textil. Es gibt Beziehungsfäden, Durchschuss und Leerräume. Textilkundig sieht man, wie ein Text gebaut ist. Etwas Schwarzes läuft durch die Freiräume: Es ist ein Netz, ein Text. Und was findet man darin? Menschen?

Petrus als Menschenfischer! Eine merkwürdige Metapher! Man muss sie auseinandernehmen, sonst wird etwas Falsches übertragen. Das Wasser ist das Bild für das Auf und Ab des Lebens. Es steht für Endlichkeit, für Vergänglichkeit. Petrus hat das Charisma, die Menschen aus der Zeitlichkeit ans andere Ufer zu bringen, an jenen Teil der Wirklichkeit, der substanziell ist.

Substanz ist das, worauf du stehen kannst. Was aber gewährt Bestand, was ist substanziell? Die Ewigkeit ist es, das ewige Leben. Das ist der Petrusdienst: Nicht die armen Wesen aus ihrem Element bringen, dann zappeln sie noch ein bisschen und röcheln und sind dann fromm – nein, die Metapher ginge so daneben. Was hilft den Menschen in der Zeit, dass sie sich neu ihrer wesentlichen Substanzialität widmen können?

Die Fischer lassen ihre natürliche Beschäftigung erst einmal liegen. Nach der Auferstehung gehen sie wieder fischen und sagen zu Jesus: Auf dein Wort hin will ich arbeiten, Christus. Es geht um ein substanzielles Leben in der Vergänglichkeit, im Wasser der Zeit. Spirituelle Kompetenz lockt. Diese Art von Bibelauslegung ist das Wort der Liebe für die Menschen als endlich-unendliche Wesen.

Jesus sagt: »Fürchte dich nicht.« Sie zogen die Boote an Land und folgten ihm nach. Im Bibeltext heißt Nachfolgen an manchen Stellen hegeomai. Das hat mich schon als Schüler geärgert, als ich das Wort lernen musste und den Sinn nicht verstanden habe. Hegeomai hat nämlich drei Bedeutungen: meinen, glauben, nachfolgen. Was, das soll dasselbe sein? Das Phänomen hat tiefe Wurzeln in der indogermanischen Jägersprache. Nämlich: Ein Stamm überlebt nur, wenn zumindest ein paar dabei sind, die Spuren lesen können. Es nützt aber nichts, die Spur zu erkennen: Ah, da ist ein Hirsch gegangen, schön, da glaub ich dran! Nein, wer wirklich glaubt, dass da ein Hirsch gegangen ist, der lebensnotwendig ist für den Kalorienbedarf, der folgt natürlich nach. Glauben, Vertrauen, Pfadfinder sein und den Pfad gehen, das ist doch praktisch dasselbe. Ich glaube vertrauend den Spuren der Deutung und gehe nach, bis ich in der Lichtung oder im Dickicht fündig werde. Und »sie folgten ihm nach« heißt, sie vertrauten ihm, sie glaubten an ihn. Das ist also prinzipiell dasselbe. Vertrauen und Glauben heißt: Spuren folgen.

Brotgottesdienst

Innehalten in Emmaus, in der Wahrheit des Kreuzes an der Grenze. So versammeln wir uns um den Tisch des Herrn, um den Grenzstein zwischen Himmel und Erde. »Gepriesen bist Du, Herr, unser Gott, Schöpfer der Welt. Du schenkst uns das Brot, die Frucht der Erde und der menschlichen Arbeit. Wir bringen das Brot vor Dein Angesicht, das aufgeleuchtet ist im Antlitz Jesu Christi, so dass es uns das Brot des Lebens werde.« Wasser ist das Bild für die Zeit, Wein für die Ewigkeit.

»Wie das Wasser sich mit dem Wein, der Chiffre des Himmels verbindet, so lasse uns dieser Kelch teilhaben an der Gottheit Christi, der unsere Menschennatur angenommen hat. Gepriesen bist Du, Herr, unser Gott, Schöpfer der Welt. Du schenkst uns den Wein, die Frucht des Weinstocks und der menschlichen Arbeit. Wir bringen diesen Kelch vor Dein Angesicht, damit er uns der Kelch des Heiles werde.« So legen wir Brot und Wein und Wort auf den Tisch. Wer eine Bitte, einen Gedanken oder irgendetwas dazu tun möchte, kann es tun. Was auch immer wir bringen, es bedarf der Verwandlung, der Verlebendigung, der Verortung in der Beziehung zu Gott.

»Gütiger Gott, Dich dürfen wir nennen in unserer unzulänglichen Menschensprache, denn Du hast Dich auf uns eingelassen, Du, die ewige Liebe, um zu formen und zu gestalten unsere Erdigkeit. Du hast Dich geoffenbart, machst die Natur durchsichtig als Schöpfung. Du wortest Dich aus in Jesus, der uns die Bibel ausgelegt hat, uns, den Völkern, und Israel. Du bleibst gegenwärtig, unsichtbar wirksam in den Gestalten von Brot und Wein, im Miteinander derer, die heimlich und laut auf dich hoffen. Sie bezeugen ihren Glauben. Sie vertrauen auf Dich, den Heiligen. Ja, Du bist der Heilige. Deine Heiligkeit, Deine Glanzmacht ist erschienen in Jesus, dem Christus. Er ist eine Gabe an uns für uns, so dass wir lernen, wie Umgang mit Dir geht, mit dem Schöpfer und mit den Mitmenschen. Du gibst uns Mut zur Entgrenzung und Entfeindung, so dass neu Gestalt gewinnt, was gut ist.

Wir bitten Dich um Deinen Geist. Nicht um den Geist irgendeiner Veränderung, sondern um den Geist der Verwandlung in Liebe. Befreie uns von jenen Mächten und Gewalten, die uns gierig und süchtig machen wollen. Schenke uns je mehr von Deinem Geist der Freiheit, so dass wir Willkür und Beliebigkeit überwinden können mitten in dieser von Dir geschaffenen Welt, an der so viele arbeiten, an der sich manche versündigen. Du aber trägst sie von Ewigkeit her und lässt uns einfach sein. Sende aus der Tiefe Deiner Wirklichkeit die Kraft Deines Geistes, die Energie Deiner Präsenz, in diese Gaben aus Brot und Wein, so dass sie uns werden zur Ortschaft der Begegnung mit Jesus, dem Christus. Du transformierst alles, alle Substanzen aufs Ziel hin, so dass Du letztlich alles in allem sein wirst. Unterwegs sind wir zu Dir, unserer Zukunft, die schon begonnen hat. Sende Deinen Geist auf uns und diese Gaben herab und heilige sie.«

Er nahm das Brot, sprach das Segensgebet, brach es, bot es den Seinen an und sagte: »Nehmet und esset alle davon, das ist für euch, das ist mein Leib. So bin ich. Solches tut mir zur Gegenwart.« Ebenso nahm er den Kelch mit Wein, sprach das Dankgebet, bot ihn den Seinen an und sagte: »Nehmet und trinket alle daraus, das ist der Kelch des neuen und ewigen Bundes. Mein Blut, das für euch und für alle vergossen wird zur Vergebung der Sünden. Solches tut mir zur Gegenwart, die in sich Vergangenheit und Zukunft birgt.« Geheimnis unseres Vertrauens, Grund unserer Nachfolge. Deinen Tod, o Herr, verkünden wir, und Deine Auferstehung preisen wir, bis Du kommst in Herrlichkeit. Darum bitten wir.

37. Zum Fest in Jerusalem

Die Stunde Jesu

Es waren aber einige Griechen unter denen, die heraufgekommen waren, um anzubeten auf dem Fest. Die traten zu Philippus, der von Bethsaida aus Galiläa war, und baten ihn und sprachen: Herr, wir wollten Jesus gerne sehen. Philippus kommt und sagt es Andreas, und Philippus und Andreas sagen's Jesus weiter. Jesus aber antwortete ihnen und sprach: Die Zeit ist gekommen, dass der Menschensohn verherrlicht werde. Wahrlich, wahrlich, ich sage euch: Wenn das Weizenkorn nicht in die Erde fällt und erstirbt, bleibt es allein; wenn es aber erstirbt, bringt es viel Frucht. Wer sein Leben lieb hat, der wird's verlieren; und wer sein Leben auf dieser Welt hasst, der wird's erhalten zum ewigen Leben. Wer mir dienen will, der folge mir nach; und wo ich bin, da soll mein Diener auch sein. Und wer mir dienen wird, den wird mein Vater ehren. *(Joh 12,20–26)*

Schauen wir nun, hören wir noch einmal hinein, in das, was da steht. Bei Exerzitien lautet die Devise: Entschleunigung, nur langsam. Was zu schnell ist, hat vermutlich nicht tief genug gewurzelt bzw. die Wurzeln stecken noch so tief, dass entsprechende Symptome bald wiederkehren werden. Oft geht einem rasch etwas auf, und irgendein Vogel kommt wie aus heiterem Himmel, und weg ist das Korn.

Es waren aber, heißt es im Text, einige Griechen unter ihnen, die nach Jerusalem heraufgekommen waren, um beim Fest anzubeten. Wir wollen nun langsam beginnen, dieses Szenario innerlich zu sehen, das große internationale Pessachfest. Das Judentum ist eine Familienreligion, aber auch eine Volksreligion. Tausende von Pessachlämmern wurden gleichzeitig geschlachtet. Wer es sich irgendwie leisten konnte, kam dreimal im Jahr in die Heilige Stadt. Zeltlager rings um Jerusalem. Nun das große Fest: Pessach, Vorübergang, Vorüberhuschen der ewigen Liebe, die es ermöglichte, dass ein Exodus, ein Ausweg aus der Entfremdung, aus Ägyptenland gefunden werden konnte. Dort hatte man für fremde Herren Totenhäuser errichtet, Pithon hochgezogen und Ramses, Bauten für eine utopische Zukunft, die nie eintreten würde. Es war ein großes Fest, ein Sängerfest in Jerusalem. Levitenchöre führten die Psalmen auf. Das Volk war angerührt, aufgewühlt: Beginnt etwas Neues? Man ist bereit. Wir sind das Volk! Vielleicht eine Hochstimmung wie vor dem Fall der Mauer. Ringsum die Pilgerlager für die verschiedenen Länder, aus denen die Menschen kamen.

Die Pilger aus Galiläa waren oben am Ölberg versammelt, wo noch heute Kleingaliläa liegt, die Sommerresidenz des orthodoxen Patriarchen. Auf diesem Berg von Galiläa trafen sie sich mit Jesus. Was wird geschehen? Vollzieht er die erwartete messianische Zeichenhandlung, macht er den Tempelplatz für die Völker wieder frei zugänglich? Und fürwahr, bei diesem Fest wird Sacharja 9,9 erfüllt. Jesus reitet auf einem Esel in Jerusalem ein und startet seine Tempelaktion. Er offenbart sich als der erwartete Messias. Jeder kennt die Sprache der Symbolik und der Prophetie. Es herrscht Hochstimmung. Die Leute rufen ihm zu: Hosianna, mach es – und er macht es! Der Messias hat die Aufgabe, zu offenbaren, wer Gott ist. In seinem Namen nimmt er den Tempelplatz in Besitz, und zwar mit Vollmacht, das heißt, er handelt aus seinem Wesen heraus, der Anwesenheit Gottes in ihm. Jesus schafft weg, was die Gojim, die Heidenvölker, hindert, die Gegenwart Gottes auf dem Zion zu erleben. Die Tauben, Zehntausende von Tauben werden dort, wo heute die Al-Aksa-Moschee steht, in großen Käfigen gehalten. Für das Opfer durfte keine Feder verletzt sein. Deshalb konnte niemand aus der Diaspora seine eigenen Vögel mitbringen. Es war schlimmer als auf dem Markusplatz in Venedig, Gegurre und Gestank. Da vergeht dem frömmsten Kelten, der zum Fest nach Jerusalem gekommen war, die Andacht. Aber auch das reicht noch nicht, um die Hoffnung aufzugeben, dass man hier beten könne.

Die Juden mussten ihre Steuer zahlen, ihre Tempelsteuer, in der härtesten Währung, das war der Tyro bzw. »Euro«, die Währung von Tyrus, woher die Prinzessin Europa stammt. Da saß man nun im Vorhof der Heidenvölker und tauschte die regionalen Währungen in den Tyro. Im Tempelbetrieb war alles gut organisiert. Mancher hat sich vielleicht überschätzt, da wurde die Bank umgestoßen, banca rotta, bankrott. Und die vielen Rinder, ein Fest wie ein Oktoberfest, Hunderte von Rindern wie beim islamischen Kurbanfest. Man füttert nicht mehr viel, gibt wenig zu trinken, das macht das Fleisch schmackhafter, und man hat nicht so viel Dreck. Ein Gestank, vor allem in der Hitze. Und die Rinder brüllen. Die Tempelaktion Jesu: Er macht den Platz, den Vorhof, der für die Heidenvölker zum Gebet vorgesehen war, wieder frei.

Er nimmt die einzige im Judentum kultisch erlaubte Waffe, eine Strickegeißel ohne Metallstücke – Geißeln zum Blutigschlagen waren den Römern vorbehalten. Jesus nimmt die Strickegeißel, das entspricht etwa dem Liktorenbündel oder unserer Polizeikelle: Halt, hier nicht weiter so. Ich erscheine hier als Souverän, im Namen Gottes, mit dem Hoheitszeichen. Und natürlich kommt es zum Konflikt mit den bisherigen Tempelherren. Nach Palmsonntag wird alles sehr rasch gehen.

»Es waren aber einige Griechen zum Fest gekommen«, heißt es bei Johannes. Die Griechen waren die Meister der Psyche, der Psychologie, der Sprache von der Seele, der Psychotherapie. Der griechische Götterhimmel ist eine geniale Gestaltpsychologie. Und die Welt eine Tragödie, aufgeführt in großen Dramen. Antigone ruft aus: »Nicht mitzuhassen, sondern mitzulieben bin ich da!« Durch Erzeugung von Furcht und Mitleid, durch Identifizierung und Entidentifizierung wurde im Theater so mancher Ödipuskomplex zur Strecke gebracht. Welche Kunst! Die Griechen sind Meister der Psychologie und Meister der Philosophie. Nicht nur Interesse am Wissen, sondern Liebe zur Weisheit zeichnete sie aus. Man denke an den Geist des Sokrates, seine Hebammenkunst, die er an seinen Musterschülern Plato und Aristoteles praktizierte.

Hier befinden wir uns in der Welt des Denkens, der Ideen, der Intellektualität. Griechen, die Welt der Universität und der Therapie, kommen zu Jesus. Philippus vermittelt, und Jesus freut sich. Jetzt endlich ist die Zeit gekommen, die Saat geht auf. Was macht Jesus von Nazareth als Messias? Er offenbart, wer Gott ist, wie ethisches Leben geht für Israel und die Völker.

Jesus wird als Lehrer der Glückseligkeit, der Eudaimonia, akzeptiert. Seine Seligpreisungen sind der Inbegriff humaner Ethik. Jesus öffnet den Bund Gottes mit Israel, den Gnadenbund Gottes für alle Völker. Dass das zu großen innerjüdischen Streitgesprächen führt, ist selbstverständlich: Darf er das, ist das sinnvoll oder nicht? Pharisäer, Sadduzäer, Herodianer, Zeloten, Apokalyptiker, Essener, alle diskutieren mit. Ja oder Nein, hat Jesus recht?

Israel ist berufen durch Gott, alle haben durch Mose die Hallstimme Gottes, die Wahrheit der Thora vom Sinai gehört. Aus gläubigen Juden wählt Jesus einige aus, den Zwölferkreis und Frauen, die mit Namen genannt werden. Man lese nach bei Lukas im 8. Kapitel. Jesus schult sie drei Jahre lang als seine Apostel, seine Gesandten: Ruft den Namen Gottes bei den Völkern aus! Der Bund ist bedingungslos für alle geöffnet. Ich bin der Messias für Israel und für die Völker.

Bei diesem Fest in Jerusalem wird es in der Weltöffentlichkeit offenbar: Jesus von Nazareth ist der Christus. Philippus hat die Botschaft verstanden. Später wird er den Kämmerer der Kandake taufen, den Eunuchen aus dem Reich der Schwarzen Pharaonen. Der schwarze Mann aus Afrika hatte eine Wallfahrt nach Jerusalem gemacht. Er wollte in den Gottesbund Israels eintreten. Das aber war nicht möglich, denn Verschnittene wurden nicht aufgenommen (vgl. Num 23,2). Kurz vor Gaza, der Welt der Magazine, trifft der Eunuch auf Philippus: Der Bund ist geöffnet für alle, ob geistig, seelisch oder physisch verschnitten. Das Initiationszeichen ist die Taufe. Der Mensch wird untergetaucht und taucht wieder auf – in Gottes Namen. Getaufte bilden Kirche. Irgendwann muss das doch angefangen haben, dass der Gottesbund nun offen ist für jeden aus den Völkern. Welche Wahrheit! Gnade ist wirklich umsonst, bedingungslos. Kaum zu glauben – gut, dass es wahr ist!

Jesus freut sich, dass seine Botschaft bei den Völkern angekommen ist. Sie kommen zum Fest und können in seinem Namen daran teilhaben. Es ist Pessach, Fest der Freiheit, des Vorüberhuschens der ewigen Liebe. Die Zeit ist gekommen. Jetzt beginnt die Herrlichkeit Gottes neu offenbar zu werden. Aber wie?

Das Weizenkorn fällt in die Erde, erstirbt und bringt viel Frucht. Ein naturales Bild für Tod und Auferstehung. Das Weizenkorn stirbt naturwissenschaftlich genau betrachtet natürlich nicht zur Gänze. Man muss das Lied vom Weizenkorn angemessen hören. Der Keimling bleibt. Die Seele Jesu, sein sich durchhaltendes Lebensprinzip steigt hinab in die Unterwelt, in die Tiefen der Schattenwelt. Sein Geist war hinterlegt bei Gott. Jesus, der Auferstandene, ist seelisch hinabgestiegen in die Wirklichkeit. So wird er noch einmal leiblich wahrnehmbar, transparent, und erscheint.

Er ist der Leuchtende, der Auferstandene vor seiner endgültigen Rückkehr in Gottes ewige Herrlichkeit. Im Zeitlichen wird im Leben gestorben, bis zur Rückkehr ins ewige Leben. Wer sein Leben auf dieser Welt hasst – das kann man natürlich missverstehen –, wird es gewinnen.

Im Deutschen gibt es dieses Sprachspiel nur in Extremsituationen. Jemand steht zum Beispiel kurz vor der Verlobung, eine langjährige Beziehung war der Vorlauf, und diese geht dann doch auseinander. Der Mann oder die Frau geht eine neue Beziehung ein, mit der die erste ausgeglichen, man könnte auch sagen gerächt wird. Eine womöglich dritte Beziehung rächt die zweite und so weiter. Die Letzte rächt sie alle. Wie aber ist die Letzte endgültig zu gewinnen? Es entstehen immer neue Konflikte, und irgendwann taucht das Gefühl auf: »Lass mir meine Ruhe mit deinen Vorläufern/Vorläuferinnen – du bist einzigartig! Alle vorherigen Beziehungen sind jetzt unbedeutend, ich hasse sie!« Welche Hymne! Die Negation von Wertvollstem wird für die Rühmung des Neuen, des Einzigartigen verwendet. Oder in der Sprache des Paulus: Das alles erachte ich für Kehricht!

Bei der Formulierung mit dem Hassen handelt sich um ein Sprachspiel, mit dem gesagt werden soll: Wie neu, wie großartig ist das, was neu beginnt: der neue Bund, wie wunderbar geht es weiter! Welches Angebot, ewiges Leben! Der Weg wird gewiesen. Jesus ist der Weg, die Halacha, die theoretische und praktische Auslegung der Thora. Er ist der Weg, der zielführig ist: Wo ich bin, da wird der sein, der auf das Wort Gottes hört. Wer so lebt, erhält Ehre von Gott. »Die Ehre Gottes ist der lebendige Mensch«, formulierte Irenäus von Lyon. Dies gilt hier in dieser Welt und in alle Ewigkeit.

38. Im Zenit

Das große Mahl Gottes

Dann sah ich, Johannes, einen Engel in der Sonne stehen, der rief mit lauter Stimme allen Vögeln zu, die im Zenit fliegen: Kommt hierher, versammelt euch zum großen Mahl Gottes, esst das Fleisch von Königen, das Fleisch von Heerführern, das Fleisch von Starken, das Fleisch von Pferden und ihren Reitern, das Fleisch von allen – von Freien und Sklaven – von Kleinen und Großen.
(Offb 19,17–18)

Ein seltsamer Text, zumindest beim ersten Hören. Ezechiel (Hesekiel) wird zitiert mit einer Gerichtsrede. Welch eigenartige Verknüpfung von Gericht und Gericht! Im Deutschen haben wir es leicht, die Schnittmenge festzustellen. Ein Gericht und ein Gericht: Da gibt es zunächst Phasen der Vorbereitung für jenes andere Tischlein-Deck-Dich. Einiges ist zu tun oder hat sich schon getan, und dann ist alles bereitet. So könnte man sich rituell – der Mensch ist nun einmal symbolisch veranlagt – erst einmal selbst ein Tischchen decken. Da gibt es – wie in einer Pessach-Vorliturgie – etwa ein Schälchen Salzwasser: Tränengeschichten, Bitterwasser. Manches Tellerchen steht für Gieriges und Süchtiges, zum Beispiel immer wieder nur Kaffee und immer wieder Süßstoff. Was könnte man sich denn alles zur Abschreckung und Lust auf den Tisch stellen? Homöopathische Schutzimpfung steht bevor! The last dinner!

Interessant ist, dass gerade dieser Text in der ganzen Bibel – alle jüdischen und christlichen Schriften zusammengenommen – das letzte Gericht ist: ein großes Mahl. Versammelt euch zum großen Mahl Gottes! Das ist Eschatologie, Anfang im Ende – jetzt. Ein seltsames Mahl!

Schauen wir näher hin: Wer lädt zu dieser Henkersmahlzeit ein? Es geht um Gericht. Wie kommt der Mensch ins Lot? Einen Vers vorher lesen wir, wer einlädt: Der König der Könige, der Herr der Herren. Wer toppt denn den iranischen Großkönig mit dem Titel »König der Könige?« Sein Kultspiel war das Schachspiel, Schach in Schach, das Königsspiel. Wer gerade den höchsten Geist – Ahura Mazda – vertritt, kann den anderen mattsetzen. Zehntausend Unsterbliche bildeten die Leibwache des Königs der Könige. Wenn einer seiner Lanzenträger starb, stand der nächste Rekrut schon bereit. Der neue König der Könige ist der eschatologische Christus – so der biblische Text. Und die Überbietung: Zehntausend mal zehntausend, seine Garde – es gibt also noch einen ganz anderen Großkönig. Wie agiert er? Jenseits der Herrenwelten faschistischer, klerikaler, politischer oder sonstiger Art. Nur nicht vor dem Falschen in die Knie gehen und den Rücken beugen!

Zum großen Mahl Gottes ist eingeladen. Ein Engel steht im Zenit. Flügel oder Engel stehen immer als Metaphern für geistiges, spirituelles Verstehen, das heißt, nicht nur Gegenständliches oder Psychisches ist das Thema. Ein Engel im Zenit – eine Geschichte läuft ihrem

Höhepunkt zu, modern gesprochen: High Noon. Fünf vor Zwölf. Was passiert da? Die Analyse der Existenz, der Blick auf die Welt, das große Fressen kommt in den Sinn. Nein, nicht nur um Filmwelten geht es, sondern um etwas ganz anderes. Hinter tausend Bildern tut sich noch eine andere Welt auf. Fresst auf – internalisiert zur Unterscheidung mit anschließender Ausscheidung – das Fleisch. Was ist denn das Fleisch? Porneia bedeutet im Griechischen die Unzucht, das Äußere, die Scheinwelt – daher kommt das Wort Porno-graphie. Nur die Äußerlichkeit zählt in Hochglanzwelten ohne Person, ohne Geschichte, ohne Werte in der Welt des schlechten Scheins. Welcher Betrug: halbe Wahrheit! Schönheit ist nicht schlimm, aber wenn dahinter nur Unwesentlichkeit ist, führt das nicht weit.

Hier ist das Fleisch, das heißt die Äußerlichkeit von Königen angesprochen! Schau dir deine von Äußerlichkeit bestimmten herrschenden Prinzipien an. Von Heerführern – welche Heere sind es, die dir sagen, wo es langgeht? Hormonspiegelheere, mentale Heere, emotionale Heere? Wer hat denn eigentlich noch das Sagen im eigenen Selbst? Das Fleisch von Starken, das Fleisch von Pferden – das Krafttier, das Symbol des Animalischen, und ihren Reitern – das Fleisch von allen, von Freien und von Sklaven, von Kleinen und Großen. The last dinner! Eine eigenartige Veranstaltung, zu der man da eingeladen wird!

Das große Mahl Gottes: ein Gericht – ein Gericht! Es lohnt sich, genau hinzuschauen, bis Umkehr möglich wird. Ein einfacher spiritueller Ratschlag: Dreh doch einfach einmal den Spieß um: iss auf, was dich auffrisst! Lass dich nicht dauernd auffressen! Was sind deine Energiefresser mentaler, emotionaler, körperlicher Art? Iss doch einfach auch einmal auf, was dich – alltagssprachlich gesagt – so auffrisst. Das kann eine scheintote Leiche im Keller des Unbewussten sein, und alles bleibt vergiftet. Das kann der unheilige Zorn sein, der dich überfällt. Das kann die allzu viele Arbeit sein, der Sog zu immer mehr Freizeit, die oft zu neuer Langeweile führt, tausend Formen von Gier und Sucht und so weiter. Einmal durch die Biographie – was frisst dich denn heute auf? Dreh den Spieß um, mache fertig – ein Fertiggericht. Das Fleisch von diesem und jenem Heerführer, von diesem Schwachen, von jenem Starken. Was ist denn das für eine Metzelsuppe, die dir da plötzlich gereicht wird? Riskiere das und Schluss damit!

Nun, ganz ohne Verwandlung geht es wohl nicht – sagt der Darm. Man braucht eine Zeit der Metamorphose und Verdauung. Stell dir einmal vor, dass aus einem Gericht, aus einem Essen neue Menschenenergie, Lebensblutsaft wird. Aus Brot wird im Prozess der Metamorphose wieder Kraft, durch Wein – in Maßen genossen – fließen wieder Glück und Seligkeit in deinen Adern. Welche Geschehnisse von Verwandlung sind angesagt? The last dinner! Wir sind eingeladen, teilzuhaben an Brot und Wein. Und noch manches andere lässt sich auf den Tisch des Herrn legen, so dass es dir zu einem Heilsgericht werde.

39. Wer stirbt für wen?

Am Opfer scheiden sich die Geister

Als die aber zu Jesus kamen, fanden sie, dass er schon gestorben war; sie zerschlugen seine Beine nicht, sondern einer von den Soldaten stieß ihm seine Lanze in die Seite, und sofort kamen Blut und Wasser heraus. Und der es gesehen hat, hat es bezeugt, und sein Zeugnis ist wahr; und er weiß, dass er die Wahrheit sagt, damit auch ihr glaubet. Denn das ist geschehen, damit die Schrift erfüllt würde: Kein Bein soll an ihm zerbrochen werden. Und wieder eine andere Schriftstelle sagt: Sie werden auf den schauen, den sie durchbohrt haben. *(Joh 19,33–37)*

Der Gekreuzigte ist ein Thema, an dem jeder Prediger scheitern muss, und das ist auch gut so. Fragmente, Metaphern, diese oder jene Überlegungen können nur hinführen zu dem inneren Gespräch mit dem Gekreuzigten, zu einer Gebetszeit des Menschen und seiner Opfergeschichte. Angesichts der Gegenwart Gottes und seiner Ewigkeit in Welt und Zeit und Raum. Scheitern gehört also gleichsam methodisch dazu, sobald man sich dem Predigttext noch einmal zuwendet.

Kirchgänger sind ja im Allgemeinen zumindest in der Kirche friedliche Menschen. Die Opfergaben sind aus der Welt des Vegetativen entnommen. Gewiss, die Weizenkörner werden gemahlen, haben keine Zukunft, sind gleichsam geopfert, herausgenommen aus dem natürlichen Kreislauf von Stirb und Werde. Auch die Traube ist gekeltert, die Kerne irgendwo als Maische weggekippt, auch daraus wird kein neuer Weinstock. Vegetative Opfergaben, das ist wohl nicht so schlimm. In anderen Religionen gibt es das Tieropfer, in der christlichen Liturgie kommt so etwas nicht vor.

Die Sache mit den Menschenopfern findet außerhalb von Liturgie und Kult statt, dort aber weiterhin äußerst umfangreich. Die Frage nach den Opfern und den Tätern ist gestellt. Am Opfer scheiden sich die Geister, am Opfer, das blutend auf der Strecke liegt. Zu Recht, zu Unrecht? Die Täter können meistens gar nicht so viel dafür, zumindest in ihrer eigenen Selbstwahrnehmung und Selbstentschuldigung. Das ist eben so, wenn man zum System gehört, etwa zum System der Verkehrsteilnehmer. Da gibt es eben ab und zu ein Verkehrsopfer. Leider! Der Ort des Unfalls wird auch zum Ort der Humanität: Es wird geholfen.

Systeme, Institutionen und ihre Opfer sind eine uralte Frage. Und die klassische Antwort: Götzen brauchen Opfer. Wie leicht wird sogar theologisch die Realität der Götzen mit der Wirklichkeit Gottes verwechselt. Missglückte Theologien vom strafenden Gott mit entsprechenden Gegenreden gibt es viele, und sie nützen niemandem – außer Tätern, die ihre Taten rechtfertigen wollen.

Schauen wir hinein in die reale Geschichte. Für ein Verständnis der Geschichte des Blutes ist eine sorgsame, langsame Annäherung vonnöten. Wie ambivalent, wie zweideutig ist vieles, damals wie heute! Zunächst ein Außenblick: Ein wichtiges Ritual in Israel war das Pessachgeschehen. Den damaligen Beduinen tat es wohl leid, ihre Herden reduzieren zu müssen. Was blieb ihnen aber im System anderes übrig, die Weideplätze waren begrenzt. Jedes Frühjahr gab es neue Lämmer, für alle reichte das Futter nicht. Jemand muss weg, damit nicht die ganze Herde und der Stamm verhungern. Außer ein paar alten Hammeln kommen natürlich einige einjährigen Hammel infrage, die für den Fortbestand der Herde nicht unbedingt nötig waren. Stellvertretend, rituell geschlachtet, verzehrt zugunsten der Menschen, leider, schade.

Da geht es nicht gleich um Gut oder Böse, sondern um Notwendigkeit. Wie heute in Brasilien, wenn man im Mato Grosso versucht, die Herde von einer Weide auf eine andere zu bringen. Weit und breit keine Brücke, da und dort brennt schon der Urwald. Was tun, die Flüsse sind voll von Piranhas. Wo ist eine kranke Kuh, ein kaputter Ochse? Das Tier wird in den Fluss getrieben, voll Schrot geschossen, es blutet, treibt den Fluss hinab: Tausende von Piranhas ziehen flussabwärts, in einer Viertelstunde sind nur noch Knochen übrig – gut für die anderen. Unbeschadet wird die Herde durch den Fluss getrieben. Stellvertretung ist ein naturaler Prozess, das scheint das Vernünftigste zu sein und doch irgendwie grausam, zumindest, wenn man selbst dabei ist. Die Vernunft sagt ja, das Gefühl: schade, leider, nein.

Eine Blutspur zieht sich durch die Natur, die Geschichte, durch Welt und Religion. Das uralte Ritual Israels, das Fest der Versöhnung, wird bei Mose überliefert (vgl. Ex 24,6–8). Worin bestehen das Ritual und die Festpredigt am Tag des Versöhntseins? Es wird Tierblut genommen, und das Volk wird mit Blut besprengt. Glaubt, dass ihr versöhnt seid, auch wenn da und dort noch Zweifel herrscht. Das Blut, Sitz des Lebens, ist das Zeichen der gnadenreichen Beziehung Gottes zu Israel.

Am Opferblut scheiden sich die Geister. Indianer wissen das, man lese nach bei Winnetou. Was machen zwei, die füreinander einstehen, was auch immer mit dem einen oder dem anderen geschieht, was auch immer der eine oder andere tut: Blutsbrüderschaft ist stärker als alles. Völlig unrassistisch: Blutsbrüder. Das Blut als Zeichen der unbedingten Treue und des Daseins füreinander, welche Metapher! Das Blut als Zeichen des Versöhntseins: Da geht es nicht um irgendwelche rassistische Einforderungen oder Nibelungenschwüre, sei es in Kirche oder Welt, so dass die Grenzen zwischen Täter und Opfer verwischt werden. Das Blut als Zeichen der Treue, des Versöhntseins in einer Welt aus Tätern, die in Dreiteufelsnamen Opfer erzeugen.

Welcher christologische Durchbruch auf der Deutungsebene des Kreuzesgeschehens im Hebräerbrief! Das Blut Jesu ist nicht mehr nur symbolisch, rituell, sondern in der Realität das Zeichen des uralten Glaubens, mit Gott versöhnt zu sein. Im Blut ist uns doch immer schon und nun neu und irreversibel unser Versöhntsein zugesagt! Der Kelch des Blutes, das Blut Christi, fordert nicht immer neue Opfer, sondern ist zum Kelch des Weines, des Glücks, des Segens geworden. Welche Verwandlung! Im Becher des Segens ist das Glück, die Seligkeit, die

Zukunft des Menschen! Nicht immer neue, blutige Opfer sind nötig, sondern sein Tod ist zu verkünden, seine Auferstehung ist zu preisen.

Wo steht man selbst in seinem Verständnis des Lebens und Sterbens Jesu Christi? Welches heilsame Gespräch ist mit dem Gekreuzigten zu führen, damit das Kreuz nicht zum Fetisch wird? Das Blut als das Zeichen des Versöhntseins ist nun der unblutige Becher des Weines, des Glücks, der Seligkeit und des Himmels. Er wird gereicht mit der Metapher: Das Blut Christi, der Kelch des Heiles, ein für alle Mal. Was glaubt man denn da? Außer, dass man an der Formel scheitert und sie auf sich beruhen lässt?

Welche Deutung menschlichen Lebens, das vernichtet wurde, kennzeichnet jüdische Orthodoxie, die natürlich auch um den gekreuzigten Jesus weiß? Wo ist er in der Reihe der vielen Zeugen und Märtyrer für den Einen? Das Kreuz ist immer das schrecklichste Ende eines Lebens hier. Welche Kühnheit, Millionen von ermordeten Opfern zu deuten als Holocaust, als Ganzopfer! Und alltagssprachlich wird nebenbei geredet von Wiedergutmachung. Doch da lässt sich gar nichts wiedergutmachen! Es war, wie es war, und es ist, wie es ist, und es wird sein, was Gott in ewiger Schöpferkraft daraus machen wird. Mit der Auferstehung Jesu wird durch Gott bestätigt: Dieser Mann am Kreuz war gerecht, er hat gelebt aus liebender Unbedingtheit, er hat die Bedingungen der Zeit und des Todes durchlitten, ihm kommt ewige Zukunft zu. Welches Zeugnis vom Blut und der Zukunft und der Schöpferkraft!

Holocaust heißt Ganzopfer. Die Welt weiß in ihrer Sprache oft sehr genau Bescheid. Es gibt kein Verniedlichen, keinen spießigen Versuch, man könne etwas wiedergutmachen. Keineswegs! Da und dort lassen sich Zeichen setzen, ein Denkmal, auf monetärer Ebene ein gewisser Ausgleich, aber Wiedergutmachung? Nein, nur Bekenntnis und Vergebung sind möglich. Das Opfer unterscheidet die Geister. Niemals soll in alle Ewigkeit der Mörder über sein Opfer triumphieren. Sie sind zu unterscheiden! Mord verlangt gerechtes Urteil: Lebenslänglich. Welch Wunder, wenn Gott die Vollstreckung des Urteils aussetzt.

Sakramententheologisch gesehen wird das Wasser aus der Seitenwunde Jesu zur Metapher für die Taufe, das Blut wird zur Metapher für die Eucharistie, für das Fest des Dankes, trotz allem und in allem. Von Christus geht ein Strom des Heiles aus.

Weil Opfer beten, ist heute Liturgie möglich. So hat Jesus, der Christus, ahnend, wie sein Leben hier zu Ende geht, das Heilszeichen eingesetzt, seine auferstandene Gegenwart zu feiern. Er stammt aus der Priesterordnung des Melchisedek (vgl. Hebr 7) und geht uns, wie einst Melchisedek dem Abraham, mit Brot und Wein entgegen (vgl. Gen 14,18–19). Die vegetativen Gaben aus Brot und Wein sind die Ortschaft der verbürgten Nähe Jesu Christi, auf dass wir bekennen: Deinen Tod, o Herr, verkünden wir, und Deine Auferstehung preisen wir, bis Du kommst in Herrlichkeit.

40. Vier Perspektiven des Opfers

Näherkommen durch Selbstwerdung

So lasst uns nun durch ihn Gott allezeit das Lobopfer darbringen, das ist die Frucht der Lippen, die seinen Namen bekennen. Gutes zu tun und mit andern zu teilen, vergesst nicht; denn solche Opfer gefallen Gott. *(Hebr 13,15–16)*

Die wenigen Verse stammen aus dem Brief an die Hebräer. »Iwri«, das meint jene, die ihr Leben im Diesseits aus der Perspektive des Jenseits verstehen. Die »Iwri« sind alter-nativ da, wie von woanders her geboren. Tertullian, der kundige Kirchenvater – was die Entstehung des neutestamentlichen Kanons betrifft –, überliefert uns, dass der Verfasser des Hebräerbriefes Barnabas sei. Er stamme aus einer levitischen Familie von Zypern mit Besitz in Jerusalem. Er gilt als Onkel des Evangelisten Markus. Barnabas war mit Tempelterminologie und Kult, mit der Sprache des Dankes, der Eulogie, des Lobopfers und mit der Sprache des Opfers vertraut.

Die Sache des Opfers ist etwas, das auch alltagssprachlich in Misskredit geraten ist. Da gibt es Verkehrsopfer, oder andere opfern sich für die auf, die dies so gar nicht wollen – ein schwieriges Thema. Erntedank – die Früchte werden geopfert, abgeschnitten vom Lebenskreislauf ihrer Art und Gattung. Da liegen sie nun, zum allfälligen segensreichen Verzehr für die Menschen: ein Opfer. Die Kollekte, der Opfergang, sagte man früher. Da soll man etwas aus freiem Herzen geben, und die Rechte weiß oft, was die Linke in den Beutel legt: ein Opfer. In der alten hebräischen Sprache – als der Tempel noch stand – wird deutlich, was ursprünglich sinnvoll damit gemeint sein kann. Nähern wir uns daher langsam anhand der hebräischen Sprache dem vielschichtigen Phänomen Opfer.

Opfer, Korban – das sei Korban – das heißt Weihegabe. Primiz, Erstling, sagt man noch heute katholischerseits. Da beginnt ein Leben neu aus der Gegenwart Gottes. »Ordensleben – Opferleben«, sagt der Volksmund. Opfern bedeutet so viel wie »näher kommen, nahe werden«. Die Sinnspur des Opfers ist ein Akt des Näherkommens und des Näherkommenlassens. Und zwar in einem vierfachen Sinn:

Erstens, zunächst einmal zu sich selbst: Wer ist das Wesen, das da sagt: »Ich«? Was hat sich um die eigene Einmaligkeit und Originalität, die eigene, von Gott geschenkte innere Freiheit doch alles so herum abgelagert. Der Mensch ist zugemüllt! Was sollte man denn sinnvollerweise opfern? Das ist leicht einsichtig, aber schwer zu tun, weil es manchmal wie durch Mark und Bein geht: alles Gierige, alles Süchtige. All das, was entfremdet, unfrei macht, oberflächlich, unwesentlich ist: Lass es sein! Kaum hört jemand dies, meldet sich vielleicht Widerstand: »Ja, aber ...« Aber heißt jedoch »Nein«.

Es gibt allerdings auch das gute Nein aus einem tiefen Ja zu sich selbst. Was könnte man zugunsten von sich opfern, sein lassen? Wofür sollte man einen Schnitt riskieren? Keine Sorge: im Herbst werden Bäume beschnitten, das ist gut für bessere Äpfel und Trauben. Beschneidung ist also ursprünglich ein Fruchtbarkeitsritual. Die Kunst des Opferns ist das Nein-Sagen aus Ja-Sagen. Da hätte man doch zu tun: »Mensch, werde wesentlich«, rät Angelus Silesius. Das wäre ein Opfer, was dann auf die Lippen kommt: »Vielen Dank, in Gottes Namen, es ist geglückt! Ich bin entmüllt!«

Zweite Perspektive des Opfers: Was heißt, den anderen näher kommen, nahe werden? Die anderen gibt es nicht als Fälle, sondern jeder Mensch ist einmalig. Je neu geht es darum, Nähe und Ferne zu bestimmen, das heißt, so zu leben, dass es wahr ist. Wahr ist das, was stimmt. Da und dort ist man anderen vielleicht schon viel zu nahe gekommen. Das Leben wurde symbiotisch, klebrig, ja fast tödlich. Die Übertragungssituation ist kaum noch lösbar. Welch ein Opfer: Wo zu viel Nähe herrschte, ist nun heilsame Distanz zu praktizieren! Veränderung, Veranderung ist meistens schmerzhaft. Doch ist der Schmerz in diesem Fall produktiv. Welche Form von Trennung steht noch aus?

Mütter wissen das. Ohne Abnabelung vergiften sich irgendwann beide. Was physiologisch gilt, ist auch seelisch und geistig auf der Beziehungsebene ein Thema. Wo ist zu viel Nähe, und wo ist zu viel Ferne? Auf was sollte verzichtet werden, was ist sein zu lassen? Alltagssprachlich heißt das eben: Was ist zu opfern? Es hat keinen Sinn, ständig um jenen Fehler oder um jenes Versagen zu kreisen, sich damit zu beschäftigen, bis es in einer Beziehung allen noch schlechter geht. Und dies geschieht unter dem Schein des Guten! Opfer im positiven Sinn des Wortes hingegen befreit.

Dritte Perspektive von Opfer: Gott näher kommen, nahe werden, Gott näher kommen lassen. Wo dürfte denn in das eigene Leben mehr Gnade hineinkommen? Wider die Fixierung auf Götzen! Nimmt irgendetwas Geschaffenes die Stelle Gottes in Geist und Seele ein? Gibt es irgendwo tief im Unbewussten einen kleinen inneren Hausaltar, vor dem man einknickt und opfert und opfert, sei es masochistisch oder sadistisch? Existiert irgendein Aas, irgendeine Leiche, irgendein unversöhnter Rest in der Tiefe der Seele? Was ist wie ein kleiner Gott, um den sich alles zu drehen hat, der aber das Leben vergiftet? Das Einräumen der versöhnenden Nähe Gottes besagt Götzensturz. Austreibung geschieht immer von innen her, und ein Psychogötze, ein Erinnerungsgötze wird plötzlich überflüssig. Eine alte Kiste aus der Vergangenheit ist nun leer geräumt.

Sodann existieren Götzen in der bewussten Mittellage. Man tanzt um irgendwelche goldenen Kälber herum, opfert sich und die Seinen. Denn Götzen machen abhängig! Wie viel Leben wird vergeudet, weil man sich durch Dinge, Sachen oder Gegenstände verführen lässt. Man meint, sie unbedingt haben zu müssen – welche Zeit- und Geldverschwendung!

Aber: »Mein ist die Rache, spricht der Herr«, das heißt: nur Liebe sorgt für Ausgleich – und sonst nichts!

Natürlich eignet sich auch die höhere geistige Welt zur Vergötzung. Der eine verfällt der Gnosis, der andere seinen Idealen. Wieder ein anderer tanzt auf dem Altar der Vernunft. Man zelebriert eine Wissenschaftlichkeit, die verständig und verständlich, aber unvernünftig ist. Was heißt, die Schöpfung vernehmen, offen sein für ihren Ursprung, den wir Gott nennen? Ideen, Fanatismen, Programme, Texte und Strukturen können geistige Götzen werden. Alles Übermenschliche und Pseudogöttliche ist jedoch zu opfern, kompromisslos. Das Einräumen der Nähe des ewigen Gottes ist die Ausräumung, die Entfernung des heimlichen Götzendienstes. Ein Götze ist irgendetwas Geschaffenes, das sich aufbläht als höchste und liebste und wichtigste Eigentlichkeit. Vor Gott im Gebet mag man dann erkennen, was überdominant geworden ist. Beten heißt, sich lieben lassen. Man gönnt sich ja sonst so wenig. Wie wird man wieder frei, wie wird man ein betender Mensch?

Und die *vierte* Perspektive: Christus näher kommen, Christus nahe werden lassen in Geist und Herz und Seele und Gemüt. In einer schmalen mystischen Spur des 13. Jahrhunderts gibt es eine sehr schöne messianische Auslegung von Korban. Da die Vokale im Hebräischen auswechselbar sind, wird Korban übersetzt nach kar-ben: Begegnung mit dem Sohn. Welch ein königlicher Weg, zu wissen, wie man Ja und Nein sagt! Kar-ben: Begegnung mit dem Sohn Gottes, mit dem Christus, mit dem Messias, in dem Gottheit und Menschheit einmalig übereinkommen. Von ihm kann man lernen, was es heißt, ein wahrer Mensch zu sein, zu leben mit ausgebreiteten Armen und durch Gottes Kraft neu ins Leben aufzuerstehen. Jesus, dem Sohn Gottes, zu begegnen, ihn näher kommen zu lassen, in dem Gottes Nähe verbürgt ist, dies ist ein sinnvolles Opfer. Falsche Erlöser sind zu verabschieden.

Christliche Liturgie ist Gottesdienst. Die Feier der Nähe Gottes im Akt der Einung geschieht in der Begegnung mit dem unsichtbaren, aber ganz wirklichen Christus in den Gestalten von Brot und Wein, im Miteinander derer, die Dank sagen, gut von Gott sprechen, die Eulogie tun. Es geht darum, den Geist des Segens herabzuflehen auf alles und alle, für die ein für alle Mal schon das Korban geschehen ist: Jesus Christus hat die Opfergeschichte vollbracht und vollendet. Er ist Gottes Nähe zu den Menschen bis ans Ende der Welt. Er hat die Schneise für den unendlichen Ausstieg in Gottes Ewigkeit geschlagen. Welcher Horizont! Nicht mehr das Ego ist der Horizont für das Ich, und auch die Welt ist nicht der Horizont eines letzten Selbstverständnisses, sondern Gottes Ewigkeit. Ihm ganz menschlich näher zu kommen, ihn nahe kommen zu lassen, im Kraftfeld seiner Gnade und Liebe ihn zu loben und zu preisen, das ist das Opfer des Lobes.

41. Am Kreuz

Gottes Kraft und Weisheit

Wir aber predigen den gekreuzigten Christus, den Juden ein Ärgernis und den Griechen eine Torheit; denen aber, die berufen sind, Juden und Griechen, predigen wir Gottes Kraft und Gottes Weisheit. *(1 Kor 1,23–24)*

Welch eigenartiger Trost ist das, der entsteht, wenn das Wort vom Kreuz unseren Geist, unser Herz und unsere Sinne bewegt? Für dieses Wort braucht man viel Zeit, Zeit für geistliche Übungen. Exerzitien sind eine Zeit der Entschleunigung. Die große Parole aus Reformationszeiten schwebt über einem solchen Kurs: Solus Christus. Was ist das für eine einzige, einzigartige Wirklichkeit, die Menschen seit Jahrhunderten fasziniert? Den Menschen, dich, in deiner Einzigartigkeit und Einmaligkeit spricht diese fremde Wirklichkeit Christi an, sei es in der Nähe oder der Ferne. Wie kommt es zu einer erlebten Beziehung zu ihm? Es ist wie immer, wenn Beziehung gezeitigt wird: Man nimmt sich Zeit füreinander, riskiert eine Geschichte. Die Geschichte ist der Zeitraum der Selbstvorstellung einer Person. Eine Beziehung, die gestiftet wird, führt zur Freundschaft von beiden Seiten. Erst im Kraftfeld der Nähe des anderen fasst man Mut, kommt die Einzigartigkeit des gewagten Vertrauens in das Wort. Vor allem dann, wenn der andere sich in einzigartiger Gnade offenbart. Das gehört zusammen: Sola gratia, sola fide – Gnade und Vertrauen bzw. Glauben.

In einer einzigartigen Verschränkung von Wort und Buchstäblichkeit, im rechten Geist gehört und aufgeschrieben, existiert die Offenbarung des Johannes, das ewige Evangelium. Rezitiert soll sie werden! Am Ende des Buches vom Untergang, in dem ein ewiger Aufgang beginnt, heißt es: sola scriptura. Welch einzigartige Textvorlage für ein Beziehungsgeschehen zwischen Christus und denen, die an ihn glauben! Der Geist, der zur Freiheit befreit, wirkt durch diese einzigartige Schrift: sola scriptura!

Am Anfang von Exerzitien erlebt mancher zunächst sola structura. Welche Gesetzlichkeiten halten mich fest? Welche Strukturen machen mich beziehungslos? Schritt für Schritt, Relecture, Entschleunigung ist nötig. Christus, der Gekreuzigte, soll in den Blick kommen. Doch zunächst wird sein Kreuz sichtbar, wird das Geviert der Welt, ein Baum, dessen Wurzeln nicht mehr in der Erde sind, gesehen. Totes Holz oder ein Lebensbaum, dessen Wurzeln im Himmel sind? Das Kreuz steht für das Ende der Welt.

Nach der jüdischen Tradition entspricht dem Zeichen der Zahlenwert 400. Mit dem Taw, dem Kreuz, hört die Welt des Sagbaren auf. 22 Buchstaben, und dann ist Schluss. Weiter geht es nicht, das Ende der Welt ist erreicht. Was soll das für ein Trost sein? Immerhin, das schlimmste Leiden hört irgendwann auf. Handelt es sich um ein Heilszeichen oder um einen Todespfahl oder um beides zugleich?

Was predigt der Apostel Paulus in der Multikultistadt Korinth? Den Gekreuzigten! Und wer ist dieser? Luther übersetzt, ein Ärgernis, die Einheitsübersetzung bietet Torheit, das griechische Wort heißt direkt übersetzt: ein Skandal.

Ja, es ist einfach ein Skandal, was Menschen Menschen antun. Ärgernis reicht wohl nicht, um die Gefühlslage zu beschreiben. Was geschieht bei Fixierung eigentlich? Da macht einer den andern fix und fertig und denkt sich, jetzt hab ich dich. Triumphzeichen der eigenen Macht und Gewalt: der tote Andere. Welche unmenschliche Partitur! Pontius Pilatus baut eine Brücke in den Tod. Welch missglückte Kommunikation mit der Pila, mit dem fixierenden tödlichen Wurfspeer! Er baut nicht nur eine Brücke, lateinisch pons, er ist der Komparativ von Brücke, der »Brückerer« mit der Pila. Welch entartete Männlichkeit, und er hat noch recht, das Gesetz ist auf seiner Seite!

Anders seine Frau. Sie ist auf Seiten der wahren Gerechtigkeit. Im Traum hat sie es erkannt: Jesus ist ein Zaddik – ein Gerechter. Lass die Hände von ihm! Pilatus aber macht weiter. »Was ist Wahrheit?«, fragt er töricht und nicht »Wer bist du?«. Das klingt alles redlich und schön intellektuell, ist aber einfach tödlich. Der andere wird kruzi-fixiert.

Das predigt Paulus: einen Skandal! Für welche Juden ist das so? Jehuda bedeutet zunächst, der Mensch, der im Lot ist; und wenn alles schiefgeht, wird er halsstarrig und neigt sein Haupt nicht mehr. Jesus ist Jude. Er erwählte lauter Juden in seine Jeschiwa, in seine Bibelschule. Die Predigt bei Paulus kann also nicht gegen die Juden gehen, ganz im Gegenteil. Es gibt aber Menschen im Judentum, denen der Gekreuzigte einfach ein Skandal ist.

Paulus predigt den Griechen. »Griechen« steht für Philosophen und Psychologen. Das kollektive Theater zur Selbstreinigung der Stadt ist unabdingbar, Eleos und Phobos sind nötig. Durch Mitleid und Entsetzen wird die Seele wieder rein, Katharsis findet statt. Man hat alles an Wissen und Weisheit, in Psychologie und kollektiver Psychotherapie, in Philosophie und praktischer Vernunft – was von Nutzen ist. Was soll denn nun ein Wort vom Kreuz? Dionysos lässt grüßen!

Die einen wollen wundersame Zeichen, die anderen Beweise. Fromme wollen ihre gewohnte religiöse Ordnung, Philosophen müssen argumentieren, Psychologen wollen verstehen. Dazu liegt die Botschaft vom Gekreuzigten quer. Es geht aber um den leidenden Menschen, in dem die ewige Liebe restlos präsent ist. Ein Skandal den einen und eine Dummheit den anderen. Paulus kommt keineswegs gut an.

Was ist mit denen, die berufen, ja erwählt sind? Alle sind berufen, wenige aber auserwählt, da klingt auch noch im Ohr, das sind die Guten, die anderen sind die Bösen. Alle sind berufen, jeder hat ein Gewissen, hat die Stimme Gottes innen gehört. Jeder kennt die Thora, zumindest fragmentarisch. Und von diesen vielen wählt Jesus einige aus, drei Jahre mit ihm unterwegs zu sein. Er weist sie in seiner Bibelakademie für eine besondere Sendung zu den Völkern ein, um dort die Einzigartigkeit der ewigen Liebe zu rühmen, den Namen Gottes zu verkünden und Grundprinzipien menschlicher Ethik zu realisieren. Als die Griechen kommen, ist die Stunde Jesu da. Er freute sich, seine Botschaft hatte gegriffen: Der Bund Gottes ist geöffnet. Jeder Mann, jede Frau hat Zukunft und Zugang zu der bedingungslosen Gnade.

Jene aber, die an Jesus glauben, sind Juden und Griechen. Es gibt keinen Unterschied, keinen Rassismus, der sich neutestamentlich begründen ließe. Wir predigen, so Paulus (lat. praedicare – vorsagen, rühmen, preisen), den gekreuzigten Christus. Als wen? Als der Liebe Kraft und Dynamik, als Gottes Kraft und der Liebe Gottes Weisheit. Welche Botschaft in der Welt! Welche Kraft steckt in menschlicher Liebe zu andern Menschen, die da fixiert sind und hängen, und ihr Blut, das blutige Gewand ist allseits offenbar. Gott aber braucht keine Opfer, auch keine besonderen. Was machen Menschen mit Menschen in Gottes Namen?

Das Blut wurde seit alters her in Israel für das Ritual des Jom Kippur gebraucht, des Tages der Versöhnung. Ein guter Rutsch, Rosh ha-Shana, ein neuer Anfang wird 10 Tage später gefeiert. Wird es besser? Jom Kippur – der Tag der Versöhnung: Indianer und Schamanen haben einen natürlichen Zugang zum Ritual der Blutsbrüderschaft. Damit wird dargestellt: Man geht durch dick und dünn, egal, was kommt, die Beziehung hält. Das helle Blut der Freundschaft leuchtet.

Das Blut ist das Zeichen des Bundes, das Zeichen der Beziehung. Welcher spirituelle Durchbruch, den Gekreuzigten und sein Blut nun zu deuten: Hier ist ja nicht nur das erinnernd symbolisch reale, sondern das humane göttlich wirkliche Bundeszeichen aufgeleuchtet. Und alles ist noch einmal ganz anders, als man bisher dachte und fühlte und ritualisierte. Der ausblutende, personale Christus – das neue Zeichen des Jom Kippur! (Vgl. Hebr 9) Welch einmaliger Endpunkt, welcher Anfang angesichts der Ewigkeit! Welche Souveränität, bis ins Letzte, bis ins Äußerste umsonst zu gehen und nicht zu wissen, was kommen wird!

Der Mann aus Nazareth ist ein anderer Mensch, ein anderer Mann, einer mit ausgebreiteten Armen in Gottes Namen. Das Kolloquium mit dem unsichtbaren inneren Gekreuzigten kann vielleicht ein wenig Einsicht schaffen bezüglich der Kraft der Liebe und ihrer Weisheit.

42. Die Wanderungen Jesu

Auf der Suche nach Jerusalem

Und während sie redeten und ihre Meinungen austauschten, kam Jesus dazu und ging mit ihnen.
(Lk 24,15)

Ein Blick auf die Landkarte macht deutlich, wie es um das Heimatland Jesu topographisch bestellt ist. Im *Westen* von Jerusalem liegt das Mittelmeer in *Blau*, an dessen Küste im Norden die Phönizier ihre Hafenstädte gründeten. Hier ist das Purpurland. Je weiter man von dort in das Landesinnere geht, desto mehr verschwindet im Spektrum der Farben das Blau des Meeres. Daraus ergibt sich – von Jerusalem aus gesehen – die Farbe *Rot* für den *Norden*. Im *Osten* der Stadt geht leuchtend in *Gelb* die Sonne auf. Daher ist es selbstverständlich, dass sich Jerusalem, in der *Mitte* von Ost und West gelegen, die Mischfarbe *Grün* zuordnen lässt. Zwischen Aufgang und Untergang der Sonne, gleichsam zwischen Herkunft und Zukunft, lässt sich die Gegenwart, die Ankunft im Jetzt, positionieren. Blickt man von Jerusalem nach *Süden*, so fällt einem auf, wie das gleißende Licht der Mittagssonne über der wüstenreichen Landschaft im Süden die Luft flimmern lässt. Je heller das Licht, desto dunkler der Schatten. Eine Welt von *Schwarz* und *Weiß* tut sich auf.

Solche natürlichen Proportionen können selbstverständlich metaphysisch überhöht werden oder zu allerlei esoterischen Spekulationen verführen, schlicht und einfach aber auch als Gedächtnisstütze für spirituelle Dynamiken und jesuanische Wanderungen genutzt werden. Es müssen keine kausalen Zusammenhänge zwischen verschiedenen Wirklichkeitsebenen hergestellt werden, aber symbolische Zuordnungen sind möglich. Sie lassen neue Freiräume für künstlerische Kreativität entstehen. Gewiss ist dies eine Gratwanderung. Aber was spricht dagegen, eine spirituelle Topographie zu entwerfen, in der im *Norden* der Engel *Gabriel* situiert wird, der geschaffene Geist der menschenfreundlichen, göttlichen Liebeskraft? Vom *Osten* aus erhebt sich *Uriel*, der durch das Licht Gottes als geschaffene Wirklichkeit erscheint, wie sein Name besagt. Im *Süden* befindet sich die Himmelsrichtung, die auf die große Auseinandersetzung zwischen *Luzifer* – Ich trage das Licht – und seinem Gegenspieler *Michael* – Wer ist wie Gott – hinweist. Im *Westen*, wo die Sonne versinkt, wird *Raphael* erwartet, das heißt Gott heilt.

Wie kommt man jenseits von Willkür und Beliebigkeit einer Logik der Freiheit auf die Spur, die den Menschen mitten in der Welt neu ins Eigene bringt? Welche Erfahrungen sind im Schnittpunkt von irdischem und himmlischem Jerusalem möglich? Ein weites Feld für Spiritualität und Exegese tut sich im Raum der Begegnung auf. Wie kommt jemand zu mehr Glaube, Hoffnung und Liebe im Gnadenkraftfeld, das durch die Zionstradition bezeugt wird? Wie kommt es zu Geschichten, die erzählen, dass der Sinai grün wird, wenn die mündliche

Thora stimmig weitergegeben wird? Auch das Gesicht der Esther soll dann grün werden, wie Friedrich Weinreb erzählte. Ist es reiner Zufall oder mehr als ein Zufall, dass die Farbe Grün im Islam so wichtig ist? Hat dies mit der Gebetsrichtung nach Jerusalem zu tun, die einige Zeit im Frühislam leitend war? Später wechselte die Gebetsrichtung nach Mekka mit der Kaaba. Ist sie das Architektursymbol für das himmlische Jerusalem auf Erden (vgl. Offb 21,16)? Fragen über Fragen. Wodurch wird ein Berg zu einem Heiligen Berg? Machen wir uns auf Spurensuche, um nach Jerusalem zu kommen, der Stadt Davids und des Davididen Jesus von Nazareth. Für die Seinen ist er der Christus, das heißt der Messias.

Die Wanderbewegungen Jesu

Das Evangelium des Markus eignet sich bestens als Reiseführer, um den Wanderungen Jesu im *Norden* Israels nachzugehen. Von zwei Wegstrecken ist die Rede, auf denen er im Norden sogar Grenzen überschreiten musste. Er wanderte in das Galiläa der Heiden, über der Grenze Israels. Hier lagen Tyrus und Sidon (vgl. Mk 7,24–30). Zudem kam er in das Gebiet von Gerasa, das zur Dekapolis gehörte (vgl. Mk 7,31–37). Folgt man dem Duktus des Markusevangeliums, dann handelt es sich beim Berg der Verklärung (vgl. Mk 9,2–10) um den Heiligen Berg, von dem auch im 2. Petrusbrief (2 Petr 1,17–18) die Rede ist. Am Fuß des Berges liegt Cäsarea Philippi (vgl. Mt 16,16; Mk 8,27).

Die Reverenz der herodianischen Königsfamilie und ihrer Anhänger, der Herodianer vor den römischen Cäsaren war so groß, dass Tiberias, die neue Stadt am See Genezareth nach Kaiser Tiberius benannt wurde. Die Dörfer am Fuß des Hermon wurden unter der Bezeichnung Cäsarea Philippi zusammengefasst und mit prächtigen Bauten verschönert. Auf diese Weise bezog Philippus, der Halbbruder des Herodes Antipas, des Landesherrn Jesu, politisch Stellung. Im hellenistischen Kultareal von Banyas – genannt nach Pan – wurden die kaiserliche Familie, Dionysos und sein Gefolge verehrt. Der römische Kaiser ist der neue Dionysos, der Erlöser!

Ein paar Steinwürfe weiter kam es zum Messiasbekenntnis des Petrus. Welch ein politischer Affront! Er bezeugte: Jesus ist der Erlöser, der Messias, der Sohn Gottes. Auf das Bekenntnis des Petrus hin – er ist Kephas, der Fels – lässt sich Gemeinde bauen. Für Petrus ist der Mann aus Nazareth die spirituelle und gesellschaftliche Alternative zu den römisch-hellenistischen Herrschern. Jesus bestätigt ihn: Du bist Bar Jona, in Wahrheit ein Sohn des galiläischen Propheten Jona (arab. Yunis), dessen Grab bis heute an der Moschee in Meshed bei Nazareth gezeigt wird (vgl. 2 Kön 14,25; Jona 1,1–4,11). Nach der erfolgreichen Mission des Jona in Ninive, der Hauptstadt Assyriens, erlebte das Nordreich Israel eine Periode des Friedens.

Die Auseinandersetzung Jesu mit Vertretern der Volksreligion lässt sich daran festmachen, dass er sie darauf hinweist, das Zeichen des Jona ernstzunehmen, das heißt die Rückkehr zum Ursprung (vgl. Lk 11,29–32). Anstatt eine Denkmalskultur hochzuhalten, soll Versöhnung geschehen. Er selbst wird sie in seiner Generation prinzipiell vollbringen: den heiligen Tausch von Schuld und Unschuld am Kreuz (vgl. Lk 11, 47–51).

Ein politischer und religiöser Riss ging durch die Gesellschaft in Israel zur Zeit Jesu. So hatte sich Johanna, die Frau eines herodianischen Ministers, der Bibelschule Jesu angeschlossen (vgl. Lk 8,3). Und Jesus war Gast im Haus des königlichen Hauptmanns (vgl. Joh 4,46). Er warnte vor dem Sauerteig des Herodes (vgl. Mk 8,14), gemeint ist die Hefe im Treibsatz, der mit Brotteig vermischt, alles neue Mehl und Wasser durchdringt. Ein einzigartiges Brot aber war in Galiläa unterwegs: Jesus von Nazareth.

Das große Fest mit Brot und Fisch hatte Jesus in Tabgha gefeiert (vgl. Joh 6,9; Lk 9,15). Ist er der Brotkönig? Manche hielten ihn für den wiederkehrenden Elija (vgl. Lk 9,19). Um Elija zu verstehen, sollte man die Ruinen von Hazor besuchen, den Kultberg der kanaanäischen Religion. Dort lässt sich die Auseinandersetzung Israels mit dem Baalskult gut festmachen (vgl. Jos 11,10–13; Ri 4,2ff; 1 Kön 18,18–40). Auf den Spuren des Elija wanderte Jesus über die blutrote Erde durch den Norden. Er ging über die Grenzen in die Welt des Baal.

Eine Erscheinungsweise des Baal ist Mammon. Geld regiert die Welt. Aber Gott ist es nicht (vgl. Lk 16,9–13)! Auf dem heiligen Berg sind Elija und Mose erschienen, und Jesus in ihrer Mitte. Welch mystische Erfahrung für Petrus, Johannes und Jakobus! Petrus wollte hoch oben auf dem Berg drei Schutzhütten bauen. Denn erst am folgenden Tag stiegen sie vom Berg herab (vgl. Lk 9,37), dessen Zedern berühmt sind (vgl. Ps 148,9; Hld 5,15). Die Botschaft des Berges: Jesus ist Gottes geliebter Sohn. Jesu Bedeutung, seine Messianität, seine Herr lichkeit wurden auf dem Heiligen Berg, dem schneebedeckten Hermon, offenbar (vgl. Mk 9,2–10; 2 Petr 1,16–18).

Doch erst nach seiner Auferstehung sollte von der Erscheinung auf dem Heiligen Berg erzählt werden. Das ist die Stunde Jesu, als seine Bedeutung, seine Herrlichkeit von Menschen erkannt wird, die nicht zu Israel gehören (vgl. Joh 12,20–24). Die Zusammenfassung seiner Thora sind die Seligpreisungen. Er ist der Lehrer der Glückseligkeit, der Eudaimonia. Am Berg der Seligpreisungen wird sein Evangelium in ethischer Sprache formuliert. So lässt sich die Weisheit seiner Ethik erproben (vgl. Mt 5,3–12; Lk 6,20–26). Hier hat er gelebt, gebetet und ein Zeichen gesetzt (vgl. Mt 14,16–21; Mk 6,32–44).

Auch die Jünger Jesu können ein Zeichen sein, so dass die Leute den Vater im Himmel preisen (vgl. Mt 5,13–16). »Salz der Erde« zu sein bedeutet, eine Saat des Friedens zu sein. So säte einst Odysseus Salz, um nicht in den Trojanischen Krieg ziehen zu müssen. »Stadt auf dem Berge« zu sein heißt, aufzuleuchten wie Safed, das mystische Herz Israels. Durch das Wadi Armut (hebr. Säule) gelangt man dorthin. Gegenüber der Basaltsäule ragt eine Felswand empor, aus der im Herbst der Wildhonig tropft. Hier ist das Land, wo Milch und Honig fließen (vgl. Num 13,27). Nach allen Auseinandersetzungen in der Erwählungsfamilie Jesu gehört das Licht immer wieder auf den Scheffel, so dass es allen leuchtet, nicht nur denen, die sich Scheffel und Licht in ihre Ecke zurückgezogen haben.

Von Jerusalem aus gesehen liegt im Norden Galiläa, die Heimat Jesu. Man unterscheidet zwischen Obergaliläa, Untergaliläa und dem Galiläa der Heiden. Letzteres erstreckte sich bis zum Litanifluss, der noch heute den Südlibanon abgrenzt. Wahrscheinlich ist das dort gelegene Kana mit dem Ort identisch, in dem nach dem Evangelisten Johannes am dritten Tag Jesus sein erstes Wunderzeichen wirkte (vgl. Joh 2,1–12). Noch heute findet man dort eine Ortstradition. Der dritte Tag ist die Zeit der Offenbarung der Herrlichkeit Gottes und ebenso die Zeit der Offenbarung der Herrlichkeit Jesu (vgl. Gen 1,10.12; Ex 19,11.15–16; Joh 2,1–11).

Im Norden Israels brachen immer wieder Aufstände gegen die römische Fremdherrschaft aus, etwa zur Zeit Judas des Galiläers oder unter Flavius Josephus, der als Oberbefehlshaber der Aufständischen bei Bethsaida vom Pferd stürzte und dann von den Römern gefangen genommen wurde. In Gamla und in den Felshöhlen des Taubentals starben viele *Zeloten*.

Beim Evangelisten Lukas heißt es ausdrücklich, dass Jesus wegging aus der Jordangegend (vgl. Lk 4,1). An großer Wüste bleibt im Land nur der *Süden* übrig, der sich von Jerusalem aus gesehen bis in den Sinai erstreckt. Die 40 Fastentage Jesu in der Wüste (vgl. Mk 1,12) erinnern an die 40 Jahre Israels, das von Ägypten durch die Wüsten des Sinai in das verheißene Land gezogen ist. Von der Jordangegend geht der Weg am Toten Meer entlang durch die Halbwüste Zin, vorbei an Yeroham (vgl. Gen 16,1–16; 21,8–21; Gal 4,21–31) in Richtung Saharonim, einer Nabatäerstation bis zum Gottesberg in der Wüste Paran.

Wer in den Süden des Landes aufbricht, gewinnt zugleich Anschluss an die Abrahamstradition (vgl. Gen 21,22–34) oder an die Gottesgeschichten in der Wüste, die Mose mit seinen Scharen durchwanderte. Weißes Kreidekalkgestein kontrastiert mit Steinfeldern, die von schwarzem Wüstenlack überzogen sind. Eine Welt der Unterscheidung der Geister tut sich auf.

Für den Pilger, der sich entschlossen hat, in die südliche Wüste zu gehen, ist der Ramonkrater attraktiv. Dort gibt es gute Plätze innezuhalten, bis es weitergeht zum Har Karkom, dem besten Platz, um Exodusstationen zu meditieren. Eine Gravur zur Struktur der Zehn Gebote, ein Auge Gottes und Felszeichnungen von Menschen mit Händen, die zum Gebet erhoben sind, bieten sich zur Meditation an. Selbstverständlich auch verschiedene Stelen und ein Stelenheiligtum, die Reste eines Allerheiligsten mit einem Vorraum und eine kleine Höhle am Gipfel des Berges, von dem jedes laute Wort als Echo zurückkehrt. Ein guter Platz, Mose und Elija zu würdigen (vgl. Ex 33,12–23; 1 Kön 19). Am Fuß des Har Karkom findet man ein Grab mit zwölf Steinstelen. Hier ist ein beeindruckender Ort, einer der Ahnen zu gedenken, auf den sich die zwölf Stämme berufen.

Die Botschaft vom Gottesberg in der Wüste: Du bist der Herrschaft des Amun entkommen, musst nicht mehr entfremdet leben, da du die zehn Weisungen zu einem Leben in Freiheit kennst. Die Wüste ist der Ort der Versuchung (Dtn 6,16) und der Offenbarung, der Weisung zum Leben am Gottesberg (vgl. Ex 19–20). Man muss genau unterscheiden: Was ist im Sinne Gottes und was nicht. Eine Welt für *Pharisäer* tut sich auf. Man versteht die letzte Bitte des Vaterunsers nur zu gut: »… und führe uns nicht (weiter) in Versuchung.« Es reicht! Die Zeit der Anfechtungen und Experimente soll jetzt unterbrochen werden. »Dein ist (doch) das Reich und die Macht und die Herrlichkeit.«

Kommt man aus der südlichen Wüste im Duktus der Landnahme in die Judäische Wüste zurück, sieht man den Berg der Versuchung. Er wird in der orthodoxen Frömmigkeitstradition mit dem Berg identifiziert, von dem im Matthäusevangelium die Rede ist: »Darauf führte ihn (Jesus) der Teufel mit sich auf einen sehr hohen Berg und zeigte ihm alle Reiche der Welt und ihre Herrlichkeit und sprach zu ihm: Das alles will ich dir geben, wenn du niederfällst und mich anbetest.« (Mt 4,8–9)

Blickt man vom Versuchungskloster Qarantal (arab. vierzig) in den Jordangraben hinab, erscheinen an seinem Rande vier Reiche, die in biblischer Zeit eine wichtige Rolle spielten. Die Propheten wurden nicht müde, ihren Untergang zu verkünden: Edom (vgl. Jes 63,1–6; Jer 49,7–22), Moab (Jes 15,1–9; Jer 48,1–47), Ammon (Jer 49,1–6) und Aram (Jer 49,23–27; Jes 17,1–11). Gleichsam die ganze Welt lag Jesus zu Füßen. Doch er wollte, dass anstelle dieser Reiche ein neuer Himmel und eine neue Erde zustande kommen (vgl. Jes 65,17; Jes 11,1–2).

Schon von Anfang an, könnte man mit Blick auf den Wüstenaufenthalt Jesu sagen, ist das Unterscheiden von Geist und Geist wesentlich. Restlos verschieden ist Gott in seiner Heiligkeit und Geistigkeit – ihm allein gebührt Anbetung – vom Geist der Verwirrung und Selbstvergottung, der sich an die Stelle Gottes zu setzen versucht. Anhand der Versuchungsgeschichte Jesu lässt sich zudem der Unterschied zwischen Kommunikation und Scheinkommunikation durchbuchstabieren (vgl. Mt 4,1–11).

Die Thora des Mose endet damit, dass er vom Berg Nebo in das verheißene Land schaute (vgl. Dtn 34,1). Genau östlich von Jerusalem liegt am Rande der Wüste dieser Berg. In der Nähe ist die Taufstelle Jesu, der Ort seiner öffentlichen Initiation.

Josua, der Nachfolger des Mose, gelangte mit dem Durchschreiten des Jordan in das Gelobte Land. Ebenso begann Jesus an dieser Stelle seinen Weg, um den Menschen das Reich Gottes zu verkünden. Er selbst ist dieses Reich Gottes in Person. Seine Taufstelle heißt heute Qaser El Yahud, der »Palast der Juden«. Wie verschieden ist sein Herrschaftsbereich von dem Anspruch, das Land Israel politisch zu besitzen! Einige Kilometer von der Taufstelle Jesu entfernt liegt Jericho.

Wesentliche biblische Geschichten werden an dieser Stadt festgemacht (vgl. Jos 2–4). Um die Suche nach einem guten Anfang mit guter Zukunft geht es. *Apokalyptiker* aller Schattierungen trafen sich dort. Johannes der Täufer wirkte in dieser Gegend. Qumran ist nicht weit. Der Name bedeutet »Doppelmond«, denn an dieser Stelle kann man besonders gut sehen, wie sich der Mond im ruhigen Wasser des Toten Meeres spiegelt. Wodurch wird Apokalypse zu befreiender Eschatologie? Inmitten der gelblichen Mergelhügel bei Qumran kann man darüber nachsinnen. Auch das Kloster des heiligen Gerasimos, das St. Georgskloster oder das muslimische Grabdenkmal des Mose bieten sich dafür an. Um den Leichnam des Mannes, der

Israel aus Ägypten durch die Wüsten führte, kämpften bis zuletzt Michael und Luzifer, wovon der Judasbrief (vgl. Vers 9) berichtet.

Jericho spielt in der Frühgeschichte Israels eine wichtige Rolle (vgl. Jos 2,1–24; 6,1–22). Hier glückte die Landnahme. Wohl jahrhundertelang wurde die große Geschichte des Exodus in der Palmenoase kultisch wiederholt. Wesentliche Begegnungen Jesu fanden ebenfalls in Jericho statt (vgl. Mk 10,46–52; Mt 20,29–34; Lk 19,1–10).

Von dort aus zog Jesus mit den Seinen durch das Wadi Kelt hoch nach Jerusalem. Der Psalm 23 ist in der Todschattenschlucht, im Wadi Kelt, entstanden. Von *Osten* aus nahm Jesus seinen Weg nach Jerusalem (vgl. Mt 20,29–34; Lk 18,35–19,28). Der Weg ist der Hauptweg durch das Stammesgebiet Benjamin. Kurz vor Jerusalem biegt er nach Bethlehem ab, dem Hauptort dieses Stammes.

Die Evangelisten berichten übereinstimmend, dass Jesus aus östlicher Richtung nach Jerusalem einzog (vgl. Mt 21,1; Mk 11,1; Lk 19,29; Joh 12,1.12). Er ist die aufgehende Sonne der Gerechtigkeit, die Gnade und Barmherzigkeit Gottes. Jesus kam über die Höhen der Judäischen Wüste, über Bethphage und Bethanien, und ritt als Messiaskönig in die Stadt Davids ein: »Sagt der Tochter Zion: Siehe, dein König kommt zu dir. Er ist friedfertig; er reitet auf einem Esel und auf einem Fohlen, dem Jungen eines Lasttiers.« (Mt 21,5; Sach 9,9) Jesus Christus erschien als Repräsentant der Herrlichkeit des Herrn, als sich Israel und die Völker zum Fest in Jerusalem versammelt hatten. Hier trat er öffentlich als Messias auf (vgl. Joh 2,13; Sach 9,7).

Bevor man noch einmal nach Jerusalem zurückkehrt, um auf den Pfingstgeist zu warten, sollte man sich auch vom *Westen* her Jerusalem genähert haben. Das geschieht am besten, wenn man vorher mit den Jüngern nach Emmaus gegangen ist. Es handelt sich dabei um die letzte Wanderung mit Jesus (vgl. Lk 24,13–35), auch wenn seine Erscheinungen weitergingen.

Der Höhenzug von Emmaus-Nikopolis ist ein Ausläufer des Judäischen Berglandes. Der Name Emmaus lässt sich von »Chammoth« herleiten, was im Hebräischen so viel wie »heiße Quellen« bedeutet. Ganz in der Nähe von Emmaus erstreckt sich das Tal von Ayalon. Hier stand die Sonne still, und der Mond blieb stehen, heißt es im Buch Josua, als Hagelsteine vom Himmel fielen (vgl. Jos 10,11–14). Ein gewaltiger Meteoritenregen prasselte damals wohl auf die Erde nieder. Wahrscheinlich zog ein Komet so nahe an der Erde vorbei, dass die Erddrehung beeinflusst wurde. Das Ende der alten Welt schien nahe. Begann durch Gottes Eingreifen eine neue Welt zu entstehen, zeitgleich mit den gewalttätigen Auseinandersetzungen während der Landnahme Israels? Was ist so dem Untergang geweiht, dass man davon keine Beute machen darf? Sinnvoll kann man das selbstverständlich nur spirituell verstehen.

Vor diesem kosmischen, alttestamentlichen Hintergrund stellt sich die Frage nach dem Ende der Welt. Welche Welt geht unter? Welchen Sinn hatte das Leiden des Messias, der am Kreuz gestorben ist? In Emmaus bekommen die Jünger Jesu eine Antwort auf diese Frage.

Der auferstandene Christus erscheint ihnen zunächst unsichtbar im Wort und danach offensichtlich beim Brechen des Brotes. Mitten im Zerbruch erkennen sie den Auferstandenen, den Anfang der neuen Schöpfung, die unaustrinkbare Quelle ihrer Hoffnung. Das Osterlicht erreicht ihr Herz. Welche Zukunft hat die Menschheit? Welche Zukunft hat jemand, der an Jesus Christus glaubt?

Die Reste einer Kreuzritterburg markieren den Hügel von Latrun bei Emmaus. Von dort erstreckt sich eine weite Ebene bis zum Mittelmeer hin, das im Westen liegt. Aus dieser Richtung waren die Römer ins Land gekommen. Die jüdische Gruppierung der *Sadduzäer* hatte sich mit ihnen auf eine pragmatische Politik geeinigt. Eine strikte Trennung zwischen den Staatsinteressen der Römer und der jüdischen Religion war für sie unabdingbar. Wiedergeburt und Auferstehung – kein Thema!

Im Westen von Jerusalem liegen Lod und Jafo. Hier wirkte Petrus in der Geistkraft Jesu (vgl. Apg 9,32–43; 10,9–23). In der Apostelgeschichte wird der weitere Weg des Evangeliums nach den Ostererscheinungen Jesu und der Geisterfahrung an Pfingsten berichtet. Der Sieg, der die Welt besiegt, ist unser Glaube an den Auferstandenen (vgl. 1 Joh 5,4). In Rom endet die Apostelgeschichte, das Evangelium des Heiligen Geistes.

In Jerusalem

Die Spuren Jesu führen nach Jerusalem. Wer dort ankommt, lernt bald zu unterscheiden zwischen der heiligen und der unheiligen Stadt. Wo glückt die heilsame Begegnung mit dem HEILIGEN, und wo findet der unendlich profane Diskurs oder schlimmer noch die Vorbereitungen für den nächsten Krieg statt? Erinnern wir uns an Melchisedek, den Priester des El Eljon, des höchsten Gottes. »Dieser *Melchisedek, König von Salem*, Priester des höchsten Gottes, der dem Abraham, als er von der Niederwerfung der Könige zurückkehrte, entgegenging und ihn segnete, er, *dem Abraham den Zehnten von allem gab*, dessen Name übersetzt König der Gerechtigkeit bedeutet, der sodann auch *König von Salem* ist, das heißt König des Friedens, ohne Vater, ohne Mutter, ohne Stammbaum, ohne Anfang seiner Tage und ohne Ende seines Lebens, Abbild des Sohnes Gottes: *er bleibt Priester für immer.*« (Hebr 7,1–4; vgl. Gen 14,18–20)

In der spirituellen, priesterlichen Herkunftslinie Melchisedeks steht nach dem Hebräerbrief Jesus von Nazareth: »So hat auch Christus sich nicht selbst die Würde eines Hohenpriesters verliehen, sondern jener, der zu ihm gesprochen hat: *Mein Sohn bist du. Heute habe ich dich gezeugt*, wie er auch an anderer Stelle sagt: *Du bist Priester auf ewig* nach der Ordnung Melchisedeks. Als er auf Erden lebte, hat er Gebete und Bittrufe mit lautem Schreien und mit Tränen vor den getragen, der ihn aus dem Tode retten konnte, und ist seiner Ehrfurcht wegen erhört worden. Obwohl er Sohn war, hat er durch Leiden den Gehorsam gelernt; zur Vollendung gelangt, ist er für alle, die ihm gehorchen, Urheber des *ewigen Heils* geworden, von Gott Hoherpriester nach der Ordnung Melchisedeks.« (Hebr 5,5–11)

Der Weg des Galiläers, des Mannes aus Nazareth, endet draußen vor der Stadtmauer Jerusalems auf einem Kalkberg. *Golgotha* ist der Ort seiner Kreuzigung. Sein Leichnam wurde in ein neues Grabmal im Golgothafelsen gelegt. Wo heute die Grabes- bzw. die Auferstehungskirche steht, erschien der auferstandene Christus, Jesus von Nazareth, den Seinen. Hier ist der Ort der Erfahrung von neuer Erde und von neuem Himmel. Für Maria aus Magdala wurde der Garten mit dem Grab zum Anfang des immergrünen Paradieses (vgl. Joh 20,11–18). Welche Verdichtung von Wirklichkeit in Raum und Zeit! Das Osterlichtblut fließt in den Adern des Lammes Gottes, das in der Gegenwart ewige Zukunft hat. Auf Golgotha gipfelte die Tempelbergtradition. Jesus ist die Kippa, das Zeichen der Bedeckung für die Völker. Der Ostersonntag ist der neue Jom Kippur, der Tag des Friedens und der Versöhnung für alle.

Jerusalem ist von hohen Bergen umgeben (vgl. Ps 121). Auf dem *Tempelberg*, dem höchsten Punkt des Ophel, der Stadt Davids, baute Salomon den ersten Tempel. Hier ist der Zion. Die Rettung kommt vom Zionsberg! Welche Geschichte der Gegenwart Gottes auf dem Zion bis zur Zeit Jesu! Mit seiner Tempelaktion nahm Jesus in Gottes Namen die Hoheit über den Tempelplatz für die Völker in Anspruch (vgl. Joh 2,13–22). Alle sollten ungestört zur Präsenz des Ewigen pilgern können. Mitten im irdischen Jerusalem berührt noch heute manchmal das himmlische Jerusalem unsichtbar, verborgen das Herz der Pilger. So existiert der ewige Zion. Je größer die Leere, die Freiheit im irdischen Jerusalem, desto mehr kann sich in dieser Form das himmlische Jerusalem ergießen. So wird das irdische Jerusalem zum Abbild des himmlischen Jerusalem. In diesem Sinn lässt sich in die Topographie Israels ein Christogramm einzeichnen, das seine Mitte in Jerusalem hat. So wird bezeugt, dass die Fülle des Messias im Heiligen Land gefunden werden kann.

Die Tempelbergtradition wurde durch die junge christliche Gemeinde auf den *Neuen Zion* übertragen. Dazu gehörte auch die Translation des Davidsgrabes, die spirituelle Übertragung der Präsenz Davids an diesen Ort. Das Obergemach des Hauses gilt als Abendmahlssaal. Brot und Wein verbürgen die Gegenwart Jesu Christi. Er ist die neue Selbstoffenbarung Gottes in Israel für die Völker. In ihm ist der EWIGE präsent. Auf dem neuen Zion wurde das erste Pfingstfest gefeiert. So ist er der Berg des Heiligen Geistes, des Geistes Jesu, der alle Heiligung vollendet.

Nach frühkirchlicher Tradition ist für die Jerusalemer Urgemeinde der neue Zion der Ort, an dem Maria im Kreis der Heiligen und Apostel entschlafen ist, d. h. zum ewigen Leben erwachte. Auf dem neuen Zion wurde die Hagia Zion errichtet, die Heilige Zionskirche. In jenem Gelände steht heute u.a. ein Benediktinerkloser, die Dormition Abbey. Die Hagia-Zion-Tradition gelangte über Prato (Gürtel Mariens) und Florenz (Gemälde ihres Grabes) bis in die Klosterkirche von Denkendorf, in deren Krypta sich eine Replik des Mariengrabes befindet.

Der Höhenkamm des Ölbergs erstreckt sich von der Vaterunserkirche bis zur evangelischen Himmelfahrtskirche. Am besten gedenkt man des Abschieds Jesu von den Seinen auf dem *Ölberg* im Garten von Kleingaliläa. Das ehemalige Pilgerlager der Galiläer ist heute Sommerresidenz des griechisch-orthodoxen Patriarchen. Doch nicht nur um die Himmelfahrt Jesu geht es auf dem Ölberg, sondern um seine verheißene Wiederkehr an diesem Ort (vgl. Mt 28,16–20; Lk 24,50–53; Apg 1,9–14).

Vom Gipfel des Ölbergs lässt sich gut die trinitarische Offenbarungsgeschichte anhand der drei Berge, nämlich Tempelberg, Golgotha und Neuem Zion, in Blick nehmen und erzählen, was dort jeweils geschehen ist. Dazu gehört auch die Wirkungsgeschichte, wie sie in der Konfrontation mit dem Judentum und dem Islam entstand. Auf jeden Fall sollte der Ölberg ein Gedächtnisort sein, der an das Heilsgericht Jesu erinnert!

Der Ölberg ist der Har Maggedon, der Berg der eschatologischen Wiederkehr Jesu. Die Bezeichnung Megged wird für die feinste Olivenölsorte verwendet. Das Öl ist das Symbol des Messias bzw. des Christus. Nach ihm wurden seine Anhänger *Christen* genannt (vgl. Apg 11,26). Der Ölberg ist zugleich der Berg von Galiläa, zu dem Jesus den Seinen vorausging (vgl. Mt 28,16). Hier barg sich der Auferstandene in die Wolke zurück, der Metapher für Gott, der in der Wolkensäule mit seinem Volk unterwegs bleibt. Aus der Tiefe seiner Wirklichkeit wird der Geist Gottes je neu erwartet.

DAS LEBEN NACH OSTERN

43. Der neue Mensch

Kommunikation und Spiritualität

Das Paschafest der Juden war nahe, und Jesus zog nach Jerusalem hinauf. Im Vorhof des Heiligtums fand er Verkäufer von Rindern, Schafen und Tauben und Geldwechsler, die an ihren Tischen saßen. Er machte eine Geißel aus Stricken und trieb sie alle aus dem Tempel hinaus. Dazu die Schafe und Rinder; das Geld der Wechsler schüttete er aus, und ihre Tische stieß er um. Zu den Taubenhändlern sagte er: Schafft das hier weg, macht das Haus meines Vaters nicht zu einer Markthalle! Seine Jünger erinnerten sich an das Wort der Schrift: Der Eifer für dein Haus verzehrt mich. Da stellten ihn die Juden zur Rede: Welches Zeichen lässt du uns sehen als Beweis, dass du dies tun darfst? Jesus antwortete ihnen: Reißt diesen Tempel nieder, in drei Tagen werde ich ihn wieder aufrichten. Da sagten die Juden: Sechsundvierzig Jahre wurde an diesem Tempel gebaut, und du willst ihn in drei Tagen wieder aufrichten? Er aber meinte den Tempel seines Leibes.
Als er von den Toten auferstanden war, erinnerten sich seine Jünger, dass er dies gesagt hatte, und sie glaubten der Schrift und dem Wort, das Jesus gesprochen hatte. *(Joh 2,13–22)*

Der Tempel in Jerusalem, so die Überzeugung derer, die zur Synagoge gehören, ist erhalten geblieben: nämlich in Geist und Wahrheit. Die äußere, die körperliche Welt, kommt und geht. Die Bewahrung des Wesentlichen aber geschieht in Geist und Wahrheit.

Was bedeutete die Tempel-Aktion Jesu? Welchen Anspruch machte er öffentlich kund, als er – nach Sacharja 9,9 – auf dem Esel in Jerusalem einreitet, dem Träger der Botschaft? Jesus setzt so die öffentliche Zeichenhandlung, die zum Ausdruck bringt: Ich bin der Messias. Der Tempel war das Herzstück von Jerusalem. Wie war er gebaut? Was geschah dort? Den Kern bildete das Allerheiligste. Dreimal rief der Hohepriester am Jom Kippur den Gottesnamen aus: JAHWE! Nicht nur der Vorhof der israelitischen Priester – es handelte sich um ein genetisches Priestertum – und der Vorhof der gläubigen Männer und der Vorhof der Frauen Israels, sondern auch der Vorhof für die Völker sollte ein Platz für das Gebet sein. Jeder sollte in das Kraftfeld und in den Gnadenstrom des Ewigen gelangen können, so die Mystik und Politik Jesu.

Aber im Tempelbereich der Völker verging zu seiner Zeit selbst dem Frömmsten die Andacht. Denn dort ging es wild zu. Hier wurden die Rinder für das kollektive Opfer verkauft. Sie brüllten, stanken und bekamen nichts mehr zum Saufen. Ein Rinderpferch, wie es ihn noch heute beim islamischen Opferfest mitten in Istanbul und anderswo gibt, war errichtet worden. Auch Schafe wurden für die Schächtung verkauft. Und Tauben, die Opfertiere der armen Leute, suchten ihre Käufer. Den Tauben durfte keine Feder gekrümmt sein. Riesige Taubenkäfige standen herum. An großen Festen gurrten 10.000 Tauben. Entsprechend roch es auch. Und die Tempelsteuer musste in der härtesten Währung der damaligen Zeit in den Tempelschatz gezahlt werden. Alle Währungen in den Tyro umtauschen, hieß die Devise, in den Euro der damaligen Zeit. Denn die härteste Währung war die Münze von Tyros, der Stadt, aus der die Prinzessin Europa stammte.

Hunderte von Geldwechslern agierten also im Vorhof der Völker. Was macht Jesus? Banca rotta! Er stößt die Bänke um und ordnet an: Macht das woanders! Welche Bankrotterklärung! Jesus nahm die einzig kultisch erlaubte Waffe, die Strickegeißel ohne Metallstücke. Sie entspricht etwa unserer Polizeikelle. Er beansprucht also mit der Strickegeißel die Hoheit über den Tempel. So wird es über kurz oder lang zum Konflikt mit den Autoritäten kommen.

46 Jahre wurde am alten Tempel von Jerusalem gebaut. Ich zitiere nach der Taufkatechese des Augustinus: Warum gerade 46? Nun, bei Johannes ist jede Zahl sehr pointiert gesetzt und gewählt. 46 Jahre – wie kommt man dazu? Es geht um das Geviert der Welt, die Windrose. Im Osten, in Anatolien, geht die Sonne auf, Zahlenwert 1, Aleph oder Alpha. Im Norden liegt die Arktis, also A bzw. Alpha, wieder 1. Wenn die Sonne in der Mitte steht, fällt der Schatten genau mittig. Hier ist Süden, Mesembria, Zahlenwert 40, es ist der Buchstabe M bzw. Majim (von dem hebräischen Zeichen für Wasser kommt unser Buchstabe M: Ein Auf und Ab ist das endliche Leben). Im Hebräischen werden die Buchstaben von 1 bis 10 numeriert, dann weiter mit 20, 30 und so weiter. Dann kommt die Hunderterreihe. Mit 400, mit Taw oder Tau, das heißt Kreuz, hört das Alphabet, ja die Welt, auf. Wir zählen zusammen. Eins und eins ist zwei und vierzig ergibt zweiundvierzig. Der Westen heißt nun dyse, dem Buchstaben D entspricht der Zahlenwert 4. Nun müssen wir nur noch weiter zählen: A+A+M+D, die Summe ist sechsundvierzig. Sobald man die Buchstaben nun in der richtigen Reihenfolge liest, entsteht das Wort A – D – A – M. Das Haus des Adam ist der Tempel in Jerusalem! Es ist das Gotteshaus für die Welt. Das Zeugnis für die Gegenwart Gottes in der Welt ist Israel anvertraut, dafür wollte Jesus Sorge tragen.

Doch welches Missverständnis seiner Botschaft nahm ihren Lauf! Jesus Christus ist für seine Gläubigen der neue Adam. Welche Komposition! Welche Partitur! Jede Kirche ist ein Christushaus! Im Raum für das Geviert der Welt wird das Mysterium der drei Tage des neuen Adam zelebriert: Erstens, ein Leben bis ans Kreuz, bis ans Ende der Welt. Dann zweitens der Abstieg in die Unterwelt und drittens die Auferstehung.

Die Evangelien sind Biographien Jesu, die aufgrund der Ostererfahrungen in seiner Gemeinde verfasst wurden. Erst in der Perspektive seiner Auferstehung sind dabei seine Tempelaktion und seine Gleichnisse letztlich zu verstehen und auszulegen. Jesus ist theologisch gesprochen als Auferstandener in die Ewigkeit Gottes zurückgekehrt und bleibt gegenwärtig in Geist und Wahrheit. Mit seinem Wort ist er in seiner Gemeinde und in Einzelnen präsent. Sie sind sein lebendiger Tempel auf Erden, sein Leib.

Geistliche Übungen

Nachösterlich kann man sich auf das Leben Jesu in Exerzitien einlassen. Exerzitien sind geistliche Übungen. Man muss nicht etwas können, sondern kann im Kraftfeld des Heiligen Geistes etwas probieren. Beten – wie geht das denn? Welche geistlichen, inneren Erfahrungen werden dem Exerzitanten vielleicht geschenkt?

Die Sache mit Gott und den Göttern hat einen langen kultur- und geistesgeschichtlichen Vorlauf. In der Antike war die Welt gleichsam zweigeteilt. Da gab es die pro-fane Welt, in der geopfert wurde. Sie existierte vor der Welt des Fanum, des Heiligen. Der Sitz einer Gottheit war in der Cella, dem Allerheiligsten eines Tempels. Hier wurde der Geist, die Gegenwart einer göttlichen Grundkraft verehrt. Ob Zeus oder Hera – ihre Götterstatuen oder Symbole wurden zum Objekt der Verehrung.

Welche Kulturrevolution, als sich Mönche und Nonnen eine Cella, eine Zelle, schufen und ihre Überzeugung realisierten: Hier ist der Ort, an dem der Heilige Geist wirkt! Ihr Leib ist der Tempel nicht von Göttern und Götzen, sondern der eine, wahre Gott möge durch seinen Geist ganz nahe kommen.

Im jüdischen Tempel war zur Zeit Jesu das Allerheiligste leer. Der Ewige ist transzendent. Am Tag der Versöhnung, dem Jom Kippur, rief der Hohepriester im Allerheiligsten dreimal den Gottesnamen aus: JAHWE. Der eine ewige schöpferische Geist wurde genannt, der Geist des Lebens angebetet, seine Gnade und Barmherzigkeit gerühmt.

Die ersten Christen glaubten, dass GOTT sich in Jesus Christus geoffenbart hat. Der Mann aus Nazareth war für sie der Messias, der Christus, der in Gottes Namen eine zweite Erwählung gestiftet hat, einen Gnadenbund – nicht nur für Israel, sondern auch für die Völker. Selbstverständlich bleibt Gottes erster Bund mit Israel ungekündigt. Zu den Völkern sandte Jesus die Seinen, um dort den Namen Gottes zu verkünden und die Prinzipien einer Ethik der Glückseligkeit zu lehren. Sein Evangelium wurde von Männern und Frauen seiner Bibelschule überall verbreitet. Die Evangelien berichten vom Leben und Sterben Jesu, bezeugen seine Auferstehung. Sie sind ein inspirierter Kommentar zu seiner irdischen und himmlischen Existenz.

In vierwöchigen Exerzitien ist Jesus Christus der innere Gesprächspartner des Exerzitanten. Das ganze eigene Leben wird mit ihm in Beziehung gebracht. Von ihm wird Beten neu gelernt. Exerzitien sind eine zutiefst persönliche, innere Angelegenheit, zugleich finden sie in einem Miteinander statt. Daher sind gemeinsame Gebetszeiten und Gottesdienste selbstverständlich. Ein solcher geistlicher Prozess ist nicht nur individuell, sondern auch als Gruppen- bzw. Gemeindegeschehen jedes Mal neu zu »erfinden«. Es handelt sich um ein intrapsychisches, zwischenmenschliches und christozentrisches Kommunikationsgeschehen, das ins Gebet führt. Glaube, Liebe, Hoffnung sind dabei wesentlich.

Wie ist ein solcher geistlicher Prozess strukturell aufgebaut? Ignatius von Loyola (1491–1556) fasste die christliche Frömmigkeitstradition in vierwöchigen Exerzitien zusammen, die heutzutage natürlich in einem anderen kirchlichen, interkulturellen und interreligiösen Kontext zu verstehen sind als vor über vierhundert Jahren.

Was gleich bleibt, ist das Evangelium Jesu Christi. Textvorlagen liefern die Evangelisten Matthäus, Markus, Lukas und Johannes, das Evangelium des Paulus (vgl. Gal 1,8), des Petrus (1 Petr 1,25) und die Johannesoffenbarung, das ewige Evangelium (vgl. Offb 14,6).

In der sogenannten *Ersten Woche* befasst sich der Exerzitant mit der Situation, in der er sich befindet. Worin besteht das Prinzip und Fundament seines Lebens? Was heißt es, sich als Geschöpf zu verstehen? Wie wird das zunächst unsichtbare Wasserzeichen des Geschaffenseins sichtbar? Wer haucht den Odem ein? Wir wirkt der Geist des Lebens? Was ist in Zukunft zu tun, was ist zu lassen? Ethische Konsequenzen werden gezogen. Wie lässt sich natürlicher, gesünder und inspirierter leben? Der Tag wird so strukturiert, dass Zeit für explizite Gebetszeit bleibt. Ora et labora: Bete (d.h. lasse dich von der ewigen Liebe lieben) und arbeite (d.h. praktiziere Liebe konkret). *Die Unterscheidung der Triebe* steht an.

Im Gespräch mit dem *Judentum* verdeutlicht sich oft am eindrücklichsten, wie das Verhältnis von Schöpfer und Geschöpf gebaut ist. Die Thora des Mose, die Geschichte Israels, die Propheten und die Psalmen motivieren, den eigenen Platz in der Schöpfung zu finden. Meditation ist angesagt. Wie geht es, dass ich mich mitten lasse (lat. meditari), fragt sich der Exerzitant. Wie schauen entsprechende Übungen aus? Welche Konzentration ist nötig? Das bisherige Leben wird besten Wissens und Gewissens nüchtern bilanziert.

Die sogenannte *Zweite Woche* beginnt mit Leben-Jesu-Betrachtungen. Das eigene Leben wird mit seinem Leben in Beziehung gebracht. Die pränatalen, oralen, analen, ödipalen und genitalen Lebensphasen werden in den Blick genommen. Wie wirkte sich die christliche Sozialisation im eigenen Leben aus? Was förderte die eigene Heilsgeschichte, und was wirkte sich kontraproduktiv aus? Wo glückte Kommunikation, und wo herrschte Scheinkommunikation? Welche Ängste wurden abgebaut, welche Ängste neu installiert? Welches Geschäft betreiben die Angstmacher? Wohin geht die Reise? *Die Unterscheidung der Geister* ist nötig.

In der Phase dieser Woche ist der *Hinduismus* ein interessanter Gesprächspartner. Wie geschieht Reifung im Gespräch mit einem guten Guru, also mit jemandem, der hilft, dass Licht ins Dunkel der eigenen Existenz fällt? Welche Leib- und Atemübungen sind förderlich?

Entscheidend für Christen in dieser Phase ist es, Jesus von Nazareth neu als eigenen spirituellen Meister zu entdecken. Wie führt der innere Christus durch das eigene Leben? Methodisch gesehen beginnt eine Zeit der Kontemplation. Wie ist der innere Christus im Tempel des Leibes präsent? Die inneren Sinne sind anzuwenden, so dass Akte kommunikativer Begegnung glücken. Eine neue Sensibilität für die Weisung des inneren Meisters bildet sich aus.

Die sogenannte *Dritte Woche* beginnt mit der Selbstoffenbarung Jesu von Nazareth. Am Palmsonntag setzt er dem Propheten Sacharja – d. h. Gott erinnert – gemäß das Zeichen: Ich bin der Messias. Die Karwoche ist die Zeit der eschatologischen, endzeitlichen Auseinandersetzung. Es geht um die *Unterscheidung der Leiden*. Was sind sadistische Anteile? Wozu verführt der Masochismus? Worin besteht ein Lebenskonzept, das ernstmacht mit der Konsequenz einer Liebe, zu der auch gehört, für den anderen bis zuletzt mit ausgebreiteten Armen da zu sein? An Jesus scheiden sich die Geister. Mit ihm kann man in dieser dritten Woche die eigene Traumageschichte anschauen. Das sogenannte Kolloquium mit dem Gekreuzigten hilft zu unterscheiden. Es bereitet den Exerzitanten nicht nur auf die Einsicht vor, wie aus Wunden Licht fallen kann, sondern auch darauf, wie man mit seinem Leben versöhnt leben kann.

Als spiritueller Gesprächspartner eignet sich der Islam. Wird der ursprüngliche Gedanke, notfalls als Märtyrer den Frieden Allahs zu bezeugen, durchgehalten, oder kippt die Koranauslegung so ins Politische um, dass damit Gewalt erzeugt wird? Die spirituelle Kunst der Koranrezeption besteht darin, keine Konsequenzen zu ziehen, die dem Anfang einer jeden Sure widersprechen, nämlich dass Allah der Allerbarmer, der Barmherzige ist. Sein ist die Rache, das heißt, nur ihm gebührt es, für Ausgleich zu sorgen, nicht den Menschen, deren Glaube nie ausreicht, Gottes Gerechtigkeit auf Erden durchzusetzen. Im Glauben an Gott kann es höchstens zu einer menschlich zu verantwortenden Gerechtigkeit kommen. Jesus als Repräsentant Gottes hingegen ist der Märtyrer par excellence. Durch ihn kommt es zum commercium sacrum, zum heiligen Tausch von Schuld und Unschuld am Kreuz. In seiner Nachfolge kann man daran partizipieren. Die Realität ist das spirituelle Übungsfeld.

In der sogenannten *Vierten Woche* wird die Zukunft Jesu Christi offenbar. Auferstehungstexte stehen an, um dem österlichen Christus in sich kontemplativ Raum zu geben. Wie erscheint er im weißen Osterlicht dem Exerzitanten in der bunten Mannigfaltigkeit der Welt? Plötzlich, unableitbar berührt eine andere Wirklichkeit die Realität. Wer ist der auferstandene Christus? Wie ist er mit Jesus von Nazareth identisch? In dieser geistlichen Woche kommt alles darauf an, dass die eigene spirituelle Erfahrung mit dem Zeugnis derer, die Jesus als Auferstandenen erlebten, kongruent ist. Nur so findet die eigene Hoffnung im Glauben an ihn ein inneres und äußeres Fundament.

In der Zukunftsperspektive, die durch den Gekreuzigten und Auferstandenen eröffnet wurde, ist die eigene Freiheit dazu befreit, zur Welt in ein freies Verhältnis zu treten. Denn die

Binnentranszendenz ist auf den Horizont der Ewigkeit hin aufgesprengt. Das natürliche Leben ist Gegenstand des Wissens, das ewige Leben wird im Glauben erkannt (vgl. Joh 17,3). Die *Unterscheidung von Leben* ist weiterführend.

Der spirituelle Dialog mit dem *Buddhismus* findet in den Ostergeschichten eine gute Basis. Um Erleuchtung geht es. Fixierungen stehen Erleuchtungserfahrungen im Weg. Was ereignet sich, so dass aus Wunden auf einmal neues Licht fällt? Lässt sich der auferstandene Christus als die letzte Reinkarnation Jesu deuten? Er erschien seiner Gemeinde, einzelnen Jüngerinnen und Jüngern und kehrte so in die Ewigkeit zurück. Im Geist bleibt er in seiner Gemeinde anwesend. Es ist ein Geist, der immer wieder und überall pfingstlich wirkt. Es handelt sich um den Geist authentischer Exerzitien.

Es legt sich nahe, dass man bei einer solchen spirituellen Intensivzeit, wie Exerzitien es sind, mit jemandem im Gespräch ist, der über hinreichende psychologische und religiöse Kenntnisse verfügt. Selbstverständlich sollte ein geistlicher Begleiter nicht nur einen eigenen spirituellen Weg gehen, sondern auch über die Fähigkeit verfügen, über eigenes, fremdes und ewiges Leben zu reflektieren. Um es mit den Worten des ersten Petrusbriefes zu sagen: »Seid stets bereit, jedem Rede und Antwort zu stehen, der nach der Hoffnung fragt, die euch erfüllt.« (1 Petr 3,15b) Der Glaube an den Auferstandenen und eine kommunikative Kompetenz gehören zur Grundausstattung eines geistlichen Begleiters, der mit einem Exerzitanten in vierwöchigen Exerzitien unterwegs ist.

Die Worte Jesu

Da Jesus von Nazareth mit dem auferstandenen Christus ident ist, so der Glaube der ersten Christen, sind die Worte Jesu zeitlos gültig. Sein Gleichnis vom Pharisäer und Zöllner macht daher deutlich, in welcher Position sich Gemeindemitglieder zueinander befinden, sei es, dass man vorher »Pharisäer« oder »Zöllner« war (vgl. Lk 18,9–14).

Ein Gleichnis ist keine Allegorie. Nicht um viele Vergleichspunkte geht es, sondern um eine einzige Einsicht. Sie wird zusammengefasst in einem Vers, der das Leben jenseits der Dialektik von Herr und Knecht formuliert: »Denn wer sich selbst erhöht, wird erniedrigt werden, wer sich aber selbst erniedrigt, wird erhöht werden.« (Lk 18,14b)

Zunächst geht es um die Selbsterhöhung zum schöneren Schein. Bei systemischen Familienaufstellungen steht jemand dann zum Beispiel auf einem Stuhl, aber möchte sich am liebsten noch weit über allen positionieren. Welcher Schein, welche Illusion, welcher Verlust an Bodenhaftung! Welche Irrealität, welches Über-Ich, welche Angst treibt jemanden in die Position der Selbstaufblähung?

Oft genügt ein kleiner Impuls, und die Luft ist aus dem Ballon heraus. Wer sich erhöht und nicht in Augenhöhe leben will, verfällt der Selbsterhöhung. Dabei sind doch alle prinzipiell gleich, nämlich Menschen: Also komm herunter, Adam, komm herunter, Eva! Welche Gnade: Du wirst erniedrigt werden!

Und nun ein Blick auf die Selbsterniedrigung zum schlechteren Sein. Durch ständige Selbstbemitleidung versucht man, sich immer weiter zu erniedrigen, ohne dass dadurch irgendetwas besser würde. Ach, keiner mag mich; ach, ich bin so arm; ach, mir geht es so schlecht; ach, ich bin so verachtet ... Und das Selbstbedauern hört nicht mehr auf. Ich bin ein Sünder, jemand tief unten im Sumpf und völlig abgetrennt. Doch mit der Sünde hört die Bibel nicht auf! Der Sünder wird aus Gnade erhöht. Er kommt ins Lot. Er hat wieder Rückgrat und steht mit seiner Schuld- und Sündengeschichte: o felix culpa, o glückliche Schuld! Jetzt kann ich erkennen: die Maße Gottes sind anders als die der gerechten Selbstbeurteilung und der verachtenden Verurteilung. Im Kraftfeld des Evangeliums kommt es zum Ausgleich. Der Pharisäer wird heruntergeholt, bis er wieder auf dem Boden steht, der Zöllner aus der Dauererniedrigung, der permanenten Zerknirschung aufgehoben. Sein Weg geht nun anders weiter. Wer sich selbst erhöht hatte, lebt mit dem, der sich selbst erniedrigt hatte, fortan in Augenhöhe. An die Stelle von schlechter Hierarchie sind mitmenschliche Gleichheit und Solidarität getreten.

Derjenige, der am Kreuz erhöht wurde, ist aus der Tiefe auferstanden. So hat Christus die Dialektik von Selbsterhöhung und Selbsterniedrigung durchbrochen. Der Glaube an ihn – ein spiritueller Prozess – führt zu einer Ethik menschlicher Kommunikation. Denn Jesus Christus ermächtigt zu einem Frieden in Augenhöhe.

44. Der Geist des Herzensgebets

Eine friedvolle Zukunft

Jesus, erbarme dich! *(Mk 10,47 und Mt 15,22)*

Aus der Perspektive der Auferstehung können die Nachkommen der Opfer von ihrer Fixierung auf die Schuld der Täter frei werden, und die Nachkommen der Täter können ohne Fixierung, stellvertretend bekennen und zahlen zu müssen, im Namen der Täter auftreten und für Versöhnung eintreten. Im Glauben an den Ausgleich Gottes in der Wirklichkeit der Ewigkeit kann damit begonnen werden, ein neues Miteinander zu organisieren: wie im Himmel, so auf Erden. Nötig dafür ist, dass man der Barmherzigkeit Gottes Raum schenkt, sich auswirken zu können. Die neutestamentliche Offenbarung Gottes in Jesus Christus, der stellvertretend Gottes Barmherzigkeit repräsentiert, lebt im Geist des auferstandenen Christus weiter, der dreifach Frieden zuspricht (vgl. Joh 20,19.21.26).

Jesus, erbarme dich. Was einfach klingt, ist oft gar nicht so leicht. Das gilt auch vom Herzensgebet. Es ist etwas, das jeder kennen lernen sollte, der in der christlichen Spiritualität bewandert sein möchte. Das Herzensgebet prägt die Christusfrömmigkeit, vor allem in der Orthodoxie. Worum handelt es sich? »Das fortwährende Gebet führt den Menschen vom Außen zum Innen. Alles Kleinliche fällt von ihm ab. Durch die stete Wiederholung sind seine Sinne in diesem Tun eingefangen, und so wird er vor den uns ständig anfallenden Gedanken und Assoziationen bewahrt. Das christliche Jesusgebet »Kyrie eleison – Christe eleison/Herr erbarme dich – Christus erbarme dich« ist das kürzeste Meditationsgebet, das es überhaupt gibt. Es ist auf dem Athos entstanden und wurde auch von der katholischen Kirche übernommen.«[43]

Die neutestamentlichen Wurzeln des Herzensgebets sind die Basis, auf der die Beziehung zu Gott in der Begegnung mit Jesus Christus ins Wort kommt. Sowohl in einer biblischen Männer- als auch in einer Frauengeschichte heißt es: »Herr, erbarme dich!« Es handelt sich um die Szene mit dem blinden Bartimäus (Mk 10,46–52) und der syrophönizischen Frau (Mt 15,21–28).[44] Mit beiden Texten und den entsprechenden neutestamentlichen Parallelen sollte man sich exegetisch befassen.

Für unsere Zwecke genügt jedoch zunächst ein Blick in den Text, weil es primär ja um die Praxis des eigenen Herzensgebets geht. Wie ist vom springenden Punkt her, vom Herzen also, eine Christusbeziehung realisierbar, so dass sich seine Barmherzigkeit im eigenen Leben und im Leben der Völker heilsam auswirkt?

---

43 Wladimir Lindenberg: ... bis zur letzten Wandlung, hrsg. von Mathilde Gruner, München 2005, 66/7.

44 Vgl. Paul Imhof: Inkulturation des Evangeliums, in: Leben im Geist, hrsg. von Paul Imhof und Gabriel-Alexander Reschke, in: Strukturen der Wirklichkeit, Bd. 1, hrsg. von Paul Imhof und Eduard Saroyan, Scheidegg 2005, 204–213.

Der blinde Bartimäus

Jesus und seine Jünger sind unterwegs von Jericho, das nach der Mondgöttin benannt ist, in die Sonnenstadt Jerusalem, wo die Herrlichkeit Gottes wohnt (vgl. Mk 10,46 und 11,1). Es handelt sich um einen Teil des Hauptweges, der durch das Stammesgebiet Benjamins führt. Gleich hinter der Palmenoase Jericho beginnt der Aufstieg durch das Wadi Kelt, die Todesschattenschlucht, in der wohl Psalm 23 entstanden ist. Der Pfad führt hoch bis Bethphage und Bethanien, am Rand von Jerusalem vorbei bis Bethlehem, dem Hauptort des Stammes Benjamin.

Am Stadtrand von Jericho ereignet sich nun die wundersame Begegnung Jesu mit Bartimäus, dem Sohn des Timaios, dessen Vater wohl griechischer Herkunft war, wie der Name nahelegt. Biblische Namen enthalten meist die Geschichte eines Menschen. In Timaios steckt die Wortbedeutung Ehre, Würde, Ansehen. Wie kann es glücken, dass im Augenblick, im Ansehen das eigene Sehen neu zustande kommt? Wie erfüllt sich die Verheißung, die der Name bedeutet? Unverzichtbar scheint der Reichtum der leeren Hände zu sein. Nicht nur Martin Luthers letzter Zettel spricht davon: »Wir sind Bettler, das ist wahr.«

In einer entsprechenden geistlichen Übung – einer inneren Aufstellung also – geht es darum, die heilsame Begegnung zwischen Jesus und dem blinden Bartimäus zu imaginieren. Was geschieht beim vertrauensvollen Sprechen des Christus-Koans »Herr Jesus Christus, erbarme dich meiner« in der eigenen Seele, in der eigenen Körperlichkeit, in der eigenen Geistigkeit?

Die syrophönizische Frau

Mit Jesus unterwegs. Er überquert Grenzen, kommt in das Gebiet von Tyrus und Sidon, von reichen Küstenstädten mit syrischer und griechischsprachiger Bevölkerung (vgl. Mt 15,21). Es ist das Land des Baal, die Heimat der Prinzessin Europa, die für unseren Kontinent namensgebend war.

Eine Frau spricht ihn an, »Sohn Davids« nennt sie ihn (Mt 15,22). Zu Recht, denn Jesus gehörte als Davidide zum Königsgeschlecht Israels. Nicht nur in Israel, sondern auch bei den Völkern setzten Menschen auf ihn ihre Hoffnung.

Sein Erbarmen, seine Barmherzigkeit wirken befreiend. Kann er die Antwort, die Lösung ihrer Lebensfrage sein, die darin bestand, dass ihre Tochter von einem bösen Dämon besetzt war? Was heißt das?

Das Daimonion, das Gewissen, die innere Stimme war nicht mehr der Garant innerer Freiheit, sondern war zu einer Instanz der Unfreiheit geworden. Bei der Tochter, der Zukunft der Frau, ging es um Sein oder Nichtsein. Und durch die Begegnung geschah das Wunder. Als die Frau nach Hause kam, in den Bereich ihres Selbst, war die Tochter geheilt.

Welche Barmherzigkeit, welches Erbarmen sollte man sich schenken lassen, so dass sich die inneren Verhältnisse und die äußeren Beziehungen neu ordnen? Das sogenannte Herzensgebet »Herr Jesus Christus, erbarme dich meiner« ist ein bewährtes Mittel, um entlang des eigenen Atems barmherziger zu werden.

Die Hoheitstitel, mit denen Jesus angesprochen wird, verdeutlichen den Glauben derer, die Jesus für den Christus hielten. Wer ist er? Was ist sein Wesen? An der Beziehung zu ihm klären sich auf heilsame Weise nicht nur persönliche Probleme, sondern auch Fragen der Theologie und Christologie.

Die Bedeutung des Namens Jesu, nämlich »Gott hilft!«, weist darauf hin, dass durch einen konkreten Menschen die heilsame Gegenwart Gottes wirksam ist. Wie gewinnt man Anteil an seinem Erbarmen und seiner Barmherzigkeit? Die Bitte baut Brücken zum anderen. Sie ist Rühmung seiner Freigebigkeit.

Gegenwart des Geistes

Wer seinen Alltag vom Herzens- bzw. Ruhegebet prägen lassen möchte, wird in seiner seelischen Verfasstheit davon emotional sehr stark angerührt werden. Sobald sich jedoch keine besonderen Gefühle mehr einstellen, wird diese Praxis oft rasch wieder aufgegeben. Gerade dann aber sollte man sich die spirituelle Dimension des Herzensgebets – unabhängig von Erfahrungen auf der psychischen Ebene – neu bewusst machen. »Mit »Herz« ist hier – wie in na hezu allen religiösen und kulturellen Traditionen – nicht (oder nicht nur) das anatomische Herz gemeint, sondern die Mitte des Menschen in leiblicher, seelischer und geistlicher Hinsicht, oft auch das »große Herz« genannt. Franz-Xaver Jans-Scheidegger sagt hierzu: »Dieses große Herz ist der Urgrund der erkennenden Weisheit. Das kleine schlagende Herz ... ist nur das Eingangstor in die umfassende Mitte des großen Herzens.« Und für Kallistos Ware, einen orthodoxen Mönch, Priester und Bischof unserer Tage, ist das Herz, »gleichzeitig sichtbares sowie unsichtbares Organ«, sowohl die Mitte des menschlichen Wesens als auch der Ort der Begegnung zwischen Gott und Mensch, »der Ort des Zusammentreffens von Geist und Materie«[45].

Durch eine zwischenmenschliche geistliche Übung lässt sich die befreiende geistige Kraft, die hinter der grammatikalischen Form des Herzensgebets verborgen ist, leichter erfassen. Wie wird eine solch dialogische Begegnung inhaltlich strukturiert? Zwei Personen vereinbaren, wer sich als Mensch präsentiert und wer die Gestalt übernimmt, durch die der Geist der Hesychia, des barmherzigen Schweigens, sich auswirken möge.

Anhand einer entsprechenden Ikone kann man sich vergewissern, um welchen Geist es sich dabei handelt: Dargestellt wird die heilige Ruhe bzw. die heilende Stille durch eine Ge-

45 Helmut Siefert:, Der Weg des Herzens, in: Wagnis der Freiheit. Perspektiven geistlicher Theologie, hrsg. von Friedrich E. Dobberahn und Johanna Imhof, in: Strukturen der Wirklichkeit, Bd. 4, hrsg. von Paul Imhof und Eduard Saroyan, Taufkirchen 2009, 451–473, hier 453.

stalt mit Flügeln, die Symbole des Geistes sind. Spiritualität ist das Thema. Ob Johannes der Täufer oder Engel – sie werden mit Flügeln dargestellt, um darauf hinzuweisen, dass es nur einen spirituellen Zugang zu ihrer Wirklichkeit gibt.

Man nimmt innerlich oder ikonographisch eine Gestalt mit gefalteten Händen in den Blick. Sie ist angetan mit einem von Edelsteinen geschmückten, rötlichen Gewand und gut gegürtet. Es geht um ein Bei-sich-Sein nach innen. Die Aura, der Heiligenschein, ist durchstrahlt. Ein feines Gesicht schaut mit großen Augen. Alles ist stilisiert. Denn es geht nicht um äußerlich sichtbare Individualität, sondern darum, durch eine Form das Energiefeld eines Geistes transparent werden zu lassen. Großbuchstaben in den Ecken der oberen linken und rechten Ikonenhälfte bringen zum Ausdruck, dass letztlich Jesus Christus der Adressat ist, der sich durch das Fenster zur Ewigkeit anrufen lässt. Er selbst ist der heilsame Schutzgeist, der Stille und Geborgenheit vermittelt. Von ihm geht ein Strom des Segens aus. Gelassenheit entsteht. Denn der Mensch kann im Kraftfeld des Segens positiv da sein. Er spürt das «Ja« des Geistes, der es gut mit ihm meint.

Nach einer Zeit gemeinsamen meditativen Daseins findet ein Gespräch zwischen dem statt, der den Geist repräsentierte, und dem, der mit seinem menschlichen Bewusstsein präsent war. So lang, wie die Meditationszeit gedauert hat, etwa acht Minuten, sollte auch die gemeinsame Reflexionszeit sein. Dann wird die spirituelle Übung mit umgekehrten Identifizierungen wiederholt. Wer Geist war, inkarniert in sein Menschsein, wer Mensch war, exkarniert in ein Geistsein. Natürlich sollte dabei niemand überfordert werden.

Wie schon zuvor findet wieder ein Auswertungsgespräch zwischen beiden statt. Auswertung meint dabei aber nicht eine nachträgliche Instrumentalisierung für eigene Zwecke, sondern jenen Vorgang der Wertschöpfung, der nach einer Zeit spirituellen Übens möglich wird.

Die Brücke zu Gott

Religiöse Praktiken, die dazu dienen, dass der mystische Gehalt des Herzensgebets erfassbar wird, finden sich nicht nur innerhalb des kirchlichen Christentums. »Mit Sicherheit ist davon auszugehen, dass es vielfache Begegnungen mit Praktiken anderer religiöser Traditionen gegeben hat. Vor allem die Derwische, die von Indien bis in den ostkirchlichen bzw. persischen und dann osmanischen Raum hinein unterwegs waren, kommen als Vermittler infrage, aber auch Kaufleute, die entlang der Seidenstraße ihre Geschäfte betrieben. Es ist sehr wahrscheinlich, dass Einflüsse aus dem Yoga auf den Hesychasmus einwirkten, die vermutlich von Sufis überbracht wurden.«[46] In dieser Perspektive bietet das Herzensgebet eine Erfahrungsbasis des interreligiösen Dialogs.

In der spirituellen Avantgarde der Religionen befinden sich überdurchschnittlich viele Mönche und Nonnen. Zum asketischen Konzept gehören Armut, Keuschheit und Gehorsam,

46 Franz Nikolaus Müller: Hesychasmus, in: Handbuch Spiritualität, hrsg. von Karl Baier, Darmstadt 2006, 171–185, hier 184.

also Reduktion. Dadurch soll der Mensch zu besonderen Freiheitserfahrungen disponiert werden.

Wer nicht auf diverse Reichtümer fixiert sein will, entscheidet sich für Kapitallosigkeit, das heißt für ein freies Verhältnis zu Besitz und Produktionsmitteln. Christen sind davon überzeugt, in Christus alle Schätze der Weisheit und Erkenntnis zu finden (vgl. Kol 2,3), so dass der gegenständliche Reichtum im Sinne des Gemeinwohls eingesetzt werden kann.

Die Ehelosigkeit soll prinzipiell die Freiheit in den zwischenmenschlichen Beziehungen fördern. In diesem Sinn gehört das radikale Bei-sich-Sein zu einem entsprechenden Lebensentwurf. Zumindest zeitweise ist dies auch in ehelichen Verhältnissen angemessen. Christliche Frömmigkeit lebt von einer Braut-Bräutigam-Mystik (vgl. Offb 19,7;22,17). Vor dem Horizont der Ewigkeit werden Nähe und Ferne in Beziehungen je neu spirituell entschieden und verantwortet.

Der geistliche Gehorsam gründet in einer Sprachlosigkeit, die darum weiß, dass das Zuhören die wesentliche Basis der Kommunikation ist. So kann das vernehmende Vermögen, die offene Vernunft also, realisiert werden. Christlicher Glaube vertraut darauf, dass in dieser Weise das Wort Gottes zur Sprache kommen wird (vgl. Offb 19,13), auch durch das apokalyptische Versagen derer hindurch, die ihr Menschenwort mit Gottes Wort verwechseln.

Das Herzensgebet macht für jeden die spirituelle Weisheit des Mönchtums zugänglich. Man sieht nur mit dem Herzen gut, lässt Antoine de Saint-Exupéry seinen kleinen Prinzen sagen. So geschieht Menschwerdung. Und es ist gewiss kein Zufall, dass in der postmodernen christlichen Spiritualität dem Herzchakra der Erzengel Gabriel zugeordnet wird.[47]

Spritualitätsgeschichtlich gesehen werden die göttlichen Energien in den Erscheinungen der Engel wahrnehmbar, die an der Grenze zur ungeschaffenen Wirklichkeit Gottes existieren. Das Wesen Gottes selbst bleibt unsichtbar.

»Die aufrichtigen Erzählungen eines russischen Pilgers« nehmen den hörenden Leser mit auf die Brücke zum unsichtbaren Gott. Die zwei Teile der »Aufrichtigen Erzählungen eines russischen Pilgers« sind das Ergebnis einer jahrhundertelangen Gebetspraxis, die ihre Wurzeln im Neuen Testament hat: »Worum es den Wüstenvätern und den Mönchen, den Hesychasten, ging, war, wie schon gesagt, das unablässige Gott-Gedenken, das ununterbrochene Gottesbewusstsein. Die dazu notwendige innere Wachsamkeit bediente sich des Mittels der Stoßgebete, zum Beispiel kurzer Psalmverse, die beständig wiederholt wurden. Diese Stoßgebete hatten ihr Vorbild im Neuen Testament, wo beispielsweise der Zöllner betet: ›Gott, sei mir Sünder gnädig!‹ (Lk 18,9–14), oder der Blinde am Wege: ›Jesus, du Sohn Davids, erbarme dich meiner‹ (Lk 18,35).«[48] Wichtig für das Verständnis sind auch Perikopen, die zum ständigen, immerwährenden Gebet aufrufen: »Hört nicht auf zu beten! Betet jederzeit im Geist!« (Eph 6,19; vgl. 1 Thess 5,17; Lk 18,1).

47 Vgl. Petra I. Grünig: Sieben und kein Ende. Das Evangelium von Patmos, Hermannsburg 2004, 10–11.

48 Emmanuel Jungclausen: Aufrichtige Erzählungen eines russischen Pilgers, Freiburg i. Br. 1981, 12f.

»Gott ist Geist, und alle, die anbeten, müssen ihn im Geist und in der Wahrheit anbeten.« (Joh 4,24) Im Deutschen ist die indogermanische Sprachwurzel, die sich zum russischen Wort für Gott, nämlich Gospod, entwickelte, in dem Wort »Gast« erhalten geblieben. Diese etymologische Verwobenheit macht darauf aufmerksam, welche Atmosphäre für eine stimmige Kommunikation im Gebet angemessen ist.

Wie stiftet Gott Begegnung mit dem Menschen, so dass ER darin erkannt wird? Wer ist derjenige, der zum göttlichen Gastmahl einlädt und zugleich als Gast präsent ist? Wer richtet die Welt, so dass sie wieder ins Lot kommt? Beim Propheten Jesaja findet sich eine Antwort: »So spricht der HERR, der König Israels, und sein Erlöser, der HERR Zebaoth: ICH bin der Erste, und ich bin der Letzte, und außer mir ist kein Gott.« (Jes 44,6). ER, die ungeschaffene Wirklichkeit, ist das ALPHA und das OMEGA, erster Ursprung und letztes Ziel.

Im letzten Buch der christlichen Bibel, der Offenbarung des Johannes, wird die Selbstvorstellung Gottes, wie sie der Prophet Jesaja überliefert (vgl. Jes 44,6), gleich im ersten Kapitel zitiert. Hier heißt es: »Ich bin das Alpha und das Omega, spricht Gott der Herr, der da ist und der da war und der da kommt, der Allumwaltende.« (Offb 1,8) Nach seiner sonntäglichen Erfahrung des Heiligen Geistes ist der heilige Johannes auf Patmos davon überzeugt, dass Jesus sich ihm wie folgt offenbart: »Ich bin's: der Erste und der Letzte und der Lebendige. Ich war tot und da! Ich bin lebend im All der Weltzeiten. Und ich habe des Todes und der Totenwelt Schlüssel.« (Offb 1,17f)

Jesus Christus ist der Herr, in dem sich der HERR offenbart. Das ALPHA und das OMEGA, also Gott, ist im Alpha und Omega, in Jesus Christus, repräsentiert. In ihm ist Gottes Gegenwart anwesend. Sein Wesen ist die Anwesenheit Gottes. Jesus Christus richtet in Gottes Namen: in Gerechtigkeit und Barmherzigkeit. Jesuanische Gerechtigkeit lehrt Ausgleich in dieser Generation. Die Auseinandersetzung Jesu mit einigen Thoralehrern bringt die Sache auf den Punkt: »Deshalb hat auch die Weisheit Gottes gesagt: Ich werde Propheten und Apostel zu ihnen senden, und sie werden einige von ihnen töten und andere verfolgen, damit das Blut aller Propheten, das seit Erschaffung der Welt vergossen wurde, an dieser Generation gerächt wird, vom Blut Abels bis zum Blut des Secharja, der im Vorhof zwischen Altar und Tempel umgebracht wurde. Ja, ich sage euch: an dieser Generation wird es gerächt werden.« (Lk 11,47–51; vgl. Mt 23,34–36)

Rache heißt Ausgleich. Was ist das für ein heiliger Tausch von Schuld und Unschuld am Kreuz? Im Kraftfeld des gütigen Schweigens ereignet sich das Gericht. Gnadenlosigkeit und Unbarmherzigkeit haben keine Zukunft. Mitten in der eigenen Generation gelangt der Mensch, der sich restlos auf Jesus einlässt, mit seiner Generation und mit der Vergangenheit ins Reine. Von der Generation selbst, deren Wahrheit zum Vorschein kommt, werden alle, die sich im Geiste Jesu aufstellen, befreit. Denn Gottes Gerechtigkeit ist rechtfertigende Gerechtigkeit. Da gibt es keine Schuldkomplexe, die die einen an die anderen weitergeben wollen!

Damit schließt sich der Bogen zum neutestamentlichen Bekenntnis: »Jesus Christus, du Sohn Davids, erbarme dich.« (vgl. Mk 10,46–52; Mt 15,21–28)

Im Kraftfeld des Geistes

Wie wird durch den Geist des Herzensgebets die Welt gerettet? Hat Gericht etwas mit der Erfahrung von Heil zu tun? Wodurch kommt die Welt wieder ins Lot? Welche Welt? Auch die Welt der Genozide und der Verbrechen gegen die Menschheit?

Zwei große Ressourcen, die das armenische Geistesleben geprägt haben, stehen für die Lösung der Fragestellungen zur Verfügung, nämlich einerseits die synoptischen Evangelien und das Johannesevangelium sowie andererseits das ewige Evangelium, die Offenbarung des Johannes. Eine spirituelle Relecture steht an, um vor diesem biblischen Hintergrund das individuelle Dasein sowie das kollektive Geschehen in den Blick zu bekommen. Dazu ist es nötig, zwei Zyklen in ihrer Phasenverschobenheit zu verstehen, um die Identität und die Differenz der persönlichen und der kollektiven Hoffnungsstränge zu erfassen. Die Geschichte des Einzelnen und der Gesellschaft bedarf daher einer doppelten Anschauung angesichts der Ewigkeit. Die Zeit des Kirchenjahres bietet sich mit einer entsprechenden Leseordnung dafür an.[49]

Der Duktus des Johannesevangeliums und der Synoptiker zielt darauf, sich seiner eigenen, individuellen Zukunftshoffnung aufgrund der österlichen Erfahrung Jesu als einzelner Person innezuwerden, um im Geist des Evangeliums die eigene Sendung in der Welt zu realisieren. Das Evangelium ist ein inspirierter Kommentar zum einmaligen Leben, Sterben und Auferstehen Jesu.

Ein klassischer Weg der Rezeption seiner Biographie im inneren Gespräch mit ihm sind die Großen Exerzitien nach Ignatius von Loyola. Der Kurs ist im geistlichen Rhythmus von vier Wochen aufgebaut. Diese Wochen bzw. Phasen lassen sich auch in Form von Exerzitien gestalten, die ein Jahr dauern.[50]

Wenn man diese Phasen auf die Rezeption der Johannesapokalypse transformiert, so ergibt sich daraus ein interessantes Schema. Leitend ist dabei nicht der Weg einer einzelnen, geschichtlichen Person mit dem gekreuzigten und auferstandenen Christus, sondern der Prozess des menschheitlichen Gesamtorganismus mit dem wiederkehrenden Christus.

Die sieben johanneischen Gemeinden in Kleinasien verstanden sich als Teil des menschlichen Organismus, der explizit gemäß der Logik des Leibes Christi leben wollte: zwischenmenschlich befreiend und in Bezug zu Gott erlöst und gerechtfertigt. In exemplarischer Kausalität stehen sie für den Weg der Christenheit in der Menschheit. Welche Verfolgungs- und

---

49 Vgl. Paul Imhof: Das ewige Evangelium. Die Offenbarung des Johannes, 2. Aufl. Augsburg 2009, 1–217.

50 Vgl. Paul Imhof: Das Evangelium von Patmos. Eine Leseordnung für das ganze Jahr, in: Wissen um Werte, hrsg. von Paul Imhof u. Josef Reiter, in: Strukturen der Wirklichkeit, Bd. 2, hrsg. von Paul Imhof und Eduard Saroyan, Bd.2, Scheidegg 2007, 178.

Verwundungsgeschichte ereignete sich? Welcher Gerichtsprozess ist nötig? Welches Urteil wird gesprochen? Wie entstehen ein neuer Himmel und eine neue Erde? Solche Fragen werden entlang einer spirituellen Konzeption beantwortet, die sich aus dem ewigen Evangelium, der Offenbarung des Johannes, ergibt. Nun zu den vier Phasen und Kapiteln im Einzelnen.

Nach der Einleitung (Offb 1,1–8) beginnt die erste Phase der Johannesapokalypse (Offb 1,9–3,22). Der Leib Christi, das heißt die sieben Gemeinden in der Schöpfung leiden. Die zweite Phase behandelt die Begegnung mit dem ewigen Christus (Offb 4,1–19,10). Die dritte Phase thematisiert den Endkampf und das Urteil (Offb 19,11–22,21). Die vierte Phase gibt den Blick auf den neuen Himmel und die neue Erde frei (Offb 21,1–22,21).

In der *ersten Phase* der Johannesoffenbarung wird die Faktengeschichte, die sich in den sieben Gemeinden ereignete, beschrieben: jeweils ein Visitationsbericht und eine Verheißung. Was geschieht tatsächlich? Welche Verheißungen für die Zukunft gibt es? Die Situationsanalyse der eigenen Gesellschaft, Kirche und Gemeinde liefert genügend Anschauungsmaterial, das einen Zugang zu den schlimmen Erfahrungen der frühen kleinasiatischen Gemeinden ermöglicht.

Das Faktische der Verbrechen gegen die Menschheit – die Tatsache eines Genozids – ist empirisch zu verifizieren: Die Verfolgung und Ermordung eines Teils der Menschheit fand statt. In Tsitsanakaberd (Yerevan) ist die Ausrottung der armenischen Gemeinden im 20. Jahrhundert dokumentiert.[51]

Die Verheißungen an die sieben Gemeinden der Johannesapokalypse sind der Stoff, durch den eine Hoffnungsperspektive angesichts des Genozids erlebt werden kann. Auf diese Weise ist die Faktengeschichte zu präsentieren. Dies kann am besten durch Wissenschaftler geschehen, die einerseits die Historie beherrschen und andererseits mit dem Glauben der Armenier vertraut sind.

Die *zweite Phase* der Johannesoffenbarung fängt mit dem Weltgericht an, während das Johannesevangelium (vgl. Joh 12,44–17,20) und die synoptischen Evangelien die Endzeit bzw. das Weltgericht (vgl. Mt 24,1–25,46; Mk 13,1–37; Lk 21,5–37) redaktionell zwischen die Auseinandersetzung Jesu mit seinen Gegnern in Jerusalem (vgl. Mt 21,1ff) und seine Passion (vgl. Mt 26,1ff) positionieren. Ziegen und Schafe werden unterschieden (vgl. Mt 25,32). Bis zuletzt wehren sich Ziegen am Übergang von Leben und Sterben, das Schaf hingegen willigt ein. Die Welt hier ist zu verlassen. Das trifft nicht nur für Individuen zu, sondern gilt auch für Kollektive. Wohin aber dann? In eine mentale Unendlichkeit, die von der Endlichkeit weder durch Aufarbeitung noch durch Verstehen bewältigt werden kann? Oder in eine Ewigkeit, vor der

51 Vgl. Johannes Lepsius: Bericht über die Lage des armenischen Volkes in der Türkei, Potsdam 1916. Der Völkermord an den Armeniern vor Gericht, hrsg. von Tessa Hofmann, Göttingen 1980. Ruben Safrastyan: Genocidal Programs against the Armenien People, in: Raum der Begegnung, Perspektiven multireligiöser Gesellschaft, hrsg. von Friedrich E. Dobberahn und Peter Schierz, in: Strukturen der Wirklichkeit, Bd. 7, hrsg. von Paul Imhof und Eduard Saroyan, Taufkirchen 2011, 180–212.

die Endlichkeit so zu sich kommt, dass im Akt der Versöhnung ein neuer, endlicher Anfang möglich wird?

Um der Opfer willen sind Wege der Versöhnung zu gehen, weil so ihre Nachkommen zusammen mit den Nachkommen der Täter eine humanere Geschichte zustande bringen können, als dadurch, dass Lebensmöglichkeiten, Freiräume und Perspektiven durch fixierendes Aufrechnen verstellt werden. Weder Bekenntnis noch Vergebung kann jedoch erzwungen werden. Welche Schritte sind zielführig und welche kontraproduktiv? In der Offenbarung des Johannes kommen Wege und Prinzipien der Menschheitsgeschichte im Kraftfeld des Evangeliums zum Vorschein. Ein großer Gerichtsprozess findet statt (vgl. Offb 4,1–19,11), aber mit welchem Anspruch? Eine spirituelle Perspektive ist nötig: »Ein anderer Engel flog im Zenit. Er hatte ein ewiges Evangelium den Bewohnern der Erde zu verkünden, allen Nationen, Stämmen, Sprachen und Völkern. Er rief mit lauter Stimme: Habt Ehrfurcht vor Gott und gebt Ihm die Ehre!« (Offb 14,6–7)

Zur Ehre Gottes, das heißt um der lebendigen Menschen willen, ist die Geschichte der Völker zu schreiben. So ist auch die wissenschaftliche Forschung über die Deportation und Ermordung des armenischen Volkes im Osten des Osmanischen Reiches für den weltgeschichtlichen Prozess unabdingbar. Nur die Wahrheit macht frei. Sie ist für alle Betroffenen zum Vorschein zu bringen.

Wie ein Gerichtsprozess im Urteil seinen Abschluss findet, so wird im göttlichen Weltgericht der endgültige Sturz Satans und der Tod des Todes offenbar gemacht. Diese *dritte Phase* der Johannesapokalypse (Offb 19,1–20,15) entspricht nur in der Linearität des Zählens der dritten Woche ignatianischer Exerzitien, nämlich der Zeit von Palmsonntag bis Karsamstag, der Heiligen Woche also. Wegen der Phasenverschiedenheit mit Großen Ignatianischen Exerzitien entspricht die dritte Phase der Johannesapokalypse jedoch der Fundamentsphase, der ersten Woche also. Sie ist die Basis für alles weitere Geschehen.

Gemäß der Logik der Barmherzigkeit ist es nicht egal, ob die Wahrheit der göttlichen Verheißungen realisiert wird oder ob eine gnadenlose Lügenprophetie das letzte Wort haben soll. Wie barmherzig ist es, dass nicht in alle Ewigkeit die Machenschaften des Bösen den Menschen gefährden! Das ewige Leben löst jede Angst vor dem Tod und seinen Folgen irreversibel auf. Bundes- bzw. Beziehungsgerechtigkeit besagt: Es ist nicht gleich, ob jemand einen Genozid rechtfertigen will oder ihn verurteilt. Nochmals: Nicht das Bestrafen der Täter ist das Thema, sondern das Mitleid mit den Opfern! Sie sind zu würdigen. Die Anerkennung der Wahrheit im Kraftfeld vergebender Gnade macht die Schöpfung zukunftsfähiger und die Menschen reif für die Ewigkeit in Gottes Nähe.

Die Einheit des Menschengeschlechts ist die Basis, um die gemeinsame Geschichte nicht nur vor den Gerichtshof der menschlichen Vernunft, sondern auch vor das Gericht der göttlichen Gerechtigkeit und Barmherzigkeit zu bringen. Erst eine religiöse Perspektive auf den

Genozid an den Armeniern führt zu einem endgültigen Urteil, weil sowohl die Endlichkeit wie die Ewigkeit zu Wort kommen. Eine inkarnatorische Spiritualität ist der Schlüssel, um die Abgründigkeit des Daseins aufzuschließen und abzuschließen (vgl. Offb 20).

Die *vierte Phase* der Johannesapokalypse (Offb 21,1–22,21) hebt ebenso wie die bisherigen Phasen deutlich ins Bewusstsein, dass es sich bei der Offenbarung des Johannes nicht um ein individualistisches Heilskonzept handelt, sondern die gemeinsame menschheitliche Zukunft wird hier thematisiert.

Die Metapher für ein organisches Miteinander ist die Stadt. Das himmlische Jerusalem senkt sich in der Vision des Johannes auf die Erde herab (vgl. Offb 21,1). Die Stadt steht für das Wir, dessen Lebensprinzip der Heilige Geist ist. Eine neue Erde, ein neuer Himmel entstehen. Um dieser Verheißung gerecht zu werden, bedarf es des Abschieds vom alten Himmel und der alten Erde. Daher sind kulturelle, gesellschaftliche und politische Anstrengungen nötig, die sich von der Hoffnung auf einen neuen Himmel und eine neue Erde nähren. Denn nicht zuletzt gilt für das armenische Volk, das zutiefst im Evangelium gründet, das Wort: »ER wird jede Träne aus ihren Augen wischen: der Tod wird nicht mehr sein, nicht Trauer noch Klage noch Mühsal. Denn die alte Welt ist vergangen.« (Offb 21,4) Nicht nur ein neuer Himmel, sondern ein Dasein auf einer neuen Erde ist möglich.

Maranatha

Mit dem Ruf »Maranatha«, Komm Herr Jesus (vgl. Offb 22,20b), wird zum Ausdruck gebracht, dass die heilende Nähe des himmlischen Christus eine ewigkeitliche Zukunft eröffnet.[52] Etwas Besseres kann man dem anderen nicht wünschen. Und so klingt die Offenbarung des Johannes mit dem Segenswunsch aus: »Die Gnade des Herrn Jesus sei mit allen!« (Offb 22,21)

Man wird an das Postskriptum des Apostels Paulus am Ende des 1. Korintherbriefes erinnert. Nach der Feststellung einer Exkommunikation fällt ihm nichts anderes mehr ein, als zu bitten: »Unser Herr, komm!« (1 Kor 16,22b) und zu wünschen: »Die Gnade des Herrn Jesus sei mit euch!« (1 Kor 16,23)

---

52 Die Verehrung des Herrn des Himmels (Anu) lässt sich gut am Tempel A in Hatra, gelegen im heutigen Nordirak, festmachen. »Seine Bezeichnung (Tempel der Trias) leitet sich von Reliefbildern ab, welche die Gottheiten der Trias – also den mit Samas identifizierten Maran (›unser Herr‹), die weibliche Hauptgottheit Martan (›unsere Herrin‹) und den jugendlichen Gott Barmaren (›der Sohn unserer Herren‹) – darstellen.« Vgl. Michael Sommer: Hatra. Geschichte und Kultur einer Karawanenstadt im römisch-parthischen Mesopotamien, Mainz 2003, 60.
Schon in neolithischer Zeit wurde in Anatolien und im armenischen Hochland der Regen vom Himmel kultisch aufgefangen. Sowohl bearbeitete Berggipfel als auch die Fundamentsteine der Gayane-Kirche in Etschmiadzin oder der oberste Stein der Kultpfeiler mit Tierreliefs in Göbekli Tepe geben darüber Auskunft. Vgl. Harald Hauptmann und Klaus Schmidt: Anatolien vor 12.000 Jahren. Die Skulpturen des Frühneolithikums, in: Vor 12.000 Jahren in Anatolien. Die ältesten Monumente der Menschheit, hrsg. vom Badischen Landesmuseum Karlsruhe, Stuttgart 2007, 67–82.
Um die Sache neutestamentlich weiterzuführen: ER »lässt seine Sonne aufgehen über Bösen und Guten, und er lässt regnen über Gerechte und Ungerechte.« (vgl. Mt 5,45)

Frömmigkeitsgeschichtlich kehrt das Maranatha in dem Gebetsruf »Kyrie eleison, Christe eleison«, Herr erbarme Dich, Christus erbarme Dich, wieder. Jesus Christus nimmt alle, die sich ihm anvertrauen, in seine Beziehung zum EWIGEN mit hinein. Daher sind sie ermächtigt, zu Gott ABBA, lieber Vater, zu sagen. Jesus Christus ist für sie der Weg, der zu Gott führt. Zum Christsein gehört also inklusiv der Weg zu Gott.

Christen haben eine exklusive, besondere Beziehung zu Jesus Christus. In einer Jüngerbelehrung sagte er zu den Seinen, dass für sie Folgendes gilt: »Ich bin der Weg und die Wahrheit und das Leben, niemand kommt zum Vater außer durch mich.« (Joh 14,6) Diese Exklusivität richtet sich nicht negativ gegen andere, sondern ist vom Anfang des Johannesevangeliums her zu verstehen: »Alles ist durch das WORT geworden, und ohne das WORT wurde nichts, was geworden ist.« (Joh 1,3)

Das Christsein eröffnet einen Weg, der Lösungsmöglichkeiten für Probleme bietet, die rein innerweltlich nicht lösbar scheinen. Aus der Perspektive der Ewigkeit ergeben sich jedoch exklusive Zugänge zu Gott, die jedem die Rückkehr zu Gott zubilligen, ohne dass sie ausdrücklich dem Weg der Christen gleichen. Für sie hingegen ist dieser unbedingt, exklusiv zu gehen: »Christus hat uns befreit, und nun sind wir frei: Bleibt daher fest und lasst euch nicht von neuem das Joch der Knechtschaft auflegen!« (Gal 5,1) Mögen sich daraus politische und soziale Konsequenzen ergeben, die ein Mehr an Humanität mit sich bringen. Eine Politik der Angst und der Abschreckung ist durch eine Politik der Freiheit und Entschiedenheit, der Gerechtigkeit und der Barmherzigkeit abzulösen. Gemeinsam kann dies anfänglich gelingen, und zwar in dieser Generation (vgl. Lk 11,49–51).

45. Wer liebt wen?

Die Sendung des Petrus

Als sie nun das Frühmahl eingenommen hatten, sagt Jesus zu Simon Petrus: Simon, Sohn des Johannes, liebst du mich mehr als diese? Er sagt zu ihm: Ja, Herr, du weißt, dass ich dich liebe. Er sagt zu ihm: Weide meine Lämmer. Wiederum sagt er, zum zweiten Mal: Simon, Sohn des Johannes, liebst du mich? Er sagt zu ihm: Ja, Herr, du weißt, dass ich dich liebe. Er sagt zu ihm: Weide meine Schafe. Zum dritten Mal sagt er zu ihm: Simon, Sohn des Johannes, liebst du mich? Da wurde Petrus traurig, weil er zum dritten Mal zu ihm sagte: Liebst du mich? Und er sagte zu ihm: Herr, du weißt alles, du weißt, dass ich dich liebe. Jesus sagt zu ihm: Weide meine Schafe.

(Joh 21,15–17)

Was wir lesen, ist eine Ostergeschichte, aufgeschrieben im 21. Kapitel des Johannesevangeliums. Ein Mahl fand statt. Wo eine solche Kommunikationsgemeinschaft besteht, kann es intimer werden. Gefragt wird Simon Petrus, der Sohn des Johannes, als Sohn der Gnade also. Er ist Petrus, jene Gestalt, der geschenkt wurde, gründender Grund in sich selbst zu sein. Er ist ein Mensch, der genau weiß, dass sein Bekenntnis stimmt und dass er Jesus verleugnet hat. Simon hat eine lange Geschichte mit Jesus von Nazareth.

Der Name Simon steht für vieles im Menschen. Man denke an Simon den Aussätzigen, den Ausgegrenzten, der Jesus eingeladen hat, oder an Judas Iskariot, der Mann aus Kerijot, was so viel bedeutet wie: er ist Messias und Schlange zugleich. Er ist ein Sohn des Simon (vgl. Joh 13,26). Simon ist eine eigenartige Gestalt im Menschen. Innerlich gewendet, aber selbstverständlich auch geschichtlich, wird gefragt. Das Geschichtliche findet im Außen der Realität statt. Doch nicht nur um Historie, um eine Analyse der Außenrealität geht es. Spirituelle Introspektion zielt auf innere Wahrheit.

»Herr, du weißt, dass ich dich liebe«, lautet die Antwort des Simon Petrus. Die Antwort ist wie selbstverständlich, vor allem, wenn man katechetisch gut informiert ist oder gar bei der Kirche angestellt. Man weiß so viel von Jesus von Nazareth, dass man anständigerweise die Antwort: »Ja« auf der Zunge hat. Aber: Wirkliche Beziehung ist immer persönlich und nicht Realisierung von Katechismen und Dogmen. So leicht entkommt man dem anderen Du während einer spirituellen Intensivzeit nicht. Aus Ja ergibt sich Auftrag und Sendung. Ein solches Ja ist ein Wort des Übereinklangs von Du zu Du. Tu dies und jenes, nicht nur in deinem, sondern auch in meinem Namen. Vergewisserung von Sendung steht an.

Jesus spricht zum zweiten Mal: »Liebst du mich?« – Die Wiederholung! Das erinnert an Sören Kierkegaard: »Die Wiederholung ist wie ein geliebtes Eheweib, zutiefst vertraut und immer neu.« Sören war selbst nicht verheiratet, sondern Philosoph! Zum zweiten Mal die Frage also. Wiederholung in Exerzitien: Anwendung der inneren Sinne. So wird man immer mehr anwesend. Was kommt nun? Unterbrechung, Innehalten! Und was kommt dann? Die Entdeckung, man führte ein Selbstgespräch! Frömmigkeit aber besagt immer wieder Unterbrechung von Selbstgesprächen, von Selbstverstummen, von Selbsterlösung. Unterbrechung heißt auch, die Bruchstelle tut weh, man kommt sich auf die Schliche: auch das noch – und das während Exerzitien! Doch um Unterbrechung geht es. Bruchstellen führen ins Freie, unsichtbar weiter. Zunächst geht es ganz praktisch und konkret um die Frage: Wie wird aus Selbstgespräch ein Gebet, aus Reflexion ein Bekenntnis? Jede und jeder hat bei geistlichen Übungen ihre/seine eigenen Fragen und Entdeckungen. Aus Trost wird plötzlich Traurigkeit. Petrus reagiert angemessen, die Stimmung schlägt um. Hätte ich mich doch darauf nicht eingelassen! Was bleibt einem übrig? Die Wiederholung! Und damit zum dritten Mal die Frage nach der Qualität der Beziehung, nicht die Frage nach einem entsprechenden Hormonspiegel! Liebe ist mehr, sehr viel mehr. Grundsätzliche philosophische Fragen nach der Definition von Liebe brechen auf.

Endlich hat man was zu tun, und die Bibliothek ist zudem gut bestückt. Bald beschäftigt man sich nur noch mit der Liebe als Phänomen oder als Bedingung der Möglichkeit oder als göttliche Tugend, als Eros, als Agape, als Philia oder als Gefühl. Eine geschickte und doch leider auch ungeschickte Weise, dem anderen Du zu entkommen. Wer über Liebe nachdenkt, muss nicht lieben. Man denkt sich so seinen Teil. Und da man sich nicht sicher ist, legt man noch eine Runde intellektueller Wiederholung ein. Liebe, was ist denn das? In Exerzitien hat man Gott sei Dank auch Zeit, nicht nur zielführig vorangehen zu müssen, sondern man kann sich auch umwegig in mancher Wüste tummeln. Da und dort im Schatten sitzen, wieder in eine Oase und zurück in die Einsamkeit. Endlich hat man einmal Zeit für Wesentliches.

Meister Eckhart, fürwahr ein Meister des spirituellen Lebens, rät, bei allfälligen Beziehungsklärungen das, was grammatikalisch schon gewohnt und allzu gewöhnlich durch den Geist läuft, einmal anders zu erleben. Die Frage Jesu und die Antwort des Petrus und die Sendung durch Jesus dreimal umgekehrt! Manche haben das während ihrer Exerzitien schon probiert. Die einen wurden glücklich, die anderen sagten sich, nie wieder. Für Letztere empfehle ich Wiederholung. Frage also einmal den Auferstandenen und sei dabei mit deiner ganzen Biographie auf der inneren Bühne: »Liebst du mich?« Gar nicht so leicht, man kennt sich ja besser, als die anderen einen kennen. Gott sei Dank – wie vornehm –, die Übung findet im stillen Kämmerlein statt. Eine gute Zeit, die eigene missglückte Biographie anhand dieser Frage noch einmal hochgurgeln zu lassen und dabei in diesem Sud, so Gott will, auch einen roten Faden zu entdecken. Da ist ja doch eine Sinn- und Liebesspur! Wer hätte das gedacht! Da sind die vielen Unterbrechungen und Abbrüche, und irgendwo ging der Faden der Beziehung doch weiter. Ein erstes zittriges »Ja, das wird wohl wahr sein«, kann sich einstellen.

Aber man hat ja Gemeinde, und dies und das, worum man sich zu kümmern hat, da bleibt nicht viel Zeit für Liebst-du-mich. Beten heißt, sich lieben lassen. Man hat zu tun mit seinen Sendungen und ist auch allezeit bereit, sich aus seiner Verpflichtung heraus immer mehr aufbürden zu lassen. Welch ein kühner Schritt, einmal das, was man da so tut – und ein bisschen Liebe ist ja durchaus dabei, man braucht nicht alles schlechter zu machen, als es ist, das wäre die neue Form von Hochmut –, innerlich sein zu lassen. Welch eine erfreuliche Angelegenheit, Jesus in aller Bescheidenheit, ihm, dem Obersten der Oberhirten, einmal anzubieten – das wäre schön, wenigstens ein paar Stunden Entlastung –: »Kümmere du dich um deine Herde.« Er kann es auch selbst tun. Und die Schafe und die Hirten und die Oberhirten und die Oberschafe sind wieder in seiner Obhut. Eine Beziehungsklärung beginnt – wie entlastend!

Zweite Runde, fokussiert auf die Kernfrage: Von Du zu Du, von Herz zu Herz, von Ganzheit zu Ganzheit, Aug in Aug: Liebst du mich? Es ist gar nicht so leicht, die Frage einfach zu stellen, ohne skeptischen, sich selbst absichernden Unterton. Nur Mut, in Exerzitien muss man nichts können, da darf man üben. Jeder bekommt eine Goldmedaille. Dies ist der Pakt im Kraftfeld des Evangeliums. Noch einmal also: Liebst du mich? Da kommt der Sinn vielleicht schon etwas mehr in die Sinne. Manche edle Seele fühlt sich plötzlich getröstet, zerdrückt schon heimlich im Augenwinkel eine Träne. Liebe rührt an. Trost stellt sich ein, und das Ja wird mutiger.

Und als Versuchung bietet sich rasch ein Blick in den Terminkalender an: Wann habe ich wieder Zeit für solche Fragen? Da ist man gut beraten, alle seine pastoralen Aktivitäten bei Gott zu hinterlegen. Wie entlastend! Es gibt ja ein göttliches Pfandhaus, wo auch Wertvollstes bestens aufgehoben ist. Keine Sorge, eine Auslöse wird schon möglich sein, wenn es Zeit dafür ist.

Und zum dritten Mal, nach einer Zwischenzeit – denn allzu viel Liebe hält man auf Dauer unmittelbar nicht aus – die Frage: Liebst du mich? Einfach, nüchtern oder wie man eben psychisch, geistig, physisch gestrickt ist: Liebst du mich? Die Antwort macht deine Seligkeit aus, aus der die Sendung neu entspringt. Ein Letztes noch: Vielleicht ist dir deine Sendung nicht klar genug? Irgendetwas lässt dich zögern, das zu tun, wovon du überzeugt bist, dass es für dich und die anderen das Beste wäre. Was tun, wenn die Vollmacht Jesu zum Handeln dich nicht erreicht hat?

Wer ist Petrus in dir? Gewiss muss man dazu nicht Papst werden. Leicht identifiziert sich der fromme Beter mit Petrus in seinem Überschwang und den Tränen seiner Reue – mit dem Mann, der sich bei der Magd am Kohlenfeuer wärmte. Es ist Simon Petrus, den Jesus dreimal fragt: Liebst du mich? Und warum soll einem der Petrus nicht zutiefst innerlich werden, der Jesus als Christus erkannte und dem die Schlüssel des Bindens und Lösens anvertraut sind? Inkarnatorische Spiritualität heißt: wie im Himmel, so auf Erden (vgl. Mt 16,13–20). Hier liegt die einzige Chance, von Christus selbst ein menschlich gesehen unlösbares Eheband, ein Weiheversprechen oder ein Gelübde gelöst zu bekommen. In evangeliumsgemäßen Exerzitien kann durch Christus geschenkt werden, wozu weder Kirchenrecht noch Kirchenordnung imstande sind. Er ist die letzte Instanz über allen kirchlichen Instanzen und Autoritäten.

Die Gemeinde von Philadelphia kommt in den Sinn. Christus selbst öffnet und schließt die Tür (vgl. Offb 3,7–13). Welche Verheißung für den, der in all seiner Schwachheit an Jesu Wort festhält und seinen Namen nicht verleugnet! Ein tieferer innerer Gebetsprozess steht an, um frei und ungezwungen tun zu können, wozu der auferstandene Christus sendet.

46. Eine Berufungsvision

Der Mann aus Tarsus

Saulus aber schnaubte noch mit Drohen und Morden gegen die Jünger des Herrn und ging zum Hohenpriester und bat ihn um Briefe nach Damaskus an die Synagogen, damit er Anhänger des neuen Weges, Männer und Frauen, wenn er sie dort fände, gefesselt nach Jerusalem führe. Als er aber auf dem Wege war und in die Nähe von Damaskus kam, umleuchtete ihn plötzlich ein Licht vom Himmel; und er fiel auf die Erde und hörte eine Stimme, die sprach zu ihm: Saul, Saul, was verfolgst du mich? Er aber sprach: Herr, wer bist du? Der sprach: Ich bin Jesus, den du verfolgst. Steh auf und geh in die Stadt; da wird man dir sagen, was du tun sollst. Die Männer aber, die seine Gefährten waren, standen sprachlos da; denn sie hörten zwar die Stimme, aber sahen niemanden. Saulus aber richtete sich auf von der Erde; und als er seine Augen aufschlug, sah er nichts.

Sie nahmen ihn aber bei der Hand und führten ihn nach Damaskus; und er konnte drei Tage nicht sehen und aß nicht und trank nicht. Es war aber ein Jünger in Damaskus mit Namen Hananias; dem erschien der Herr und sprach: Hananias! Und er sprach: Hier bin ich, Herr. Der Herr sprach zu ihm: Steh auf und geh in die Straße, die die Gerade heißt, und frage in dem Haus des Judas nach einem Mann mit Namen Saulus von Tarsus. Denn siehe, er betet und hat in einer Erscheinung einen Mann gesehen mit Namen Hananias, der zu ihm hereinkam und die Hand auf ihn legte, damit er wieder sehend werde. Hananias aber antwortete: Herr, ich habe von vielen gehört über diesen Mann, wie viel Böses er deinen Heiligen in Jerusalem angetan hat; und hier hat er Vollmacht von den Hohenpriestern, alle gefangen zu nehmen, die deinen Namen anrufen.

Doch der Herr sprach zu ihm: Geh nur hin; denn dieser ist mein auserwähltes Werkzeug, dass er meinen Namen trage vor Heiden und vor Könige und vor das Volk Israel. Ich will ihm zeigen, wie viel er leiden muss um meines Namens willen. Und Hananias ging hin und kam in das Haus und legte die Hände auf ihn und sprach: Lieber Bruder Saul, der Herr hat mich gesandt, Jesus, der dir auf dem Wege hierher erschienen ist, dass du wieder sehend und mit dem heiligen Geist erfüllt werdest. Und sogleich fiel es von seinen Augen wie Schuppen, und er wurde wieder sehend; und er stand auf, ließ sich taufen und nahm Speise zu sich und stärkte sich. Saulus blieb aber einige Tage bei den Jüngern in Damaskus. Und alsbald predigte er in den Synagogen von Jesus, dass dieser Gottes Sohn sei. *(Apg 9,1–20)*

Wie ist die Ausgangslage? Da gibt es einen hochgebildeten Theologen, der auf den Namen des ersten Königs Israels »Saul«, der Erwählte, hört. Saulus stammt aus der Diaspora, aus Tarsus und zog das große Los. Er durfte bei Gamaliel studieren. Damals gab es zwei berühmte Rabbinen, Gamaliel und Hillel. Welche Ehre! In der Nähe von Jerusalem liegt Bet Jimla, noch heute eine Reise wert. Zu der Jeschiwa, der Bibelschule des Gamaliel gehörte auch Stephanus. Ihr gemeinsamer Bibellehrer ließ ihn nach der Steinigung im eigenen Garten bestatten. Da mag die Krise des Saulus schon begonnen haben, denn Stephanus hatte sich der Bibelauslegung Jesu angeschlossen, wurde Anhänger des Neuen Weges, einer anderen Halacha. Wie kann man die Thora lebenspraktisch in Israel und vor allem für die Völker auslegen? Wer war dieser Mann aus Nazareth, der eine zweite Erwählung für die Völker stiftete? Ging da alles mit rechten Dingen zu?

Saulus schwingt sich auf sein hohes Ross, um im Norden, Richtung Damaskus, Ordnung zu schaffen. Ein religiöser Eiferer in bester Absicht! Sein Name verdeutlicht seine innere psychologische Gestimmtheit, wenn man ihn in rabbinischer Tradition auslegt: Saulus, hebräisch Scha'ul, beginnt mit dem Buchstaben schin, das bedeutet so viel wie »die Zähne«. Das Schin wird gebildet aus zweimal den Buchstaben Zajin und einem Waw. Da lebt der fromme Mann nun normalerweise mit zusammengebissenen Zähnen, und im Kopf hämmert das Kommando: »Weiter so! Ich habe alles studiert, ich lege gesetzlich die Thora aus.« Von Bekehrung ist im Text nicht die Rede. Ein Mann, hochgebildet, will die Zäune Israels wieder dicht machen, die Kaschrutregeln, die Reinheitsgebote, einschärfen. Wie gefährlich, den Weg der Absonderung zu verlassen! Und er hat ja völlig recht: Jesus legt die Thora für die Völker aus, öffnet einen Weg in das Gnadenkraftfeld des Ewigen ohne Kaschrutregeln. Die Politik und Mystik Jesu ist ein spannendes Projekt. Trifft der Spitzentitel »Sohn Gottes«, »Christus«, »Messias« auf den Mann aus Nazareth zu? War er es oder nicht?

Saulus ist unterwegs mit zusammengebissenen Zähnen. Er verfolgt die Anhänger des Neuen Weges, den Jesus gezeigt hat: eine Lebensweise, die zielführig ist zum Ewigen, so der Glaube der Christen. Er verfolgt Jesus, den Neuen Weg, mittels dessen die Gojim, die Völker, zum Ewigen finden sollen. Da gibt es viel zu überlegen, zu diskutieren, abzugrenzen, recht zu haben. Manchmal lieber recht haben als lieb haben: Das normale Programm. Unterwegs nach Norden, der in der jüdischen Tradition die Dimension beinhaltet, in der die Menschwerdung des Menschen neu stattfindet, wo empfangen und aufgezogen wird. Welche Inszenierung! Und erst am Ende der Handauflegung erfolgt der Segen: Du bist freigegeben dazu, an und für dich, für dieses und jenes.

Doch so weit ist Saulus noch nicht. Was bahnt sich da an? Das, was er leidenschaftlich verfolgt, wird ihm zur Erfahrung von Heil und Schalom. Plötzlich, auf einmal, sieht er Jesus und seine Geschichte in einem neuen Licht. Der eigene Verfolgungswahn bricht ab. Saulus vergeht für drei Tage Hören und Sehen. So schlimm geht es nicht einmal den hartgesottensten Exerzitanten.

Nach drei Tagen kommt Saulus auf den Boden der Realität und versteht nun gar nichts mehr. Das war ja ein schönes Ostern! Die bunte Mannigfaltigkeit der Welt, fokussiert im unsichtbaren weißen Osterlicht – welch seltsame Unterbrechung – plötzlich, auf einmal wird die Botschaft wahrnehmbar: »Lass das! Lerne was dazu! Es geht anders weiter!« Er hat, exegetisch gesagt, eine Berufungsvision. Bekehrung stimmt nicht. Gott, an den Saulus schon von

Kindesbeinen an glaubt, bleibt immer derselbe. Der auferstandene Christus erscheint ihm. Aus Verfolgung wird Nachfolge. Die Lehre, das Leben, das Sterben, der Tod, die Zukunft Jesu erscheinen plötzlich in einem neuen unaustrinkbaren Licht!

Unterbrechung: Nicht nur etwas, sondern der Auferstandene selbst geht Paulus auf. Rabbinisch lässt sich das gut an dem Doppelnamen Saulus-Paulus festmachen. Saulus ist nicht nur der erwählte Mann mit zusammengebissenen Zähnen, sondern sein anderer Name macht deutlich, wofür er mit neuer Leidenschaft Zeugnis ablegen wird. Paulus – Phe – bedeutet hebräisch »der Mund, der erzählt«. Welch eigenartige Metamorphose im Kraftfeld der Gnade! Der Buchstabe Phe besteht aus einem Kaf (hohle Hand) und darin ein Jota, der Anfang des Gottesnamens. Das Jota ist wie die Zunge, das Kaf wie der Mundraum. Wie die Zunge im Mundraum verborgen ist, so ist das Wort des Ewigen verborgen und wird offenbar durch den geöffneten Mundraum des Menschen, der Gottes Wort verkündet.

Das hebräische Wort für »Zunge«, »laschon«, bedeutet auch »Sprache«. Das Evangelium erzählt, wie der Ewige durch Christus seinen Namen zu den Völkern tragen will. Der Name des Gottes Israels wird verkündet, die Thora ausgelegt für die Völker: im Licht von Leben, Sterben, Auferstehen Jesu Christi. Paulus ist der Mund, der das Evangelium erzählt. Der Eigenname des Ewigen soll auch bei den Völkern gerühmt werden. Jahwe ist der schöpferische Geist der Lebendigkeit. Nicht nur am Jom Kippur, am Tag der Bedeckung, der Versöhnung, soll, wenn alles ganz still ist, im Vorhof der Priester und den Vorhöfen der jüdischen Männer und Frauen und im Vorhof derer, die aus der Ferne kommen von den Völkern, dreimal der Name Gottes ausgerufen werden. Wenn es still ist: »Jahwe« – der Name des Lebendigen soll nun auch bei den Völkern genannt werden. Der schöpferische Geist des Lebens, der wiederkehrt im Atem der Schulkinder, am Beginn des Lebens, im ersten Atemzug und im letzten Atemzug, sei gelobt: Der Name des Herrn.

Jesus von Nazareth, der Messias, öffnet den Bund für die Völker. Gottes niemals gekündigter Bund geht weiter in Israel nach den Regeln von Kashrut. Koscher, das ist rein, das ist freigegeben. Die einen gehen diesen Weg und manchmal in Einheit oder in Trennung mit den andern; die Völker, die an das Evangelium glauben, gehen ihren Weg im Namen Jesu zu dem Ewigen. Welche Verwandlung vor Damaskus! Aus dem Hochgebildeten, Reinen, dem Pharisäer, der den Weg der Absonderung gegangen ist, wird nun ein Apostel Jesu Christi. Paulus buchstabiert die Thora noch einmal in Einsamkeit und Stille durch, um sie den Völkern anhand Jesu Christi deuten und erklären zu können.

Der Heilige Geist, »ruach ha kadosch«, erkennt Paulus, ist identisch mit dem Geist Jesu von Nazareth. Welche spirituelle Urerfahrung! Paulus wird nach Damaskus hineingebracht, geraden Wegs, entlang der geraden Straße. Noch heute kann man sie zum Haus des Hananias gehen, dessen Name bedeutet: Der Ewige ist in der Wolke. Verhüllt, verborgen, unsichtbar, und doch leuchtet in den Konturen der Lebendigkeit der Wolke, am Saum der Wolke das Licht des Ewigen auf, das Licht aus der Ewigkeit.

Und wegen seiner Verwandlung, aufgrund seiner Erscheinungsvision, seiner neuen Berufung – die zweite Hälfte seines Lebens beginnt – lässt Paulus sich taufen. Initiation findet statt. Nicht mehr nur prinzipiell leben – lateinisch principium bedeutet der immerwährende Anfang –, sondern initiatisch will er fortan leben. Eine Initiation findet statt. Das lateinische Wort initium heißt Beginn. Hier und jetzt wird jemand ganz eingetaucht in das Wasser der Zeit, ins »majim« – unser Buchstabe M kommt davon her. Immer ist das Leben ein Auf und Ab. Doch Wasser allein tut es freilich nicht, sondern mit Geist wird jemand getauft. Der Geist Jesu, des Christus, erfüllt Paulus. Damit wird er getauft. Ich bin ganz in dieser Vergänglichkeit, die mit dem Tod endet, und ich darf auftauchen, wieder ins Lot kommen, gerichtet durch die Gnade im Kraftfeld des Geistes Jesu leben und an der Auferstehung Jesu teilhaben. Welcher Anfang, sakramental verbürgt: sein in Christus!

Der getaufte Saulus ist mit neuer Sendung unterwegs zu den Völkern. Welche mystische Urerfahrung des Mannes aus Tarsus in der Frühzeit der Ausbreitung des Evangeliums! Ein Mann im Kraftfeld des Auferstandenen, der, so glauben wir, auch uns ermächtigt hat, miteinander Wort und Brot und Wein zu teilen, das Wort des Evangeliums, das Brot des Lebens und den Becher des Himmels. Gottes Gnadenbund ist geöffnet für alle.

47. Die Schätze im Himmel

Geist und Seele und Körper

Jesus lehrte die Seinen und sprach: Ihr sollt euch nicht Schätze sammeln auf Erden, wo sie die Motten und der Rost fressen und wo die Diebe einbrechen und stehlen. Sammelt euch aber Schätze im Himmel, wo sie weder Motten noch Rost fressen und wo die Diebe nicht einbrechen und stehlen. Denn: wo dein Schatz ist, da ist auch dein Herz. *(Mt 6,19–20)*

Im vertrauten Kreis wird schon einmal gefragt: Mein Schatz, wie geht es dir? Oder man fragt: Schatz, wo bist du? Kann ich zu dir kommen? Bin ich für jemanden ein Schatz? Zwischenmenschliche Sprache kann zur religiösen Sprache werden. Wer ist denn der, dem man sich anvertrauen kann? »Suscipe Domine«, beginnt das Hingabegebet am Ende der Großen Exerzitien. Nimm hin, Herr. Herr – dominus. Herr, göttliche Majestät – darin steckt lateinisch maius – je größer. Auch kein Muslim sagt, Gott ist groß, sondern Allah ist je größer. Entgrenzung ist angesagt im Dasein vor dem Ewigen, dem Göttlichen. Der Betende kann sich öffnen und muss nicht haften bleiben an dem, was er ist, und an dem, was er hat.

Was empfiehlt Ignatius von Loyola in seinem Hingabegebet am Ende der Großen Exerzitien bezüglich der Hinterlegung der eigenen Schätze?[53] Nun, Schätze kann man nur hinterlegen, wenn man ihrer innegeworden ist. Wertschätzung steht an. Mein Schatz, wo ist dein Herz? Was sind deine großen Schätze? Ein Dreifaches lässt sich unterscheiden:

Erstens: Zur Freiheit bist du befreit. Nimm hin, Herr, meine ganze Freiheit. Die Freiheit ist die Frucht des Geistes. Hinterlege deinen Geist, deine Freiheit, in die Wirklichkeit Gottes! Da und dort sind Zweifel aufgekommen, wie es mit der Lauterkeit des göttlichen Pfandhauses bestellt sei. Gibt es das überhaupt? Nein, lieber beschäftigt man sich mit seinen eigenen geistigen Ideen und Gedanken, möglichst fleißig, da weiß man, was man hat.

Deine Freiheit ist einer deiner größten Schätze. Was ist das für eine Logik, aus der du dich zeitigen kannst, jenseits von »wenn – dann«, »um – zu«, »wehe – wenn nicht«? Was ist das für eine Wirklichkeit, die unsichtbar, frei zum Vorschein kommt? Welches Wunder, welcher Augenblick, in dem es glückt, warumlos, absichtslos, beweisungslos, ehelos, erwartungslos im Jetzt zu existieren, unfixiert, frei eben. Nun, manchmal ist man frei genug, sich all das andere auch leisten zu können. Man argumentiert, man begründet, man beantwortet Fragen nach dem Warum, man steht zu seinen Interessen, man heiratet und so weiter. Wie frei muss man sein, um sich auch das jeweilige Gegenteil leisten zu können!

Nimm hin, o Herr, meine ganze Freiheit. Kaum erwacht und schon wieder Rückgabe? Das Geheimnis der kosmischen Weihnacht macht offenbar, worum es geht: Das Kind, der

---

53 Vgl. Ignatius von Loyola, Geistliche Übungen, Würzburg 2012. Das Exerzitienbuch (EB) Nr. 234,4.

neue Anfang, wird zu Gott entrückt, und die Frau findet in ihrer Einsamkeit einen Ort der Zuflucht. Ausführlich steht dies in der Johannesoffenbarung im 12. Kapitel. Die vom Geist empfangene Gabe wird in die Gewissheit der Ewigkeit hinterlegt, reell, materiell wie im Himmel, so auf Erden! Welche Kunst des Daseins! Nimm hin, meine ganze Freiheit: Das Selbst wächst in Akten der Selbstlosigkeit. Geist wird zu freiem Geist, nicht zu Freigeist.

Und *zweitens*: Die Seele und ihre drei Vermögen: intellectus, memoria und voluntas kommen auf den Tisch der Begegnung. Wer ist dieser Gott, dem ich restlos die Seelenvermögen und so die Seele anvertraue, die das Prinzip meiner Individuation, die Matrix meiner Gefühle ist? Die Seelenvermögen Wünschen und Wollenkönnen (lat. voluntas), die Fähigkeit zur Einsicht (lat. intellectus) und zum Erinnern (lat. memoria), sind natürlich – mit Vernunft betrachtet – bestens in der Wirklichkeit der absoluten Freiheit aufgehoben. Die Anima Christi, die Seele Christi, ist ein vertrauenswürdiger Partner meiner ganzen Voluntas, meiner Memoria, meines Intellectus, meiner emotionalen Intelligenz.

Der Rückgang zur Essenz, in die Wesentlichkeit – und nichts ist wesentlicher als Gottes Wirklichkeit – geschieht, indem man sich auf die Schöpfung einlässt in der Hinwendung zu dem, was erscheint. Petrus Lombardus formuliert: »Reditio ad essentiam est conversio ad phantasmata.« Das Ziel ist, Gott in allen Dingen zu suchen und zu finden. Welcher seelische, geistige Prozess! Es geht um seelisch verbürgte inkarnatorische Spiritualität, nicht um eine idealistische Erdenflüchtigkeit. Die Hinterlegung der Seele durch den Abstieg in die Unterwelt hindurch und ihre Rückkehr in die Welt der Erscheinung führt dazu, dass der Mensch seine Seele der göttlichen Majestät anbieten kann. Der Nebeneffekt ist erfreulich: man lebt unfixiert auf die Welt der Motten, des Rostes und der Würmer; all dies bleibt äußerlich, ist ein Geschehen der Vergänglichkeit.

Drittens: Nimm hin, Herr, meine ganze Habe und meinen Besitz. In materialistischen Zeiten fürwahr eine wichtige Kunst! Die Welt der Körperlichkeit, der Materialität – auch das wird zur Disposition für das göttliche Liebeswollen durch dich und mit dir angeboten. Was wünscht sich ein solcher Mensch, der dies anstrebt? Er bittet um das, was er begehrt – so die Zauberformel zur Befreiung für den eigenen Geist, ja für das ganze eigene Sein. Dazu gehört die zielführige Ordnung der Seele und der freie Umgang mit der Realität, der vergegenständlichten Wirklichkeit.

»Verkauft eure Habe und gebt das Geld den Armen« (Lk 12,33): Der Evangelist Lukas macht kurzen Prozess. Armut und Reichtum sind sein Thema. Die Option für die Armen ist 2000 Jahre vor der Befreiungstheologie klar formuliert. Ignatius von Loyola war bedächtiger! Zunächst kommt alles ins göttliche Pfandhaus. Dann werden im Kraftfeld der Gnade und Liebe soziale Entscheidungen bezüglich Pfründen und anderen Formen von Besitz getroffen. Wo sind die eigenen Schätze? Wofür wirst du wertgeschätzt? Wohin gibst du deine Schätze – in welchen Himmel auf Erden?

Schenke mir Liebe und Gnade, das sei mir genug, so wird gebetet. Liebe – nicht um bloße Gefühle geht es, sondern um eine göttliche Tugend. Tugend ist das, was einem taugt. Glaube, Hoffnung, Liebe sind göttliche Tugenden. Wie kann ich lieben und zu den Gefühlen in aller Freiheit stehen? Gib mir deine Liebe und deine Gnade. Die Liebe und die Gnade Gottes sind restlos und unumkehrbar erschienen durch den und als der, der uns ermächtigt hat, miteinander das Liebesmahl zu halten. In ihm kommen Gottheit und Menschheit überein. Aus Gottes Wirklichkeit stammt der, der dorthin zurückgekehrt ist: Jesus, der Christus.

48. Wurzeln im Himmel

Von Drachenstelen und Lebensbäumen

Und gestürzt wurde der große Drache, die alte Schlange, die Teufel und Satan heißt, und die den ganzen Erdkreis verführt; der Drache wurde auf die Erde gestürzt, und mit ihm wurden seine Engel hinabgeworfen. *(Offb 12,9)*

In der altgriechischen Sprache bedeutet drakon so viel wie Wasserschlange oder Drache. Was steht hinter der Botschaft: Der große Drache soll nicht mehr verehrt werden, sondern Christus, der vom Baum des Lebens zu essen gibt? Welcher geistes- und kulturgeschichtliche Konflikt bahnt sich an? Um welche Aufstellungssymbole versammeln sich Kultgemeinschaften, Gemeinden und Völker?

In den Bergen um Yerevan

Machen wir uns zunächst auf archäologische Spurensuche in die armenische Bergwelt um Yerevan. Oberhalb des Klosters Geghard erstreckt sich eine weite Hochebene, die noch heute ein bevorzugtes Weidegebiet für die Schaf- und Rinderherden der Kurden ist. Viele halten an den Traditionen ihrer ursprünglich zoroastrischen Religion fest. So leben sie mitten zwischen prähistorischen Felszeichnungen und Drachenstelen. Vishap heißen sie auf Armenisch.

Nur besonders begabte Jeepfahrer bringen ihr Fahrzeug ohne Probleme durch die Landschaft, die von Lavabrocken übersät ist. Tiefe Fahrspuren durchfurchen das Gelände. Wenn der Regen kommt, sollte man umkehren, ehe es zu spät ist. Doch der 3597 m hohe Vulkankegel des Azhdahak lockt. In seinem Doppelkrater liegen zwei kleine Seen. Der Name Azhdahak bedeutet so viel wie der Ungeheuere, der Gewaltige. »Dem Sanskritwort ahi (Schlange) entspricht im Avestischen azi (Schlange) und lebt im iranischen Drachen Azi Dahaka fort ... Im letzten Millennium, einer Heilszeit, verschwinden auch die Tiere auf Erden, die als schädlich gelten, insbesondere die Schlangen. Dem Gott Verethragna (altiran. mittelpers. Bahram) entspricht in Armenien etymologisch Vahagn, der als Drachentöter angesehen wird ... Vahagns Beiname Visapakal (Drachenwürger, Drachentöter) ist mit dem von Indra identisch. Visap (Drache) ist faktisch die armenische Entsprechung von Azdahak.«[54] In jenem Millennium, einer tausendjährigen Zeit, einem tausendjährigen Reich wird die alte Drachenschlange losgelassen, so dass sie endgültig zum Verschwinden gebracht werden kann (vgl. Offb 20,1–3).

Haben Menschen den Ausbruch des Vulkans Azhdahak erlebt? Es muss für sie eine faszinierende, vielleicht aber auch traumatisierende Erfahrung gewesen sein. Waren die Feuer-

54 Jürgen Tubach: Schlangen und Drachen in Mythos und Sage, in: Schlangen und Drachen, hrsg. von Ulrich Jager und Jochen Luckhardt, Darmstadt 2007, 11–27, hier 19.

drachen glühende Lavaströme, die aus dem Erdinneren durch den Vulkankrater kamen? Sind sie namensgebend für die Vishap? Wenn die Feuerschlangen sich beruhigt hatten, wurde die Vulkanerde zu einem Ort großer Fruchtbarkeit. Die prähistorischen Menschen besiegten die Chaosmächte durch ihre geistigen Fähigkeiten, indem sie mit den Naturkräften klug umgingen und sie für sich nutzten. Stehen Vishapstelen für das kollektive Gedächtnis, sich entsprechend zu verhalten?

Am Fuß des Azhdahak befindet sich ein kleiner See, an dessen Ufer mehrere Vishap-Stelen standen. Die sowjetischen Baumaßnahmen machten ihn zu einem Speichersee, indem man zwei Dämme aufschüttete. So wurde der prähistorische Kultplatz zerstört, worüber man heute nur noch den Kopf schütteln kann. Nur zwei der Stelen blieben halbwegs erhalten. Sie wurden auf einen nahe liegenden Hügel versetzt. Am oberen Ende der Steinmale sieht man jeweils die Konturen eines Bullenkopfes. Die Hörner des Auerochsen erinnern an das männliche Urrind, das man im letzten Jahrhundert rückgezüchtet hat. Sind diese Stelen steinerne Totempfähle eines prähistorischen Stammes gewesen?

Was bedeutet eine Vishapstele? Viele Hypothesen sind möglich, da schriftliche Zeugnisse fehlen. Doch Mythen, ethnographische Forschungen und kosmologische Erklärungen helfen vielleicht weiter. Handelt es sich bei den Vishap vielleicht auch um Gedenksteine, die an eine kosmische Katastrophe erinnern sollen? Stürzte einst ein mehrköpfiger Feuerdrache, ein Komet auf die Erde? Waren prähistorische Menschen die Augenzeugen dieses Geschehens? Hörte sich das Donnern des himmlischen Feuerdrachens wie das Gebrüll eines Himmelsstieres an? Ein Teil des Kometen schlug ins Meer. Riesige Dampfwolken wälzten sich um die Erde. Die große Wasserschlange brachte den fruchtbaren Stickstoff, der durch die gewaltigen Brände in die Luft geschleudert wurde, wieder zurück auf die Erde. Nach der Chaoserfahrung wurde die Erde neu fruchtbar. Die Impaktnacht war vorüber. Sonne und Mond wurden wieder sichtbar.

Dankbarkeit erfüllte die Menschen. Religion entstand als ein durchaus zwiespältiges Phänomen. Sie nährte sich einerseits von traumatischen Erfahrungen, von tief erlebter Angst und Furcht, und andererseits aber vom Blick zum Himmel, vom Anschauen des Kosmos, dem man das neue Leben verdankte. Wie gesagt, alles ist hypothetisch. Wir wissen es nicht, obwohl naturwissenschaftliche Argumente, etwa die Entdeckung einer Iridiumschicht, die sich im 8. Jahrtausend v. Chr. gebildet hat, und das Ernstnehmen der vielfach überarbeiteten Texte des vorderasiatischen Raumes dafür sprechen.

Tiefenpsychologisch gesehen legt sich zudem nahe, dass die ichtophallusähnlichen Stelen an den Quellen und Kraterseen für einen Fruchtbarkeitskult sprechen. Vielleicht sind auch der babylonische Muschuschu, die Drachenschlange des Marduk, oder der Wasserkult der Anahit und die Verehrung der keltischen Wassergottheiten, etwa der Gardena, eine Weiterentwicklung sehr früher Menschheitserfahrungen? Sogar im weit entfernten China und Vietnam findet sich der Drachenkult. Erinnert sei auch an die Steinsetzungen bei den Quellen im tibetanischen Hochland.

Selbstverständlich wird das Drachenmotiv alt- und neutestamentlich aufgegriffen. Dort wird der Drache aber als widergöttliches Prinzip vorgestellt. Ganz anders das Selbstverständnis Babylons. Marduk, die oberste Gottheit Babylons, wird durch die Drachenschlange Muschuschu symbolisiert. »Im babylonischen Weltschöpfungsepos Enumaelisch sind es denn auch die Götter, die den Triumph des Marduk krönen, indem sie Babylon und seine Heiligtümer errichten. Diese Vorstellung bildet wohl auch den Hintergrund für das Konzept des »Himmlischen oder Neuen Jerusalem« in der Offenbarung des Johannes (Offb 21–22), das nach der Erneuerung von Himmel und Erde aus dem Himmel herabkommen würde. Babylon steht also für den geordneten Kosmos, ist sein Abbild und sein Kern, gerade so, wie sich Babylon nach der berühmten babylonischen Weltkarte aus dem 6. Jahrhundert v. Chr. (mappa mundi) im Zentrum der Welt befindet.«[55] Vielleicht aber handelt es sich bei den Vishapstelen nur um kosmoszentrierende, steinerne Totempfähle einer prähistorischen Gemeinschaft von Menschen, die sich ihrer eigenen Lebensgrundlagen und der ihrer Ahnen vergewissern wollten. Animalische Symbole eignen sich ja sehr gut, um über Generationen hinweg psychische und gesellschaftliche Kontinuität auszudrücken. Man denke nur an die heraldische Symbolik adeliger Kreise oder an die Logos und Namen von Sportvereinen, deren Anhänger sich emotional als Einheit verstehen.

Doch zurück nach Armenien: Hier sind viele Zeugnisse des prähistorischen Menschen zu finden. Ob man nach Metsamor mit seiner frühgeschichtlichen Metallgewinnungsanlage fährt oder durch Yerevan geht, überall findet man fischköpfige Vishapstelen, etwa vor dem Matenadaran, dem Bildungsministerium, oder an der Ausfallstraße nach Garni. Am beeindruckendsten aber ist die große Kultstele beim Kratersee am Aragatz, dem höchsten Berg in der Republik Armenien. Prähistorische Felszeichnungen vermitteln etwas vom Selbstverständnis der frühen Menschen. Beeindruckend ist zum Beispiel das Graffiti von Mann und Frau und Schlange in den Bergen bei Zoratzkar.

Im Quellgebiet von Tigris und Euphrat

Die Geschichte vom Paradies, in dessen Mitte der Baum des Lebens steht, prägt seit Jahrhunderten das religiöse Bewusstsein. Zudem bestimmen die Vorstellungen von einem irdischen Paradies die gesellschaftlichen Verhältnisse. Da ist es naheliegend, sich auf Spurensuche zu begeben, um zu ergründen, wo die Geschichte vom Paradies materiell und ideengeschichtlich herkommt. Denn die Rückkehr zum Ursprung legt den Weg zum Ziel nach vorne in der Zeit frei. Lag das Paradies im armenischen Hochland? Was lässt sich vom Land um den Ararat lernen? Wie verlief die Geschichte von Urartu?

Bevor man dorthin aufbricht, sollte man sich zunächst mit jener biblischen Zeit befassen, die sich direkt mit der Profangeschichte verknüpfen lässt. »Dem Ansturm der unter König

55 Gebhard J. Selz: Das Babylonische Königtum, in: Babylon – Wahrheit, hrsg. von Joachim Marzahn u. Günther Schauerte, Berlin 2008, 105–138, hier 116.

Kyaxares II. (625–585 v. Chr.) aufbrechenden Meder und der chaldäischen Babylonier (König Nabopolasar, ca. 625–605 v. Chr.) war Assyrien nicht mehr gewachsen. 614 v. Chr. fiel Assur, 612 v. Chr. Ninive. König Assurubalit (611–605 v. Chr.) versuchte von Harran aus, das Reich zu retten. Mit dem Fall dieser Stadt im Jahre 610 v. Chr. endete das tausendjährige Assyrien. Urartu bestand noch einige Jahre lang weiter. Sein Name erscheint um 609/608 v. Chr. in babylonischen Chroniken, um 590 v. Chr. im alttestamentlichen Jeremia-Buch. Um diese Zeit brach das Reich unter dem Ansturm von Skythen und Medern zusammen.«[56]

Was lesen wir beim Propheten Jeremia, der jahrelang seine Landsleute davor gewarnt hatte, sich mit der babylonischen Großmacht anzulegen? Ihnen ruft er nach der Zerstörung des Tempels in Jerusalem und der Verschleppung ins babylonische Exil plötzlich in Gottes Namen zu: »Richtet auf das Banner auf Erden, blast die Posaune unter den Völkern! Heiligt die Völker im Kampf gegen die Stadt Babel! Ruft wider sie die Königreiche Ararat, Minni und Aschkenas! Sammelt Kriegsleute gegen sie, bringt Rosse herauf, zahlreich wie Heuschrecken! Heiligt die Völker zum Kampf gegen sie, die Könige von Medien samt allen ihren Fürsten und Herren und das ganze Land ihrer Herrschaft, dass das Land erbebt und erzittert; denn die Gedanken des HERRN wollen erfüllt werden wider Babel, dass er das Land Babel zur Wüste mache, in der niemand wohnt.« (Jer 51,27–29)

Und ein paar Verse weiter heißt es: »›Nun aber komme über Babel der Frevel, der an mir begangen ist und an meinem Fleische‹, spricht die Einwohnerin von Zion, ›und mein Blut komme über die Bewohner von Chaldäa‹, spricht Jerusalem.« (Jer 51,35) Geht es um Blutrache? Welcher Ausgleich soll hier stattfinden?

Wie anders ist die Lösung im Matthäusevangelium, als Jesus von Pilatus dem Volk in Jerusalem vorgeführt wird. Es rief: »Sein Blut komme über uns und unsere Kinder!« (Mt 27,25) Das Blut Jesu ist das Zeichen der Versöhnung! Welcher Ausgleich von Schuld und Unschuld am Kreuz! Und weiter: Jesus spricht zu dem einen Schächer am Kreuz: »Amen, ich sage dir: Heute noch wirst du mit mir im Paradiese sein.« (Lk 23,43)

Doch zurück in die Gegenwart: Wer es sich irgendwie einrichten kann, sollte in einem großen Bogen rund um das Quellgebiet von *Tigris* und *Euphrat* reisen. Im Aprikosengebiet des Byurakngebirges gibt es tausend Quellen. Der höchste Berg ist der Srmantz, der Gipfel der Welt. Hier, im armenischen Hochland, entspringen auch der *Arax*, der große Fluss, der am Ararat vorbei nach Osten strömt[57], und an der Grenze des Hochlandes die *Kura*, die sich nördlich durch das Goldland windet. Vielleicht lässt sich das Wort Kur-a von der indogermanischen

56 Volker Eid: Im Land des Ararat. Völker und Kulturen im Osten Anatoliens, Darmstadt 2006, 34.

57 Der Arax lässt sich mit dem tiefen Gihon identifizieren. Man muss ihn nur einmal in Meghri an der armenisch-iranischen Grenze überquert haben! Bis ins 7. Jahrhundert n. Chr. heißt er Gyhun. Auf einer rekonstruierten Landkarte des Herodot aus dem 5. Jahrhundert v. Chr. (vgl. Rouben Galichian: Historic map of Armenia, Yerevan 2003, 38) umfließt er das ganze Land Kusch (vgl. Gen 2,13). Von Kusch stammen Hawila und Nimrod ab (vgl. Gen 10,6–12). Die genetische Kontinuität der Stämme blieb jahrhundertelang erhalten, das heißt, die Stammväter zeugten viele hundert Jahre. Dies erklärt ihr hohes Alter (vgl. Gen 11,10–32). So heißt heute noch Armenien nach dem Stammvater Haijk Hajastan.

Wurzel kur (Sonne, Gold) und von a (Fluss) herleiten; eventuell steckt auch die sumerische Bezeichnung kur (Berg) in dem Wort. Es handelt sich um vier Flusssysteme, deren gemeinsames Quellgebiet das armenische bzw. urartäische Hochland ist. Jahrtausendealte Zivilisationen entstanden an den Ufern der Ströme. Handelt es sich bei ihnen um die vier Paradiesflüsse? (Vgl. Gen 1,10–15) In Ashtishat taufte Gregor der Erleuchter die armenische Armee. Welch ein Anfang der Rückkehr ins Paradies (Hatzyatz Drakht)!

Wieso führte im Gilgamesch-Epos die Suche nach dem Kraut der Unsterblichkeit in das armenische Hochland? Stand hier der Baum des Lebens? Ist es nicht eigenartig, dass gerade die Armenier kulturgeschichtlich die Wandlung des Kreuzes zum Lebensbaum durchführten? Die Chatschkare geben davon Zeugnis. »Der Zugang zum Baum des Lebens im irdischen Paradies war den Menschen durch den Sündenfall Adams verschlossen. Das Kreuz, das durch den Tod Christi zum Zeichen der Todesüberwindung und des ewigen Lebens geworden war, öffnete den Weg zu den Früchten des himmlischen Baumes des Lebens. Diese Vorstellung wird zur Verbindung von Kreuz und Lebensbaum beigetragen haben. In der patristischen Literatur ist das Kreuz häufig als Baum des Lebens beschrieben.«[58]

Wofür steht der Baum des Lebens? Je nach Kultur und Religion handelt es sich um unterschiedliche Bäume, die damit identifiziert werden. Für die einen ist der Granatapfelbaum – die Frucht der Hera – der Paradiesbaum, für andere ist es die Palme, die Zypresse, die Thuja, der Mohn oder die Getreideähre.

Im Buch Exodus ist die Menorah das Symbol für den Lebensbaum (vgl. Ex 25,31–40). Sie spielt bis heute im jüdischen Selbstverständnis eine wichtige Rolle. In der Kabbala wird der Lebensbaum von den zehn Sefirot gebildet. »Die erste graphische Darstellung der Sefirot erschien im Mittelalter, seitdem gibt es viele Veränderungen der Grundstruktur. In dieser Version aus dem 20. Jh. sind die zehn Sefirot durch 22 Pfade miteinander verbunden (die Anzahl der hebräischen Buchstaben). Darüber ist eine Schlange zu sehen, die für das indische Chakrasystem der Energiezentren steht.«[59]

Nach der neutestamentlichen Tradition gibt Christus den Seinen vom Baum des Lebens zu essen, der im Paradies Gottes steht (vgl. Offb 2,7; Gen 2,9). Das eucharistische Brot ist die Trophäe Jesu Christi (vgl. Apg 2,46). Ist der Lebensbaum vielleicht der Stammbaum Jesu Christi (vgl. Mt 1,1–17), in den durch Taufe, Erwählung und Ethik eingegliedert wird (vgl. Mk 3,35), oder ist der Lebensbaum der Ölbaum, der Christus selbst ist, in den Menschen aus den Völkern durch Einpfropfung eingegliedert werden (vgl. Röm 11,13–24) oder der Baum des Kreuzes? Pacino de Buonaguida jedenfalls malt den Baum des Lebens (ca. 1305–1310) nach

58 Katharina van Loo: Zur Ikonographie des armenischen Kreuzsteines, in: Armenien. 5000 Jahre Kunst und Kultur, hrsg. vom Museum Bochum und der Stiftung für Armenische Studien Bochum, Tübingen 1995, 117. Vgl. Levan Asarian: Die Kunst der armenischen Kreuzsteine, ebenda 109–114. Amélie Gräfin zu Dohna: Das gemeißelte Glaubensbekenntnis. Armenische Kreuzsteine, in: Wagnis der Freiheit, hrsg. von Friedrich E. Dobberahn und Johanna Imhof, Taufkirchen 2009, 265–288.

59 David Fontana: Die Sprache der Symbole. Ein visueller Schlüssel zur Bedeutung der Symbole, Düsseldorf 2004, 258. Abbildung 259.

einem Text von Bonaventura (Lignum Vitae) so, dass am Stamm des Baumes der gekreuzigte Christus hängt.[60]

Anhand der Bücher Ezechiel (Hesekiel) und Daniel lässt sich der biblische Faden vom Buch Genesis bis zur Offenbarung des Johannes knüpfen. Hier geht es um eine neue Erde und einen neuen Himmel, die Heilige Stadt, das Neue Jerusalem, das vom Himmel herabkommt (vgl. Offb 21,1–2). Die Vorbilder dafür stehen schon bei Jeremia (vgl. Jer 31,38–40) und Ezechiel, der die Welt des Paradieses, die himmlische Stadt, nach Jerusalem übertrug (vgl. Ez 40–47). Eine sogenannte Translation gibt es literarisch und topographisch.

Noch einmal zurück ins armenische Hochland: Bei schamanischen Ritualen werden die Wächter der Türme des Ostens, die Wächter der Türme des Südens, die Wächter der Türme des Westens, die Wächter der Türme des Nordens angerufen. Wie von selbst kommt dabei ein Bild eines urartäischen Turmtempels vor das innere Auge. Die urartäischen Audienzhallen (zum Beispiel in Kefkalesi) und die Turmtempel (zum Beispiel Altintepe) haben denselben Grundriss.[61] Sind sie das architektonische Muster für die Propheten und ihre Visionen vom himmlischen Jerusalem? Ezechiel war zudem mit der achaemenidischen Architektur vertraut, und so hatte er auch Kenntnis vom Paradies. Denn im Persischen wird so der königliche Garten genannt.

Wo aber lag das ursprüngliche Paradies mit den vier Paradiesströmen?[62] Vieles spricht dafür, dass es sich im armenischen Hochland befunden hat. So lassen sich jedenfalls entsprechende sumerische und protoarmenische Quellen deuten.[63] Wenn man diese Quellen berücksichtigt, dann muss auch der Baum des Lebens im armenischen Hochland gestanden haben. Archäologische Funde sprechen dafür. So zeigt der Prunkhelm des urartäischen Königs Arghisti (786–764 v. Chr.) seinen Herrscheranspruch. Der König hat im Jahre 782 v. Chr. Erebuni (Yerevan) gegründet. Das gleiche Machtkonzept weist auch der Helm von König Sardur II. (764–735 v. Chr.) auf. Die Könige wollten mit ihrer Macht das Paradies schützen, das armenische Hochland. So sieht man in der Mitte der Stirnpartie ihrer Helme einen stilisierten Lebensbaum, der von zwei priesterlichen Gestalten flankiert ist. Zwei Schlangengruppen aus je vier Tieren an der Vorderseite des »Drachenhelms« besitzen apotropäische Funktion. Wer sich gegen den König wendet, bekommt es mit den Drachenschlangen zu tun!

Diese Funktionskontinuität der Schlangen lässt sich auch gut an großen prähistorischen Vasen ablesen, die mit zwei Schlangen verziert sind. Sie bewachen das Saatgetreide in den Behältern vor den Mäusen, aber auch die Gebeine oder den Totenbrand der Ahnen in den Vasen, wenn sie als Urnen verwendet wurden. Wesentlich für das Leben sind sowohl die Gene

60 Vgl. Franca Falletti, Galleria dell'Accademia, Museumsführer, Florenz 2009, 64–65.

61 Vgl. Volker Eid, a.a.O. 32/3.

62 Eine schöne Darstellung der Flüsse findet sich bei Claudia Höhl: Das Taufbecken des Wilbernus, Regensburg 2009, 55. »Der seine Mündung verändernde Phison ist den Klugen gleich. Geon, der Erdspalt, bezeichnet die Mäßigung. Schnell ist der Tigris, wodurch der Starke bezeichnet wird. Fruchtbringend ist der Euphrat und durch die (Tugend der) Gerechtigkeit gekennzeichnet.«

63 Vgl. auch Artak Movsisyan: The writing culture of pre-christian Armenia, Yerevan 2006.

der verehrten Ahnen als auch die Grünkraft der Samen von Pflanzen und Bäumen. Handelt es sich beim Lebensbaum gar um ein frühes Wissen von den Genen, das System der DNS und die damit verbundene Zukunft?

Ein mesopotamischer Fries aus dem 9. Jahrhundert v. Chr. zeigt den Lebensbaum, wie er von geflügelten Wesen bewacht wird.[64] Die babylonische Kultur wurzelt in der Welt der Sumerer. Wenn man von Sumer spricht, kommen einem zunächst die Städte Ur und Uruk in den Sinn. Viele südmesopotamische Stadtstaaten erstreckten sich bis zum Persischen Golf. Fast unbekannt hingegen sind die sumerischen Siedlungen in Nordsyrien, die in der Nähe des armenischen Hochlandes lagen. »Die wohl wichtigste Entdeckung aus jener frühen Epoche im Zuge des genannten Rettungsprogramms am mittleren Euphrat war die dortige durch deutsche Archäologen ausgeführte Ausgrabung von Habuba Kabira, etwas unterhalb vom Djabal Aruda, nur wenige Meter über dem Fluss und daher heute unter dem Wasserspiegel verschwunden. Habuba Kabira war mit 18 ha Fläche eine ansehnliche Stadt mit einer imponierenden Stadtmauer, Heiligtümern und allem Sonstigen. Sie wurde jedoch nur maximal zwei Jahrhunderte, zwischen 3500 und 3300 v. Chr., bewohnt. Ihr Fundmaterial ist so stark südmesopotamisch geprägt, dass dies mit normalen Handelsbeziehungen nicht mehr erklärt werden kann ... Bei ihrem anscheinend gewaltsamen Ende verbrannten Teile des Ortes, und die Gegend blieb für Jahrhunderte ohne weitere Besiedlung. Etwas anders verhalten sich die Dinge bei Tall Braq im Nordosten Syriens, im Chabur-Dreieck, wo zahlreiche Flüsse aus dem anatolischen Bergland in eine Ebene hinein auf syrisches Gebiet fließen, um sich dann am Beginn der hügeligen Steppe zum Hauptstrom, dem Chabur, zu sammeln.«[65] Wie sah Tall Braq im späten 4. Jahrtausend v. Chr. aus? »Der Einfluss des kulturellen Schrittmachers jener Epoche in Südmesopotamien ist auch hier erwartungsgemäß deutlich, doch handelt es sich in Tall Braq um eine gewachsene einheimische Siedlung. Hervorzuheben ist ein Heiligtum auf einer Terassenanlage in Lehmziegelarchitektur; die Wände waren bemerkenswerterweise mit Stiftmosaiken dekoriert. Die Anlage von Heiligtümern auf Terrassen ist gerade in Mesopotamien sehr typisch.«[66]

Folgt man den jahrtausendealten Wanderungsbewegungen auf der Arabischen Halbinsel, die meist im Südwesten beginnen und über den Norden nach Südosten weitergehen, ergibt sich eine Route entlang des fruchtbaren Halbmonds. Im Duktus solcher Wanderungen ist es naheliegend, dass armenische Stämme entlang der großen Flüsse Euphrat, Chabur und Tigris nach Süden zogen. Dies würde erklären, dass es sich bei dem Sumerischen um eine protoarmenische Sprache handeln kann. Einige Forscher sind davon überzeugt, »dass das Sumerische eine indoeuropäische Sprache ist, die mit dem Armenischen verwandt ist, dass das Sumerische zum armenischen Zweig der indoeuropäischen Sprachfamilie gehört, ja dass das

64 Vgl. Shahrukh Husain: Die Göttin, Köln 2006, 7.

65 Vgl. Shahrukh Husain: Die Göttin, Köln 2006, 7.

66 Ebenda,15/6.

Sumerische daher eigentlich Armenisch ist«[67]. Das Gilgamesch-Epos gewinnt so gesehen für die armenische Frühgeschichte neu an Relevanz!

»Die jahrhundertealte sumerische Kultur ist gegen Ende des 3. Jahrtausends v. Chr. zusammengebrochen. In diesem Fall kennt man die Urheber dieser Zerstörungen ... Es waren semitische Amoriter aus den halbtrockenen Randgebieten des fruchtbaren Halbmondes, die diese Störungen in Nordsyrien und Mesopotamien verursacht haben. Die Bücher Numeri und Josua berichten, die Amoriter hätten zur Zeit der Landnahme der Israeliten auf dem Gebirge, die Kanaanäer am Meer und in den Ebenen gewohnt (Num 13,19; Jos 5,1 und 10,6).«[68]

Eine Stele inmitten des Labyrinths auf dem Schwanberg

Menschheitstraditionen lassen sich im Licht des Evangeliums neu gestalten. Offenbarungsgeschichtlich ist der Baum der Schlange mit dem Baum des Lebens – dem Kreuz Jesu – in Verbindung gebracht worden. Das Holz des Kreuzes ist ein toter Baum auf Erden. Da der gestorbene Jesus aber ins Leben auferstanden ist, wird das tote Holz zum Symbol des Übergangs ins ewige Leben. So lesen wir beim Evangelisten Johannes: »Niemand ist in den Himmel aufgestiegen außer dem, der vom Himmel herabgestiegen ist, der Menschensohn. Denn wie Mose die Schlange in der Wüste erhöht hat, so muss der Menschensohn erhöht werden, damit jeder, der glaubt, in ihm das ewige Leben hat.« (Joh 3,13–14; vgl. Num 21,4–9)

Im Labyrinth der Schöpfung bleibt vieles unsichtbar, woher kommt sie, wohin geht sie? Wo ist der Ursprung des ewigen Lebens? Solchen Fragen kann man sich im Labyrinth auf dem Schwanberg stellen, das zwischen dem Kinderspielplatz und dem Ordenshaus der Schwestern angelegt wurde. Es ist ein Ort der Meditation.

Das Labyrinth, ein Symbol für die mütterliche Erde, findet sich schon seit Jahrtausenden auf Felszeichnungen in Armenien.[69] Das Land um den Ararat ist ein Kernland der Menschheit. Nach biblischer Tradition landete hier die Arche Noah. Von dort breitete sich das Leben auf der Erde neu aus. Zudem gilt – wie schon gesagt – das armenische Hochland als jener Teil der Welt, in dem das irdische Paradies gelegen ist. In der Mitte hatte Gott den Baum des Lebens gepflanzt (vgl. Gen 1,9). Aus der Tiefe des Ewigen also kommt das Leben, das auf der Erde erscheint!

Es legte sich nahe, mitten zwischen den Apfelbäumen, die den Rand des Schwanberg-Labyrinths markieren, ein Steinmal zur Erinnerung an den Ursprung des Lebens zu setzen. Es steht in einem Kubus-Fundament, einer Metapher für das Geviert der Welt. Jenes Steinmal ist gleichsam ein natürlicher Chatschkar, das heißt ein Lebensbaum bzw. ein Kreuzstein. Es han-

67 Armen Davtyan: Vom Ursprung des Sumerischen – Ein Vergleich der sumerischen und armenischen Sprache, in: Raum der Begegnung, hrsg. von Friedrich Erich Dobberahn und Peter Schierz, in: Strukturen der Wirklichkeit, Bd. 7, hrsg. von Paul Imhof und Eduard Saroyan,Taufkirchen 2011, 28–45, hier 45.

68 Kathleen Kenyon: Archäologie im Heiligen Land, Neukirchen-Vluyn 1967, 156.

69 Vgl. Shahen Mkrtchyan: Treasures of Artsakh – Karabagh, Yerevan 2002, 30f.

delt sich um einen versteinerten Kreuzbaum, der so errichtet wurde, das seine Wurzeln in den Kosmos weisen oder gar darüber hinaus.

Das Steinmal hatte einen weiten Weg hinter sich, ehe es auf dem Schwanberg errichtet werden konnte. Ursprünglich war es ein Baum, der dort gewachsen ist, wo sich heute die Libysche Wüste erstreckt. In ihrer Oasenkette, die parallel zum Niltal verläuft, missionierte einst der Apostel Bartholomäus die armenischen Soldaten, die am ägyptischen Limes stationiert waren.

Der Grundgedanke, dass der Mensch ein endliches, irdisches und zugleich ein unendliches, kosmisches, extraterrestrisches Wesen ist, prägte das menschliche Bewusstsein seit Jahrtausenden. Man denke nur an den archäologischen Fund in Seahenge, der erst 1998 gemacht wurde. Aus dem Schlick des Meeres an der ostenglischen Küste tauchten die Überreste eines über 4000 Jahre alten Holzpfahlkreises auf, in dessen Mitte eine gewaltige Eiche kopfüber im Boden steckte.[70] Die Wurzeln ragten in den Himmel. Dies ist ein Motiv, das seit der Antike in der Sakralarchitektur verwendet wird.

Die Säulen des antiken Tempels sind ursprünglich Bäume. Sie tragen das Haus der Götter auf Erden. In der Cella des Tempels wurde der Geist der Gottheit situiert. Welche Kulturrevolution, als sich Mönche und Nonnen in die Zellen setzten mit dem Bewusstsein: Wo wir sind, wird der Heilige Geist präsent! Um den Geist des Lebens dreht sich die Welt.

Der Baum des Lebens, von dem Christus denen zu essen gibt, die an ihn als Auferstandenen glauben (vgl. Offb 2,7), ist – kosmisch gewendet – der Baum der Kommunikation zwischen Himmel und Erde, der Baum der Einheit von Gottes- und Nächstenliebe. Das Motiv, dass die Gottheit von einem heiligen Baum eine kostbare Frucht reicht, findet sich auch in der ägyptischen Religion. So erscheint die Göttin des Himmels, Nut, bei einem Baum »und gibt einem Verstorbenen zu essen und zu trinken; 1070–945 v. Chr.«[71].

Es wäre schön, wenn der Stein mit den Himmelswurzeln mitten im Labyrinth auf dem Schwanberg zu einem Ort der Glaubenserfahrung wird: »Und er (Christus) zeigte mir (Johannes) einen Strom, das Wasser des Lebens, klar wie Kristall; er fließt vom Thron Gottes und des Lammes her. In der Mitte des Platzes der Stadt und in der Mitte des Stromes zu seinen beiden Seiten steht der Baum des Lebens. Er trägt zwölfmal Früchte: jeden Monat bringt er seine Frucht, und die Blätter des Baumes heilen die Völker. Nichts Verfluchtes wird es mehr geben. Der Thron Gottes und des Lammes wird in der Stadt stehen, und seine Knechte werden vor ihm dienen. Sie werden sein Angesicht schauen, und sein Name steht auf ihrer Stirn geschrieben.« (Offb 22,1–4)

Wenn es regnet, sieht man, wie mitten in dem kristallklaren Regenwasser der Baumstrunk im Schwanberg-Labyrinth von oben durchflutet wird und das Wasser am Baum zugleich außen abläuft. Sobald es auf die Erde kommt, fließt es in vier Rinnen weiter: Symbole für die Paradiesströme auf Erden. Wer lange mit der Johannesoffenbarung in der Hand me-

70 Vgl. Wolfgang Korn: Megalithkulturen, Stuttgart 2005, 123–124.

71 Othmar Keel: Gott weiblich. Eine verborgene Seite des biblischen Gottes, Freiburg i. Br. 3. Aufl. 2010, 18.

ditiert, für den kann sich der spirituelle Himmel öffnen, und das Wasser des Lebens strömt durch den Beter hindurch weiter (vgl. Joh 7,38). Das lebendige Wasser, vom Schöpfergeist erfüllte Zeit, fließt so lange, bis es ins ewige Leben mündet.

Eine Gruppe, die das Labyrinth auf dem Schwanberg abschreitet, findet in der Mitte genügend Raum, so dass sich alle die Hände reichen können. Welche Aufstellungsarbeit! Gemeinsam kann man die Hände erheben und sich über die sichtbare, symbolische Welt hinaus in die Wirklichkeit des ewigen, schöpferischen Geistes ausstrecken. Das Grundgebet, das Jesus lehrte, richtet sich an den Vater im Himmel. Vers für Vers lässt sich das Vaterunser beten. Wie im Himmel, so auf Erden, heißt es im Gebet: Maranatha – Herr des Himmels, komm!

Andere Labyrinthe, andere Riten leiten zu anderen Erfahrungen an. Man denke etwa an das neu gestaltete Labyrinth im Schloss Schönbrunn in Wien. Seine Mitte wurde postmodern gestaltet – im Unterschied zum römischen, kretischen und gotischen Labyrinth. In der Mitte steht ein sechsteiliges Kaleidoskop, das unendlich viele Reflexionen ermöglicht. Und daneben befinden sich ein neunflächiges Tanzglockenspiel und ein Springbrunnen mit Hüpfplatten. Gegenüber von diesem Labyrinth ist ein Irrgarten. Zwei Harmoniesteine führen in die Mitte. »Der große Stein symbolisiert den Mann, der kleine symbolisiert die Frau. Bei Handauflegen oder Umarmen überträgt der jeweilige Stein Kraft für Harmonie mit sich selbst oder mit dem Partner. Die Steine wurden am 9. September 1999 durch den chinesischen Feng Shui Meister Prof. Dr. Jes Lin und dessen Gattin Julia aktiviert«, heißt es auf einer Tafel daneben. Genau in der Mitte des Irrgartens steht eine Platane. Unter einem solchen Baum unterrichtete der Arzt Hippokrates auf der Insel Kos sein Schüler. Sie sollten alles tun, damit ihre Kranken gesund werden. Auf die Mitte kommt es an! Welche Mitte ist im eigenen Leben leitend und wesentlich?

Der Glaube an den kosmischen, auferstandenen Christus äußert sich in Riten und Sakramenten. Die Liturgie vom Leben, Sterben und Auferstehen Jesu Christi wird zelebriert. Der Gläubige kann sich aktiv in das Mysterium der Herkunft, Ankunft und Zukunft Christi mit hineinnehmen lassen. »Die Besonderheit allen liturgischen Geschehens, die Überschreitung zeitlicher und räumlicher Grenzen zeigt sich in der Offenbarung des Johannes für L. L. Thompson durch die Etablierung einer egalitären Gemeinschaft unter ChristInnen und der Abgrenzung gegenüber Andersgläubigen sowie der Präsentsetzung der erwarteten eschatologischen Geschehnisse.«[72] Dies hat weltanschauliche Konsequenzen: »Das Kreuz, auf dem die Kupferschlange hängt, und das Kreuz Jesu bilden die Form des Buchstabens T (Tau oder Taw). Es ist der letzte Buchstabe des hebräischen Alphabets und gilt als Zeichen für die Vollendung. In einer Vision vernimmt der Prophet Ezechiel (Ez 9), wie ein himmlischer Schreiber den Gottestreuen ein T auf die Stirn zeichnen soll, damit sie dem Strafgericht entkämen. Bei der Besiegelung der Auserwählten in der Offenbarung des Johannes (Offb 7,3) erkannten die

72 Karin Peter: Apokalyptische Schrifttexte: Gewalt schürend oder transformierend? Ein Beitrag zu einer dramatisch-kritischen Lesart der Offenbarung des Johannes, Wien 2011, 304.

Kirchenväter in dem ›Zeichen des lebendigen Gottes‹« von Anfang an das T und in ihm das Kreuz.«[73]

Mit dem sechsten Tag geht die Schöpfung, insoweit sie der Sünde und dem Tod verfallen ist, zu Ende. »Es ist vollbracht! Dann neigte er das Haupt und starb« (Joh 19,13b), heißt es vom johanneischen Christus am Kreuz, dem Ende der Welt, in das er sich freiwillig hineinbegeben hatte. Etwas Neues beginnt, ein neuer Himmel, eine neue Erde (vgl. Offb 21,1). »Ich (Johannes) sah die heilige Stadt, das neue Jerusalem, von Gott her aus dem Himmel herabkommen.« (Offb 21,2b) Sie ist ganz erfüllt von der Nähe des auferstandenen Christus (vgl. Offb 21,9–22,5).

Jesus Christus hat am Holz des Kreuzes ganz anders gesiegt, als die römischen Cäsaren. Nach einem erfolgreichen Krieg befahlen sie, einen Baum aufzustellen, zu dessen Füßen gefesselte Gefangene kauern mussten. Der Baum wurde mit einem Körperpanzer, einem leeren Helm, erbeuteten Schilden und Waffen geschmückt. Wie stolz waren die Imperatoren auf ihr Tropaeum, ihren Baum mit den Kriegstrophäen![74]

Der Dreh- und Angelpunkt des christlichen Glaubens ist die Menschwerdung Gottes, der ungeschaffenen Transzendenz, in der Schöpfung. In Jesus Christus kommen Gottheit und Menschheit – ungetrennt und unvermischt – überein. Er ist der Weg, der durch das Labyrinth des Daseins zum Ziel, in die Herrlichkeit Gottes, führt. So wird das natürliche Leben im übernatürlichen, ewigen Leben aufgehoben. »Dies ist das ewige Leben, dich, den einzigen und wahren Gott zu erkennen, und Jesus Christus, den du gesandt hast.« (Joh 17,3). Durch Erkenntnis geschieht Partizipation.

---

73 Friedemann Fichtl: Baum des Todes, Baum des Lebens. Vom verlorenen und wiedergeschenkten Paradies, Eschbach 1989, 16.

74 Vgl. Andreas Scholl, Fragmente eines Frieses mit Kriegstrophäen, in: Otto der Große und das Römische Reich, Ausstellungskatalog, hrsg. von Matthias Puhle und Gabriele Köster, Regensburg 2012, 78.

49. Die sieben Verheißungen des Messias

Untergang und Neubeginn

Wer Ohren hat, der höre, was der Geist den Kirchen sagt: Allen, die siegen, werde ich zu essen geben vom Baum des Lebens, der im Paradies Gottes steht. Wer Ohren hat, der höre, was der Geist den Kirchen sagt: Alle, die siegen, kann der zweite Tod nicht verderben. Wer Ohren hat, der höre, was der Geist den Kirchen sagt: Allen, die siegen, werde ich von dem verborgenen Manna geben. Ich werde jedem von ihnen einen weißen Stein geben, und auf dem Stein ist ein neuer Name geschrieben, den nur der kennt, der ihn empfängt. Alle, die siegen und in ihren Taten meinen Willen bis zum Ende erfüllen: Diese werden über die Heidenvölker herrschen mit eisernem Zepter und sie zerschlagen wie Tongeschirr; und ich werde ihnen diese Macht geben, wie auch ich sie von meinem Vater empfangen habe, und ich werde ihnen den Morgenstern geben. Wer Ohren hat, der höre, was der Geist den Kirchen sagt! Alle, die siegen, werden ebenso mit weißen Gewändern bekleidet werden. Nie werde ich ihren Namen aus dem Buch des Lebens löschen, sondern werde mich vor meinem Vater und vor seinen Engeln zu ihnen bekennen. Wer Ohren hat, der höre, was der Geist den Kirchen sagt! Jeden, der siegt, werde ich zu einer Säule im Tempel meines Gottes machen. Er wird ihn nicht verlassen müssen. Und ich werde auf ihn den Namen meines Gottes und den Namen der Stadt meines Gottes schreiben, den Namen des neuen Jerusalem, das aus dem Himmel herabkommt von meinem Gott, und ich werde auf ihn auch meinen neuen Namen schreiben. Wer Ohren hat, der höre, was der Geist den Kirchen sagt! Jedem, der siegt, werde ich gewähren, mit mir auf meinem Thron zu sitzen, wie auch ich gesiegt und mich mit meinem Vater auf seinen Thron gesetzt habe. Wer Ohren hat, der höre, was der Geist den Kirchen sagt!

(Offb 2,7.11.17.26–29; 3,5–6.12–13.21–22)

Wenn man sich seiner in Kirche und Welt innewird, dann muss man normalerweise einige Bannkreise durchbrechen. Ein erster Bannkreis besteht darin, dass ein Ich »Ich« sagt. Noch lange ist man kein Selbst, sondern ein Ich. Man hat seinen Standpunkt, abstrakt gesprochen, man ist an einem Ort mit dem Horizont Null, es sei denn, man steht mit beiden Füßen fest auf der Erde. Aber die erste Weltwahrnehmung, auch die erste Kirchenwahrnehmung, steht unter dem Vorzeichen »Ich«. Ich und das und das ..., ich und das Problem, ich und die Programme, ich und die Reformen. Da kommt man nach viel Arbeit irgendwann auch an eine emotionale Grenze. Ein erster Bannkreis für das Verständnis der Zukunft sind das Ich und die Wellen, die vom eigenen Ego ausgehen.

Ein weiterer Bannkreis, der die Zukunft verstellt, wird gebildet von den Leuten, die sagen, die Sache werde von ihnen schon gemanagt. Da hat man zu tun! Was man alles managen muss! Nicht nur als Ich, sondern als jemand mit vielen anderen zusammen und den Produktionsverhältnissen und so weiter. Das nächstverwandte deutsche Wort zu Manager heißt

Manege. Geht es um Zirkuswissenschaft? Die Welt – ein Riesenzirkus! Der Bannkreis geht weiter bis ans Ende der Welt – Globalisierung. Der Horizont also ist die Welt. Auch sie kann zum Bannkreis werden. Man kommt an Grenzen des Wachstums, an Grenzen der Finanzmärkte, an Grenzen von Zukunftspapieren usw. Auch solche Bannkreise sind zu durchbrechen, denn Zukunft gibt es nur im größeren Horizont.

Dann kommt der Horizont des Kosmos. Man muss einfach weiter denken, weiter spüren und immer weiter und immer weiter, unendlich – und man schiebt zumindest in Gedanken den Horizont immer weiter hinaus bis in die Tiefen des Kosmos. Die Welt der Binnentranszendenz ist erreicht. Und es geht immer weiter und weiter – und weit und breit ist kein Gott, der neue Zukunft bringt. Modernster Atheismus sagt: immer weiter, immer weiter, immer weiter: ein weiterer Bannkreis, der zu durchbrechen ist. Jedoch lange sind wir noch nicht dort angekommen, wo die wahre Zukunft beginnt. Wenn man – welch Wunder – den letzten Bannkreis zerbricht, kommt man an den Saum der Ewigkeit. Nur Ewigkeit hat wirkliche Zukunft zu bieten. Vielleicht klingt das nicht modern, aber entscheidend ist, dass es sich so verhält: Erst in der Perspektive aus Ewigkeit auf Zeit kann es wirklich Advent werden.

Aus Gottes Tiefe, so geht uns die Kunde, ist Gott selbst in Fleisch und Blut, der Ewige, der alles sein lässt, dessen Geist die Bannkreise durchbricht, in dieser, unserer Welt erschienen. Der Einstieg Gottes in Jesus Christus aus Ewigkeit in Zeit eröffnet eine wirklich neue, revolutionäre Zukunft. Gleichsam in der Lichtspur des Auferstandenen bis in die Tiefen der Ewigkeit geführt, erst in dieser Spur wird Zukunft wieder etwas, was Kirche unbedingt etwas angeht. Denn Kirche im ursprünglichen Sinn ist jenes menschliche Phänomen und jene menschliche Vergesellschaftung, in der das Reich Gottes verkündet wird, das Hereinreichen des Ewigen in Raum und Zeit. Fürwahr eine frohe Botschaft! Was nun ergibt sich angesichts der Hoffnung auf Ewigkeit für eine Perspektive auf uns, die wir da sind in der Welt des Zeitlichen und Räumlichen, mehr oder minder durch Kirchenverhältnisse beglückt, so dass der Glaube, die Hoffnung und die Liebe wachsen? Welche Überlegungen in der Zeit, am Rand der Ewigkeit gleichsam, bieten sich an?

Bei den sieben Verheißungen der Johannesoffenbarung handelt es sich um eine zutiefst inspirierte Partitur. Der Geist selbst bewegt Johannes am Pfingsttag zur Abfassung dieser Schrift. Christus erschien ihm mitten auf Patmos in der Dodekanes. Der Seher wird weggerissen am Pfingstsonntag: Johannes sieht tiefer, er sieht, wie am Ende der Welt sich das Himmelsgewölbe öffnet, die Tore des großen Adventskalenders aufgehen und eine Bilderflut aus Ewigkeit hereinbricht. Sieben große Bilder für die sieben Gemeinden wurden offenbar. Pars pro toto, der Teil für das Ganze der Kirche, exemplarische Kausalität ereignet sich. Die sieben Gemeinden stehen für die Kirche des ersten Jahrhunderts, die durch die Jahrtausende weiter gewachsen ist, gesplittet in Konfessionen und Bekenntnisse, Gemeinden und Kirchen.

In der Offenbarung des Johannes gibt es zwei Zahlenreihen, die jeweils nach oben überboten oder unterboten werden. Die eine schöpferische Zahlenreihe ist die Frauenzeit, die

Mondzeit. Da gibt es sieben Gemeinden, sieben Engel, sieben Posaunen und sieben Verheißungen. Man zählt 14 und 28 usw. Das ist die Rhythmik des Mondes. 28 Tage braucht der Mond für seinen Zyklus. Das ist die Weise, wie die Zeit, insoweit sie in der Schöpfung erscheint, durch die Frau dargestellt wird. Sieben – eine ganze Zeit ist erfüllt, sechs Schöpfungstage und am 7. Tag ruht Gott. Das ist jeweils die Zeit der Verheißungen, die sich erfüllt. Zeitensprung in der Welt des 8. Tages: Am 8. Tag hatte Thomas seine Erscheinung des Auferstandenen, der neue Himmel und die neue Erde fangen an. Sie brechen herein in seine Zeitwahrnehmung.

Eine eigenartige Komposition, eine geniale Partitur! Alle 22 Kapitel der Johannesoffenbarung sind durchkomponiert. 7 und 14 und 28 und 42, die Zeiterfahrung von Mondzeit wird deutlich. Der Mond hat das ganze Licht, das er den Menschen auf der Erde schenkt, aufgrund dessen, dass er das Licht empfangen hat. Empfangen, behalten und weitergeben. Frauenzeitrhythmus atmet im Text. Die andere Zeit ist, wie zu erwarten, die Männerzeit, die Sonnenzeit, der Zwölferrhythmus. Die Sonne ist das Symbol für etwas, das von sich her ganz ist und Licht bringt. So ist unsere Uhr in zwölf Stunden eingeteilt. Das Sonnenjahr besteht aus zwölf Monaten. Etwas Ganzes ist erreicht: Der zwölfjährige Jesus, die zwölf Jünger, die zwölf Stämme, die 12 Tierkreiszeichen, die 24 Ältesten männlichen jüdischen Erbpriester oder zwölf mal zwölf mal 1000, die 144.000 Geretteten.

In der Johannesoffenbarung wird erzählt, wie die Frauen und die Männer in der Schöpfung die Zeit erleben. Miteinander zeitigen sie die menschliche Zeit im Angesichte Gottes. Und überall gibt es Zeitsprünge auf eine andere Ebene. Sieben mal sieben – und Zeitsprung: 49 + 1 = 50 – Pfingsten, ein Jubeljahr. Der Mensch beginnt wieder aus Ewigkeit, aus der Welt des einen Geistes tangiert zu werden.

Wenn es in der Männerzeit nicht ganz reicht und alles nach Karneval riecht, dann haben wir eben den Elferrat, die Welt der Pappnasen. Wann beginnt etwas Neues? Wie sagt der Volksmund? Jetzt schlägt's 13! Der Zahlenwert für den Sinai lautet 120 + 10 = 130. Dort wurden die Zehn Gebote gegeben, am Ort der Begegnung zwischen Gott und Mensch: Eine durchgängige Komposition auf der Ebene der Zahlen erzählt vom Sinn der Bibel in mathematischer Präzision.

Und wenn es nicht ganz reicht in Frauenzeit, sondern der Tod das letzte Wort hat, dann zählt man eben nur sechs. Der 6. Tag ist der Freitag, der Todestag, die untergehende Welt, die Welt des Drachens. 666 ist die Zahl des apokalyptischen Tieres. Das ist zahlenmäßig alles logisch aufgebaut. Bei 666 gibt es kein Gegenüber mehr in menschlicher Weise, sondern man ist eigentlich als Mensch am Ende. Mit der Zahl 666, englisch www (hebräisch: aleph=1, bet = 2, gimel = 3, daleth = 4, he = 5, waf = 6) kommt man an die Grenze einer Welt, und man entdeckt kein anderes Du, sondern nur eine virtuelle Welt erscheint.

Jedes Detail der Offenbarung des Johannes besitzt eine mehrfache Bedeutung. Wie ist dieses Buch auszulegen? Wie versteht es sich selbst? Die Antwort darauf finden wir im 14.

Kapitel, Vers 6: Das ist die Offenbarung, wenn sie nicht in der Perspektive des Unterganges, sondern in der Perspektive der Ewigkeit ausgelegt wird, der einzigen Zeit, die wirklich bleibt! Johannes sah: »Ein anderer Engel flog im Zenit, in den Höhepunkt. Er hat ein ewiges Evangelium den Bewohnern der Erde zu verkünden, allen Nationen, Stämmen, Sprachen und Völkern. Er rief mit lauter Stimme: Habt Ehrfurcht vor Gott, dem Ewigen, gebt ihm die Ehre.« (Offb 14,6–7) Es ist selten geworden, das letzte Buch der christlichen Bibel angesichts einer untergehenden Welt ganz und gar als ein Evangelium zu verstehen, als ein Buch der Hoffnung, als etwas, in dessen Licht der Horizont der Kirche aufleuchtet, nämlich Ewigkeit. Erst von der Ewigkeit her brennen die Leuchtfeuer in der Kirche. Andernfalls gehen sie rasch wieder aus.

Nun zum Text von den sieben Gemeinden und ihren Verheißungen (vgl. Offb 2–3). Die Struktur des Sendschreibens an eine Gemeinde ist immer gleich. Der erste Teil beginnt mit einem Visitationsbericht der Gemeinde. Jemand kommt zur Visitation, und es wird beschrieben, wie es in dieser Gemeinde, in dieser Kirche, an diesem Ort zugeht. Jede Gemeinde hat ihr eigenes Profil, jede hat ihre eigene Verheißung. Welche Zukunftsperspektiven gibt es? Die sieben Gemeinden heißen Ephesus, Smyrna, Pergamon, Thyatira, Sardes, Philadelphia und Laodizea. Die Ruinen dieser Gemeinden findet man noch heute. Sie liegen wie ein Sternenkranz an der kleinasiatischen Westküste. Kleine und größere türkische Städte sind über den Ruinen entstanden. Manches von den früheren Kirchen ist erhalten. Was ewigkeitlich bedeutsam ist, ist schon rückgeboren in Gottes Ewigkeit.

Von dort her stammt alles, aus dem ursprunglosen Ursprung, den wir Gott nennen, den Schöpfer aller Dinge. Von ihm her hat sich schöpferisch alles entwickelt, die schöpferische Evolution – man schaue auf die Kirchenrosetten, die dafür eine Metapher sind. Vom Punkt in der Mitte, der unsichtbar ist, entwickelt sich die bunte Mannigfaltigkeit, und dorthin kehrt alles in einer Re-volution, also einer Heimholung, zurück in die Ewigkeit.

Die Insel Patmos liegt als achte Station außerhalb der sieben Gemeinden in der Dodekanes, den zwölf Inseln, die sich am Rande Kleinasiens befinden. Von Patmos aus geht der Blick des Johannes auf das Festland mit den Gemeinden, bei denen Kaiser Domitian eine Christenverfolgung durchführen ließ. Aus der Perspektive Ewigkeit in Zeit schreibt Johannes und schickt sein Sendschreiben an die Engel der Gemeinden, an die spirituelle Atmosphäre, an die geistigen Grundkräfte, von denen die Gemeinden Jesu Christi zusammengehalten werden.

Die Verheißung an Ephesus

Die erste Gemeinde, von der in der Johannesoffenbarung die Rede ist, heißt Ephesus. Die Verheißungen an die sieben Gemeinden beginnen oder hören mit dem Satz auf: »Wer Ohren hat, der höre, was der Geist den Kirchen sagt.« Welche Kunst! Man höre auf den Geist! Die Unterscheidung der Geister tut not. Der Text weist uns ein. Höre, was der Geist denen sagt, die sich herausrufen lassen aus dem Bannkreisen ihres Egos, ihres Alles-managen-Wollens, ihrer Binnentranszendenz. Was sagt der Geist in Ephesus? »Allen, die siegen, werde ich zu essen geben vom Baum des Lebens, der im Paradiese Gottes steht.« Was meint dieser Text, diese Verheißung? Verheißung ist immer das, was am Ende des siebten Tages, am Sabbat, aufgeht. Dann beginnt die Zeit der Erfüllung, der neue Himmel, die neue Erde. Die Verheißung gilt allen, die siegen, das heißt denen, die zugunsten des neuen Lebens sterben. Was ist der Sieg? Das ist der Glaube, der in der Welt die Welt als Welt überwindet: die Partizipation an der Auferstehungswirklichkeit Jesu Christi (vgl. 1 Joh 5,4).

Wer siegt, das heißt stirbt, der erhält Nahrung vom Baum des Lebens, der im Paradies Gottes steht. Es gibt viele Bäume, von denen sich gut essen lässt (vgl. Gen 2,9). Und es wird von einem Baum der Mitte berichtet, der Frucht macht, der Baum des Wissens, der Baum des Habens. Wer nur davon nimmt, wird schon auf Erden nicht glücklich, geschweige denn im Paradies. Es ist der Baum der Erkenntnis von Gut und Böse. Und in der Mitte gibt es auch den Baum der Einheit von Machen, Haben, Bekommen und Sein. Der Baum der Einheit von Haben und Sein ist der Baum des Lebens. »Er trägt zwölfmal Früchte, jeden Monat bringt er seine Frucht, und die Blätter des Baumes heilen die Völker.« (Offb 22,2–3)

Der Baum des Lebens war im Paradies tabu, damit er nicht zerstört werden konnte. Man stelle sich nun die Überbietung vor: Jesus, der Christus, gibt vom Baum des Lebens zu essen! ER ist das Leben.

Das ewige Leben ist die erste Zukunftsperspektive einer Kirche, in der geglaubt, gehofft und geliebt wird ohne Angst. Welch ein Wunder! In der Adventszeit findet man Tannenbäume, manchmal auch Christbäume, manchmal auch Weihnachtsbäume. Was wird so in der Sprache des Volkes zum Ausdruck gebracht? Wie wird ein Tannenbaum zum Weihnachtsbaum? Wer nachts lange draußen bleibt, kann sehen, wie sich der ganze Kosmos, das ganze Weltall um eine unsichtbare Achse zu drehen scheint. Der Tannenbaum mit Lichtern ist Symbol für das Himmelsgewölbe. Und das ist immer so, das ist immer »grün«. Den Tannenbaum schmückt man oben mit einem Rauschgoldengel, der über die unsichtbare Achse hinausreicht. Die Welt des Unsichtbaren, Grenzenlosen ragt über die Spitze des Tannenbaumes hinaus. Dann baut man Milchstraßen mit Bändern aus Lametta und Sterne und Kugeln und Sternhaufen. Man stellt sich symbolisch den ganzen Kosmos ins Wohnzimmer. Der Rauschgoldengel heißt Gabriel. Er steht für die menschenfreundliche göttliche Liebeskraft, jenes geistige, schöpferische Prinzip, das im Namen Gottes handelt.

Zur Erinnerung: Als einst vor 2000 Jahren die Kraft des Gabriel aus der Welt vor Gottes Thron, aus dem Bereich der Transzendenz, bis Nazareth durch den Kosmos gerauscht ist, fand unten auf der Erde durch den Geist Gottes die Menschwerdung statt. Da steht die Krippe, zusätzlich ausstaffiert mit Ochs und Esel. Da staunt die Natur! Nach Bethlehem kommen die Magier, die Zarathustra-Priester, fasziniert von der Konstellation des Jupiter mit Saturn. Das Gesetz des Himmels, Mithras, der Logos, ist nun in Fleisch und Blut erschienen. Wer erscheint aus Ewigkeit in Zeit? In Jesus Christus Gott selbst, ein großes Mysterium, das Zukunft stiftet.

Wenn Kirche auf den Glauben setzt, dass Gott der Ewige ins Äußerste ging, ins ganz andere seiner selbst, in unsere Schöpfung hinein, dann wird die Offenbarung des Johannes wieder zum Weihnachtstext, zum Achsentext der ganzen Offenbarung.

Die Sinnspitze der Verheißung an die Gemeinde in Ephesus lautet: Auf dich wartet der Baum des Lebens, der im Paradies Gottes steht und von dessen Früchten der Christus den Menschen reicht. Und in diesen Früchten ist kein Wurm drin. Welche Perspektive, welche Verheißung! Kann ich glauben, dass der Mensch ein Wesen ist, das am äußersten Rand der Ewigkeit raumzeitlich zur Erscheinung gebracht wird und ins Paradies zurückkehrt?

Die Verheißung an Smyrna

Die zweite Gemeinde ist Smyrna – das heutige Izmir: Vom Tod ist da die Rede, und wer erhält den Kranz des Lebens? Ein zweifacher Tod wird beschrieben, der physiologische Tod und das größte denkbare Übel, der metaphysische Tod, die Hölle. Zunächst ein Situationsbericht, eine Gemeindeanalyse, und dann die Verheißung: »Wer Ohren hat, der höre, was der Geist den Kirchen sagt. Alle, die siegen, kann der zweite Tod nicht verderben.« Der zweite Tod, die Hölle, ist nach dieser Verheißung für die Gemeinde in Smyrna kein Thema mehr. Die orthodoxe Auferstehungsikone zeigt: Christus, der Auferstandene, steht auf den Pforten der Unterwelt, der Höllenwelt, der Schattenwelt. Die Reste eines Schlosses liegen herum, der Uroborus, der alles verschlingt, reißt das Maul auf und Jesus, der Christus, nimmt Adam und Eva an die Hand. Kommt heraus! Welche Auferstehungserfahrung! Welche Siegerfahrung! Tod, wo ist dein Stachel?

Angesichts des ewigen Lebens wird der Tod für tot erklärt. Das ist eine Verheißung! Der Auferstandene hat keinerlei Interesse, dass einer seiner Christen oder Christinnen in die Hölle kommt. Der Tod ist tot. Wie befreiend! Wie angstfrei – bei allem Ernst – lebt der Mensch, der glauben kann, dass er anhand des siegreich auferstandenen Christus sein Leben lebt – und so stirbt!

Das Evangelium redet Klartext. Die Verheißung Christi besagt: »Sei treu bis in den Tod, du erhältst den Kranz des Lebens. Wer Ohren hat, der höre, was der Geist den Kirchen sagt.« Alle, die siegen, die an der Auferstehungswirklichkeit Jesu teilhaben, kann der zweite Tod nicht verderben. Für sie gibt es keinen Feuersee. Welche Abgrenzung, welche Absetzung von der gedanklich durchaus möglichen Alternative einer unendlichen Hölle! Kirche mit Zukunft, Kirche in Ewigkeit ohne Hölle! Gott sei Dank, nicht privat-mythologisch erfunden als ein therapeutisches Tröstercheń, nein, das ist der Originalton des wiederkehrenden Christus. Er sagt es Johannes, und dieser schreibt es auf. Welche Perspektive!

Die Verheißung an Pergamon

Die dritte Gemeinde ist die Gemeinde in Pergamon. Den Altar, den Thron des Satans, haben Archäologen im letzten Jahrhundert nach Berlin gebracht, den Pergamon-Altar. So gibt es einen zusätzlichen Kontakt mit der Gemeinde von Pergamon. Eine doppelte Verheißung ist dort ergangen. »Wer Ohren hat, der höre, was der Geist den Kirchen sagt. Allen, die siegen, werde ich von dem verborgenen Manna geben. Ich werde jedem von ihnen einen weißen Stein geben, und auf dem Stein ist ein neuer Name geschrieben, den nur der kennt, der ihn empfängt.« Noch einmal langsam: Manna heißt auf Hebräisch: »Was ist das?« Israel wundert sich: Da regnet es bares Manna vom Himmel! Man findet es an den Sträuchern. Eine eigenartige Geschichte – verborgenes Himmelsbrot erscheint. Was ist das für eine Verheißung? Jesus, der Christus, ist mit den Seinen unterwegs. Der Evangelist Johannes berichtet: Jesus ist das Brot, das vom Himmel herabgekommen ist. Nicht nur »Was ist das?«, sondern »Wer ist er?«! Die Verheißung sagt: Das verborgene, unsichtbare Himmelsbrot wird geschenkt, Christus selbst.

Die Geschichte des Mose wird bis in die letzte Stunde weitergeführt. Und immer ist letzte Stunde. Jetzt und morgen und übermorgen und so weiter in der Zeit. Wenn die Ewigkeit aber die Zeit tangiert, bleibt die Zeit stehen, und man ahnt: So ist es gut, so wird es ewig sein können und dürfen. Wer ist das Brot des Lebens? Wer ist der verborgene Messias, der in Jesus offenbar wurde? Jesus ist für die Christen der inkarnierte Messias. Welche Verheißung für die Kirche! Ein spiritueller, geistiger Durchbruch ist geschehen! Das ist Zukunft. Auf die Frage: »Was ist das?«, gibt es die Antwort: »Er ist es!«

Und der zweite Teil der Verheißung: »Ich werde jedem einen weißen Stein geben.« Der weiße Stein, der Marmor, ist der Stein, aus dem die Häuser der Götter auf Erden, die Tempel, gebaut wurden. Und aus Kristallmarmor schuf man die Kaiser- und die Götterstatuen. Einfache Leute hatten keinen Zugang zu diesem edlen Material. Es war der Stein der Götter und der Herren – und der Gemeinde von Pergamon: Ihr erhaltet den Kristallmarmor, »ihr seid die wahren Töchter und Söhne Gottes. Und auf diesem weißen Stein wird ein neuer Name geschrieben«. Jesaja 62 wird zitiert: Gott gibt den neuen Namen. Was wird in der Taufe von Jesus offenbar? Die Stimme vom Himmel sagt: »Das ist mein geliebter Sohn.« Gott allein schenkt den neuen Namen – wie intim, wie persönlich! Was ist dein Name, der dir himmlischerweise gnadenreich zukommt?

Und noch etwas hat es mit den weißen und den schwarzen Steinen in der Antike auf sich. Damit wurde gewählt, etwa in Athen, wenn zwei Politiker zur Wahl standen. Wer mehr schwarze Steine erhielt als sein Gegner, der musste in die Verbannung – Schuld ist nicht das Thema –, musste die Stadt verlassen, ging ins Exil. Wer durch die Bevölkerung mehr weiße Steine erhielt, der durfte zu Hause, in der Heimat bleiben. Antike Sprache übersetzt, macht offenbar: Der darf bleiben im Hause des Herrn, der einen weißen Stein hat. So spricht Jesus:

Im Hause meines Vaters sind viele Wohnungen, Übernachtungsmöglichkeiten. Du bekommst einen weißen Stein geschenkt, so die Verheißung.

Die Verheißung an Thyatira

Wir kommen nach Thyatira, in die vierte Gemeinde. Aus ihr stammen zwei Frauen. Bei der einen handelt es sich um die Purpurhändlerin Lydia. Sie lässt sich bei Philippi im Zygagtes von Paulus taufen. Sie taucht ganz in das Wasser der Vergänglichkeit ein und taucht ganz auf. Taufe ist das Zeichen des Sterbens und des Lebens. Der Römerbrief kommt in den Sinn: »Sind wir einig mit Christus in der Gestalt des Todes, so sind wir einig mit ihm in der Gestalt der Auferstehung.« (Röm 6,5) Die Taufe ist das Initiationssakrament. Eine neue Familie beginnt. Die natürliche Familie, zu der jeder gehört, beginnt mit Geburt und endet mit Tod. Die spirituelle Familie, die Gnadenfamilie, beginnt mit Taufe, das Familienfest ist das Abendmahl. Das Ziel dieses Gnadenfamiliensystems ist Gottes Herrlichkeit, die Ewigkeit.

In Thyatira gibt es also die getaufte Lydia und Isebel, Ischa Baal, die Frau des Baal. Baal heißt das Wissen um die Verläufe. Nur was funktioniert, ist wirklich. Welche Illusion! Entscheidende Wirklichkeit ist unsichtbar – Werte, Würde, Freiheit, Geist. All das kann man nicht funktionieren lassen. Man kann nur akzeptieren, dass es so ist. Isebel setzt nur auf Äußerlichkeiten, nur das Äußere zählt, nur der Schein, nur die Porneia, das ist das griechische Wort für Unzucht. Nur das Äußere zählt, nicht, wer jemand ist, nicht die Werte, nicht die Würde, nicht die Freiheit. Davon wird abstrahiert. Nur Hochglanz zählt. Eine gleichsam »pornographische Spiritualität«.

Lydia hält dagegen. Was zählt, ist der unsichtbare Christus, seine Ethik, seine Herrlichkeit und Ewigkeit. Welch ein Visitationsbericht in Thyatira! Schritt für Schritt, Vers für Vers könnte man ihn auslegen, doch jetzt nur die Verheißung: »Alle, die siegen und in ihren Taten meinen Willen, so spricht Gott, bis zum Ende erfüllen, die werden über die Heidenvölker herrschen mit eisernem Zepter und sie zerschlagen wie Tongeschirr.« Ein Zitat nach Psalm 2, Vers 9. Wie missverständlich! Was steckt dahinter? Es gibt Stellen in dieser orientalischen Textur, die man in unseren Kulturkreis übersetzen muss, damit es nicht zu Missverständnissen kommt.

Was ist das Legitimationsritual des ägyptischen Pharaos? Er verstand sich als Sohn Gottes. Alle 30 Jahre wurde der Herr von Ober- und Unterägypten nicht gewählt, sondern er musste den Beweis bringen, dass er noch leistungsfähig ist, dass er noch stark ist, dass er noch regieren kann. Wie machte man das im alten Ägypten? Die Priester und Minister versammelten sich für den Kultlauf des Pharao. Ramses II. lief dreimal in seinem Leben. Beim letzten Mal vielleicht gar um sein Leben. Der Pharao zieht sein Staatsgewand an. Er sagt damit: »Ich bin der Pharao.« Wie sieht sein Staatsgewand aus? Hinten hängt an seinem Zeremonialrock ein Stierschwanz herunter, der nicht nur die Kraft des Pharao anzeigt, sondern ihn auch als den ausweist, der die Fäden des Weltalls in Händen hält. Dann setzt er seinen Kronreif auf. Vorn ist eine

Königskobra. »Ich bin der, der das Gift beherrscht gegen die Feinde.« Und neben dieser Königskobra vorn auf seinem Stirnchakra sieht man das Krafttier der Nechpet, die Geiergöttin also.

Der Geier bringt das, was verwest, wieder zurück in den Kreislauf des Lebens. Der Pharao sagt: Ich weiß, wie Leben funktioniert. Ich mache der musealen Verelendung ein Ende. Alles gestorbene Leben soll in den Kreislauf des Lebens zurückkehren. Dann nimmt er – er ist zuständig für Fellachen und Nomaden – seinen Hirtenstab und seinen Dreschflegel wie Osiris. Als Pharao besitzt er auch ein Zepter. Gold gab es relativ viel in Ägypten. Teuer war Eisen. Er nimmt also eine Eisenkeule: Ich bin der, der das allerteuerste Zepter hat. Platin würde man heute nehmen. Nun ist er in Startposition.

Einige 100 Meter weiter haben seine Minister einen großen Berg von leeren Tonkrügen aufgebaut. Das symbolisiert die Hohlköpfe, die Bösen und die Feinde. Nun kommt alles drauf an. Plötzlich läuft der Pharao los und zerschlägt eilig das Tongeschirr! Und läuft an die Ausgangsposition zurück: Er hat es geschafft. Das ist der Kultlauf des Pharao, mit dem er seine Mächtigkeit zeigt: Ich bin noch bei Sinnen, physiologisch, mental, psychisch im Vollbesitz meiner Kräfte. Dieses Ritual bildet den kulturgeschichtlichen Hintergrund für Psalm 2, Vers 9. Was sagt der wiederkehrende Christus? Ich werde allen, die siegen, nämlich den Christen, die an die Auferstehung, an die Ewigkeit glauben, diese Mächtigkeit geben.

»Wie auch ich sie von meinem Vater empfangen habe, und ich werde ihnen den Morgenstern geben.« Die Venus ist der Abend- und der Morgenstern. Sie ist das Gestirn in der Antike, an dem sich die Seeleute orientieren. Der Leuchtturm, der am Himmel steht, ist der Morgenstern. Welche Verheißung! »Ihr seid das Licht der Erde«, heißt es in den Evangelien. Ihr erhaltet den Morgenstern, das Kursgestirn, mit dem man über das Wasser der Zeit gelangt und die Fähigkeit erhält, in eurer Stärke zu sein, wie ein Pharao, wie ein Gottessohn. Welche Verheißung in Zeiten, in denen sich die Kirche als geschwächt empfindet! Haben wir überhaupt eine Zukunft? Sind wir ein Auslaufmodell? Nein, euch gehört die Zukunft und die Ewigkeit, lautet die himmlische Antwort. »Wer Ohren hat, der höre, was der Geist den Kirchen sagt.« Ihr in eurer Ohnmacht erhaltet den Morgenstern, die Mächtigkeit, die Legitimation eines königlichen Menschen.

Die Verheißung an Sardes

Sardes war die Hauptstadt von Lydien. Aus dieser Stadt stammt Kroisos, der Krösus. Er hatte das Geld erfunden. König Kroisos prägte die ersten Münzen. Sardes war eine reiche Stadt. Selbst die heutigen Ruinen sind noch prächtig: eine große jüdische Synagoge, ein Gymnasium wie eine Universität, ein riesiger Artemis-Tempel, daneben ein kleines byzantinisches Kirchlein. In Sardes beginnt die Straße, die durch ganz Kleinasien bis in die Persis, in die Herzmitte des Iran, führt. In Sardes gab es Leute, die sich ihre Taufgnade bewahrten. Man lese den Gemeindevisitationsbericht!

Und nun die Verheißung für die Leute in dieser reichen Stadt: Alle, die siegen, die an den Auferstandenen glauben, werden wie die, die alles verspielt haben, mit weißen Gewändern bekleidet sein. Die Taufgnade wird umsonst erneuert. Es besteht Hoffnung, auch wenn man sein Gnadenleben verspielt hat. Das weiße Gewand war das Taufkleid, das Hochzeitsfestgewand. Zu einem orientalischen Festmahl gehörte nicht nur, ein gutes Essen anzubieten, sondern auch, dass jeder der Gäste vom Gastgeber ein Prachtgewand bekam. Da war es natürlich für den Gastgeber nicht erfreulich, als er im Saal jemanden sah, der sein Gewand versetzt hatte. »Nein«, sagte er, »hinaus, so nicht!« Die Geschichte ist beim Evangelisten Matthäus überliefert (vgl. Mt 22,12). Am Ende der Offenbarung des Johannes wird sie aufgelöst. Der Mann erhält die Chance, ein neues Festgewand zu bekommen (vgl. Offb 19,7–9), so die Verheißung. Welch tröstliches Wort! Das kann sich nur ein liebender Gott ausdenken. »Alle, die siegen, werde ich mit weißen Gewändern bekleiden.«

Wie komme ich wieder zu einem starken Glauben an den Auferstandenen? Was erwartet mich, wenn ich sterbe? Und wie geht die Verheißung weiter? »Nie werde ich ihren Namen aus dem Buch des Lebens löschen.« Was ist das Buch des Lebens? Man lese nach bei Mose. Er sagt: Ach, mein Israel! Ich bin bereit, auf meinen Himmel zu verzichten, mich um deinetwillen aus dem Buch des Lebens löschen zu lassen (vgl. Ex 32,30–33). Auch Paulus kennt diesen Seufzer aus Liebe zu seinem Volk. Wer oder was ist das Buch des Lebens?

Nach dem jüdischen Neujahrsfest beginnt eine zehntägige Fastenzeit. So bereitet man sich auf Jom Kippur, den Tag der Versöhnung, vor: Gott will das Versöhnt-Sein des Menschen. Der Sund, der trennende Graben, wird von Gott her überbrückt. Am Ende des Jom Kippur wünscht man sich, wenn man aus der Versammlung kommt: Mögest du in diesem Jahr in das Buch des Lebens eingeschrieben werden!

Für Christen ist in Jesus das Leben erschienen. Möge er in dir eingeschrieben sein, so dass du selbst zu einem Buch des Lebens wirst, zu einem Buch der Hoffnung und des Vertrauens und der Liebe, zu einem Stück Ewigkeit in Zeit. Es lohnt sich, über diese Verheißung nachzusinnen. Gott spricht: Aus dem Buch des Lebens wird dein Name nicht gelöscht. Christus verheißt: Ich werde mich vor meinem Vater und vor seinen Engeln zu diesen Menschen aus Sardes bekennen. Und wieder der Merkvers: »Wer Ohren hat, der höre, was der Geist den Kirchen sagt.« So ist es. Durch Gottes Gnade, die dich neu rechtfertigt, kommst du in das Buch des Lebens. Glaube befreit von dem, wofür man sich schämen müsste, von Sünde und Schuld.

Die Verheißung an Philadelphia

Philadelphia ist die Gemeinde, die im Visitationsbericht nicht gerügt wird. Nach dieser Stadt heißt die erste Hauptstadt der USA. Die Stadt der brüderlichen, der geschwisterlichen Liebe ist noch heute die Hauptstadt von Pennsylvania. Hier hing sieben Jahre lang die Freiheitsglocke der USA. Inzwischen hat sie einen Sprung. Philadelphia, was für eine Stadt! Von ihr heißt es: »Ich kenne Dein Tun. Du hast nur geringe Kraft, doch Du hast festgehalten an meinem Wort und meinen Namen nicht verleugnet.« Es ist die Stadt der einfachen Leute. Man hält am Wort Gottes, am Wort der Liebe fest. Mag es auch Große und Mächtige geben, was letztlich zählt, ist das Wort Gottes.

Nun zur Verheißung: »Jeden, der siegt, den werde ich«, so der Christus, »zu einer Säule im Tempel meines Gottes machen.« Eine Säule ist ein Verbindungsstück zwischen Himmel und Erde. Petrus, Johannes, Jakobus werden Säulen genannt (vgl. Gal 2,9). Der Mensch ist das Verbindungsstück zwischen Himmel und Erde. Welche Verheißung! Der Tempel Gottes ist der Leib des Geistes. Wer siegt, wird den Tempel des Geistes nicht verlassen müssen. Und Christus schreibt drei Namen darauf. Er spricht: »Ich werde auf ihn den Namen meines Gottes schreiben, den Eigennamen Gottes, und den Namen der Stadt meines Gottes und meinen neuen Namen.«

Nach Ezechiel heißt der Name der Stadt meines Gottes: Hier ist der Herr. Und der Name des neuen Jerusalem: Das ist der Name der Stadt, die vom Himmel herabkommt. Die Stadt ist das Symbol für ein organisches Wir. Und das Wir ist der Heilige Geist. Und ich werde auf ihn meinen neuen Namen schreiben, so spricht Christus. Der neue Name, der von Gott selbst in seiner Hallstimme vom Himmel hergegeben wird, heißt: Jeschua oder Jesus. Das bedeutet: Gott hilft. Gott befreit. Gott erlöst.

So lauten die drei Namen des Menschen, der zur himmlischen und irdischen Gemeinde von Philadelphia gehört, erstens: der Eigenname Gottes, nämlich Jahwe, zweitens: die Benennung »Hier ist der Herr«, der Geist seiner Gegenwart, der Heilige Geist, und drittens: der neue Name, Jesus, die Selbstoffenbarung Gottes. Welche Verheißung für Kirche mit Zukunft! Das sind ihre Namen. Dies hat ewigkeitliche Zukunft!

Der Name ist die erzählte, die fokussierte Geschichte. Er drückt die Zugehörigkeit aus: »Wer Ohren hat, der höre, was der Geist den Kirchen sagt.« Daher beginnen Christen alltäglich und liturgisch immer wieder mit der Kurzformel ihres Glaubens an Gott: »Im Namen des Vaters und des Sohnes und des Heiligen Geistes.«

Die Verheißung an Laodizea

Von der letzten Gemeinde, Laodizea, findet man heute noch viele Ruinen. Diese Stadt wird gerade ausgegraben. Wunderschöne Funde werden gemacht. Beim Nymphäum von Laodizea liegt eine Säule, in die eine Menorah, ein siebenarmiger Leuchter mit einem Christogramm, eingraviert ist. Die Reste der Theater erinnern an die Tragödien, die hier aufgeführt wurden. Wie lässt sich leben angesichts der seelischen Katastrophen in der Welt? »Nicht mitzuhassen, sondern mitzulieben bin ich da«, ruft Antigone angesichts ihres erschlagenen Bruders schmerzerfüllt aus. Welche Kultur, welche Ethik, in die hinein das Evangelium verkündet wird!

Die Zusage Jesu Christi an die Gemeinde von Laodizea ist verlässlich: Er wird jeden, der sich ihm öffnet, besuchen und mit ihm das Festmahl halten. Dieses eschatologische Mahl ist der Horizont für Abendmahl und Eucharistie. Dabei wird die Gegenwart Jesu Christi gefeiert. Christus im Brot, Christus im Wein wird denen, die mit ihm kommunizieren, zutiefst innerlich. So gesehen fängt die ewige Zukunft in der Gegenwart an.

Um Verheißung geht es: »Jedem, der siegt«, so der Christus, »werde ich gewähren, mit mir auf meinem Thron zu sitzen, wie auch ich gesiegt und mich mit meinem Vater auf seinen Thron gesetzt habe.« Was ist das für ein Thron? Es ist der Gnadenthron. Vom Thron der Gnade her regiert Christus, und aus seinem Mund geht ein Schwert mit zwei Klingen hervor. Auf der einen Seite steht jeweils Barmherzigkeit und auf der anderen Seite Gerechtigkeit, das heißt biblisch Beziehungsgerechtigkeit, nicht Strafgerechtigkeit, sondern rechtfertigende Gerechtigkeit. Dieses Schwert ist wie eine Stimmgabel gebaut. Nach innen und nach außen wird die Wahrheit, die Stimmigkeit in Barmherzigkeit und Gerechtigkeit zum Vorschein gebracht.

Auch Ali, der Kalif, hatte ein Schwert mit zwei Klingen, und ob er so oder so schlug, es war immer in Ordnung. Nur, auf der einen Seite des Schwertes des Ali stand Strafgerechtigkeit. Im Iran gibt es beeindruckende Abbildungen vom Schwert des Ali. Man sieht ein Schwert, dessen Klinge sich in zwei Klingen gabelt, so dass es letztlich vier Schneiden hat.

Das Schwert Jesu ist das Schwert der Unterscheidung. Es geht darum, dass in jeder Hinsicht mit Barmherzigkeit und in Beziehungsgerechtigkeit gerichtet wird. So muss man unterscheiden – Jesus, den Christus, und die Kalifen. »Wer Ohren hat, der höre, was der Geist den Kirchen sagt.«

Das Sakrament der Fußwaschung beendet die Dialektik zwischen Herr und Knecht. Der ist der Herr, der befreiend dient und dem anderen die Füße wäscht, ihn dadurch aber nicht beschämt und sich selbst dabei keinen Zacken aus der Krone bricht. Dieser Gnadenthron ist jedem verheißen (vgl. Offb 22,5b). Welche Zukunft!

Es ist Aufgabe der Kirche, die rechtfertigende Gnade Gottes, seine rechtfertigende Gerechtigkeit zu verkünden. Im 21. und 22. Kapitel der Johannesoffenbarung wird gezeigt, wie sich die sieben Verheißungen im neuen Himmel und auf der neuen Erde erfüllen. So gesehen sind die sieben Gemeinden der Johannesoffenbarung die Prototypen der Kirche der Zukunft.

50. Die Heilige Stadt

Das neue Jerusalem

Und die Mauer der Stadt hatte zwölf Grundsteine und auf ihnen die zwölf Namen der zwölf Apostel des Lammes. Und der mit mir redete, hatte einen Messstab, ein goldenes Rohr, um die Stadt zu messen und ihre Tore und ihre Mauer. Und die Stadt ist viereckig angelegt, und ihre Länge ist so groß wie die Breite. Und er maß die Stadt mit dem Rohr: 12.000 Stadien. Die Länge und die Breite und die Höhe der Stadt sind gleich. Und er maß ihre Mauer: 144 Ellen nach Menschenmaß, das der Engel gebrauchte. Und ihr Mauerwerk war aus Jaspis und die Stadt aus reinem Gold gleich reinem Glas. Und die Grundsteine der Mauer um die Stadt waren geschmückt mit allerlei Edelsteinen. Der erste Grundstein war ein Jaspis, der zweite ein Saphir, der dritte ein Chalcedon, der vierte ein Smaragd, der fünfte ein Sardonyx, der sechste ein Sarder, der siebente ein Chrysolith, der achte ein Beryll, der neunte ein Topas, der zehnte ein Chrysopras, der elfte ein Hyazinth, der zwölfte ein Amethyst. Und die zwölf Tore waren zwölf Perlen. Ein jedes Tor war aus einer einzigen Perle, und der Marktplatz der Stadt war aus reinem Gold wie durchscheinendes Glas. Und ich sah keinen Tempel darin, denn der Herr, der allmächtige Gott, ist ihr Tempel, er und das Lamm. Und die Stadt bedarf keiner Sonne noch des Mondes, dass sie ihr scheinen, denn die Herrlichkeit Gottes erleuchtet sie, und ihre Leuchte ist das Lamm. *(Offb 21,14–23)*

Zunächst war im Text die Rede von den Grundsteinen. Was sind denn das für Fundamente? Man wird an die große Bildrede Jesu erinnert, der rät, sein Haus auf Fels zu bauen (vgl. Mt 7,24–27). In diesem Zusammenhang sollte man sich noch einmal die altorientalischen Verhältnisse in Sachen Hausbau klarmachen. Jedes Haus stand mehr oder minder in Hanglage auf einem Hügel. Die wenigen, aber heftigen Regengüsse hatten zur Folge, dass sich in den engen, verschachtelten Gassen richtige Sturzbäche bildeten. Wer nun keinen massiven Eckstein, keine felsigen Unterkanten an seinem Haus hatte – keine Grundsteine, dem wurden die Hausmauern unterspült, und das Haus stürzte ein.

Im Epheserbrief schreibt der Apostel Paulus an die Gemeinde: »Ihr seid auf das Fundament der Apostel und Propheten gebaut, der Schlussstein ist Jesus Christus selbst. Durch ihn wird der ganze Bau zusammengehalten und wächst zu einem heiligen Tempel im Herrn.« (Eph 2,20–22) Die architektonische Funktion eines Schlusssteines sieht man am besten in einer gotischen Kathedrale.

Jesus Christus übertrug seinen Aposteln fundamentale Aufgaben. Ihre Namen stehen auf den Grundsteinen des himmlischen Jerusalem. Sie sind wie Edelsteine.

Die Fundamente sieht man nicht. Sie sind unsichtbar. Zwölf – was bedeutet diese Zahl? Die Offenbarung des Johannes ist voll von Symbolik, von Zahlen. Mit zwölf ist etwas ganz. Schaut man auf die Uhr – zwölf Stunden, ein ganzer Tag bzw. eine ganze Nacht. Danach schlägt es 13. Der zwölfjährige Jesus – und etwas Neues beginnt nach der Bar Mitzwa, der Initiation als Erwachsener in die Gemeinde Israels. Die zwölf Stämme stehen für das ganze Volk Israels. Ganz, ganz, tausendmal anders und doch ähnlich der irdischen Welt ist die himmlische Welt. Zwölf mal zwölftausendmal, also 144.000 jüdische Erbpriester sind in der Ewigkeit angekommen (vgl. Offb 7,4). Die Bibel ist wie eine Partitur – und jede Note stimmt.

Grundsteine: Der Zwölferkreis Jesu ist eingegangen in die Fundamente des himmlischen Jerusalem. Zwölf und zwölf und immer wieder. Ob man dann gleich eine neuapostolische Kirche gründen muss oder nicht, sei dahingestellt. Es sind geschichtliche, historische Versuche, den Gemeinden das ewige Evangelium vom himmlischen Jerusalem zu verkünden. Die Apostel, der Zwölferkreis ist die Basis der Kirche. Die Idealmaße für den Kubus des himmlischen Jerusalem sind Länge mal Breite mal Höhe, also 12 mal 12 mal 12. Sowohl für die entsprechende sichtbare irdische Architektur gilt dies, als auch symbolisch für das himmlische Jerusalem, das unsichtbar bleibt, aber immer schon eschatologisch gelandet ist – bis zur immerwährenden Endgültigkeit. Unterwegs dorthin ist der Mensch mit dem ewigen Evangelium in der Hand.

Mit einem Pilgerlied auf den Lippen, nämlich mit Psalm 122, kann man in den Toren des inneren Jerusalem stehen bleiben, schauen und hören. »Ich freute mich über die, die mir sagten: Lasset uns ziehen zum Haus des Herrn. Nun stehen unsere Füße in deinen Toren, Jerusalem.« (Ps 122,1–2) In den Toren sind die Namen der zwölf Stämme Israels geschrieben (vgl. Offb 21,12–13). Jerusalem ist das Zwölferportal zur Schechina, zur Gegenwart des Ewigen: Innehalten auf dem Zion. Zion heißt Zeichen und bedeutet: Dort findest du die Präsenz der Gnade Gottes. Die Völkerwallfahrt nach Jerusalem steht an. Jesus stiftet einen Gnadenbund für die Völker. Fokussierung von Heilsgeschichte für alle.

Ein Blick nun auf die Tore. Sie scheinen gar nicht zugänglich zu sein. In jedem Tor befindet sich eine Perle. Wie kommt man da nun in die Stadt hinein? Wofür steht die Perle? Wie kommt sie zustande? In der ersten Schöpfungsordnung durchaus natürlich, natürlich schrecklich. Die Muschel, Metapher des Weiblichen, wird durch Fremdkörper, Splitter, verwundet. Die Muschel aber weiß natürlich, was sie zu tun hat. Sie bildet zunächst eine dünne Haut. Die dünne Haut wird immer dicker, bis um den Splitter eine Perle entstanden ist. Wie kostbar, mit himmlischem Glanz! Durch zwölf versöhnte Frauengeschichten kommt man hinein in das himmlische Jerusalem! Welch eigenartige Kunde. Das Reich Gottes ist wie eine Perle (vgl. Mt 13,45–46). So erreicht der Ewige den verwundeten Menschen, und es bildet sich himmlischer Glanz. Welches Portal, welche Frauenspiritualität führt in das himmlische Jerusalem?

Die Leuchte im himmlischen Jerusalem ist das Lamm. Es ist identifiziert mit Jesus von Nazareth, mit seiner Geschichte. Er ist das geschlachtete Lamm. Und sein Blut, der Sitz des Lebens, ist hier in der Welt rot. Was hat es mit dem Blut auf sich, nicht mit dem Schwarzblut, sondern mit dem Herzblut, das vergossen wird? Indianerschamanen haben es zunächst mit dem Verständnis leichter als westliche Menschen. Indianer wissen um die Sache mit dem Blut.

Es ist das Zeichen der Blutsbrüderschaft. Doch auch in Israel gilt das Blut als Bundeszeichen. Am Jom Kippur, am Tag der Bedeckung, der Versöhnung, wurden Priester, Volk und Altar schon in der Frühzeit Israels mit Blut besprengt (vgl. Lev 16,29–34). Und es wurde die Predigt von der Versöhnung bei den Stämmen gehalten, die immer wieder metzelten und Schreckliches taten. Gott ist anders. Das Blut gilt als das Zeichen des Bundes, der Blutsbrüderschaft, der Versöhnung.

Welcher christologische Durchbruch im Hebräerbrief, welche Erkenntnis, dass nicht mehr das rituelle Blut von Böcken und Stieren das Zeichen der Versöhnung ist, sondern der Aufblick zum Gekreuzigten! Das alte Bundeszeichen wird wiederholt, nun aber personal verbürgt, messianisch garantiert. Im Blut ist immer schon rituell, nun auch durch Jesus Christus real im Namen Gottes die Versöhnung zugesagt. Sein Blut ist das Zeichen des Versöhnungsbundes nun auch für die Völker. Welche radikale Umdeutung des Wollens von Pilatus und seinen Handlangern!

Das Blut ist liturgisch, rituell nicht mehr nötig. Statt Blut ist Wein im Kelch, die Metapher des Glücks, der Seligkeit, des Himmels. Das ist nun mein Blut, sagt Jesus, das Zeichen seines Bundes stiftend beim Abendmahl. Er, das ewige Lamm, ist schon lange ausgeblutet. Nun fließt durch ihn, das unsichtbare Lamm, der Osterlichtsaft. In seinen Adern strömt das Gnadenlicht. Er ist das himmlische Lamm, das geopfert wurde, das geopfert worden ist – ja, Plusquamperfekt müsste man übersetzen: das geopfert worden war. Das geopferte Lamm hat das Geviert der Welt gemittet, ist auferstanden, siegreich, unsichtbar.

Jesus Christus lebt im Osterlicht. Das weiße Licht birgt in sich die bunte Mannigfaltigkeit der Welt, die Schlachtfelder dieser Erde sind ewigkeitlich aufgehoben. Das Blut der Opfer bleibt bewahrt. Wie? Restlos verwandelt durch die Unschuld des ewigen Lammes, das den heiligen Tausch von Schuld und Unschuld am Kreuz vollzogen hat. Welche Neugeburt ist im Blick auf den ewigen Christus möglich? Sie glückt endgültig nur im unsichtbaren Osterlichtblut des Lammes. Das Lamm ist die Leuchte inmitten der Schechina, der Gegenwart des Ewigen. Das gar wundersame Evangelium vom himmlischen Jerusalem ist den Völkern verkündet: Wie im Himmel, so auf Erden. Möge die Wahrheit dieser Botschaft unsere Erde erneuern.

Die Würde des Menschen ist unantastbar, heißt es zu Recht im Grundgesetz der Bundesrepublik Deutschland. Eine nur analytische, beurteilende oder verurteilende Weise, mit dem anderen umzugehen, ist unangemessen. Da muss ein letzter Rest bleiben, der eine humane Beziehung ermöglicht. Das gilt für jeden Menschen, auch für Jesus von Nazareth, den Christus der neutestamentlichen Bibel, der immer mehr zum bloßen Objekt der Wissenschaft geworden ist. Im Grunde ist er jedoch das wesentliche Du des Christen. Eine Beziehung in Achtung und Respekt, ja Zuneigung und Liebe, muss daher methodisch an erster Stelle stehen.

Würdig ist das Lamm. So lautet der Spitzentitel in der johanneischen Christologie für Jesus. Nicht nur das Johannesevangelium, sondern vor allem die Offenbarung des Johannes, die sogenannte Apokalypse, sprechen so von Christus. Unmittelbar, hymnisch wird daher Jesus, der Messias, auf diese Weise gerühmt. Ihm kommt schlechthin Würde zu.

Was erlebt der Beter in der Beziehung zu ihm? In Wahrheit ist es würdig und recht, Dank zu sagen. Denn der Messias erneuert die Würde des Menschen. Jenseits von Recht und Unrecht rechtfertigt er aus Gnade. Dies ist heilsam. Und geschieht mitten in unserer Schöpfung, die kein abgeschlossenes System ist, sondern über sich hinausweist auf eine neue Schöpfung.

Untergang, Tod und Kreuz sind einerseits Endformen der Schöpfung, andererseits kann genau dort eine neue, unvergängliche Schöpfung beginnen. Am auferstandenen Gekreuzigten wird sie anfänglich offenbar. Ein neuer Himmel, eine neue Erde sind im Aufgang begriffen. Ewiges Leben und Auferstehung heißen die Perspektiven der Schöpfung Gottes.

An Jesus von Nazareth, dem Sohn Gottes – wie die jüdische Bezeichnung für den Messias lautet (vgl. Ps 2,7) –, hat sich das Schicksal des Gottesknechtes erfüllt, von dem der Prophet Jesaja spricht (vgl. Jes 53,7). Jesus Christus ist das Lamm Gottes schlechthin, das in der Schöpfung von Raum und Zeit erschienen ist.

Die zweiundzwanzig Buchstaben des hebräischen Alphabets – von Aleph bis Taw – deuten unsere Welt. Für jeden Buchstaben gibt es ein Zeichen. Der dreiundzwanzigste Buchstabe ist zeichenlos, eine Chiffre für den unsichtbaren Sinn der Schöpfung. Das Wort dafür heißt Lamm. Darauf weist Johannes hin: »Seht, das Lamm Gottes!« (Joh 1,29) In Jesus erscheint der jenseitige Sinn im Diesseits. Und ins Jenseits kehrt er zurück.

Liturgisch bleibt Jesus Christus präsent. So spricht der Liturg, indem er die Hostie den Gläubigen zeigt: »Seht das Lamm Gottes, das hinwegnimmt die Sünde der Welt.« Wer Christus innerlich begegnen möchte, antwortet mit den Worten des Hauptmanns von Kapharnaum: »HERR, ich bin nicht würdig, dass du eingehest unter mein Dach, aber sprich nur ein Wort, und so wird meine Seele (aram. Äbäd, das heißt Sohn, Knecht) gesund.« In der Seele findet sich der Anfang des eigenen Kindseins, der eigenen Zukunft, des eigenen Geistes. Die Seele ist so gesehen der Knecht des Geistes. Es wird gehofft und geglaubt, dass der Messias auf die Bitte um Nähe sein heilendes und liebendes Wort spricht, das er selbst ist. Und der Gläubige kommuniziert.

In der Auflösung der Hostie, in ihrem Untergang, in ihrer Apokalypse ereignet sich die Gegenwart Jesu Christi, die verwandelt. Welche Metapher für die Schöpfung schlechthin! Johannes sieht die Schöpfung untergehen, die Lebenswelt seiner sieben Gemeinden zerbricht. Von der Wirklichkeit des auferstandenen Messias her jedoch fällt Licht auf die Welt, die im Schatten des Kreuzes existiert. Und Johannes hört den Engel: »Er hatte ein ewiges Evangelium den Bewohnern der Erde zu verkünden, allen Nationen, Stämmen, Sprachen und Völkern.« (Offb 14,6) Dieses Evangelium, das vom Leben, Sterben und Auferstehen Jesu Christi kündet, ist Gotteswort im Menschenwort für Zeit und Ewigkeit. Denn menschheitlich wird geschehen, was an Jesus Christus ein für alle Mal schon offenbar geworden ist.

51. Versiegelung – Entsiegelung – Besiegelung

Die Öffnung von sieben Chakren

Und ich sah, dass das Lamm das erste der sieben Siegel auftat, und ich hörte: Komm! Und ich sah, und siehe ein weißes Pferd. Und als das Lamm das zweite Siegel auftat, hörte ich die zweite Gestalt sagen: Komm! Und als das Lamm das dritte Siegel auftat, hörte ich die dritte Gestalt sagen: Komm! Und als es das vierte Siegel auftat, hörte ich die Stimme der vierten Gestalt sagen: Komm! Und als es das fünfte Siegel auftat, sah ich unten am Altar die Seelen derer, die umgebracht worden waren um des Wortes Gottes und um ihres Zeugnisses willen. Und das Lamm tat das sechste Siegel auf und das siebte Siegel. *(Offb 6,1–8,5)*

Das sind nur ein paar Verse aus dem Buch mit sieben Siegeln. Gemeint ist nicht der ganze Text der Apokalypse, sondern nur einige Kapitel daraus. Nach innen gewendet ist jeder Mensch ein Buch mit sieben Siegeln.

Zunächst eine Phase der Wahrnehmung: Der Mensch ist versiegelt. Was sind das für Versiegelungen, nämlich nicht offen zu sein an wesentlichen Schöpfungspunkten des eigenen Leibseins? In diversen Spiritualitäten weiß man um die Logik dieser Punkte. Verschlossene, zugängliche, offene, wie mit Energiewirbeln versehene Tore, Pforten, Schleusen. Chakren sagt man im Sanskrit, der Sprache, in der viele heilige Schriften Indiens verfasst sind.

In der Offenbarung des Johannes öffnet das Lamm die Zugänge. Es ist der Spitzentitel für Jesus von Nazareth in der christlichen Tradition. Das Lamm steht für den verborgenen Sinn. 22 Buchstaben zählt das hebräische Alphabet. Jenseits davon gibt es kein Zeichen. Vom 23. Zeichen existieren nur Geschichten und Rituale. Es heißt Thalia – das Lamm Gottes. Es ist die Wirklichkeit, die aus dem goldenen, dem unsichtbaren, dem achten Chakra wirkt. Die messianische Wirklichkeit vermittelt zwischen Himmel und Erde, ist ganz aus dem Himmel herkommend und ganz sich auf die Erde niederlassend.

Um sieben Schöpfungspunkte also geht es. Der Mensch ist ein an sich in sich verschlossenes Wesen. Tausend Systeme gibt es zu seiner Versprachlichung, zur Visualisierung dieses Geheimnisses. Und der Mensch fragt: Wer ist Gott? Wer ist die ewige Liebe? Wer ist der Mensch? Was haben sie miteinander zu tun?

Unsere Wochentage werden nach Göttern gezählt, nach den Schatten der Engel, den unsichtbaren Energien. Sie sind eine eigene Spezies.

Am *Sonntag* beginnt man zu zählen – der Sonnentag. Uriel, im Sonnengeflecht konzentriert sich der Mensch. Welche Reihenfolge – beginnend mit gelb! Der Sonne ist das Metall Gold zugeordnet.

Der *Montag* – der Mond mit seinem silbernen Licht, das am Scheitelchakra positioniert wird – steht im Zeichen des Raguel, das heißt Gott sei mir Freund und Hirte. Mit Schäfchenzählen schläft man gut ein!

Der *Dienstag* ist in unserer Sprache hergeleitet von dem altnordischen Kriegsgott, der lateinisch Mars und griechisch Ares heißt. In der Perspektive der Engel lautet diese Aggressionskraft: Michael, wer ist wie Gott? Mit eisernem Zepter wird regiert, beginnt wieder Aufrichtung unterhalb des heiligen Knochens an der Wirbelsäule.

Mittwoch – Mercurius, quirlig, quecksilbrig eilt er dahin. Hermes lässt grüßen. Er führt eine endlose Hermeneutik mit sich. Hermes ist der Schatten der geschaffenen Grundkraft der Vermittlung, die Gabriel heißt. Er vermittelt sogar zwischen Transzendenz und Immanenz, nicht nur in der Binnentranszendenz der Schöpfung eilt er hin und her. Große Vermittlungen geschehen im großen Herz. Man sieht nur mit dem Herzen gut. Eine einmalige Begegnung hat sich in Nazareth zwischen Gabriel und Maria ereignet.

Der *Donnerstag* ist nach Donar benannt. Die große Kraft mit Eichenlaub – Zeus, Jupiter. Was aber ist das für eine Väterlichkeit, an die Christen denken, wenn sie sich oberhalb der Nasenwurzel berühren mit den Worten »in nomine patris« – im Namen des Vaters, der Väterlichkeit. Yerachmiel heißt der Engel dieser Barmherzigkeit. Sein Metall ist Zinn. Die Alchimisten suchten durch die Metalle zum Gold, zur Herrlichkeit zu gelangen. Welches Projekt!

Dann kommt der *Freitag*, wieder ein Ausflug in die Welt der Germanen, die Romanen haben oft andere Wurzeln der Namen in ihrer Sprache. Um die Frigga oder Fridda, die Venus oder Aphrodite geht es hier; sie stammt von Zypern, der Kupferinsel. Die Welt der Seele und der Anima ist ihr zugeordnet. Biblisch spricht man von Suriel – Gott ist wie ein Zur, ein Fels, aus dem das Wasser quillt.

Und schon sind wir beim *Samstag*. Saturday – der Saturn mit seiner bleiernen Schwere, in der alles zur Ruhe kommt. Man hat Zeit für Stille und Gebet. Rafael – möge mir doch Heil kommen am Ende des Mikrokosmos Erde, der aufgesprengt ist auf den großen Kosmos, der auf den Herrn Zebaoth, den Herrn der himmlischen Heere, verweist.

In Exerzitien geht es um Erfahrung. Der versiegelte Mensch, der verschlossene Mensch, der eingekerkerte Mensch. Wie klug ist man beraten, sich berühren, ja führen zu lassen von dem verborgenen Sinn! Das Lamm öffnet. Nach Versiegelung folgt ein Prozess der Entsiegelung. Ephata! Der Mensch macht auf. Das ist sinnvolle Intimitätslehre. Nicht das grelle Licht der Prostitution oder einer menschenfeindlichen Aufklärung – groß ist der Unterschied oft nicht –, sondern das Lamm, der verborgene Sinn, öffnet den Menschen. Welcher Prozess, heilsame Apokalypse!

Das Wort Apokalypse stammt ursprünglich aus der Beschreibung dessen, was sich in der Nacht der Begegnung, der Hochzeitsnacht, ereignet. Die Braut trägt ihr Nachtgewand, das mit einem Knoten, dem Heraklesknoten, gegürtet ist. Apokalypse, Offenbarung geschieht, der Gürtel wird geöffnet, der nackte Mensch wird offenbar. Wie schrecklich, wenn Apokalypse zur Apokalypse wird! Darum geht es aber nicht, sondern darum, dass eine alte Zuständlichkeit zu Ende geht, rite de passage – und etwas Neues geschieht. Das Ganze zielt auf glückliche Einung: das Erlebnis von »Neuer Himmel – Neue Erde«. Offenbarung ergibt Sinn: Der versiegelte Mensch – der entsiegelte Mensch. Und wehe, wenn man so in die Welt hinausrennen würde – Untergang wäre programmiert!

Nein, der dritte große Schritt soll noch sein: Besiegelung. Jeder Mensch ist ein verborgenes Geheimnis. Nach Versiegelung und Entsiegelung daher wieder Besiegelung. Sei es mit den drei Namen auf der Säule von Philadelphia oder schlicht und einfach, wie man eben bei einer Salbung sagt: »Sei besiegelt mit der Gabe Gottes, dem Heiligen Geist.«

Mit drei kleinen Kennzeichen kann man dies rituell unterstreichen. Während man sagt »im Namen des Vaters«, zeichnet man mit dem Daumen ein kleines Kreuz in die Mitte der Stirn. So wird das Dritte Auge gleichsam besiegelt. Als Nächstes erhält der Mund ein kleines Kreuz und dabei wird gesprochen »und des Sohnes«. Christus ist das offenbare Wort Gottes. Und schließlich wird das Brustbein mit den Worten »und des Heiligen Geistes« bezeichnet. Das Herzchakra ist damit neu markiert.

Hineingeworfen in eine Zeitigungsgeschichte von Unsinn, Nichtsinn, Blödsinn, von Untergang, zieht eine Sinnspur durch die Schöpfung zur neuen Schöpfung. Auf dieser Grenze lässt sich gut laufen.

52. An den Pforten der Ewigkeit

Ein Blick ins himmlische Jerusalem

Und ein Engel zeigte mir einen Strom lebendigen Wassers, klar wie Kristall, der ausgeht von dem Thron Gottes und des Lammes mitten auf dem Platz. Und auf beiden Seiten des Stromes Bäume des Lebens; die tragen zwölfmal Früchte, jeden Monat bringen sie ihre Frucht, und die Blätter der Bäume dienen zur Heilung der Völker. Und es wird nichts Verfluchtes mehr sein. Und der Thron Gottes und des Lammes wird in der Stadt sein, und seine Knechte werden ihm dienen und sein Angesicht sehen, und sein Name wird an ihren Stirnen sein. Und es wird keine Nacht mehr sein; und sie bedürfen keiner Leuchte und nicht des Lichts der Sonne, denn Gott, der Herr, wird sie erleuchten, und sie werden regieren von Ewigkeit zu Ewigkeit. *(Offb 22,1–5)*

Von einem Engel war die Rede. Spuren der Engel sind das, was wie ums Eck kommt, was nicht daherkommt auf den berechenbaren, kalkulierbaren, projizierbaren Gleisen des Egos mit seinen Bedürfnissen und Erwartungen. Plötzlich, wie ums Eck, kommen Botschaften aus einer anderen Welt. Natürlich gibt es böse und gute Überraschungen. Die Unterscheidung der Engel lohnt.

Ein Engel zeigt Johannes etwas. Zeigen ist eine Form von Sprache. So ist das deutsche Wort zeigen indogermanisch mit lateinisch dicere, deutsch sagen, verwandt. Schau nicht auf den Finger, sondern darauf, wohin er weist. Aus welcher Perspektive wird für einen Augenblick die Perspektive in die Ewigkeit, in das himmlische Jerusalem frei? An der Grenze des irdischen Jerusalem ist diese Perspektive einnehmbar.

Von den Toren des irdischen Jerusalem geht der Blick ins Innere des himmlischen Jerusalem. Wer steht hier? Die vier Evangelisten stellen an das Ende unserer Welt, an die Grenze des irdischen Jerusalem, jeweils eine dreiköpfige Frauengruppe. Um welche Frauen handelt es sich? Was bedeuten ihre Namen? Jeder Filmregisseur würde sich über eine solche Besetzungsliste freuen. Was sind das für Frauen, zu denen der Engel am Ende ihres irdischen Pilgerns sagt: Schaut dorthin!

Der Evangelist Lukas berichtet in seinem Evangelium schon sehr früh von der Frauenbewegung um Jesus. Drei Frauen und viele andere Frauen aus Galiläa waren mit dem Mann aus Nazareth unterwegs (vgl. Lk 8,1). Die Zahl Drei steht für eine besondere Einheit – wie es bei These, Antithese und Synthese offensichtlich ist. Die Drei ist die Zahl für eine Form von vollständiger Vermittlung. Auch das Wort Galiläa hat eine übertragene Bedeutung. Im Hebräischen steht der Buchstabe Gimel für den Zahlenwert 3, der Buchstabe Lamed für den Zahlenwert 30. Jesus, der aus Galiläa stammt, wird sinnigerweise 33 Jahre alt, ehe er in der Welt der Schlange (Lamed) zu Tode kommt. Galiläa steht für die Körperwelt, aus der Jesus unterwegs ist in das irdische Jerusalem.

Beginnen wir beim Evangelisten Matthäus (vgl. Mt 27,56): Maria aus Magdala – sie ist bei allen Evangelisten genannt – ist die Frau mit ihren sieben inneren Besetzungen, spirituell unfrei gemacht, und siehe da, Jesus, der Christus, wird ihr innerlicher als sie sich selbst, und alles an bösem Innengerede fliegt hinaus. Mancher hat sie schon betrachtet, um die Perspektive von ihr einzunehmen und so eine neue Sicht der Dinge des eigenen Lebens zu bekommen. Und Maria, die Mutter des Jakobus und des Josef: Ihr Name weist auf ihr tiefes Leiden hin und auf die Bitternis in ihrem Leben. Ist sie vielleicht eine allein erziehende Mutter? Und Maria, die Mutter der Söhne des Zebedäus (vgl. Mt 20,20; Mk 10,35): Diese Frau hat einen Mann geheiratet, der schon zwei Kinder in die Ehe mitgebracht hat. Aus jeder der drei Marien wurde eine Perle. Nach der Verletzung war am Ende alles rund, Perlmutt, welcher Glanz!

Zieht man weiter im Kreis um die Tore des irdischen Jerusalem, landet man beim Evangelisten Markus. Am Ende des irdischen Lebens stehen drei Frauen: am Fuß des Kreuzes – Stillstand der ersten Schöpfung. Und über ihnen hängen drei Männer zwischen Himmel und Erde.

Bei den Frauen handelt es sich um Maria aus Magdala und Maria, die Mutter von Jakobus dem Kleinen und Josef, und Salome (vgl. Mk 15,40) – ihr Name bedeutet Schalom. Sie ist die Frau, die Frieden bringen will. »Selig sind die Friedfertigen, denn sie werden Kinder Gottes heißen.« (Mt 5,9) Drei Perspektiven, drei Frauen. Mit ihren Augen kann man in das himmlische Jerusalem schauen.

Und weiter geht der Bogen zu Lukas, dem frauenfreundlichsten der Evangelisten (vgl. Lk 24,1–10). Die erste Frau ist wieder Maria aus Magdala, die zweite ist Johanna. Ihr Name bedeutet »Gott ist gnädig.« Nun wird sie neu definiert. Bei Lukas im 8. Kapitel ist sie noch die Frau des Chuzas, eines hohen Beamten des Herodes (vgl. Lk 8,3). Jetzt aber fand ein Herrschaftswechsel statt. Sie hatte sich der Jesus-Bewegung angeschlossen. Welche Biographie! Und drittens stand da Maria, die Mutter des Jakobus. Die drei salbentragenden Frauen stehen genau an der Grenze des irdischen Jerusalem zum ewigen Jerusalem. Ihre Gefäße sind voll von messianischem Öl. Sie konnten Jesus nie vergessen, den Messias, und eilen zum Grab. Grenze, Pforte, Welt hier, neue Schöpfung dort. Er ist auferstanden!

Und nun zum Evangelisten Johannes. Welche Perspektiven kennt er? Er sieht mit den Augen der Frauen unter dem Kreuz (vgl. Joh 19,25–27). Wie bei den anderen Evangelisten repräsentieren auch bei Johannes die drei Frauen zugleich die drei Lebensphasen einer Frau, nämlich Jungfrau, Mutter, reife Frau.

Zuerst wird Maria, die Mutter Jesu, genannt. Jesus vertraut sie seinem Lieblingsjünger Johannes an. Nach jüdischem Recht ist Johannes nun für die Witwe zuständig. Denn Jesus geht hinüber. Der Sohn ist weg, Johannes tritt an seine Stelle. Und, fast unbekannt und selten aufgerufen, ebenfalls unter dem Kreuz, Maria, die Schwester seiner Mutter, die Frau des Klopas – eine Abkürzung für Kleophas. Kleophas, der Onkel Jesu, war unterwegs mit seinem Gefährten vom irdischen Jerusalem nach Emmaus (vgl. Lk 24,18): Ein Mann unterwegs in

Richtung Eucharistieerfahrung. Was ist der Sinn der Schrift? Welche Zukunft hat Jesus? Für Maria, die Tante Jesu, war es gewiss nicht leicht, mit einem Mann wie Kleophas verheiratet zu sein, der die Sache des heilsamen Leidens nicht begriffen hatte. Und auch Maria aus Magdala stand unter dem Kreuz, dem Ende der Welt Jesu.

Tore, Perlen, Perspektiven: Von dort also, an der Grenze des irdischen Jerusalem, lichtet sich für einen Augenblick der Vorhang, der das Paradies verhüllt. Ursprünglich wurde damit im Persischen ein königlicher Garten bezeichnet, die Metapher für das himmlische Paradies. Was sieht man da? Man sieht meistens nichts, denn diese Wirklichkeit ist weithin unsichtbar. Den äußeren Sinnen zugänglich ist aber die Realität. Sie existiert am Rande der Wirklichkeit. Doch Realität ist im Grunde auch nichts Festes. Spannend ist das Verhältnis von Wirklichkeit und Realität!

Nun, ein Blick sei uns noch gegönnt durch den geöffneten Vorhang: Bäume sieht man mit Blättern, und die Blätter heilen die Menschen, heißt es im Text der Offenbarung. Wenn man weit nach Osten zieht, kommt man nach Japan. In der japanischen Bibelübersetzung findet man einen feinen Wink bezüglich der Blätter der Bäume. Kotoba, die Blätter, das heißt auf Deutsch übersetzt »Sprache«. Je mehr offenbar wird, desto mehr geschieht Verhüllung. Die Sprache wird im Paradies wieder heilsam, gefüllt mit unsichtbarer Stille, mit ewigkeitlichem Glanz. Hier wachsen die Bäume des Lebens, die Bäume der Einheit von Haben, Erkennen, Wissen – und Sein. Welch himmlische Stille herrscht! Das »Dauernd-unterscheiden-Müssen« hört auf. Eva nahm vom Baum der Unterscheidung von Gut und Böse. Was ist was? Ein Leben lang haben die Menschen nun damit zu tun. Armer Adam! Der Baum des Lebens ist der Baum der lebendigen Einheit von »So-ist-es«, und Früchte sind genug da.

Kotoba, das Sprachgewirr, die Blätter, hinter denen sich der Zöllner Zachäus – auch er an der Grenze lebend – versteckte, werden zum Ort der Offenbarung: Komm herunter zum irdischen Gastmahl mit Jesus, der auch beim himmlischen Mahl der Gastgeber ist. Damals ging die Wanderung Jesu von Jericho, wo Jesus zu Gast war beim Zöllner Zachäus, weiter durch das Wadi Kelt hoch, die Todschattenschlucht, bis zum Haus des Herrn in Jerusalem. Dies ist der Weg der Jeschiwa, der Bibelauslegungsschule Jesu. Er selbst ist für die Seinen die Halacha, der Weg einer lebenspraktischen Auslegung der Bibel. Sie ist zielführig für die Jünger und Jüngerinnen Jesu. Sie gehen auf die Tore Jerusalems zu, des irdischen, und weiter bis in unsere Gegenwart, in der das Licht aufleuchtet, das Gnadenlicht, der Glanz von woanders her. Jesus Christus ist Gottes Gegenwart schlechthin!

Am Strom mit den lebendigen Wassern des Geistes stehen die Bäume des Lebens. Zwölf mal im Jahr, zu jeder Zeit, bringen sie ihre Früchte. Der Apfel des Paradieses ist der Granatapfel. Welch ein Symbol! Der Granatapfelbaum trägt im Orient zu jeder Zeit Frucht und blüht immer, ähnlich wie manche Zitronenbäume. Wenn man das Glück hat, einen großen, reifen Granatapfel zu finden – im Mythos der Griechen die Frucht der Hera, bittersüß –, und zählt die Kerne, dann findet man manchmal 365 an der Zahl. Das ist dann besonders schön.

Bittersüß ist das irdische Jerusalem, und an den Pforten steht man und sieht weiter, tiefer von der Realität in die Wirklichkeit, innehaltend bei der Perlengeschichte. Woher kommt der Glanz der Perle? Der ursprunglose Ursprung, ident mit dem auferstandenen Widderlamm, der unsichtbaren Schuldlosigkeit, der Thalia – dem Lamm Gottes, handelt von seinem Thron her, dem Sitz des Herrschaftsprinzips der ewigen Liebe.

Festgemacht wird die Rede vom Lamm in der irdischen Welt mit dem Blick in den Kosmos. Dort beginnt das Jahr neu, wenn im Osten die Sonne mitten aus dem Sternbild Widder kommt, am Frühlingspunkt, am 21. März, am Morgen der Tag- und Nachtgleiche. Zur Zeit der Sommersonnenwende, an Johannis, wird Johannes der Täufer abnehmen, und zur Zeit der Wendezeit, im Herbst, ist die Zeit des Gerichts, des Ausgleichs. Zur Zeit der Wintersonnenwende, an Weihnachten, erscheint Christus, der neue Sol invictus. Unbesiegbar ist das Licht seiner Gnadensonne. So wird der höchste Staatsfeiertag der Römer – das Drei-Tage-Fest für die unbesiegbare Sonne – zum Datum für die Weihnacht. Die unsichtbare Sonne, das unsichtbare Lamm ist im Kreislauf des irdischen Jerusalem erschienen, und Johannes zeigt, nimmt den Finger, deutet auf den Mann aus Nazareth und sagt: Seht, dort ist das Lamm Gottes, hier erscheint der verborgene ewigkeitliche Sinn, er nimmt euch mit bis an die Tore des irdischen Jerusalem.

Jesus Christus ist das ewige Lamm, durch dessen Adern nun das unsichtbare österliche Licht fließt. Welche Wirklichkeit tut sich auf, visionär geschaut, auditiv gehört? Der Christus selbst wortet sich aus mit seiner Präsenz in der Höhle von Patmos. Sie ist ein Kraftort sonder gleichen. Noch heute ist dies so, wenn man dorthin pilgert. Johannes, ein Mann mit Perspektive an den Toren seines irdischen Jerusalem – in der Verbannung auf der Insel in der Dodekanes, den zwölf Inseln –, hat seine Offenbarung den Gemeinden Jesu Christi mitgeteilt.

Die Johannesoffenbarung regt uns an umzukehren, mitten in der Welt die Perspektive zu wechseln und Ausschau zu halten nach dem, was noch verborgen ist. Danach strecken wir uns aus: Nach dem neuen Himmel und der neuen Erde. Im Glauben erkennen wir, dass der Geist und die Braut sprechen: »Mar-ana(u)-tha, Herr-des Himmels-komm!« (Vgl. Offb 22,17)

So wie der Granatapfel die Frucht der Erinnerung an das Paradies ist, ist die Weintraube die Frucht der Hoffnung auf das Paradies. Im Kelch des Heiles mit dem Wein und im Brot des Lebens, das beim Abendmahl gereicht wird, gründet das Vermächtnis Jesu: Die Zusage seiner Gegenwart in Zeit und Ewigkeit. Er ist Gottes Wort aus Ewigkeit, in der Zeit erschienen und in Gottes Ewigkeit zurückgekehrt.

NACHWORT

Das vorliegende Buch dient als Lehrmaterial für die Curricula »Interkulturelle Kommunikation und Spiritualität« und »Christliche System- und Familienaufstellung«, die von der Akademie St. Paul in Zusammenarbeit mit anderen Institutionen durchgeführt werden.

Lehrmaterial ist auch das Buch mit dem Titel »Menschenrecht Kommunikation« von Paul Imhof, das er zusammen mit Reinhard Brock verfasst hat.[75] Das Buch leuchtet die kommunikationstheoretischen Hintergründe der Aufstellungsarbeit von Paul Imhof im Horizont der Binnentranszendenz aus. Damit ist der Horizont der kosmischen, natürlichen Weltordnung gemeint. Mit großer weltanschaulicher Toleranz realisiert Paul Imhof seine Aufstellungsarbeit gemäß der kommunikativen Methode, wie sie in dem Buch beschrieben ist. Sie ist analog zur historisch-kritischen Methode wissenschaftlich anwendbar, ob man nun existenziell die Annahme Gottes als eigene Wirklichkeit anerkennt, oder ob man von ihr absieht. Ähnliches gilt hinsichtlich einer persönlichen Glaubensbeziehung zum auferstandenen Christus als bewusstseinsunabhängige Realität.

Für Menschen, denen die Weltordnung prinzipiell auf die Schöpfungsordnung hin transparent ist, in der Gott die Antwort auf das Woher und Wohin ist, bietet Paul Imhof ebenfalls eine Form von Aufstellungsarbeit an. Dabei wird der Glaube an die göttliche, ungeschaffene Transzendenz berücksichtigt. Gebetsvollzüge als Form der Kommunikation haben darin einen Ort.

Ebenso konstruktiv offen ist Paul Imhof für die Aufstellungswünsche all derer, die im Laufe ihres Lebens zu der Auffassung gekommen sind, dass die Schöpfungsordnung auf eine Erlösungsordnung hinläuft, die von Jesus Christus herkommt. Für sie ist Jesus Christus der Repräsentant von Gottheit und Menschheit, die in ihm »unvermischt und ungetrennt« übereinkommen, wie das Konzil von Chalcedon (451 n. Chr.) formulierte. Zuweilen entsteht bei solchen Aufstellungen der Eindruck, als führe der Heilige Geist selbst Regie. Bei dieser spirituellen Aufstellungsform handelt es sich um eine explizit christliche bzw. messianische Aufstellung. Messianisch wird sie genannt, wenn eine Identifizierung des Christus mit Jesus von Nazareth nicht stattfindet.

75 Reinhard Brock und Paul Imhof: Menschenrecht Kommunikation. Ein Plädoyer für die Triebe – ein Weg in die moderne Demokratie, Neckenmarkt/Wien 2011.

Jede Ordnung ist systemisch. Dazu gehören Entwicklungen und Strukturen, Elemente, Prozesse und Instanzen. Was ist der Fall, was erscheint? Jede Ordnung hat ihre Logik. Wer beurteilt was?

Der *Weltordnung* korrespondiert ein *Weltgericht*. Es ist ein Ort der Appelle, der Klagen und der Urteile. Das unsichtbare Weltgericht ist in tausend Gerichtshöfen mit entsprechenden Prozessordnungen präsent. Hier wird verhandelt, hier werden Fragen gestellt, hier wird man zur Verantwortung gezogen. Wer ist der Täter, wer ist das Opfer, wer sind die Zeugen? Wer spricht in wessen Namen das Urteil?

Am Ende eines Prozesses sagt jemand vielleicht: »Ich habe mich aufgeopfert, und das war auch gut so!« Und von einem anderen ist zu hören: »Es passt schon! So ist es eben gewesen.« Und wieder ein anderer rechtfertigt sich mit den Worten: »Was hatte ich damit zu tun?« Schicksalsergeben willigt man irgendwann in den Lauf der Dinge ein. Wenn die Strafe verbüßt ist bzw. ein sozialer Ausgleich stattgefunden hat, ist die Welt wieder in Ordnung. Geglückte Resozialisierung! Nur nach vollstreckter Todesstrafe ist keine Rückkehr in die Gesellschaft möglich. Ein Individuum ist am Ende seiner Welt angekommen. Welche Hoffnung bleibt?

Der *Schöpfungsordnung* entspricht das *Göttliche Gericht*. Was bedeutet der Glaube an Gott in der Schöpfungsordnung? Wenn ein allmächtiger Gott die Welt geschaffen hat, so vermag er prinzipiell viele neue Welten zu schaffen. In der Schöpfungsordnung kann es daher unzählige geschaffene Welten geben. Von Seiten des Menschen hängt also alles davon ab, an Gott als den Schöpfer zu glauben. Welche Erfahrungen sind dazu nötig? Der denkbar schlimmste Fall bei der Deutung der Welt als Schöpfung ist die Leugnung Gottes. Denn so gesehen zerbricht das Dasein als Geschöpf in der Schöpfungsordnung. In dieser Perspektive ist die Gottlosigkeit das größte metaphysische Übel. Statt des erhofften Himmels, das ewige Leben, das Gott der Schöpfer für jeden zu schaffen vermag, bleibt nur der gefürchtete zweite Tod, wie die Hölle genannt wird (vgl. Offb 20,14), die endgültige und immerwährende Abwesenheit Gottes, die qualvoll empfunden wird. Der erste Tod gehört ja als Ende jeden Individuums zur natürlichen Weltordnung.

Die Polarität von Himmel und Hölle ergibt sich nur für den, dem die Alternative von Glaube und Unglaube zugänglich ist. Jeder Muslim, der an Allah glaubt, kennt diese Alternative. Eine solche Aufstellungsarbeit – mit Himmel und Hölle – ist also auch für diejenigen möglich und sinnvoll, die sich an den Koran als Heilige Schrift halten. Solche Menschen versuchen, ihr Leben so zu gestalten, dass sie als »Rechtgeleitete« in den Himmel kommen, das heißt, jetzt auf Erden Gutes tun und Böses lassen. Eine Hilfe dazu ist institutionalisierte Religiosität. Wer aber entscheidet, was gut und böse ist? Wer ist gläubig, wer ist ungläubig? Wieviele Namen Gottes gibt es?

Zur *Erlösungsordnung* gehört das *Heilsgericht am Jüngsten Tag*. Wie bei einer familiären Reihenfolge von Geburten ist der Jüngste zugleich der Letzte. Um welche Hinübergeburt aus der Zeit in die Ewigkeit handelt es sich? Der ausführlichste Text dazu ist die Offenbarung des Johannes. Ihm erschien der auferstandene Christus auf Patmos so, wie er einst endgültig wiederkommen wird. Es kommt alles darauf an, die Johannesoffenbarung als reines, ewiges Evangelium zu begreifen, um zu verstehen, wie Jesus Christus als Erlöser richtet. Durch ihn, die Selbstoffenbarung Gottes, wird die Schöpfungsordnung befreit und erlöst heimgeholt in Gottes Ewigkeit, so der Glaube der Christen. Die Schöpfungsordnung kommt durch die rechtfertigende Gnade neu ins Lot, die durch Christus im Heiligen Geist vermittelt wird. »Denn Gott hat seinen Sohn nicht in die Welt gesandt, damit er die Welt richtet, sondern damit die Welt durch ihn gerettet wird. Wer an ihn glaubt, wird nicht gerichtet.« (Joh 3,17–18a) Und Christus spricht: »Denn ich bin nicht gekommen, um die Welt zu richten, sondern um sie zu retten.« (Joh 12,47b; vgl. Joh 12,44–50) Wer an ihn glaubt, ist selig zu preisen. Was die Seligkeit einer Geistseele verhindert, wird durch ein heilsames Urteil im Kraftfeld der Barmherzigkeit abgetrennt!

Was sich anthropologisch, theologisch und christologisch leicht formulieren lässt, gewinnt jedoch erst an Gewicht, sobald es systemisch zur Darstellung des Gesagten kommt. Dabei wird offensichtlich, wie viele weltliche, schöpfungstheologische und christologische Heilsversprechen im Umlauf sind. Auch die Frage nach der Transformation der oben genannten Ordnungen (Welt-, Schöpfungs- und Erlösungsordnung) taucht in diesem Zusammenhang auf. Welche weltlichen, religiösen und kulturellen Interessen haben die Biographie eines Menschen geprägt? Wodurch werden die Ängste abgebaut? Wie glückt die Inkulturation des Evangeliums?

Die neutestamentlichen Impulse des Buches sollen verdeutlichen, welche Positionen Jesus Christus als Erlöserrepräsentant in einem Aufstellungsgeschehen einnehmen kann, so dass er im Gegenwartssystem einer aufstellenden Person gegebenenfalls auftreten kann. Bei den neutestamentlichen Impulsen handelt es sich um Bausteine einer noch zu erstellenden systemischen Christologie.

Bei systemischen Aufstellungen geht es um das Heil der Seele, d.h. den Menschen mit seiner lebendigen Individualgeschichte. Wie kommt jemand vor den Weltgerichten zurecht? Was ist von einem göttlichen Heilsgericht zu erwarten? Nach welchen Prinzipien wird man von einem Erlösungsgericht beurteilt? Wie steht es dabei mit Beziehungsgerechtigkeit (menschlich) und Barmherzigkeit (göttlich)? Was heißt in dieser Perspektive, dass in Jesus Christus Gottheit und Menschheit übereinkommen? Er ist wahrer Gott und wahrer Mensch, wie das Konzil von Nizäa (325) formuliert.

Inwieweit jemand für sich solche Gerichtshöfe akzeptiert, hängt nicht zuletzt davon ab, welche Definitionen und Vorstellungen von Seele im eigenen Leben eine wesentliche Rolle spielen. Je nach Religion werden Seelenwanderungslehren (Hinduismus, Buddhismus) oder monotheistische Seelenkonzepte (Judentum, Christentum, Islam) bevorzugt, die davon ausgehen, dass eine Seele geschaffen ist, um in Ewigkeit zu leben. Die natürliche Selbstauflösung der Seele im Laufe der Zeit ist u.a. ein Gegenstand der aufgeklärten Vernunft.

Bei systemischen Aufstellungen kommen Glaubensüberzeugungen, religiöse Vorstellungen und philosophische Positionen bezüglich der Seele zum Vorschein. Die christliche Perspektive bei Organisations- und Familienaufstellungen besteht darin, auch diese weltanschaulichen Elemente zu visualisieren und zu verbalisieren, was für eine aufstellende Person relevant ist oder zumindest relevant zu sein scheint, damit auf diese Weise mehr persönliche Freiheit zustande kommen kann. In einem offenen System sollte genügend Platz sein für die Gegenwart der Freiheit sowie für die Freiheit des Glaubens an die Gegenwart Jesu Christi und an die Gegenwart der absoluten Freiheit, wie der sich selbst offenbarende Gott genannt wird.

Der ursprüngliche Arbeitstitel dieses Buches »Präsenz im System« wird am besten eingelöst, wenn mit dem Praxishandbuch in aller Offenheit gearbeitet wird. Denn es handelt sich um ein Zeichensystem, durch das die Präsenz der natürlichen Freiheit in ihrer Realität, die Präsenz Jesu Christi in Wort und Sakrament, und die Präsenz der absoluten Freiheit in Gnade und Schöpferkraft berücksichtigt werden können.

Wie wertgeschätzt Paul Imhof ist, zeigt sich in den beiden Festschriften, die ihm zu seinem 70. und 75. Geburtstag überreicht wurden: »Im Wirkfeld des Geistes. Perspektiven christozentrischer Spiritualität«, hrsg. von Antje Rüttgardt und Peter Maria Bajorat, Via Verbis Verlag, Taufkirchen 2019, und: »Ressourcen des Geistes. Das Erfahrungsbuch«, hrsg. von Stephanie Imhof und Ulrich Melzer, Via Verbis Verlag, Taufkirchen 2024.

Bei bester Gesundheit hält der Jubilar weiterhin Vorlesungen an der Universität Salzburg, der Theologischen Hochschule Reutlingen und der Universität Heidelberg. In der Schriftenreihe »Heidelberger Silvestergespräche«, hrsg. von Hermes Andreas Kick, ist erschienen: Paul Imhof: »Jenseits der Zeiten«, Universitätsverlag Winter, Heidelberg 2025, 127–138. Durch christozentrische und systemische Kommunikation gewinnen leere Begriffe eine Anschauungsperspektive, d.h. sie werden konkret. Aus verifizierten Hypothesen entsteht eine dokumentierte Theorie.

Als Prior der Christozentrischen Communität der Akademie St. Paul stammen aus der Feder von P. Imhof: »Ein spiritueller Wegweiser in Altenberg an der Lahn«, hrsg. von Jochen F. Bermond und Paul J. Imhof, Via Verbis Verlag, Taufkirchen 2024, und das Manuskript »Im Christozentrischen Lehrhaus. Das Evangelium vom Frieden und der Freiheit«, Hildesheim 2025, das demnächst veröffentlicht wird.

BIBLIOGRAPHIE

Bateson, Gregory/Holl, Hans Günter: Geist und Natur, Berlin 1987.

Bateson, Gregory/Holl, Hans Günter: Ökologie des Geistes, Berlin 1985.

Baxa, Guni L.: Verkörperungen, Systemische Aufstellung, Körperarbeit und Ritual, Heidelberg 2003.

Beaumont, Hunter: Auf die Seele schauen, München 2008.

Beaumont, Hunter: Die Entbindung der Mütter, DVD, Grünwald 2007.

Beaumont, Hunter: Was nimmt die Seele wahr?, DVD, Grünwald 2007.

Berger, P./Luckmann, T.: Die gesellschaftliche Konstruktion der Wirklichkeit. Eine Theorie der Wissenssoziologie, Frankfurt 1982.

Bertalanffy, Ludwig von: Freiheit der Persönlichkeit, Stuttgart 1958.

Boscolo, L. et al.: Familientherapie, Systemtherapie, Dortmund 1997.

Böse, Reimund/Schiepek, Günter: Systemische Theorie und Therapie: Ein Handwörterbuch, Kröning 2009.

Boszormenyi-Nagy, Ivan et al.: Unsichtbare Bindungen: Die Dynamik familiärer Systeme, Stuttgart 2006.

Brandl-Nebehay, Andrea et al. (Hrsg.): Systemische Familientherapie. Grundlagen, Methoden und aktuelle Trends, Wien 1998.

Buer, Ferdinand: Praxis der psychodramatischen Supervision, Wiesbaden 2004.

Castella, Joachim et al.: NLP und das Familien-Stellen: Zur Komplementarität zweier Therapieansätze, Paderborn 2001.

Cecchin, Gianfranco et al.: Respektlosigkeit: Provokative Strategien für Therapeuten, Heidelberg 2010.

Duss-von Werdt, Joseph et al.: Der Familienmensch. Systemisches Denken und Handeln in der Therapie, Stuttgart 1980.

Foerster, Heinz von: Sicht und Einsicht. Versuche zu einer operativen Erkenntnistheorie, Stuttgart 1993.

Franke, Ursula: Wenn ich die Augen schließe, kann ich Dich sehen, Heidelberg 2009.

Fryszer, Andreas: Systemisches Handwerk, Göttingen 2010.

Glasersfeld, Ernst von: Radikaler Konstruktivismus. Ideen, Ergebnisse, Probleme, Berlin 1997.

Grom, Bernhard: Religionspsychologie, München 2007.

Hargens, Jürgen: Aller Anfang ist ein Anfang. Gestaltungsmöglichkeiten hilfreicher systemischer Gespräche, Göttingen 2004.

Hausner, Stephan: Auch wenn es mich das Leben kostet!, Heidelberg 2010.

Hellinger, Bert: Das geistige Familien-Stellen: Ein Überblick, Berchtesgaden 2010.

Hellinger, Bert: Die Ordnungen der Liebe, Heidelberg 2010.
Hellinger, Bert: Religion – Psychotherapie, München 2000.
Hellinger, Bert: Vom Himmel, der krank macht, und der Erde, die heilt, Hörbuch, Grünwald 1993.
Jäger, Willigis: Das Leben endet nie, Freiburg 2010.
Jenkins, Hugh: Systemmagazin Köln, 2008–2012.
Jones, Elsa: Systemische Familientherapie, Dortmund 1995.
Kampenhout, Daan van: Die Heilung kommt von außerhalb, Heidelberg 2008.
Kampenhout, Daan van: Die Tränen der Ahnen, Heidelberg 2010.
Klein, Rudolf: Einführung in die Praxis der systemischen Therapie und Beratung, Heidelberg 2007.
Köth, Alfred: Aufstellungen als Navigationssystem, Bad Homburg 2007.
Kriz, Jürgen: Systemtheorie für Psychotherapeuten, Psychologen und Mediziner. Eine Einführung, Wien 1999.
Kutschera, Ilse/Schäffler, Christine: Was ist nur los mit mir? Krankheitssymptome und Familienstellen, München 2002.
Leveton, Eva/Goldbard, A.: Mut zum Psychodrama, Salzhausen 1996.
Levold, Tom: Systemische Therapie und Beratung, Heidelberg 2013.
Lieb, Hans: So hab ich das noch nie gesehen, Heidelberg 2009.
Ludewig, Kurt: Einführung in die theoretischen Grundlagen der systemischen Therapie, Heidelberg 2009.
Ludewig, Kurt: Systemische Therapie, Stuttgart 1997.
Maturana, Humberto R./Varela, Francisco J.: Der Baum der Erkenntnis, Frankfurt 2011.
Maturana, Humberto R.: Erkennen. Die Organisation und Verkörperung von Wirklichkeit, Stuttgart 1996.
Migge, Björn: Handbuch Business-Coaching, Weinheim 2011.
Migge, Björn: Handbuch Coaching und Beratung, Weinheim 2007.
Minucchin, Patricia und Salvator: Verstrickt im eigenen Netz, Heidelberg 2000.
Mücke, Klaus: Probleme sind Lösungen. Systemische Beratung und Psychotherapie – ein pragmatischer Ansatz, Potsdam 2003.
Nelles, Wilfried/Breuer, Heinrich (Hrsg.): Der Baum trägt reiche Frucht. Dimensionen und Weiterentwicklungen des Familienstellens, Heidelberg 2006.
Nelles, Wilfried: Das Hellinger-Prinzip, Freiburg 2003.
Omer, Haim/Alon, Nahi/Schlippe, Arist von: Feindbilder – Psychologie der Dämonisierung, Göttingen 2006.
Pisarsky, Bodo Christian: Die Mailänder Schule, Göttingen 2000.
Rieforth, Joseph: Triadisches Verstehen in sozialen Systemen, Heidelberg 2005.
Riess, Nicole: Familienmythen, Familiengeheimnisse, Familiengesetze, Heidelberg 2007.
Rochat, Phillipe: Others in mind, Cambridge 2009.
Rössl, Lydia: Die Transformation des Heilens, Heidelberg 2009.

Ruppert, Franz: Symbiose und Autonomie, Heidelberg 2010.
Ruppert, Franz: Trauma, Bindung und Familienstellen, Heidelberg 2010.
Ruppert, Franz: Verwirrte Seelen, München 2002.
Satir, Virginia et al.: Das Satir-Modell: Familientherapie und ihre Erweiterung, Paderborn 2007.
Satir, Virginia et al.: Familientherapie in Aktion: Die Konzepte von Virginia Satir in Theorie und Praxis, Paderborn 2004.
Satir, Virginia et al.: Kommunikation. Selbstwert. Kongruenz: Konzepte und Perspektiven familientherapeutischer Praxis, Paderborn 2004.
Satir, Virginia et al.: Sei direkt. Der Weg zu freien Entscheidungen, Paderborn 2002.
Satir, Virginia: Meine vielen Gesichter. Wer bin ich wirklich?, München 2001.
Sautter, Christiane und Alexander: Alltagswege zur Liebe. Familienstellen als Erkenntnisprozess, Wien 2006.
Schäfer, Thomas: Wie der Tod dem Leben dient: Abschied und Sterben im Familien-Stellen, München 2008.
Schaller, Roger: Das große Rollenspiel, Weinheim 2006.
Schiepek, Günter: Die Grundlagen der Systemischen Therapie, Göttingen 1999.
Schleifenbaum, Tessa/Koller, Gisa: Grundlagen der systemischen Therapie und Beratung, München 2009.
Schlippe, Arist von: Familientherapie im Überblick. Basiskonzepte, Formen, Anwendungsmöglichkeiten, Paderborn 1993.
Schlippe, Arist von/Hargens, Jürgen: Das Spiel der Ideen. Reflektierendes Team und systemische Praxis, Dortmund 1998.
Schlippe, Arist von/Schindler, Hans: Anwendungsfelder systemischer Praxis – Ein Handbuch, Dortmund 2005.
Schlippe, Arist von/Schweitzer, Jochen: Lehrbuch der systemischen Therapie und Beratung, Göttingen 2007.
Schlippe, Arist von/Schweitzer, Jochen: Systemische Interventionen, Göttingen 2010.
Schneider Jakob Robert: Das klassische Familienstellen. Grundlagen und Arbeitsweisen, Heidelberg 2009.
Schneider, Jakob Robert: Ach wie gut, dass ich es weiß, Heidelberg 2010.
Schneider, Jakob: Das Familienstellen, Heidelberg 2009.
Schulz von Thun, Friedemann: Miteinander reden. 1. Störungen und Klärungen. Allgemeine Psychologie der Kommunikation, Reinbek 1981.
Schulz von Thun, Friedemann: Miteinander reden. 2. Stile, Werte und Persönlichkeitsentwicklung. Differentielle Psychologie der Kommunikation, Reinbek 1989.
Schützenberger, Anne Ancelin: Oh, meine Ahnen!, Heidelberg 2010.
Schwartz, Richard C./Junek, Teresa: Systemische Therapie der inneren Familie, Stuttgart 2003.
Schwing, Rainer/Fryszer, Andreas: Systemisches Handwerk, Göttingen 2012.

Selvini, Matteo: Mara Selvinis Revolutionen. Die Entstehung des Mailänder Modells, Heidelberg 1992.
Siegel, Daniel: Das achtsame Gehirn, Freiburg 2007.
Siegel, Daniel: Die Alchemie der Gefühle, Freiburg 2010.
Simon, Fritz B.: Einführung in die systemische Organisationsmethode, Heidelberg 2011.
Simon, Fritz B.: Zirkuläres Fragen. Systemische Therapie in Fallbeispielen, Heidelberg 2001.
Simon, Fritz: Meine Psychose, mein Fahrrad und ich, Heidelberg 2009.
Sparrer, Insa: Einführung in Lösungsfokussierung und Systemische Strukturaufstellungen, Heidelberg 2010.
Sparrer, Insa: Wunder, Lösung und System, Heidelberg 2004.
Steindl-Rast, David: Achtsamkeit des Herzens, Freiburg 2005.
Steindl-Rast, David: Der Atem der Stille, DVD, Bielefeld 2006.
Stern, Daniel: Ausdrucksformen der Vitalität, Frankfurt am Main 2011.
Stierlin, Helm et al.: Familiäre Wirklichkeiten, Stuttgart 1987.
Sydow, Kirsten von et al.: Die Wirksamkeit der Systemischen Therapie/Familienstellen, Göttingen 2006.
Ulsamer, Bertold: Das Handwerk des Familien-Stellens: Eine Einführung in die Praxis der systemischen Hellinger-Therapie, eBook, Hannover 2009.
Ulsamer, Bertold: Ohne Wurzeln keine Flügel, München 1999.
Ulsamer, Bertold/Hell, Martin: Wie hilft Familien-Stellen? Eine Einführung in die systemische Therapie nach Bert Hellinger, Münsterschwarzach 2005.
Urban, Martin: Wie die Welt im Kopf entsteht, Berlin 2002.
Varga von Kibed, Matthias/Sparrer, Insa: Basics der Systemischen Strukturaufstellungen, München 2008.
Varga von Kibed, Matthias/Sparrer, Insa: Ganz im Gegenteil, Heidelberg 2009.
Vester, Frederic: Leitmotiv vernetztes Denken. Für einen besseren Umgang mit der Welt, München 2001.
Von Ameln, F./Kramer, J. (Hrsg.): Psychodrama, Heidelberg 2009.
Von Ameln, Falko: Konstruktivismus: Die Grundlagen systemischer Therapie, Beratung und Bildungsarbeit, Stuttgart 2004.
Von Foerster, Heinz et al.: Einführung in den Konstruktivismus, München 1997.
Von Foerster, Heinz/Glasersfeld, Ernst von: Wie wir uns erfinden. Eine Autobiographie des radikalen Konstruktivismus, Heidelberg 1999.
Von Foerster, Heinz/Pörksen, Bernhard: Wahrheit ist die Erfindung eines Lügners. Gespräche für Skeptiker, Heidelberg 1998.
Watzlawick, P., Beavin, J. H., Jackson, D. D.: Menschliche Kommunikation, Bern 1969.
Watzlawick, Paul/Kreuzer, Franz: Die Unsicherheit unserer Wirklichkeit. Ein Gespräch über den Konstruktivismus, München 2007.

Watzlawick, Paul: Anleitung zum Unglücklichsein, München 2009.
Watzlawick, Paul: Die erfundene Wirklichkeit – Wie wissen wir, was wir zu wissen glauben?, München 2006.
Watzlawick, Paul: Münchhausens Zopf, München 2005.
Watzlawick, Paul: Wie wirklich ist die Wirklichkeit? Wahn, Täuschung, Verstehen, München 2005.
Watzlawick, Paul: Vom Unsinn des Sinns oder vom Sinn des Unsinns, München 1995.
Weber, G./Schmidt, G./Simon, F.: Aufstellungsarbeit revisited, Heidelberg 2005.
Weber, Gunthard (Hrsg.): Praxis des Familienstellens, Heidelberg 2000.
Weber, Gunthard (Hrsg.): Zweierlei Glück – die systemische Therapie Hellingers, Heidelberg 1997.
Weiss, Thomas/Haertel-Weiss, Gabriele: Familientherapie ohne Familie, München 2005.
Welter-Enderlin, Rosmarie: Wie aus Familiengeschichten Zukunft entsteht, Heidelberg 2006.
Wiest, Friedrich/Varga von Kibed, Matthias (Hrsg.): Das Feld der Ähnlichkeiten, Heidelberg 2005.
Yablonski, Lewis: Psychodrama, Stuttgart 1998.
Yalom, Irvin D.: Existenzielle Psychotherapie, Bergisch Gladbach 2010.

BIBELSTELLENVERZEICHNIS

Altes Testament

Neues Testament